概説
韓国
考古学

韓国考古学会 編
武末純一 監訳
庄田慎矢・山本孝文 訳

同成社

1　ハンドアックス各種（旧石器時代）

2　襄陽鰲山里遺跡 C 地区出土土器各種（新石器時代）

3　琵琶形銅剣と磨製石剣各種（青銅器時代）

4　論山出土多鈕細文鏡
（初期鉄器時代）

5　平壌石巌里９号墳出土金製帯金具（原三国時代）

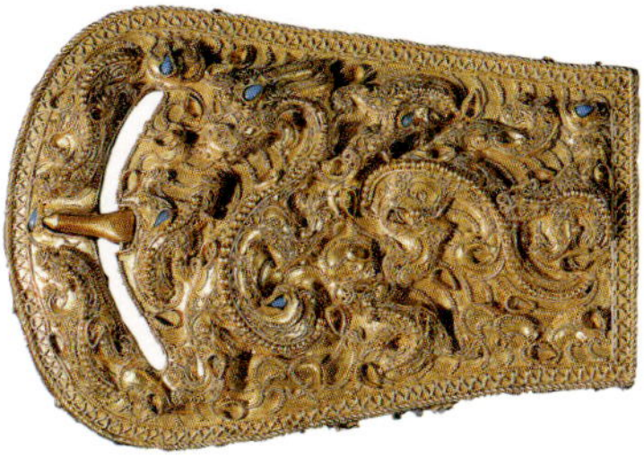

6　仁川雲北洞遺跡出土五銖銭と銅鏃（原三国時代）

7　金海良洞里200号木槨墓出土水晶製首飾り（原三国時代）

8　昌原茶戸里１号墓木棺（原三国時代）

9　集安五盔墳４号墓壁画の日神と月神（高句麗）

10　ソウル峨嵯山４保塁の高句麗土器各種（高句麗）

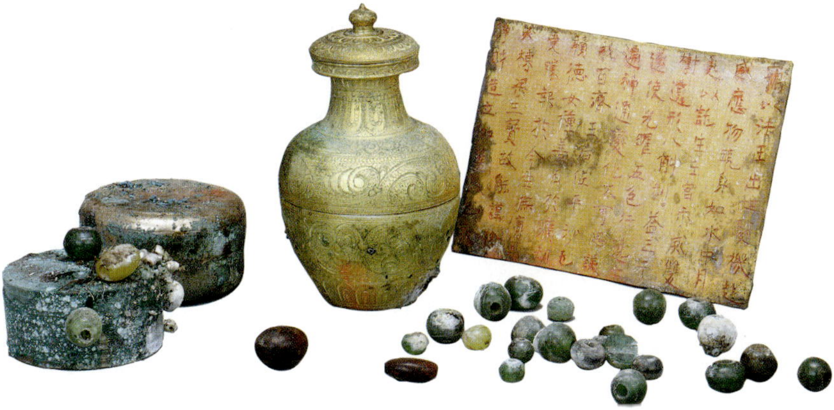

11　益山弥勒寺跡石塔の金製舎利壺と関連遺物（百済）

12　扶餘陵寺跡の金銅大香炉（百済）

13　慶州皇南大塚北墳木棺部の装身具出土状態（新羅）

14　慶州皇南大塚南墳の玉虫の羽を装飾した鞍金具復元品（新羅）

15　金海徳山出土の騎馬人物像土器（加耶）

16　慶州雁鴨池の金銅鋏（統一新羅）

17　瓦当と塼（渤海）

感謝と喜びの言葉

まず『韓国考古学講義』の改訂版が日本語に翻訳され出版されることに感謝と喜びの意を表します。出版に際しお祝いの序文を武末純一先生から要請され、とまどいながら御辞退させていただきました。本書をはじめに編集し、また改訂版を出版するまでの重責を主導された崔秉鉉前会長の第1版と改訂版の序文がそのまま翻訳されて掲載されていることもあり、また日本語への翻訳事業は申敬澈前会長の在任時にはじまったことで、どの点をとっても私が割って入る余地がないためです。ただ偶然に私の韓国考古学会長の任期中に出版に至ったということだけで序文を引き受けるには当然ながら躊躇せざるを得ませんでした。しかしながら韓国側から誰かが翻訳出版の御挨拶をしなければなりませんでしたので、思い切って筆をとることに致しました。

冒頭で感謝を述べさせていただいた理由は、翻訳作業を推進・総括された武末純一先生の御尽力と、大変な翻訳の仕事を直接受け持たれた庄田慎矢氏と山本孝文氏の熱意に敬意を表すためです。この方々の韓国考古学に対する学識と愛情がなければこの仕事は為し得なかったでしょうから、当然感謝を申し上げなければなりません。また、喜びを申し上げたのは、韓国考古学の唯一の最新概説書が日本の読者の方々に初めて紹介されることに対するものです。これにより韓国の著名な研究者たちが最新の調査から研究の成果までをまとめた韓国考古学の現段階を、韓国考古学の情報に直接・間接に触れている考古学関連研究者の方々だけでなく、日本の一般の読者の方にも知っていただけることとなり、大変喜ばしく思います。

どうか、本書を通じて日本の読者の方々に韓国考古学を御理解いただけるよう期待するとともに、出版に携わった方々に重ねて感謝申し上げたく存じます。

2012年7月24日

慶北大学校考古人類学科 教授　李 熙 濬

はじめに

韓国考古学会は、『韓国考古学講義』初版が出てから３年で最初の改訂版を出すことになりました。初版には、「はじめに」でも明かされているように様々な問題がありましたが、学会はその出版を強行しました。大学の韓国考古学概説講義の教材や、関心のある一般市民が参考にできる韓国考古学の入門書の不在状態をこれ以上放っておいてはならず、初版の出版がより忠実な概説書の準備の足掛かりになるであろうと期待したためでありました。

そして学会は、初版が出版されてすぐに、執筆者と編集委員によるワークショップを開催して改訂版の準備について議論しました。このワークショップでは、学会の運営陣の交代とは関係なく編集委員会を維持し、一貫性を守るために当時の委員が改訂版の出版の責任を負うこと、初版各編の執筆者は改訂原稿を作成して提出すること、改訂版の完成度を高めるために執筆者たちは原稿内容の修正など改訂版の出版と関連する一切の権限を編集委員会に委任することなどを決定しました。

各編の執筆者達から改訂原稿がすべて提出されたのは、『韓国考古学講義』出版を推進した第20代韓国考古学会運営陣の任期が終了した後の2008年夏でした。編集委員会はすぐに原稿の検討と修正作業に着手しました。まず編集委員達が時代別に分担して、提出された原稿を修正・校閲あるいは補完執筆をし、全体の調和と統一性のために委員長がこれを集めてさらに修正した後、編集委員全体で検討しました。これにより、原稿のなかには最初に提出された内容と大きく変わったものも出てくることになりました。この本に収録されている写真と図面も同様の過程を経て選定されました。よってこの改訂版は、各編の執筆者と編集委員達の共同著作物と言えます。初版と異なり、各編の執筆者名を明示せず、編集委員と執筆者全体の名簿の提示する方式に代えたのはこのような理由のためであり、読者各位のご理解を頂きたく思います。

この改訂版では初版で露呈したいくつかの問題点を補完しようと努力しました。韓国考古学の空間的範囲として、とくに先史時代の中国東北地方に対する内容をより忠実に盛り込もうと努めました。韓国考古学の時間的範囲として、高麗・朝鮮時代までを含めました。しかしその調査・研究成果が、いまだにそれ以前の時代ほどは十分でないため、付篇として提示致しました。発掘調査報告書が未刊のものはもちろん、まさに発掘調査が終わったばかりのものも含め、最新の遺跡調査内容と研究成果を含めました。前後の時代や各章の間で矛盾する記述や、同じ事実に対しての異なる記述をなくし、可能な限り一冊の本として有機的につながるように留意しました。コラムを設け、注目される特定の事柄を扱いました。広く用いられている固有語の用語があれば積極的に採択しましたが、すでに学界で通用している漢字語はそのまま使用し、意味が通じる場合は、無理に造語を使わずに外来語や特定国家の漢字用語を使用しましたが、全く意味が通じない用語はできるだけ固有語に置き換えました。満足のいく成果が出たとは言えませんが、以上のような点に留意したことを明らかにしておきます。

この本の初版の出版を推進するのに必要な経費を（財）湖南文化財研究院が全額支援してくださったことは、先にも明示した通りです。この改訂版の準備に必要な経費は、学会から支給した初版の図面作製費を倍にして学会に戻してくださった（財）韓国考古環境研究所の支援金と、初版の３・４刷の印税で充当しました。尹徳香院長（当時）と李弘鍾所長、そしてこれら二機関の関係者各位にもう一度感謝申し上げます。

そして改訂原稿を作成し、その修正権限を委任して下さった各章の執筆者の方々に重ねて感謝の言葉を捧げます。編集委員達はこの改訂版のために多くの時間と精力を惜しみなく費やし、検討会議だけでも14回を重ねました。見合うだけの待遇もなく、ひたすら研究者としての時代的な義務感のみを繰り返す委員長の無理な要求に黙々としたがって下さった編集委員各位に、心から感謝致します。

金武重編集委員は原稿の検討のみならず写真・図面の編集を一手に引き受けて最新資料を収集し、この本に載せる図面を（財）中部考古学研究所で新たに整えて下さいました。研究所の関係者各位と金武重所長に深く感謝致します。またこの本のために新たな資料を提供して下さった諸機関と関係者の方々にも感謝致します。初版が出てから間もないのにも関わらず学会の要求にしたがって改訂版の出版を快く敢行して下さった社会評論尹哲鎬社長と金千熙チーム長、そして編集陣の方々にも感謝の言葉を捧げます。

2008年10月『7人の元老から聞く韓国考古学の60年』の出版に続き、この改訂版を出したことで韓国考古学会第20代運営陣の任務を終えることになりました。会員の皆さんや学界に対する約束を守ったという安堵感と同時に、胸の片隅では私が着手したことが蛮勇ではなかったかと不安を感じています。

2010年8月29日

第20代 韓国考古学会会長 崔秉鉉

第1版　はじめに

私たちの学界における初の韓国考古学の概説書は、1973年に出版された故金元龍教授の『韓国考古学概説』であった。この本は韓国語で書かれた韓国考古学概説書としては現在でも唯一のもので、1986年に第3版が出てから刷を重ね、今も書店で買い求めることができる。しかし著者が逝去してからすでに10年余りが過ぎ、日々増え続ける膨大な資料と研究成果をこれ以上反映することができなくなった。

現在、大学の学生達や関心ある一般市民が参考にできる適切な韓国考古学の概説書や入門書はない。しかし今、韓国考古学の資料と研究成果はその規模が非常に大きくなり、研究者の専門分野も細分化され、韓国考古学全般に対して一人が執筆した概説書が出ることを期待するのは難しくなった。一方で大学や各種の社会教育機関では、学界の研究成果とはかけ離れ、歪曲された内容が非専攻者むけに講義されているという話も聞く。

この本は、このような現実を至急打開すべく、韓国考古学会が学界で旺盛に活動している各時代別の研究者に執筆を依頼し、まとめて出版したものである。しかしこの本には、私たちの学界が抱えている様々な問題点がそのまま現れている。最初の構想では学界の遺跡調査と研究の趨勢を反映して時間的には高麗・朝鮮時代まで、空間的には中国東北地方までを韓国考古学の範囲に含めようとしたが、すべてが思い通りにいったわけではない。編年や文化の解釈の学説による差異については、可能な限り資料の提示をもって客観性を維持しようとしたが、用語をはじめとし、内容と叙述上の統一を期すのは難しかった。

それにも関わらずこの本を出すことにしたのは、これが現在の私たちの学界の現実であり、韓国考古学に対する誤った教育と認識をこれ以上放置することができず、またこの本が足掛かりとなって真正な韓国考古学の概説書が一日も早く作られることを望むからである。

この本の出版を進める過程で必要な費用は、（財）湖南文化財研究院が全額を支給して下さった。尹徳香院長と研究院の関係者各位に心から感謝致します。学会は編集委員会を構成してこの本の出版の推進を担当することになった。李鮮馥、權五榮、金武重が委員として、李静銀が幹事として任にあたり、任期内の推進と完遂の象徴として委員長は会長が兼任した。編集委員会はこの本の構想からのすべての過程を牽引しつつ、集団作業の隙間を埋めて体裁を整えてきた。1年余にわたって重ねられた会議と、人目につきにくい様々な面倒事を、嫌がりもせず労を惜しまれなかった編集委員の方々、特に総説の執筆と責任編集を担当され、これに尽くされた李鮮馥教授に感謝致します。

そして何よりも、短い執筆日程と催促に追われ、削除・修正・加筆など研究者に対して無礼でさえある編集委員会の要求を受け入れて下さった執筆者の皆さんに感謝致します。この本に掲載された図面を新たに整えてくださった(財)韓国考古環境研究所の研究員の方々にも感謝致します。この本を綺麗に仕上げて下さった社会評論出版社の尹哲鎬社長と金千熙チーム長にもお礼申し上げます。これら全ての方々の献身的な努力がなかったら、この本は日の目をみなかったことでしょう。

2007年2月5日

第20代 韓国考古学会会長 崔秉鉉

目　次

凡　例

1. 本書は韓国考古学会編『改訂新版 韓国考古学講義』(2010年、社会評論) の日本語訳書である。
2. 本書の翻訳は「総説」から「原三国時代」までを庄田慎矢が、「三国時代」から「付篇」までを山本孝文が担当し、武末純一が監修した。
3. 表現や用語などは可能な限り統一を図ったが、担当の時代や研究背景などによって用語が異なる部分もある。
4. 専門用語は、漢字語であっても可能な限り日本考古学で通用している用語に改めた。
5. 本文中の初出の遺跡名には、現地の発音に近い読み仮名をカタカナで付した。
6. 地名・人名など固有名詞に関しては、日本語でも十分に通用する場合や、著名な地名である場合などに限り、訳者の判断で旧字を用いた。
7. 参考文献のタイトルなどはすべて日本語に訳した。

第1章

総　　説

Ⅰ　韓国考古学の成立と発展

韓国で考古学が学問として認定され、大学に正規の専攻過程が置かれたのは1961年のことである。それ以前の考古学的活動は非常に微々たるものであった。社会がある程度安定し始めた1960年代に入って、ソウル大学に関連学科が開設されるとともに国家機関といくつかの主要大学博物館が考古学調査をはじめ、研究人員が輩出されるようになり、今日に至っている。韓国考古学は、その浅い歴史にも関わらず刮目に値する発展を成し遂げたが、その一方で、歴史の浅さゆえの克服すべき遺産と新たに挑戦すべき課題を多く抱えている。

近代的学問体系としての考古学が移植される前までは、韓国において先史時代をはじめとした過去の遺跡と遺物に対する関心は非常に低く、過去の物証に対する朝鮮の記録は中国や日本に比べても驚くほど見当たらない。考古資料が朝鮮時代の知識人にとって知的好奇心の対象とならなかったのは、宇宙万物の根源に対する性理学の理気論により、石斧のような先史時代の遺物もいくらでも自然の力で作られ得ると考えたためであった。ただし例外的な人物として、考証学の影響を受けた秋史金正喜をあげることができる。彼は「新羅真興王陵考」を通じて慶州一帯の新羅古墳が築山ではなく墓であり、真興王陵が仙桃山のふもとにあることを推定するなど、考古学の種となりうる一連の活動を繰り広げた。しかし彼の学脈は当代で途絶え、考古学が自生的に発展する土台は作られなかった。

韓国の考古学的過去に対する近代的関心は、開港直後朝鮮を訪れた西洋人が残した断片的な記録に見出すことができる。例えば1888年にアメリカ国立博物館所属のある研究者は、釜山からソウルまでの旅程で観察した墓と遺物に対する詳細な記録を小冊子として残しており、1903年には黄海道鳳山一帯の支石墓に対する紹介がフランスの学会誌に掲載されもした。しかし最初の体系的な考古学調査は、1905年大韓帝国政府から王室財産の把握依頼を受けた日本の東京帝国大学建築学教室所属の専門家が全国各地の建造物をはじめとする文化遺跡の現況を把握する一方、記録に残らない歴史時代と先史時代の遺跡を調査することでなされたのである。

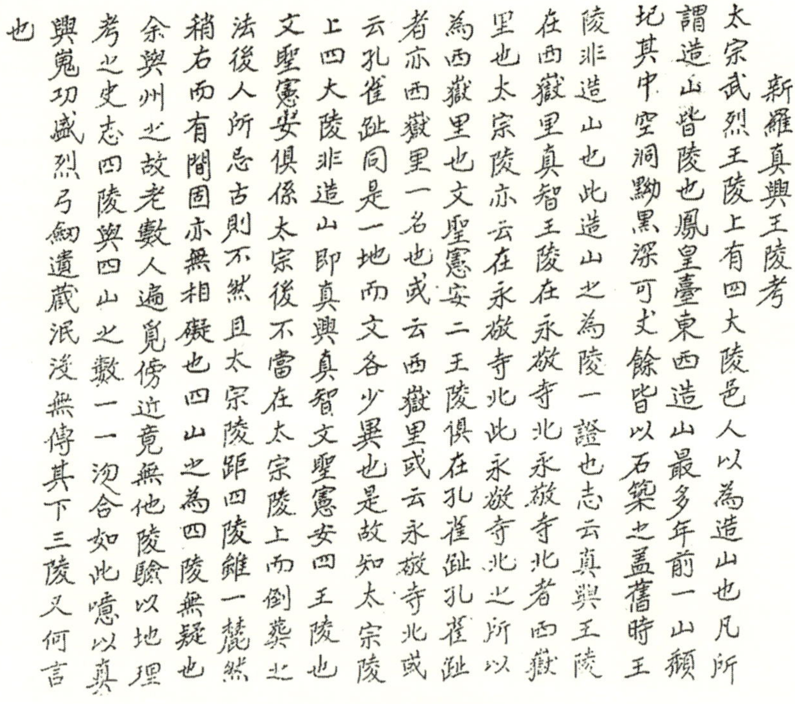

新羅真興王陵考
太宗武烈王陵上有四大陵邑人以為造山也凡所
謂造山皆陵也鳳皇臺東西造山最多年前一山頽
圮其中空洞黝黑深可丈餘皆以石築之蓋舊時王
陵非造山也此造山之為陵一證也志云真興王陵
在西嶽里真智王陵在永敬寺北永敬寺北者西嶽
里也太宗陵亦云在永敬寺北此永敬寺北之所以
為西嶽里也文聖憲安二王陵俱在孔雀趾孔雀趾
者亦西嶽里一名也或云西嶽里或云永敬寺北或
云孔雀趾同是一地而文各少異也是故知太宗陵
上四大陵非造山即真興真智文聖憲安四王陵也
文聖憲安俱係太宗後不當在太宗陵上而倒葬之
法後人所忌古則不然且太宗陵距四陵雖一麓然
稍右而有間固亦無相礙也四山之為四陵無疑也
余與州之故老數人遍覓傍近竟無他陵驗以地理
考之史志四陵與四山之數一一沕合如此噫以真
興嵬功盛烈弓劍遺藏泯沒無傳其下三陵又何言
也

図1　新羅真興王陵考

このような調査は、日本植民地時代にもちこされ、そのまま日本人による考古学資料の独占という形で続けられた。帝国主義日本の治下の考古学調査は、新羅や楽浪古墳のように華麗な遺物によって世界の注目をひくことのできるものや、朝鮮史の植民史観的な解釈に有利な資料を提供する特定地域の墓の発掘に集中した。当時の日本における考古学自体の低い研究水準とあいまって、韓国史を他律的で停滞的な過程としてとらえていた日本学界は、韓国の先史時代を曖昧模糊に扱い、歴史時代の考古資料は古代韓国が中国と倭の影響なくしては存在しなかったという証拠としてその意味を付与していたのみであった。

こうした解放以前の状況では、体系的に訓練された韓国人考古学者が登場することは期待できなかった。それにも関わらず、1930年代には都宥浩と韓興洙がそれぞれウィーン大学とプラハ大学に留学し、考古学を学んだ。都宥浩は解

図2　金元龍（左）と都宥浩（右）

放以前に帰国したが、目立った活動をすることができず、第二次大戦中に九死に一生を得て、ヨーロッパへそのまま滞在していた韓興洙とともに南北分断状況のなかで北側を選ぶことになった。よって彼らをはじめとする関係分野の人材が確保された北朝鮮では、臨時人民委員会時代から組織的な調査活動が可能であった。しかし、人的資源がなかった韓国での考古学活動は、1960年代まで北朝鮮に差をつけられざるをえなかった。

北朝鮮の考古学研究は戦後の苦しい状況においても旧石器時代と青銅器時代の存在を明らかにするなど多くの成果をあげ、1960年代初頭に至って『朝鮮原始考古学』という最初の韓国考古学の概説書が都宥浩によって出版された。しかし1967年頃に「唯一思想」体制が成立し、真摯な学問的討論は消滅した。続いて1970年代初頭には考古学的過去に対する規範的、教条的な解釈の掟が作られ、現在まで考古学研究はそのなかで提示された解釈を反復している。しかし、北朝鮮の政治的伝統性誇示と直結するものといえる古朝鮮と檀君または旧石器時代や民族起源については過去の主張を一夜にして覆し、その年代を引き上げていく主張が繰り返し登場してきた。このような学問・研究の限界と南北間交流の制約は、考古学の発展を妨げる大きな障害物となっている。

韓国での考古学研究は解放以後10年余りの空白期をおかざるをえなかったが、1960年代から徐々に体系的な研究がなされ始め、1970年代初頭にはこの本でも採択している編年体系の大きな枠組みが備わった。考古学研究は経済発展とあいまって活気を帯び、旧石器時代から高麗・朝鮮時代に至るまで韓国史の全時期に及ぶ研究と調査活動が活発になされるようになり、今日に至っている。しかし、遺跡調査の需要が爆発的に増加したことにより、調査の遅延や拙速な発掘あるいは発掘資料の死蔵のように、予想だにしなかった問題が発生しており、このような問題を克服して研究水準を高めることが21世紀の韓国考古学への宿題となった。

Ⅱ　韓半島と韓国文化

韓国考古学研究の活動舞台である韓半島は、西北端の新義州から東南端の釜山までと、東北端の穏城から西南端の海南までの直線距離が、それぞれ700kmと1,000km程度にすぎない。しかし、長期間にわたる地質活動を経た韓半島の地質相はきわめて複雑であり、複雑で起伏の激しい地形は、地表が堆積運動よりも風化と浸食によってより大きな影響を受けたことを物語る。水脈が狭い浸食谷に沿って形成されたために沖積低地も発達の度合は低く、中国で見られる大規模な黄土の堆積や、日本で見られる広い平野や火山地形も見られない。海岸に沿った地形の地域的な偏差も著しく、東海岸ではしばしば山地地形が海岸まで続くが、西海岸では所々に潮間帯と干潟が広々と発達している。このような地形的特徴と地質条件のために、新石器時代以来、韓半島の住民は赤い色の風化残留土が厚く発達した山麓および丘陵地域を主要な生活根拠地に選んで暮らしてきた。

また韓半島の気候は、狭い面積にもかかわらず著しい地域性を見せる。例えば、南海岸と東北地方は年平均気温と降水量においてそれぞれ12℃、800mm以上の差を見せる。気候の季節的偏差も著しく、ソウルの夏と冬の平均気温は35℃以上の差があり、同じ緯度でも地形的な要因による気候の局地的変化も非常に大きい。このような気候的特徴は植生分布にそのまま反映されている。すなわち、南海岸にはモクレン科やツバキ科を中心とした亜熱帯性の植生が帯をなして分布するが、蓋馬高原一帯にはタイガ山林地帯が発達している。この植生帯の間では、南から北へいくにつれてブナ、ハンノキなどの温帯広葉樹林がチョウセンマツ、チョウセンモミの針葉樹林帯へと漸移的に変化する。こうした環境条件は、それほど広くない韓半島各地において先史時代以来、地域性の強い文化が展開する要因となった。

ところで、世界のどこであれ環境条件は永久不変ではなく、韓半島もやはり地球規模で起きていた気候変動の影響を受けた大小の環境変化を経て今日に至っている。時代による海水面の高低や気温・降水量をはじめとする気候因子の変化およびそこから誘発される地形と植生、動物相の変化は、人々の生活様式に大小の影響を与えた。したがって先史時代以来の韓半島の住民の生活様式は、時代によって変化せざるを得なかった。変化の速度は適応様式と技術により、時には急速に、時には遅く、その波及範囲も時にはより広く、遠くへ、時には近く、狭くもなった。過去の住民の生活の様相が今日の私たちになじみ深いものとは異なる可能性を念頭におくと、韓国の考古学的過去をより客観的に理解できるであろう。

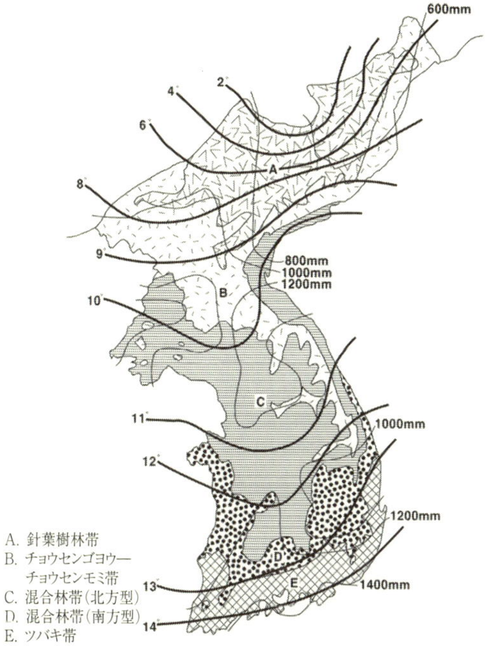

図3　韓半島の年平均気温、年平均降水量および植生区（李鮮馥1989）

Ⅲ　韓国考古学の研究空間と時代区分

時間とともに変化するのは自然環境だけではなく、極端な場合は居住集団の生物学的構成や言語も変わることになる。すなわち、一つの同質集団という自意識をもつ歴史的実態としての韓民族が形成されたのも、人類史上それほどさかのぼらない過去の出来事であるにすぎず、韓半島として区切られた南北の領域は、長い歴史的視点から見ればきわめて最近に定められた空間的境界に過ぎない。つまり、どの場所、どの時代の民族や国家も文化的に多様であり、異質的な諸集団が長期間にわたって少しずつ求心点に向けて統合される過程を経て、歴史的実態として作られていくのであって、「もともとから」一つの独自的な実体として存在していたことはあり得ない。

したがって韓国の考古学的過去を研究する学問としての韓国考古学は、時間をさかのぼって韓民族あるいは韓国文化の淵源となる多様な文化的・歴史的単位の実態確認と性格規定を、重要な研究目的の一つとして捉えることになる。それだけに、韓国考古学は現在の政治的境界を軽く飛び越え、中国東北地方をはじめとする韓半島周辺にも多くの関心をもっている。これは、何よりも古朝鮮から三国時代に及ぶ韓国史の黎明期の様々な政治的実体が韓半島を超えたより広い地域にわたって活動の痕跡を残したため、当然のことである。また、歴史記録が残される以前、旧石器時代から新石器時代を経て青銅器時代初期に及ぶ長い時間、韓半島とその周辺の様々な集団は、国家や民族あるいは語族をはじめとする近代的概念の単位で指称・分類し難い性格であった。よって該当時期の研究においては広範囲な地域にわたる文化相の比較研究が必須であって、時代がさかのぼるにつれてより広い空間的範囲の資料に対する理解が必要となる。

その結果、旧石器時代の研究では狭くは東北アジア、広くは汎世界的規模の研究動向に注意を傾ける必要がある。なぜなら、旧石器時代の資料であれば、それがどの地域で発見されたものであっても、その性格と意味は基本的には汎世界的な次元で人類の生物学的・文化的進化過程の脈絡で規定されるためである。文化の地域性が徐々に確立された旧石器時代末においても、東アジアという地域的な脈絡のなかでの比較研究は必須である。

更新世が終わり後氷期がはじまると、北は北極圏のチュクチ半島から、南は熱帯のインドシナ半島に及ぶまで、ユーラシア大陸東端の太平洋沿岸には環境に対する適応様式が著しく異なる文化圏が形成されはじめ、多様な新石器文化圏が形成された。そのうち中国東北地方、シベリア南東部と沿海地方一帯を包括する韓半島周辺の東北アジア地域は、世界的に土器が最も早く登場した場所の一つである。韓半島ではまたそれほど古い時期の土器は発見されていないが、土器の全般的な形態と表面装飾の特徴は、韓半島の新石器時代が東北アジア新石器文化圏域の一部をなしていることを示しており、新石器時代の研究においては韓半島の隣接地域に対する幅広い理解が必要とされる。

新石器時代に続く青銅器時代が、韓国史上最初の古代国家である古朝鮮の成立と関係する重要な時期であることは言うまでもない。古朝鮮の実体に対する議論は尽きることがないが、国家単位の政治体が登場した青銅器文化圏の領域は、以後の韓国史が展開される基本的な空間的範囲を決定したも同然であると言える。すなわち歴史記録に残る韓国史上のすべての政治的・文化的実体は、古朝鮮を包括する韓国青銅器文化圏内で存続したため、以後あらゆる時期に対する韓国考古学研究は青銅器文化圏内で発見される資料を主要な研究対象とすることになるのである。韓半島が青銅器時代に入った頃には、東北アジアの様々な文化圏はさらに細分化されており、韓国的な特徴をよく見せる青銅器文化の遺物と遺跡は、韓半島と中国東北地方に明らかに類似したものを残した。また、青銅器時代後期の文化と住民が日本列島に伝播・移住した痕跡も明らかであるように、青銅器時代の研究でも、その以前の時期よりも狭い範囲とはいえ、韓半島の周辺地域に対する理解は必要である。このような事情は、以後高句麗や渤海へと続く歴史時代の考古学研究にも継続するのである。

この本の編成と各章節の内容は、こうした空間的研究範囲を反映している。すなわち、旧石器時代編では汎世界的・アジア的な次元で説明せざるをえず、新石器時代編では東北アジア全般にわたる新石器文化の様相を扱っている。続く青銅器時代以後の時期についての叙述は、周辺と対比すると韓国的特徴の文化要素が明確な韓半島と中国東北地方に対する内容を主に含んでいる。続いて各地で古代国家への胎動が見られた文化的激変期である原三国時代を扱うにあたっては、馬韓と百済が登場した中西部地方および弁・辰韓、新羅、加耶の東南部地方と対比する意味で、夫餘と高句麗が勃興した中国東北地方を北部地方として設定した。

ところで、この本で提示した韓国考古学の各時期とその空間的範囲の設定は、ある程度恣意的な側面がある。特に青銅器時代から三国時代にかけての時代区分と文化圏設定と関連し、この時代を通じて中国東北地方から韓半島南端にかけて展開した文化相はきわめて多様であり複雑であるため、研究者ごとの

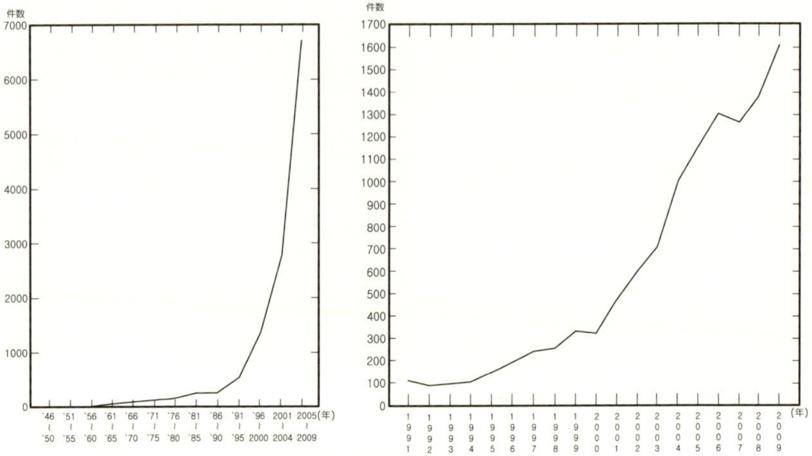

図4　年度別発掘調査許可件数の推移

視点によって異なる説明が提示されうる。

例えば、紀元前1千年紀前半期に遼東から韓半島北西部にわたる地域は、国家段階あるいはその直前段階に至っていたが、韓半島南部はいまだ国家とは距離が遠い社会発展段階に留まっていた。世界四大文明の一つの周辺に位置する韓半島は、黄河文明圏の拡張とともに、好むと好まざるに関わらずその影響を受けざるをえなかったが、燕の古朝鮮侵入はこの避けがたい巨大な古代文明勢力との初めての衝突を意味する歴史的事件であった。その結果、遅くとも紀元前3世紀には韓半島北部に鉄器が入ってきたが、韓半島中部以南地域に衝突の影響が及び鉄器が普及したのは、おそらくこれから100年以上の長い期間の後であったと見られる。それだけ、社会相が非常に単純であった旧石器時代、新石器時代や歴史的記録からその事情を把握することのできる三国鼎立期を除外した長い時期、すなわち青銅器時代から三国時代初に至るまで各地に存在した複雑な事象を、一つの基準で時代区分し、文化圏を断定することは、決して容易ではない。

しかしいずれにせよ、1970年代以来ほとんどの考古学研究者は紀元前300年と紀元前100年前後および紀元後300年を重要な基点とみなし、青銅器時代と三国時代の間に初期鉄器時代と原三国時代を設定してきた。この案が抱えている問題と弱点については本書の関連した章節で言及されるが、学界によく知られているところでもある。しかし、それにもかかわらずこの時代設定は韓国の考古学的過去を説明するのに手頃な道具として扱われてきたし、全面的な代案の提示がなされていない以上、今後もたやすく捨てることのできない叙述の枠組みとしてその役割を果たすであろう。韓国考古学入門書としての本書は、研究成果の効率的な伝達のために、便宜的にこのような慣行にしたがった時代区分編成を採択している。

他方、本書は学問的な立場の差を超えて学界で一般的に認定されている事項を主として内容をまとめ、未検証であったり、大きな論争となっている事項は掲載しなかった。その結果、本書の内容の一部は高等学校の韓国史の教科書と異なることにもなる。例えば、教科書の旧石器時代編では、最近調査されたある遺跡から出土した1点の石器写真を旧石器時代前期の代表遺物として紹介しており、また中石器時代の存在を既成事実として扱っている。しかし、こうした内容は学界で広く認定された事項ではないため掲載しなかった。学界の検証が終わっていない特定の人物の主観的見解や断片的証拠が濾過されずに教科書に掲載されるのは、教科書著述の閉鎖的な構造のためであるが、もし本書の内容が教科書の内容と異なるとすれば、それは本書の編纂において客観性を維持するために、より多くの努力を注いだためということを強調しておきたい。

Ⅳ　韓国考古学研究の現状

この本の時代別の内容から分かる通り、韓国考古学では対象時期ごとに多様なテーマが議論されているが、研究の現状を総括してみると、現在の韓国考古学の核心的な争点としてあげられる問題は、転換期の説明、文化要素の起源と拡散および文化領域の設定と言えるであろう。これは、韓国考古学がいまだ文化史あるいは文化の時空間的分布相の復元に研究の焦点があるという意味であろう。考古学研究が文化史の確立に限られているのは、研究方法論を活発に模索できなかったという事情と深い関係がある。

転換期の説明が重要争点であるというのは、考古学研究では旧石器時代から新石器時代への移行、新石器時代の終焉と青銅器文化の登場、鉄器文化と古代国家の成立が重要な研究課題となっているという意味である。

転換期の説明には、必然的に文化要素の登場と起源に対する説明が求められる。考古学資料は、アジアの東端に位置するという地理的条件により、韓半島に絶えず新たな文化要素が流入してきたことを語っているため、そのような要素の起源地と登場時期の確認は、古くから考古学研究における重要な位置を占めてきた。これによって多くの個別要素の登場と拡散に対する理解がなされてきたが、いまだ文化要素の起源と拡散に対する研究で、個別要素を全体の文化体系のなかで眺望する観点は十分に普及していない。すなわち、転換期に対する理解がいまだ十分でないのは、主に資料不足に起因するものであるが、これを克服できる研究の方法論がより積極的に模索されねばならない。

こうした問題は究極的には、研究対象とする時期によって文化圏はどのように設定することができ、またどのように変化したのかという問題に帰結する。文化要素の空間的拡散と変化に対する体系的把握のためには、時代の流れに沿った異なったスケールの空間的研究単位が必要である。考古学資料の変化相に対してのよりダイナミックな理解には、時代ごとに適切な研究空間単位に対する共通の理解と認識が必要なだけに、積極的な模索が必要であろう。

研究方法論上の制約は、これまで遺跡調査が可視性の強い青銅器時代の支石墓や歴史時代の古墳の様な埋葬遺跡に偏重していたことと深い関係にある。遺跡調査が偏重し、研究者の多くは遺跡・遺物の型式分類と編年が、まるで考古学の究極の目的であり唯一の方法論であるかのように考える傾向にあった。これに加え20世紀後半に急速に進行した都市化と産業化により、多くの遺跡が存在すら知られることのないまま消滅し、先史時代以来の社会相と文化相の変遷を把握するための各種理論と方法論を適用する余地がなくなってしまったことも重要な要因である。反面、大学の関連学科を含む考古学研究機関の零細性により、研究のための各種理論と方法論、技法の開発も活発に行われなかった。

その結果、発掘それ自体と出土遺物に対する個別的研究は比較的活発とはいえ、より大きな視野での文化現象に対する通時的・共時的研究はいまだ満足しうる水準には及んでいない。むろん資料の分析と関係する技術的次元、例えば発掘の経験の蓄積とともに、特に測量と写真、図面製作および報告書出版をはじめとする専門技術分野では刮目に値する発展があった。しかし資料の解釈のための理論や研究方法論ないし分析技法の開発や応用に関する基礎研究には、不十分な点が多い。

また、すべての考古学研究の出発点となる資料の年代評価と関連し、絶対年代測定が広く行われてはいても、いまだ少なくない研究者が各種年代測定法の基本原理や適用上の限界を十分に理解できていないようである。放射性炭素年代測定を依頼する前に、研究者はまず統計処理された炭素年代の意味と暦年較正の限界を理解していなければならず、さらに年代測定は知ろうとする考古学的事件と試料の相関関係を明らかに定義した上で戦略的に行うべきことを認識せねばならない。遺跡形成過程を理解できないまま機械的に採取した試料から得られた測定値は、遺跡や遺物の正確な年代解釈の助けにはならない。

一方、先史時代から歴史時代にかけての考古資料の年代評価は主に遺物、特に土器と金属器の型式学的特徴に依存している。古代国家の登場など複雑な文化現象があった時期の資料から、数十年程度の時間的単位に敏感に反応する指標を探し出すのは容易ではない。このような難しさゆえに多数の研究者が同意する編年は容易には現れず、その結果安定した編年に基礎をおいてなされるべき後続研究がうまく行われないでいる。

こうした状況を打開するため、年代評価と資料の編年とは機械的で技術的な作業ではなく、体系的な研究方法論の基礎の上になされなければならないという認識を広げ、共有する必要がある。これは考古学教育の内実と関係する問題である。学問の多様な側面を紹介する考古学概論と研究方法論をまともに教えられる教育単位が数える程しかないことは、考古学の発展を制約するまた一つの重要な要因とならざるをえない。

編年のようなより基礎的な部門の研究が、方法論に対する認識の制約で大きく進展できずにいる状況では、過去における社会的・政治的構成といった非可視的な分野に対する研究が進展するのは難しい。例えば、1990年代以後国家形成と関係する研究において、多くの研究者が政治的秩序関係の把握の媒介概念としていわゆる威勢品（威信財）の概念を導入した。しかし、多くの研究が威勢品の概念を機械的・画一的に適用したという問題だけでなく、研究の出発点となる遺物の産地分析の研究事例が少ないために遺物の型式学的評価以外には適当な研究方法論を探せずにいる。資料の物理化学的特性についての分析およびそれによって可能な各種の研究がなされるには、いまだ相当な時間を要するものと考えられる。

類似した問題として、埋葬遺跡から発見される人骨をはじめ各種の動植物遺体に対する研究および地質考古学的分析方法論の適用は急を要する。特に多くの遺跡における古環境に対する研究資料は遺跡を構成する堆積層しかないため、地質考古学的観点と研究方法論の普及は必須である。さらに、統計に対する理解が十分でないのも大きな問題で、研究の進展のためには資料の分析と解釈において統計的な視角と方法論が日常的に用いられなくてはならない。このようないくつかの分野をはじめとする多様な研究方法論の活発な導入と模索が、韓国考古学の発展のための前提的必要条件と言える。

V　韓国考古学の展望

韓国考古学では、すべての時代において解答を探るべき研究課題が山積している。資料の増加は過去の問題を解決する一方で新たな問題を投げかけており、研究を裏付ける人力と基礎研究力量が至急、向上されなければならない。各種の理論と方法論および技法の開発と運用は非常に重要であり、このためには考古学の教育と研究に必要なインフラの構築と人材育成および発掘と関連した各種制度の整備が必須である。そのような準備の後付けなしに、過去の人間生活の軌跡を総体的に理解し、そこから人間の本質を知ろうとする総合科学としての考古学という学問はなくなり、ひたすら発掘のみが考古学のすべてであるかのように社会に刻印されるかもしれないと憂慮されるほど、21世紀になって考古学は難しい社会的環境に直面することになった。個人の犠牲と努力が学問を支えていた「純粋な時代」はもはや過ぎ去った。現在の「過渡期」をうまく乗り越えた時、韓国考古学の未来は明るく、究極的には、近づきつつある統一に備える準備もできることであろう。

第2章

旧石器時代

I　時代概観

旧石器時代は、生物分類学で類人猿と区別してヒト（hominin または hominid）と分類される古人類がはじめて登場した時から、1万2000年前頃に更新世が終わる時までの、長い時間に及ぶ人類文化の原初段階を指す。この用語は石を叩いて作った打製石器を使用した時代という技術発展段階上の一つの概念として登場し、20世紀中頃までしばしば氷河時代と同一時期であると誤って認識される場合が多かった。19世紀末には、旧石器時代と新石器時代の中間段階として中石器時代が定義され、人類文化は旧石器–中石器–新石器–青銅器–鉄器時代の順に進化したという考えが広まった。しかしこのような文化発展段階が確認される場合は、むしろ例外的である。

旧石器時代の研究は、20世紀後半に新生代第四紀に対する理解が進み、アウストラロピテクスをはじめとする初期古人類化石と考古資料が本格的に発見されて、大きな進展を遂げた。1990年代からはサヘラントロプス（*Sahelanthropus tchadensis*）、オロリン（*Orrorin tugenensis*）、アルディピテクス（*Ardipithecus ramidus, Ardipithecus kadabba*）といった、700万年前頃（中新世末）から約450万年前頃（鮮新世初）の間に初歩的段階の二足歩行をして生きていた古人類が発見され、アウストラロピテクスの登場以前の人類進化の初期段階に、すでに多様な古人類が登場していたことが明らかになった。約400万年前に登場したアウストラロピテクスは、ヒトに固有の身体的特徴と構造を完成させていき、様々な種の興亡を経たのち、100万年前頃に完全に消滅した。

最初のヒト（*Homo*）属に分類されるホモ・ハビリスは、更新世のはじまりとともに約250万年前頃出現した。道具使用の痕跡は340万年前から現れるが、現在分かっている最古の石器はこの頃に作られたものである。ホモ属は顕著に大きくなった頭脳容量が象徴するように、より発達した知能と道具製作能力をもつようになった。その結果、ホモ・エレクトゥス段階の約180万年前、人類はアフリカを出てユーラシア各地へと拡散した。現代人の母種であるホモ・サピエンスは、20～15万年前アフリカで登場した。それ以後、進化を経て高度な知能と言語、象徴行為などの新しい次元の文化をもつようになった現代人は、

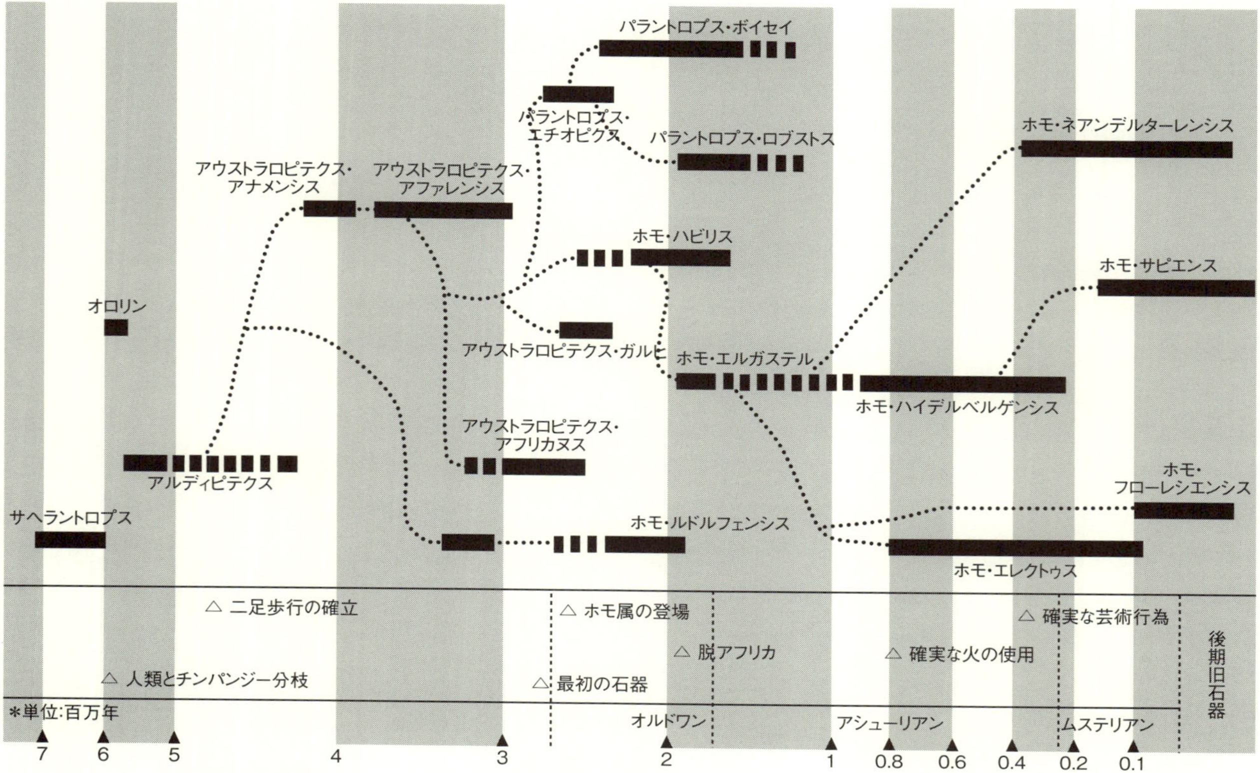

図 5　人類の進化と旧石器時代の文化の進化（原図 :Stringer and Andrews 2005; Klein 1999）

遅くとも６～５万年前アフリカを出て全世界に急速に拡がり、それ以前の段階の古人類が到達できなかったオセアニアには５万年前、ニューギニア高地帯には４万年前、アメリカ大陸には１万5000年前頃に到達することになった。生存競争に敗れた東アジアのホモ・エレクトゥスやヨーロッパのホモ・ネアンデルターレンシスは、遅くとも３万年前頃には完全に消滅し、以後ヒト属としては現代人だけが生き残ったものと見られる。しかし、この現代人アフリカ起源説に対し、一方ではホモ・サピエンスが多様な地域で同時多発的に多様な古人類と関係を結び進化したという多地域起源説の主張も、たゆまず行われている。

2003年にインドネシアのフローレンス島で、完全に成長した成人の身長が105cm に過ぎない人類化石が発見された。発見者はこれをホモ・フローレシエンシス（*Homo floresiensis*）と命名したが、その正体について発見直後から熱い論戦が続いている。すなわち、一方ではこれはホモ・サピエンスと進化の系譜が異なり、ホモ・エレクトゥスから起源した種であって、地球上には僅か１万年余り前まで二種の人類が共存した証拠と見ている。しかし他方では、これは特殊な疾病を患っていたホモ・サピエンスの遺体か、あるいは孤立した島嶼に生息する哺乳類の進化的特徴である身体矮小化現象の一例と見ている。この化石の進化的位置がどのように設定されるのかにより、現代人の起源と進化に対する説明はまったく異なる内容になるため、今後の帰趨が注目される。

Ⅱ　旧石器時代の自然環境

地球環境は新生代第三紀末から急激に変化し、氷河期と呼ばれる過酷な環境が数万ないし数十万年周期で繰り返された。各氷河期と間氷期内にも数百ないし数千年単位の小氷期あるいは間氷期が突然到来したりもした。つまり、旧石器時代の人々は、想像し難い環境条件に適応して生きなければならず、遺跡は今日とはまったく異なる環境条件で形成された。よって旧石器時代の研究において、遺跡形成と関連する自然環境と堆積条件に対する理解は必須である。

新生代末の環境変化の状況は、1950年代から深海堆積層に含まれた珪藻化石の酸素同位体比を分析することで詳細が明らかになりはじめ、1970年代からはじまった南極とグリーンランド万年氷の研究により、より多くのことが明らか

表 1　旧石器時代の代表的な動物化石（原資料：朴英哲 1997；趙泰燮 2005）

遺跡	優占率（%）	その他の動物（%）	大型哺乳類中の絶滅種比率	編年（更新世）
コムンモル	オオツノジカ（45.4）	オオハナジカ（22.5） イノシシ（8.2）	11/17（64.7）	中期初
大峴洞	大峴ウマ（49.2）	ホラアナハイエナ(11.3) オオツノジカ（6.8）	9/20（45.0）	中期
勝利山	シカ（26.9）	徳川ウマ（13.3） アカシカ（11.4）	10/28（35.7）	後期
晩達里下層	ホラアナハイエナ(59.6)	ノロ（8.0）シカ（7.6）	7/23（30.4）	後期
晩達里中層	ノロ（31.5）	シカ（30.8） ホラアナハイエナ(15.1)	2/11（18.2）	後期末
龍谷	シカ（69.4）	ノロ（16.7）	4/17（23.5）	後期
金窟下層	ツノジカ	—	5/5（100.0）	中期（前半）
ジョムマル龍窟 3 層	シカ	—	3/9（33.3）	中期（後半）
トゥルボン 2 窟	オオハナジカ（38.8）	シカ（13.4） オオハナジカ各種（10.4）	8/20（40.0）	中期（後半）
上詩	ハナジカ（79.2）	アカシカ（3.9） イヌ（3.3）	3/19（15.8）	後期
金窟上層	シカ（59.5）	レイヨウ（18.9） ノロ（8.2）	9/25（36.0）	後期
九郎窟	シカ（94.3）	ジャコウジカ（2.4） ヒグマ（1.6）	2/10（20.0）	後期末

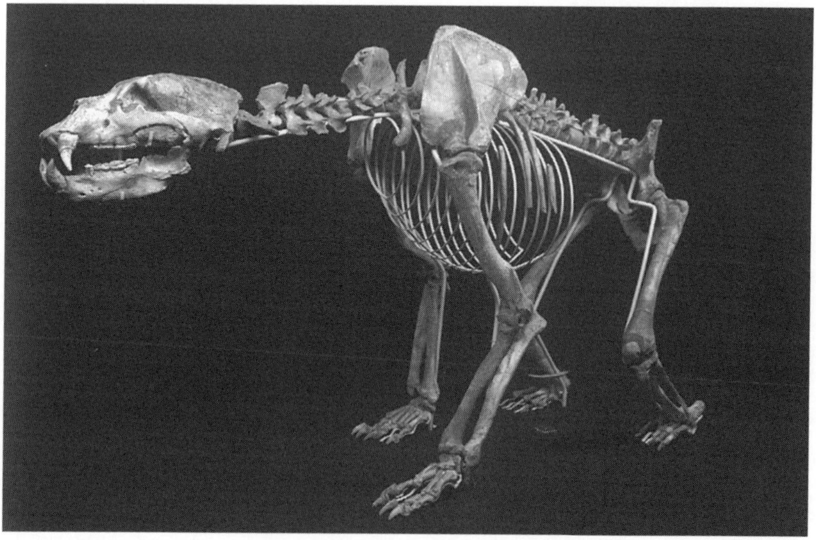

図 6　清原トゥルボン洞窟出土ドウクツグマ化石

になった。我が国の旧石器時代遺跡は、ほとんどが更新世後期（約13万～１万2000年前）に属する。更新世後期は間氷期の条件ではじまったものの、８万年前頃に極端で複雑な気候変化がおこりはじめた。特に２万2000年前頃には最悪の気候状態が現出し、氷河が大きく発達し、全世界の海水面が現在よりも平均で120～135mほど低下した。この最終氷期最寒冷期（Last Glacial Maximum、略称LGM）をはじめとする氷河期の間、韓半島とその周辺地域が大陸氷河に覆われることこそなかったものの、過酷な周氷河環境のもとにあり、北部高山地帯には山間氷河が発達し、黄海は巨大な盆地として陸化し、日本海は内陸湖になった。

旧石器時代の、過酷でありつつも周期的に変化した環境は、動物化石にもそのまま現れる。例えば咸鏡北道で発見されたマンモス化石は、更新世末に韓半島北部地域が永久凍土地帯であったことを示唆するが、コムンモルとトゥルボン洞窟で発見されたこれ以前の時期の動物化石には、クロザルのような熱帯あるいは亜熱帯性気候に適応した種が多少含まれている。旧石器時代が終わる頃に氷河が融けて海水面が高まり、現在の韓半島の地形の輪郭が形成された。

Ⅲ　研究の現状

東北アジアにおける旧石器時代研究は、1929年に周口店で北京原人化石が発見されてから本格的にはじまった。中国では、旧石器遺跡以外にも、様々な所でホモ・エレクトゥスとホモ・サピエンスの化石が発見された。現在まで発見された最古の遺跡としては、100万年前頃の遺跡である陝西省藍田、河北省泥河湾盆地の小長梁と東谷坨地点などが挙げられる。また、韓半島での発見品と類似したハンドアックス類の石器は、中国の真ん中である洛水―漢水―丹江流域と西南部の広西省百色盆地を中心に発見されている。日本では1946年に群馬県岩宿遺跡が発見されて以来、数千箇所の遺跡が知られているが、異論の余地なく３万5000年以前の遺跡と判明したものはまだない。シベリアと沿海地方およびモンゴルでも10万年以上、数10万年前の遺跡と主張された地点があるが、主張を裏付ける資料は十分でなく、ほとんどの遺跡は更新世後期の新しい時期に属する。

韓半島では、1930年代に豆満江沿いの潼関鎮《ドングァンジン》（現江岸《カンアン》里《ニ》）で旧石器と見られる遺物が発見されたが、本格的な研究は、1962年に半島北部の咸鏡南道雄基屈《クル》浦《ポ》里《リ》西《ソ》浦項《ポハン》貝塚の新石器時代文化層よりも下層で、また1964年に半島南部の公州石壮里の錦江沿いの断崖で遺物が発見されてからはじまった。北朝鮮では、政権の民族史的伝統性を宣伝しようとする政治的理由から、旧石器時代遺跡と化石人類の調査が重要視されてきており、韓（朝鮮）民族は韓半島内で数10万年の間、文化的・形質的に独自進化したといういわゆる民族単血性論を主張している。しかしもしこれが事実であれば、先史時代以来の韓国人は、ホモ・サピエンスと呼べない特異な生物学的集団をなすことになる。

半島南部で発見された旧石器遺跡は、1970年代末でもきわめて少数に過ぎなかった。しかし1978年漣川全谷里《ジョンゴンニ》遺跡でハンドアックスが発見され、研究の活性化の重要な契機となり、1980年代に入り忠州ダム水没地区で後期旧石器を代表する垂《ス》楊《ヤン》介《ゲ》遺跡が調査され、住岩ダム水没地区でも多くの後期旧石器遺跡が発見されるなど、活発な調査が行われはじめた。現在までに発見された旧石器遺跡は、1000箇所を超えると推定される。

韓半島で最古と主張される遺跡としては、祥原コムンモル（黒隅里）洞窟、丹陽金窟《クムグル》、石壮里《ソクチャンニ》遺跡下部層、全谷里遺跡下部層などがある。これらの遺跡の年代については30万年以上、甚だしくは100万年前の更新世中期（約78～13万年前）ないし前期（約260～78万年前）と推定されているが、主張を裏付ける証拠は確実ではない。ただし、坡州長山里《ジャンサンニ》遺跡は、漢灘江上流で溶岩が噴出し臨津江流域に溶岩台地が形成される以前に形成されたが、層位と古地磁気および年代測定結果を勘案すると、更新世中期あるいは後期初頭の遺跡である可能性がある。

古人類化石についても、北京原人のようなホモ・エレクトゥス化石はまだ発見されていない。半島北部で報告されたいわゆる力浦《リョクポ》人、勝《スン》利《ニ》山《サン》人、徳川《トクチョン》人、龍谷《リョンゴク》人はすべて更新世後期のホモ・サピエンスであり、報道によると2009年9月黄海道黄州の清波大洞窟でも多くの遺物とともに5個体分のホモ・サピエンス化石が発見されたという。しかし半島北部で発見された動物化石のなかには、更新世中期の中国周口店第1地点で発見された資料と類似するものもあるため、今後より古い時期の人類化石や旧石器資料が発見される可能性は排除で

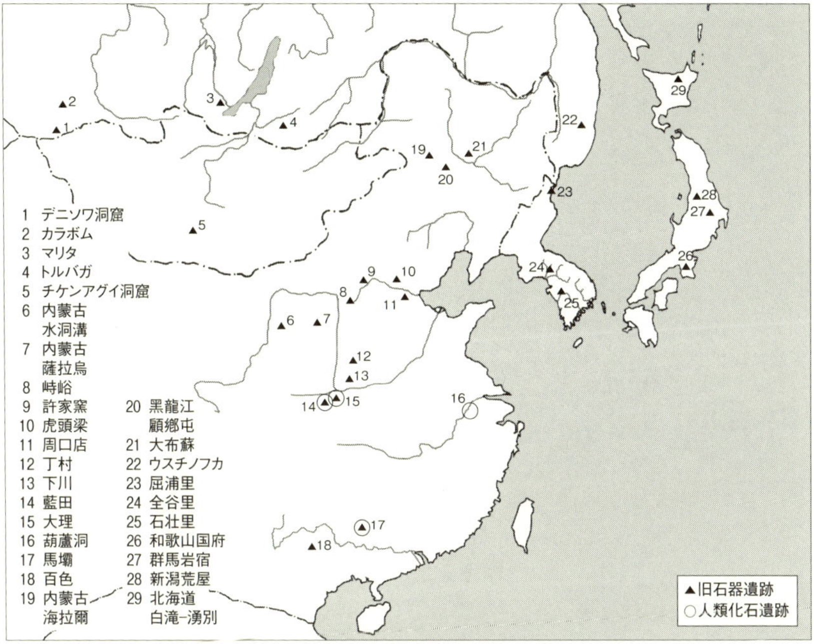

図7　東アジアの主要な旧石器および人類化石遺跡

きない。半島南部でも中部地方のいくつかの洞窟からホモ・サピエンスが発見されたと報道されており、丹陽九郎窟《クラングル》のような遺跡ではヒトによる加工痕跡のある骨が発見されている。

Ⅳ　時期区分と年代測定

人類の形質的進化とあいまって石器製作技術も発達し、旧石器時代の間、石器は大きく粗い形態から、小さく精巧で規格化する方向へと変化した。ヨーロッパとアフリカの一部ではそのような石器製作技術と石器形態の変化を基準に、25～20万年と4万年前頃を境界に旧石器時代を分けている。韓半島でもそうした傾向はある程度現れており、西欧の用例にしたがって旧石器時代を前・中・後期に分けてはいるが、変化の様相と遺跡の年代が不確実なため、分期設定については議論がある。つまり、旧石器時代の時期区分は石器資料に明らか

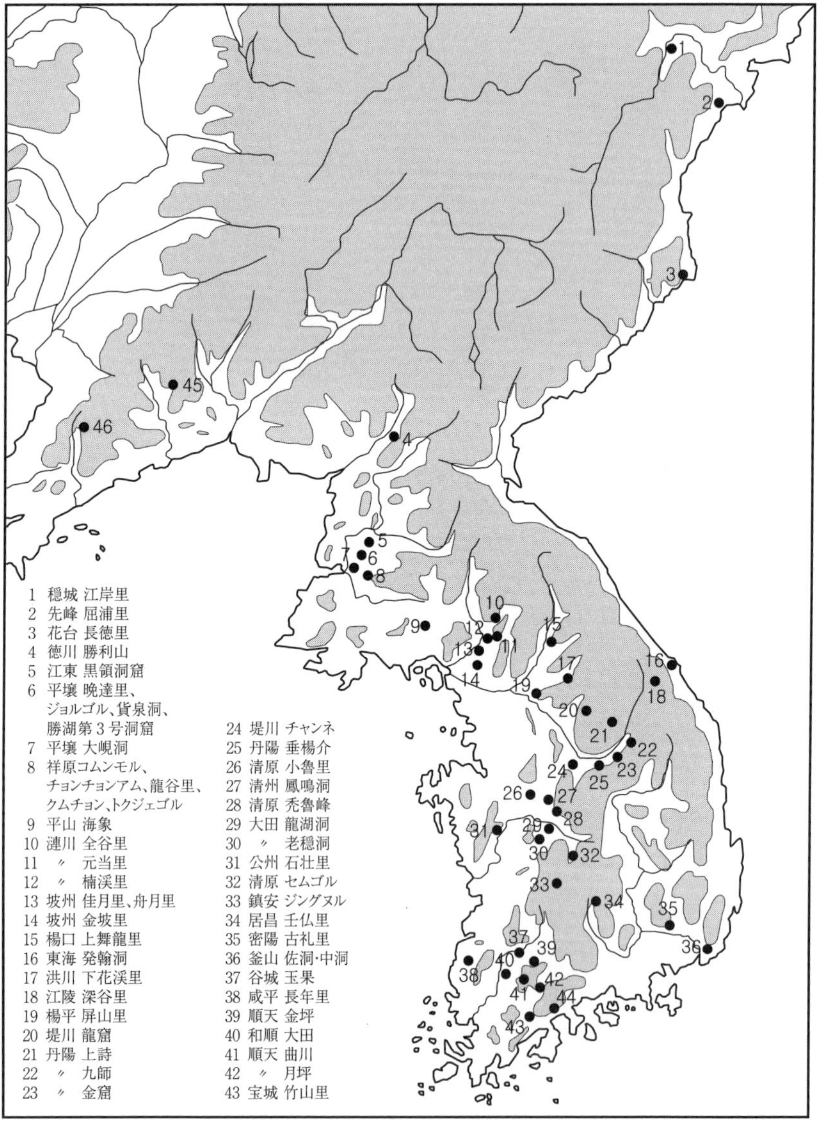

1 稳城 江岸里
2 先峰 屈浦里
3 花台 長徳里
4 徳川 勝利山
5 江東 黒領洞窟
6 平壌 晩達里、
ジョルゴル、貨泉洞、
勝湖第3号洞窟
7 平壌 大峴洞
8 祥原コムンモル、
チョンチョンアム、龍谷里、
クムチョン、トクジェゴル
9 平山 海象
10 漣川 全谷里
11 〃 元当里
12 〃 楠渓里
13 坡州 佳月里、舟月里
14 坡州 金坡里
15 楊口 上舞龍里
16 東海 発翰洞
17 洪川 下花渓里
18 江陵 深谷里
19 楊平 屏山里
20 堤川 龍窟
21 丹陽 上詩
22 〃 九師
23 〃 金窟
24 堤川 チャンネ
25 丹陽 垂楊介
26 清原 小魯里
27 清州 鳳鳴洞
28 清原 禿魯峰
29 大田 龍湖洞
30 〃 老穏洞
31 公州 石壮里
32 清原 セムゴル
33 鎮安 ジングヌル
34 居昌 壬仏里
35 密陽 古礼里
36 釜山 佐洞・中洞
37 谷城 玉果
38 咸平 長年里
39 順天 金坪
40 和順 大田
41 順天 曲川
42 〃 月坪
43 宝城 竹山里

図8　韓半島の主要な旧石器遺跡

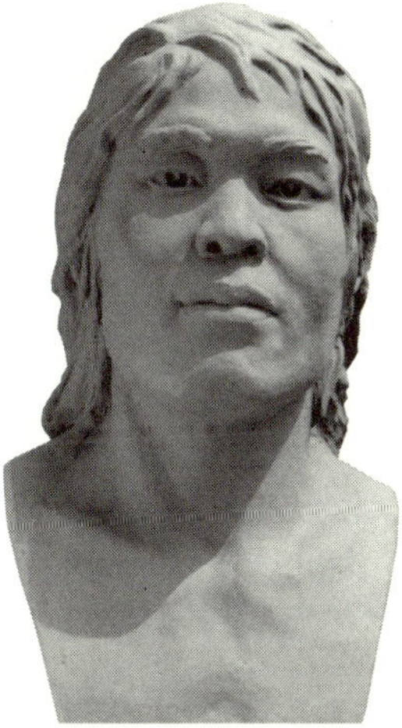

図9　晩達里人骨（左）と復元（右）

な変化を認知して提示されたのではないため、特に前期と中期の区分は石器の特徴の区別や遺跡の年代確定において大きな難点がある。ただし後期旧石器時代の資料は、石刃をはじめとする各種の精巧な小型石器と押圧剥離技法の登場という明らかな特徴を見せており、その概念や時期設定にも異論がない。

遺跡と遺物の正確な年代測定はすべての考古学研究の出発点であるが、旧石器時代の資料に適用できる年代測定法は非常に限られており、多くの遺跡の年代を確実に知ることができない。年代が測定された場合でも、測定年代の解釈のためには遺跡形成過程に対する理解が必要である。遺跡形成過程への理解なしには、堆積層それ自体やそのなかに含まれる試料から得た年代測定値が、遺物の製作や使用ないし廃棄と関連して何を意味するのか判断するのは難しい。韓半島で発見された遺跡は、ほとんどが河川や斜面崩積層のなかから発見されているため、遺跡の年代判定のために遺跡形成過程の理解はきわめて重要な課題であるが、体系的説明はそれほどなされずにいる。

遺跡と遺物の編年設定が難しい状況で、適切な名称ではないが、慣習的に「ソイルウェッジ」と呼ばれている特異な土壌構造が旧石器遺跡で発見されているのに着目し、1990年代以来旧石器研究ではこのような構造が寒く乾燥した気候条件のために地面が裂けて形成されたという仮定のもとで、遺跡と遺物の年代判断のための層位解釈基準に使用してもいる。このようにして得られた結論がより説得力をもつためには、遺跡の堆積環境と堆積以後の変形過程および土壌構造の成因に対する検討がなされなければならないが、実際にこうした土壌構造は、古気候環境とは関係なく形成されることも多いものと見られる。

遺跡の性格を理解するためには、遺跡の位置する場所のみならず周辺地域全般に対する地形学・堆積学・層位学的分析と評価が必須である。こうした研究は多学問的接近を必要とするが、臨津江とその支流である漢灘江流域での研究が代表的事例と言える。この地域では漢灘江の上流であるピョン川沿いの山から噴出した溶岩が川に沿って流れ、溶岩台地が形成されて狩猟採集生活に有利な生活環境と遺跡保存が可能な堆積盆地条件が備わり、今日までも全谷里遺跡をはじめ多くの遺跡が残されることになった。

いわゆる「アシューリアン型」ハンドアックスの発見で有名な全谷里遺跡

考古学資料と絶対年代測定

考古学史は、新たな年代測定方法の登場とともに人類史に対する新たな解釈と視角が提示されてきた過程でもある。放射性炭素年代測定法は現在まで開発された最も効果的な絶対年代測定法であるが、これをはじめとするあらゆる絶対年代測定法は方法自体の特性と限界をよく踏まえて結果を利用しなくてはならない。例えば、中央値と誤差範囲で表示される放射性炭素年代測定値は試料の年代が確率的にどの程度の範囲に属するのかを示すのみである点に注意が必要である。すなわち、3450±100BPという測定値は試料の年代が（3450−1950）±100BC（1600~1400BC）の間にあるという意味ではなく、試料の炭素年代が3555−3350BPの間に置かれる確率が約68%で、該当範囲内のすべての値は68%の確率ですべて正確である可能性があるという意味である。3450BPという中心年代が特別に重要な値というわけではない。また試料の実際の年代は測定値を較正して求めなくてはならないが、較正年代もやはり確率値であるのみであり大気中の炭素量の不規則な変化によって大きな幅をもつ場合が多い。その結果、測定の正確度と関係なく炭素年代が考古学研究にそれほど役立たない場合がしばしばみられる。さらに重要な問題としては、研究者が年代を知ろうとする考古学的事件と試料との関係を知らなければ、年代測定値は無意味な資料となる。例えば、住居跡から発見された木の柱の絶対年代は木が育ち始めてから伐採される時点までのある時を示すのみである、家を建てた時点や家が廃棄された時点、あるいはその柱を立てた時点とは何の関係もない可能性もある。すなわち、あらゆる年代測定結果は研究者がその年代を知ろうとする考古学的事件と資料の間の時間的関係を確立しえた時に、意味のある資料となるのである。

は、発見直後数十万年前の遺跡とされ世間の注目を集めた。しかし、1980年代はじめに堆積層から4～5万年程度の年代測定値が報告されるなど新たな証拠が発見され、遺跡の年代に対する論争がはじまった。全谷里遺跡だけでなく、臨津江流域において溶岩の噴出以後に形成された旧石器遺跡の年代について論争が続いてるのは、それだけ遺跡の年代測定と層位解釈が難しいためである。そのような遺跡では、堆積層上部から2万9000～2万6000年前の間に日本で噴出した火山灰が発見されている。したがって、溶岩台地の上の遺跡がいつまでに形成されたのかは異論の余地がないが、議論になるのは遺跡が形成されはじめた時期がいつなのかという点である。これと関連し、溶岩台地上の遺跡の上限年代は溶岩層の年代として確定できるため、溶岩噴出時期の確定が重要な意味をもつ。この間に得られた資料から、溶岩は40万年前以後に噴出したことが明らかであるため、その間学界では溶岩が更新世中期に噴出したものと信じてきた。よって、全谷里遺跡の形成時点についてのそれまでの見解の差異は、溶岩台地上の遺跡が溶岩噴出直後である数十万年前から形成されたか、あるいは相当な時間がたった後に形成されたのかについての立場の違いに起因したのである。

一部の研究者は、堆積層内に二種類の火山灰があり、火山灰の噴出時点と発見位置から遺物包含層が中国から一定の比率で飛来し積もった黄土（loess）であると仮定し、最下遺物層の年代を30万年前と推定している。これに反対する立場は、堆積層の岩石学的・土壌学的・堆積学的特徴から、堆積物を中国から飛来して積もった黄土とは見なし難く、二度目の火山灰の存在もやはり確実でない上に、堆積層から得られた絶対年代測定値はほとんどが10万年前以後であることを指摘している。

しかし最近、溶岩噴出がこれよりもはるかに最近であったことを物語る放射性炭素年代測定値が、溶岩そのものに含まれた炭化木および溶岩層の下の堆積層から出てきているため、これまでのすべての資料を全面的に再解釈する必要が生じている。このように、臨津江流域の旧石器遺跡の年代や遺跡形成過程については多くの点が明らかにされなければならないが、近いうちに体系的な解釈が可能になるであろう。

図10　漣川全谷里旧石器遺跡

V　石器と遺物群の構成および変化

旧石器時代研究の基本資料である打製石器を自然に割れた石と区別できるのは、そこに加工痕跡が残っているためである。ヒトが意図的に石の１点に力を集中して打ち欠いた剥片と、これが剥がされた原石（石核）には、自然に石が割れた時とは異なる特徴が残される。このような痕跡は、打製石器加工に有利な均質な結晶構造の石によく見られ、良質な石材が広く用いられた後期旧石器時代の石器は、人工品であるかどうかを容易に判別できる。しかし古い時期の石器は、ほとんどが石英や珪岩のような比較的粗い石材を利用したために石器の形態と種類も多様でなく、加工痕跡も不明瞭な場合が多い。

より古い時期の石器に大型石器が相対的に多い事実も、石英や珪岩など石器製作に用いられる原石の限界と無関係ではないとみられる。しかし、時間とともにそのような石材でも少しずつ小型石器をうまく作るようになり、粗い原石からとった剥片を加工する石器も増加する。後期旧石器時代には、良質な石材を利用して石刃や有舌尖頭器のような特徴的な遺物を製作し、旧石器時代が終

表2　旧石器遺跡の放射性炭素年代測定例

遺　跡	年代（BP）	主　要　遺　物
洪川 下花渓里	13390±60	黒曜石、石英岩、水晶製細石器
東海 キゴク	10200±60	細石器、掻器、削器、溝刃、石錘
清州 鳳鳴洞	12260±40	頁岩剥片
鉄原 長興里	24200±600 24400±600	黒曜石、斑岩製細石刃、細石核、有舌尖頭器
南楊州 好平洞	22200±600～ 16600±720	黒曜石、珪質頁岩製細石器、有舌尖頭器、グレイバー
鎮安 ジングヌル	222850±350	石刃、有舌尖頭器
長興 新北	25420±190～ 18500±300	有舌尖頭器、細石器、グレイバー、磨製石器
公州 石壮里	20830±1880	
東海 キゴク	32100±1100～ 36070±380	掻器、剥片
東海 魯峰	33300±170	掻器、クリーバー
洪川 下花渓里	40600±1500	チョッパー、チョッピングツール、掻器
鎮川 松斗里	35900±1200～ 44700±1500	ハンドアックス、チョッパー、チョッピングツール、多面石器、掻器
羅州 龍湖洞	38500±1000	有舌尖頭器
羅州 唐加	45380±1250 44710±1150	礫石器

わる頃には、非常に小さな石刃をそのまま使用したり、さらにこれを加工したりした石器が普及した。

相対的に古い時期の代表的な石器としては、ハンドアックス、クリーバー（横刃握斧）、ピック（尖頭状握斧）、チョッパー・チョッピングツール、石核、多面体石器、掻器等がある。ハンドアックスは全谷里遺跡ではじめて発見されて以来、半島南部のいたる所で発見されている。その形態と製作技法は、原石を数度の打撃によって作ったものから精巧に全面を加工したものまで、非常に多様である。発見当時、ハンドアックスは東アジアがチョッパー・チョッピングツール文化圏であるといういわゆる「モビウス仮説（Movius Line）」に反論する証拠として、大きく浮き彫りにされた。しかし、韓半島をはじめとする東アジアのハンドアックスは、いわゆる「典型的アシューリアン」ハンドアックスと形態的に異なっており、遺物の共伴関係と年代においてもやはり異なる。よってこれに対する評価は、東アジアのみならず世界の旧石器時代人類文化史研究の重要な研究課題として残っている。ハンドアックスに類似した石器としては、横に刃を作り出すクリーバーと尖った刃をもつピックがある。

ハンドアックスとともに発見されたチョッパー・チョッピングツールや多面体石器のような大型石器は、珪岩や石英の礫または岩脈から落ちた塊で作られたものが多い。このような岩石はどこでも比較的容易に入手でき、鋭く堅固な刃を作ることができるため、旧石器時代全時期にかけて、大型石器のみならず掻器、鋸歯刃石器、溝刃石器のような中小型石器製作にも広範囲に利用された。後期旧石器時代には乳白色の晶質石英で削器やグレイバー、石刃などの小型石器も製作された。

しかし、石英や珪岩は内部に不純物と節理面のある場合が多く、ある限度以上の精巧な石器を作るのが難しい。よって旧石器時代後期の石器は、斑岩、ホルンフェルス、珪質頁岩、流紋岩や黒曜石といった新たな良質石材で作られた。丹陽垂楊介遺跡、大田龍山洞《ヨンサンドン》遺跡、密陽古礼里《コレリ》遺跡などでは、このような石材で作った長さ15cm 以上の石刃や、それを剥がした石核あるいは有舌尖頭器のような後期旧石器時代前半の指標遺物が発見された。有舌尖頭器は、石刃の基部を細部加工して木製の柄に装着できる茎を作り、片方の端に鋸歯刃をつくる石器で、折れて出土する事例が多く、槍先に装着されて狩猟具として使われたと考えられる。

珪質頁岩や黒曜石は、旧石器時代の最後の数千年間に、細石器製作に広く用いられた。特に黒曜石は議政府民楽洞《ミンラクトン》遺跡、南楊州好平洞《ホピョンドン》遺跡、洪川下花渓里《ハファゲリ》遺跡、楊口上舞龍里《サンムリョンリ》遺跡、丹陽垂楊介遺跡、大邱月城洞《ウォルソンドン》遺跡、長興新北《シンブク》遺跡など半島南部の各地で発見されているが、原産地がどこなのかは未確定である。細石器は、基本的に細石核から剥がし取った非常に小さな石刃である細石刃を利用して作る石器であり、削器、グレイバー、石錐をはじめとする様々な小型石器とともに発見された。細石器は好平洞遺跡の事例のように個別に加工されて用いられる事例もあるが、角や骨あるいは木に溝を掘って複数個をはめて作る複合道具であり、槍や刀として使用されたであろう。細石器は韓半島、中国北部、モンゴル、シベリア東部、日本、アラスカなど、ユーラシア東部と

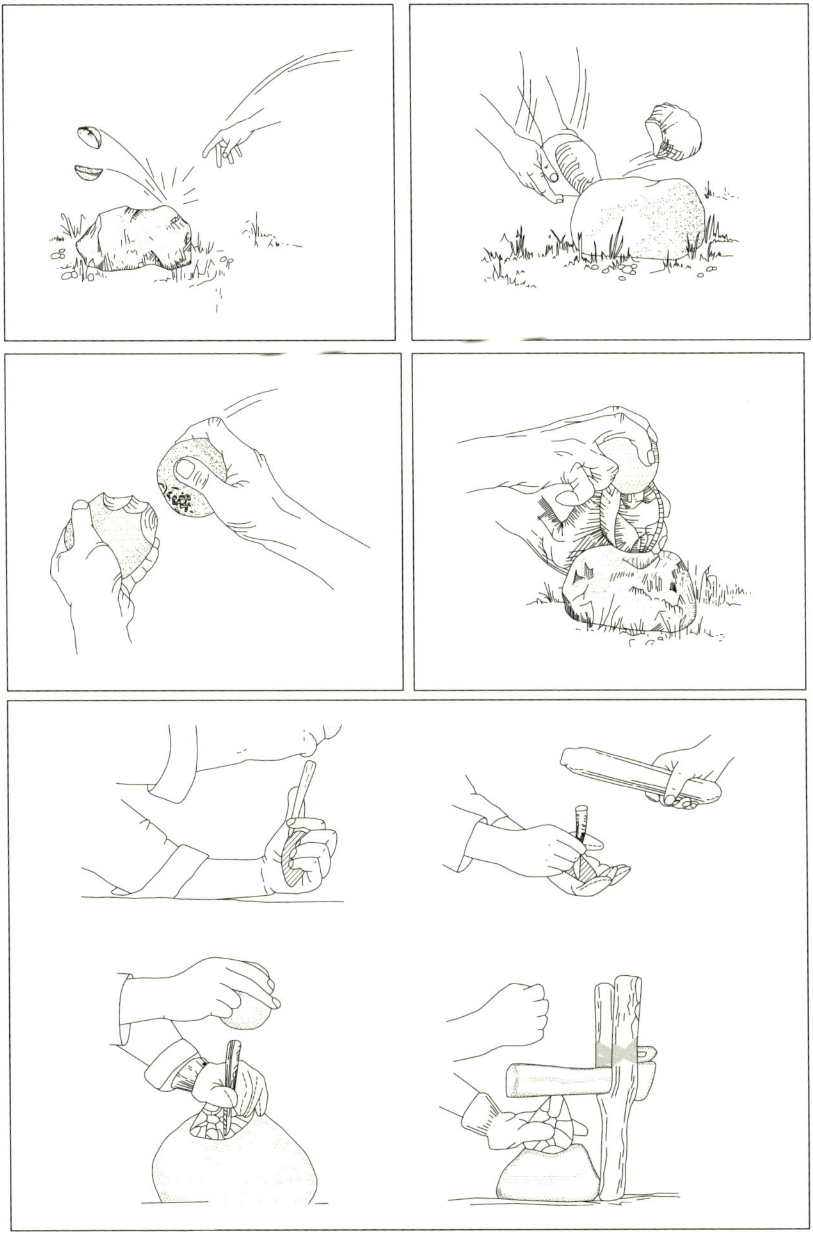

図11　石器製作方式（原図：Schick and Toth 1993；Whittaker 1994）

北米西北部にかけて分布するが、合計10種類余りが知られるその製作技法の共通性から、更新世末にあったホモ・サピエンスの東北アジアとアメリカへの拡散を物語る遺物として注目されている。

時期による石器の変化とともに、遺物群の構成にも変化があったが、その詳しい内容は、前述の通り遺跡と遺物の年代や遺跡形成過程・層位に対する理解が難しいため、いまだ正確に整理するのが難しい。〈表３〉は遺物群構成の時間的変化に対するいくつかの見解を要約したものである。しかし新たな調査により、ハンドアックスは長山里遺跡にみられるように表に提示された意見よりも古い時期にも、また反対に最近全谷里で明らかになったようにきわめて新しい時期にも確認されている。

図12　接合石器：密陽古礼里遺跡

図13　丹陽垂楊介遺跡

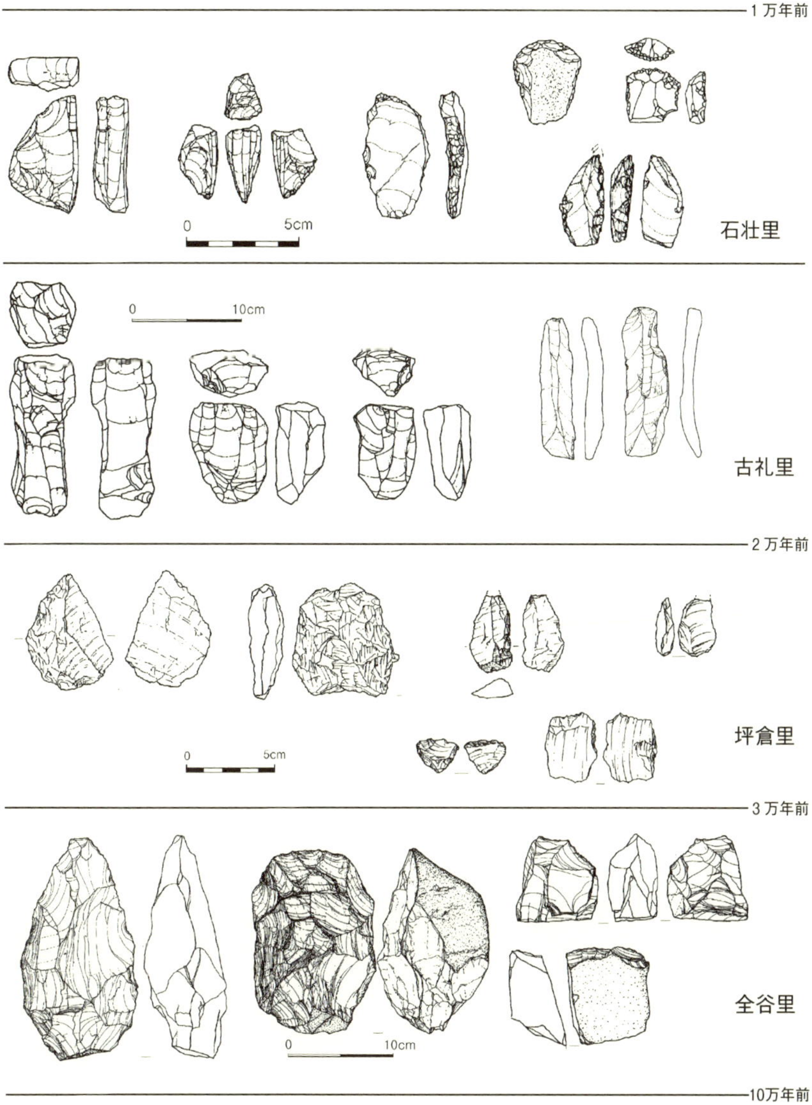

図14　石器群構成の推移

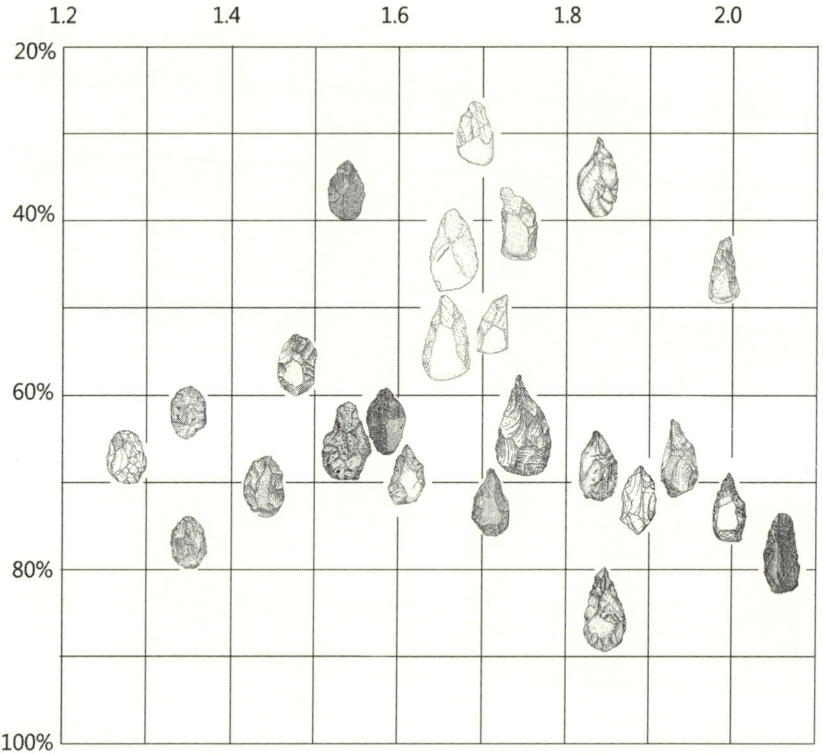

図15　臨津江流域のハンドアックス各種（X 軸：長幅比；Y 軸：器面全体に対する剥離面の比率；方眼一つの大きさは20cm）

図16　ハンドアックス：漣川全谷里遺跡（左）および佳月里遺跡（右）

図17　有舌尖頭器：大田龍湖洞遺跡（左）、丹陽垂楊介遺跡（中）、密陽古礼里遺跡（右）

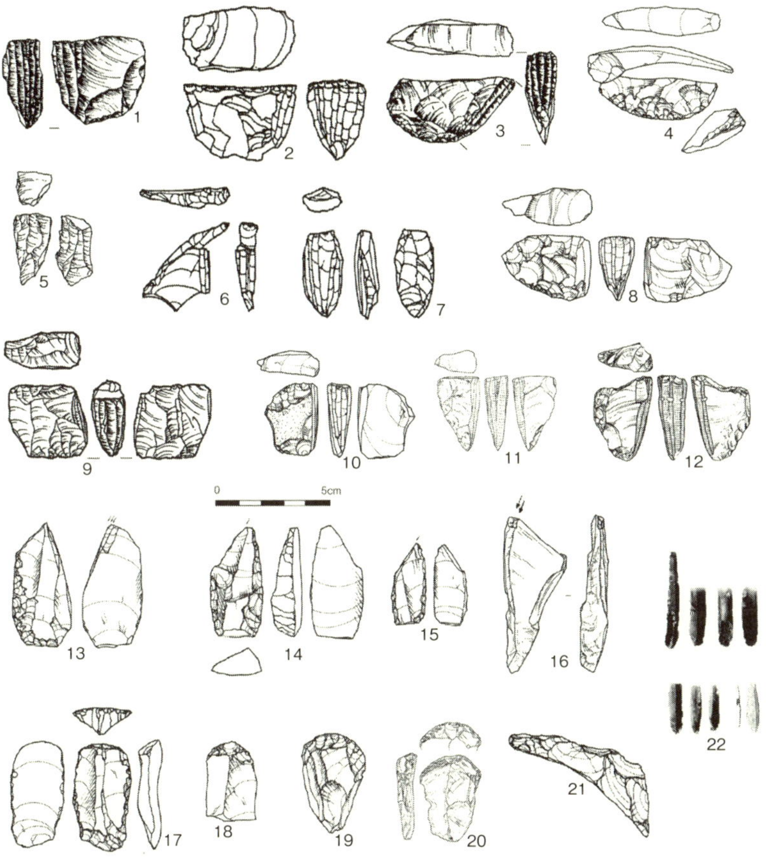

図18　旧石器時代終末期の遺物：1．平壌晩達里遺跡、2・13～15・17．楊口上舞龍里遺跡、3・4・8・18・19．丹陽垂楊介遺跡、5．龍仁坪倉里遺跡、6．谷城玉果遺跡、7．順天金坪遺跡、9．居昌壬仏里遺跡、10．和順大田遺跡、11・12・16・20．順天月坪遺跡、21．公州石壮里遺跡、22．南楊州好平洞遺跡

Ⅵ　生業と住居

現代の狩猟採集集団の大部分に見られるように、旧石器時代人も生業資源として動物性タンパク質よりも植物資源をより多く利用したであろうし、多くの

表 3　旧石器時代石器製作技術の進化に関する見解

研究者	遺物群の性格	代表遺物群	特　徴	その他	持続時間帯
李鮮馥（2000）	細石器を含む小型石器インダストリー	龍湖洞など後期的要素の遺跡	後期旧石器的要素（石刃細石器を含む）	無遺物層である黄褐色調AT層の上の堆積層	後期的要素の登場は約40,000BP
	ハンドアックスを含まない石器インダストリー	全谷里などの上部遺物群、坪倉里	粗いが小型の掻器、溝刃、尖頭器など／漸移的な石器技術	黄褐色層下のソイルウエッジを含む赤色、赤褐色層	OIS3の小段階
	ハンドアックスを含む石器インダストリー	全谷里など臨津－漢灘江流域遺跡の下部遺物群	珪岩および石英岩製ハンドアックスや粗い石器	（全谷里など）堆積層下部にハンドアックス起源	OIS5またはOIS3の小段階
李憲宗（2002）	石刃石器伝統	古札里	石刃中心の石器技術		後期後半以後
	剥片石器伝統	長年里、竹内里下層	剥片素材の石器製作		後期旧石器
	礫石器伝統	全谷里、金坡里、石壮里８・９層、屏山里下層など	硃素材の石器		中期旧石器から普遍化、後期まで持続
成春澤（2006）	細石器技術伝統	下花渓里、月坪里、竹内里上層、ジングヌルなど	細石器（石刃、石核）、削器、グレイバー、石錐中心の石器群	表土下層からソイルウエッジ包含層上部まで	OIS2中心（25000-13000）
	石刃石器技術伝統	禾岱里、龍湖洞、龍山洞、古礼里	中大型石刃、石刃石核、有舌尖頭器中心の石器群	第１ソイルウエッジ包含層が中心	OIS3（40000-30000）に登場、OIS2まで
	小形石英岩石器技術伝統	全谷里、佳月里上部、坪倉里、三里上層、小魯里	掻器、削器、石錐、尖頭器、鋸刃、背面調整石器など小型石英岩石器が中心	旧石器時代の新しい時期まで存続	OIS3が中心年代、OIS2まで持続
	ハンドアックス＝チョッパー・チョッピングツール技術伝統	全谷里、佳月里下部、金窟下層、堂下山、竹内里下層など	ハンドアックス—チョッパー・チョッピングツール—／多面石器、大振りの礫中心の石器群	第１ソイルウエッジ層下部まで存続	OIS4までが中心年代

石器が植物資源を利用するために作られたはずである。初期古人類は動物性タンパク質を狩猟で得るよりも、普通は他の獣の食べ残した死骸に付いた肉をかじっていたであろうが、ホモ属の登場以後狩猟は次第に重要になり、後期旧石器時代のヨーロッパでは、ヤギやトナカイの様な集団で季節移動する動物を集中的に狩猟したり、マンモスのような大型哺乳動物を捕食したりした。韓半島で発見された旧石器時代の生業と関連する証拠は多くないが、九郎窟で出土したシカの骨は、後期旧石器時代の狩猟の証拠と解釈された。いずれにせよ旧石

器時代の動物遺骸の解釈においては、資料形成過程に対する様々な問題を十分に考慮する必要があることが指摘されている。

旧石器時代の生活が絶え間ない移動を必要とするだけに、当時の住居形態は石や木を用いた臨時野営地や洞窟・岩陰を利用したであろうが、大田龍《ヨン》湖《ホ》洞《ドン》遺跡や長興新北遺跡では、一種の屋外炉跡とみられる炉跡が発見された。しかし公州石壮里遺跡、堤川チャンネ遺跡、和順大田《テジョン》遺跡、東海魯《ノ》峰《ボン》遺跡などで発見されたという住居跡については、すべての研究者がその実体を認定しているのではない。一方、石壮里遺跡をはじめとする何箇所かで芸術品やその他の象徴行為と関連した遺物が発見されたとされ、平壌付近の龍谷洞窟でも心臓の形に点を打ったり孔をあけて人の顔を表現した長さ2.5cm 程度の骨製芸術品が発見されたというが、そのような芸術品や骨角器の発見についても、批判的な意見が多い。

Ⅶ　旧石器時代のおわり

全世界的に、氷河は1万3000年前頃から本格的に退きはじめ、現在私たちが暮らしている間氷期の環境が到来した。温暖化の急激な進行に加え、最終氷期とともに1万2000年前頃に更新世が終わり、旧石器時代も幕を下ろすことになった。このような後氷期の急激な環境変化により、すべての動植物の分布と生態が変わり、人類もやはり新たな適応様式を採択することになった。

後氷期のこのような変化にもかかわらず、旧石器時代の生活様式がそのまま維持された場合を指して、中石器時代と呼ぶことがある。韓半島周辺の一部地域では、旧石器時代最末期の細石器が後氷期に入ってからも続けて現れるが、日本東北部やアムール河下流では、更新世が終わる頃にすでに土器が世界ではじめて作られていた。韓半島では更新世の終息後、後氷期初に該当する中石器時代と関連する確実な証拠はまだ発見されていない。後氷期の最も古い遺跡としては、細石器と石鏃が隆起文土器とともに発見された済州島高《コ》山《サン》里《リ》遺跡や、無土器遺物層が報告された統営上老大島貝塚最下層などがあるが、現在まで発見された証拠のみで中石器時代を設定することはできない。

参考文献

国立大邱博物館（編）2005『遥かなる進化の旅情、人と石』国立大邱博物館

朴英哲 1997「植物相と動物相」『韓国史 2：旧石器文化と新石器文化』国史編纂委員会

朴容安・孔于錫（編）2001『韓国の第四紀環境：第四紀環境と人間』ソウル大学校出版部

成春澤 2006「韓国旧石器時代石器群構成の構成の様相と進化試論」『韓国上古史学報』51　韓国上古史学会

成春澤 2006「韓国後期旧石器文化類型論」『韓国考古学報』59　韓国考古学会

延世大学校博物館（編）2001『韓国の旧石器』延世大学校出版部

延世大学校博物館（編）2002『我が国の旧石器文化』延世大学校出版部

兪鏞郁 2009「全谷里ハンドアックスの時間的位置に対する試論：全谷中 2-5 号線資料を中心に」『考古学』8-1　ソウル京畿考古学会

李起吉 2004「鎮安ジングヌル遺跡旧石器文化層の性格と意味」『湖南考古学報』19　湖南考古学会

李鮮馥 2000「旧石器考古学の編年と時間層位確立のための仮説」『韓国考古学報』42　韓国考古学会

李鮮馥 2009「臨津江流域出土ハンドアックス研究の二、三の課題」『韓国旧石器学報』19　韓国旧石器学会

李憲宗 2004「我が国後期旧石器時代の編年と石器の技術形態的特性の相関性研究」『韓国上古史学報』44　韓国上古史学会

李炯佑 2003「ハンドアックス型式に対する計量的考察」『湖南考古学報』18　湖南考古学報

張龍俊 2007『韓国 後期旧石器の製作技法と編年研究』学研文化社

朝鮮大学校博物館 2010『朝鮮大学校博物館特別展2009—輝ける湖南10万年』朝鮮大学校博物館

趙泰燮 2005『化石環境学と韓国旧石器時代の動物化石』慧眼

崔承燁 2006「江原地域の旧石器考古学研究成果と展望」『韓国旧石器学報』19　韓国旧石器学会

韓昌均 2003「韓国旧石器年代問題に対する考察」『韓国旧石器学報』7　韓国旧石器学会

韓昌均 2008「韓国の後期旧石器時代の自然環境」『韓国考古学報』66　韓国考古学会

Klein, Richard, 1999, *The Human Career: Human biological and cultural origins*, Chicago: University of Chicago Press.

Schick, Kathy, and Nicholas Toth, 1993, *Making silent stones speak: human evolution and the dawn of technology*, New York: Simon and Schuster.

Stringer, Chris, and Peter Andrews, 2005, *The Complete World of Human Evolution*, New York: Thames and Hudson.

Whittaker, John, 1994, *Flintknapping: making and understanding stone tools*, Austin: University of Texas Press.

第 3 章

新石器時代

Ⅰ　時代概観

後氷期が訪れた後にも汎世界的に数度、相対的な気候の寒暖の変化が繰り返されたが、自然環境は基本的に我々が現在経験しているものと同様になった。このような環境条件を土台に、世界各地では旧石器時代と質的に異なる内容の新石器時代文化が現れはじめた。

新石器時代という用語は、打製石器を用いていた旧石器時代に続く、磨製石器を作り使った時代という意味で、旧石器時代という用語とともに19世紀後半に提唱された。続いて、農耕を基盤とする定着生活と土器の製作が新石器時代を定義する文化要素に追加され、このような古典的な定義はゴードン＝チャイルド（Gorden V. Childe）が提示した「新石器革命」という概念とともに広く知られるようになった。しかしこれら諸要素は世界中で同時に登場したわけではなく、新石器時代の定義は地域によって異なる基準にしたがっている。東北アジアでは伝統的に土器の登場を新石器時代のはじまりの指標としてきたが、アムール河流域と日本の東北地方では後氷期以前に土器がつくられていたことが明らかにされ、定義の基準は曖昧になった。

韓半島の新石器時代のはじまりを土器の登場とともに定義するならば、済州島高山里《コサンニ》遺跡では紀元前6300年頃日本で噴火した火山灰より下の最下層から、東北アジア新石器時代草創期の特徴を示す土器と石器が発見されているのが注目される。同資料は、その形態的特徴からその年代が1万年前頃までさかのぼるという推定も可能であるため、紀元前5000年頃に始まると設定された新石器時代前期に先立つ、新石器時代の開始期を設定すべきであるという主張も現れた。しかし、このような遺物は済州島のみで発見されており、旧石器時代の終息から紀元前5000年頃までの長い時間に存在する確実な資料は、ほとんど何も知られていない。このような資料の欠乏のため、旧石器時代から新石器時代への移行過程についての説明がなされないままであるが、新石器時代の開始時期やその文化相をはじめとする様々な問題について、今後明らかにされなくてはならない。

新石器時代は、紀元前2000年から1500年頃の青銅器時代のはじまりとともに終わりを迎える。新石器時代から青銅器時代への移行過程に関する研究は、長い間個別的な文化要素を羅列する水準から脱せずにいた。しかし1990年代末からは、土地利用戦略と海洋資源利用様式、人口と資源の均衡関係の変化や社会複雑化の程度を媒介に、青銅器時代へと移行する過程を説明しようとする模索的な試みが現れている。

新石器時代の遺跡は多様な立地条件の場所で発見されている。当時の社会は基本的には狩猟採集に依存しており、地域と時期によって、生業経済様式が変化する環境の差を反映しているかのように、相異なる様相を見せる。例えば、紀元前５千年紀から４千年紀の、韓半島東北地域や南海岸では、魚介類や海棲哺乳類などの海産物が食料資源として重要であったが、同時期の中西部地域では魚介類以外にも植物資源が広く採集された。中西部地域ではまた、紀元前４千年紀初頭にアワとキビを栽培する初期農耕がはじまり、紀元前3500年頃に南部地域に拡散したようである。

新石器時代の人々は竪穴住居で暮らした。紀元前５千年紀の住居跡はそれほど多くは見つかっていないが、新石器時代の特徴的な遺物である櫛目文土器（櫛文土器）が登場して広がる紀元前４千年紀中頃から、全国各地で数軒から数十軒程度の竪穴住居跡からなる集落が現れる。しかし、紀元前２千年頃から遺跡の数と規模は急減し、土器の製作においても技術水準と美的感覚の水準が低い印象を与える。紀元前２千年紀に起こったこのような変化は、新石器社会が解体され青銅器時代へと移行しつつ、ある種の社会経済的変化があったことを示唆するようである。

Ⅱ　地域区分と編年

伝統的に、新石器時代の研究は土器研究が主であり、生業経済や社会組織およびその他の物質文化の様相に対する議論は最近はじまったばかりである。このような研究史的な背景とあいまって、遺跡・遺物の編年や時代区分のみならず、甚だしくは地域と時間による文化相の議論などの諸分野における新石器時代の研究においても、土器の形態と表面装飾の特徴に対する分析それ自体が研究の帰結点となってきた傾向がある。

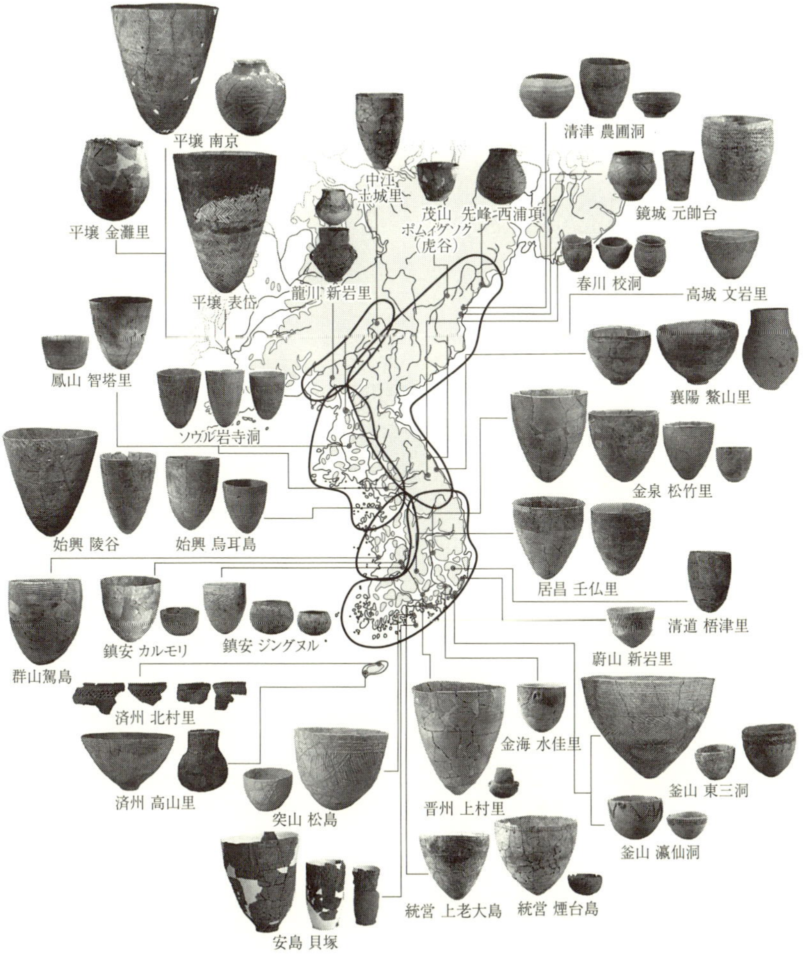

図19　土器の分布相（韓永熙1983を修正）

韓半島を含む東北アジアの新石器時代の土器は、表面を沈線文で装飾した土器が登場し流行する紀元前4千年紀中頃を基準に、大きく二時期に分かれる。韓半島の新石器時代もやはり、紀元前3500年頃に沈線文の櫛目文土器が拡散する以前と以後の段階に分けることができる。ところが、韓半島における新石器時代の土器は、紀元前2500年を前後してもう一度変化する。よって3500年と2500年という二つの時点を契機に、新石器時代は前期、中期、後期に分けるこ

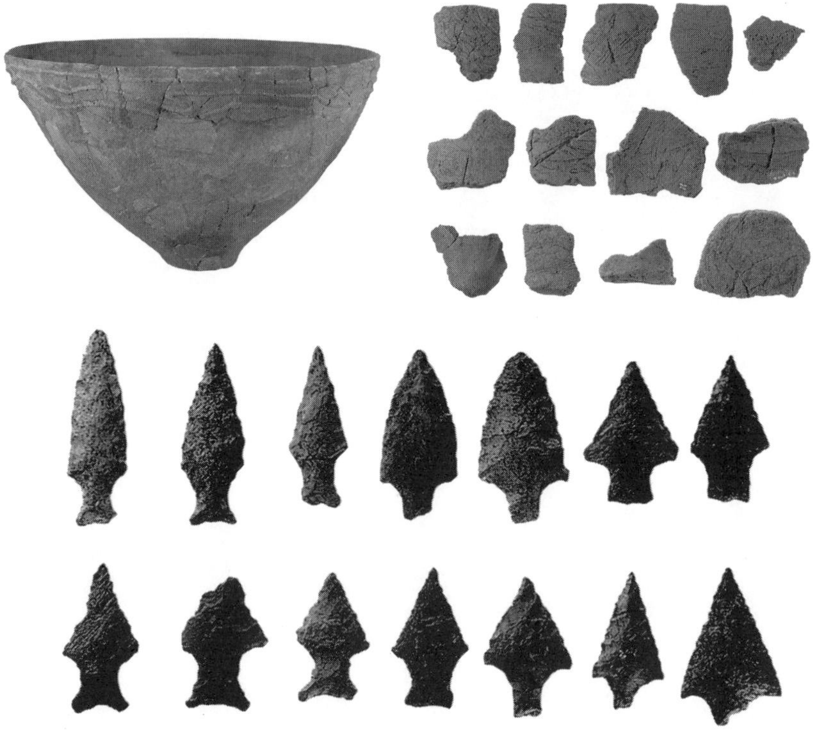

図20　済州高山里遺跡出土土器（上）と石鏃（下）

表4　西北地域の編年

分期	主な特徴	主要遺跡
1	之字文、集線文	美松里下層、緋緞島チョグムソ、細竹里、後窪下層
2	平行線文、単歯魚骨文	盤弓里、馬城子下層、後窪上層
3	魚骨文、隆起文	堂山下層・上層、盤弓里、呉家村、偏堡
4	雷文、隆起文	新岩里、チョンドゥンマルレ、双鶴里、龍淵里、石仏山

とができる。各地の編年は、〈表4～9〉に示した通りである。

高山里遺跡の発見が、新石器時代前期以前の時期を設定できる端緒を提供したため、新石器時代開始期または古新石器段階が設定されることもある。しかし、高山里遺跡最下層の年代が非常に古いであろうという推定には異論がない

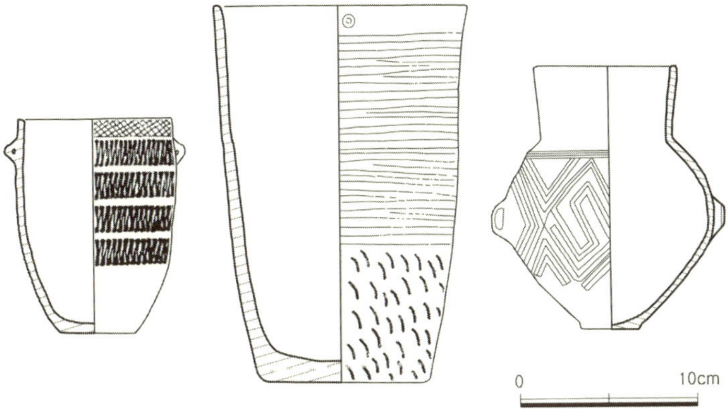

図21　西北地域の土器：丹東後窪下層（左）、本渓馬城子Ｂ洞下層（中）、龍川新岩里第１文化層（右）

表５　東北地域の編年と主要遺跡

分期	主な特徴	主要遺跡
1	押捺系点列文など	西浦項１期、沿海地方ボイスマン
2	押捺系点線列文など	西浦項２期、羅津
3	沈線系魚骨文、渦巻文	西浦項３期、沿海地方ザイサノフカ
4	魚骨文、雷文	西浦項４期、先鋒松坪洞
5	魚骨文、外反口縁	西浦項５期

図22　東北地域の土器：鏡城元帥台貝塚（左）、先鋒西浦項遺跡（中）、清津農圃油坂貝塚（右）

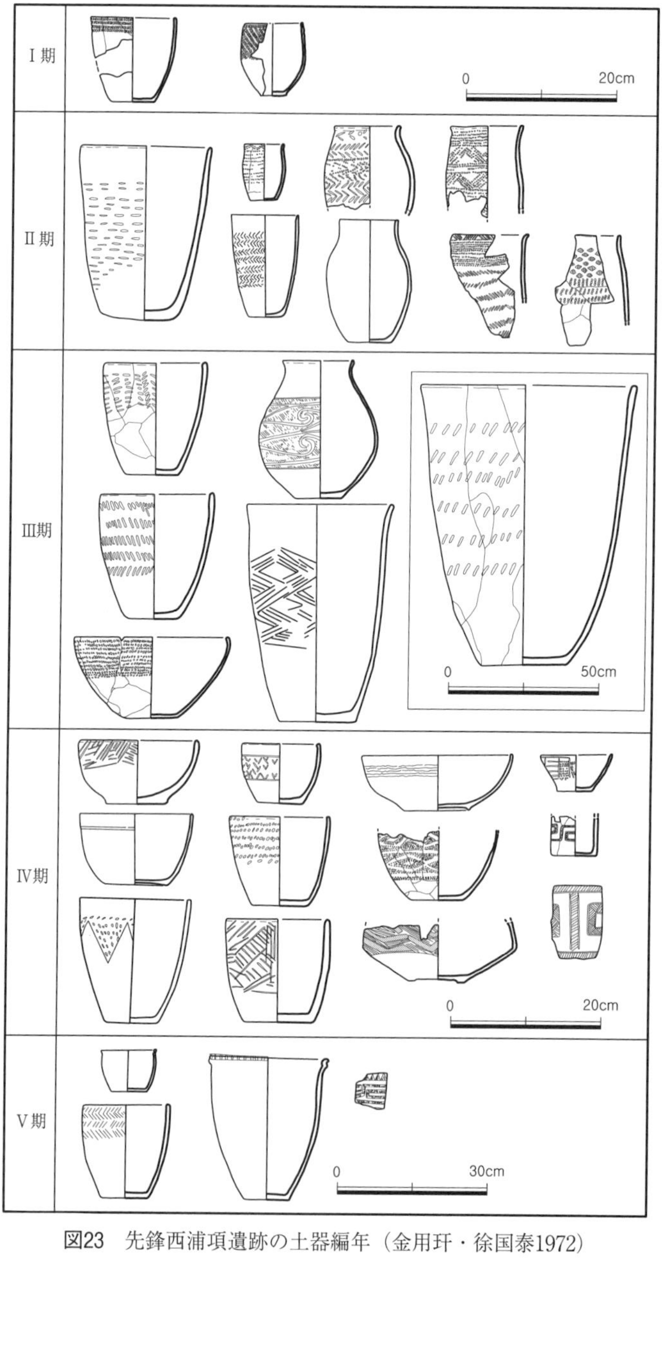

図23　先鋒西浦項遺跡の土器編年（金用玕・徐国泰1972）

表６　中西部地域の編年

分期		主な特徴	主要遺跡
Ⅰ期	前半	区分系、点列文、短斜線文＋魚骨文	智塔里Ⅰ地区１号住居跡、弓山
	後半	区分系、点列文、短斜線文＋渦巻文、魚骨文	智塔里１文化層、馬山里、三巨里、岩寺洞、渼沙洞
Ⅱ期		大同江流域：金灘里１式土器 漢江流域：２部位施文、口縁限定施文、同一系土器登場	金灘里１文化層、龍徳里、細竹里、岩寺洞、渼沙洞、舟月里、三木島Ⅲ
Ⅲ期		金灘里２式、西海岸式同一系土器流行、区分系土器衰退・消滅	金灘里２文化層、南京、表岱、豊基洞、屯山、大川里、双清里
Ⅳ期		文様の単純化、難渋化	龍磻里、軍糧里、毛伊島、烏耳島トゥィサルマク

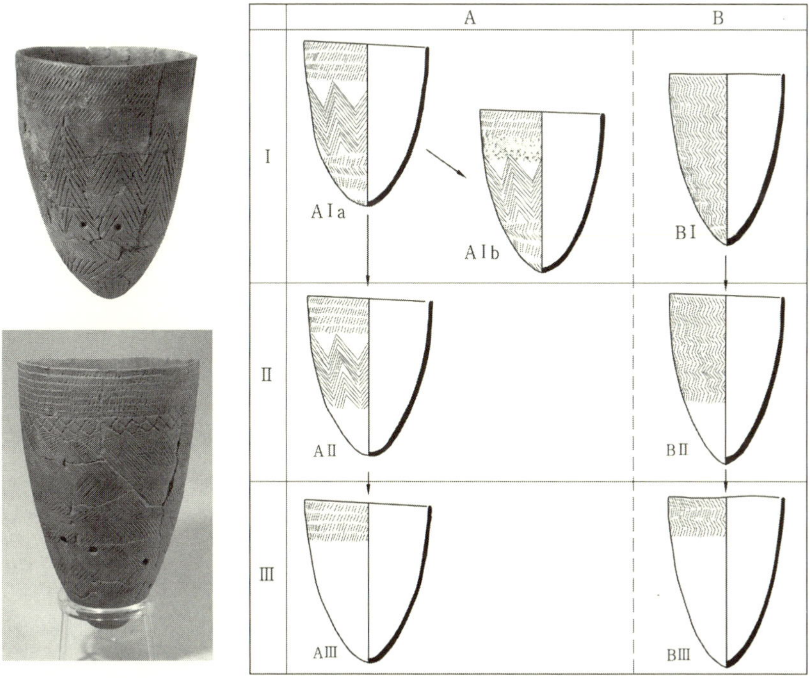

図24　ソウル岩寺洞遺跡の土器（左）と中西部地域の土器変遷図（任孝宰1983）

表7　嶺東地域の編年

分期	主な特徴	主要遺跡
早期	隆起文土器	鰲山里、文岩里
前期	鰲山里式土器	鰲山里、文岩里
中期	区分系櫛目文土器	地境里、草堂洞、柯坪里
後期	同一系魚骨文	鉄桶里
晩期	二重口縁土器	板橋里、雁峴洞

図25　嶺東地域の土器：襄陽鰲山里遺跡(左)、高城文岩里遺跡(中)、襄陽地境里遺跡(右)

表8　南海岸地域の編年

分期	主な特徴	主要遺跡
早期	隆起文土器	東三洞、松島、新岩里Ⅰ、凡方、牛峰里
前期	刺突、押引文土器	瀛仙洞、煙台島、欲知島、朝島
中期	太線沈線文土器	水佳里Ⅰ、東三洞、欲知島、凡方
後期	魚骨文、格子文	水佳里Ⅱ、東三洞
晩期	二重口縁土器	水佳里Ⅲ、栗里、東三洞

が、新石器時代開始期の状況が不明確であるということは言うまでもない。

櫛目文土器が流行する以前の段階である新石器時代前期の土器相は、韓半島西北・東北、江原道嶺東および南海岸地域で互いに異なるため、各地域は独立文化圏をなしていた。西北および東北文化圏には鴨緑江と豆満江の対岸地域が含まれるが、中国とロシアでは、両江の対岸地域ではそれぞれ之字文土器文化圏とボイスマン文化圏と呼ばれている。これら前期に属する土器は、主に隆起

図26　南海岸地域の土器：釜山瀛仙洞貝塚(左)、釜山凡方貝塚(中)、釜山東三洞貝塚(右)

表９　南部内陸地域の編年

分期	主な特徴	主要遺跡
早期	梧津里式土器	梧津里
	隆起文土器	壬仏里
前期	刺突、押引文土器	隍城洞、梧津里
中期	太線沈線文土器	松竹里、上村里、カルモリ、ジングヌル
後期	鳳渓里式土器	鳳渓里、松竹里、大也里、壬仏里
晩期	二重口縁土器	大谷里、南陽里、ジングヌル、カルモリ

文と押捺文で表面を装飾している。例としては之字文土器、西浦項《ソポハン》１期および２期土器、隆起文土器、鰲山里《オサンリ》式土器、瀛仙洞《ヨンソンドン》式土器などがあるが、すべて当時の東北アジアの土器に共通する形態的特徴といえる、平底をもつ土器である。

前期を代表する隆起文土器の年代と編年は、長い間議論の材料となっていた。しかし現在はおおむね、平行隆起文がより古く、横帯区画が消えた隆起文が新しく出現し、この二つの文様が広く流行した時期の間には多様な文様があったものと見られている。しかし、隆起文土器の細かな編年と消滅時期および文化系統など様々な問題に対する確実な結論は、まだ得られていない。隆起文土器がシベリアに起源したとする立場では、これが黒龍江中流と沿海地方南部の新石器時代の古い時期と関係するものと推定しているが、事実かどうかは明らかにされていない。この土器が押引文土器や刺突文土器と共存するのかについては議論があり、嶺東地域では鰲山里式平底土器と共存するという主張も

図27　南部内陸地域の土器：清道梧津里遺跡（左)、鎮安カルモリ遺跡（中)、居昌壬仏里遺跡（右)

表10　地域別併行関係

地域 / 編年	西北地域	東北地域	中西部地域	嶺東地域	南部内陸地域	南海岸地域
前期	1期	1期 2期	Ⅰ期	早期 前期	早期 前期	早期 前期
中期	2期	3期	Ⅱ期	中期	中期	中期
後期	3期 4期	4期 5期	Ⅲ期 Ⅳ期	後期 晩期	後期 晩期	後期 晩期

ある。最近では、高城文《ム》岩《ナム》里《ニ》遺跡や襄陽鰲山里遺跡、昌寧飛《ピ》鳳《ボン》里《ニ》遺跡等で隆起文土器文化層の下から無文あるいは刺突文系列の文様のある土器が確認されるなど、隆起文土器以前の段階の資料が少しずつ発見されている。

新石器時代中期を代表する沈線文土器が中西部地域に登場するのは前期の新しい段階で、その典型は中西部地方、特に嶺東地域を含む大同江流域以南で流行した尖底の砲弾形櫛目文土器である。しかし東北および西北地域では、前期以来の平底土器が製作された。韓半島周辺地域の土器もその表面には類似した文様が施文されるが、全体的な形は櫛目文土器と異なる。

櫛目文土器の登場以後、新石器文化圏域は西北、東北、中西部、江原道嶺東、南部内陸および南海岸地域に分けられている。新石器時代に櫛目文土器がいつ、どのように登場し拡がったのかについては一致した見解がないが、その拡散は東北アジア全体に及ぶある種の文化変動と関係しており、初期農耕の導入による人口増加がその背景として有力であると推定される。櫛目文土器の中心地である中西部地域、特に漢江流域の新石器時代中期の性格究明は重要な研究課題であるが、2000年代に入って京畿道西海岸で新たな資料が発見されており、研究は活力を得ている。東北部地域の研究では、最近発見されたザイサノフカ文化の縄線文土器と西浦項３期の関係および西浦項３期と４期の編年研究が重要なテーマである。

新石器時代後期には無文の土器が増加するが、東北および西北地域では雷文、中西部地域では同一系沈線文、内部内陸および海岸地域では二重口縁などの特徴が土器に現れる。後期になって内陸地域に遺跡が多く形成されるのも、櫛目文土器拡散の場合と同様に農耕の拡散と関連するものと推定されるが、具体的な過程については、いまだ仮説の水準である。この時期の各地域での重要な研究課題としては、まず、中西部地域では後期段階の細分および金灘里《クムタンニ》１式系列土器の起源と編年問題が台頭している。南部地域では鳳渓里《ポンゲリ》式土器と水佳里Ⅱ式土器の間の関係が明らかにされなければならない。一時期錦江式土器と呼ばれた稜格文土器は、現在では新石器時代中期後半から後期に南部内陸地方で流行したことが明らかにされており、後期と晩期の代表的な土器とみられていた二重口縁土器の系統と編年も、少しずつ明らかになっている。

Ⅲ　東北アジアの新石器文化との関係

遼東をはじめとする中国東北地方から松花江、アムール河流域および沿海地方に至る隣接地域の新石器時代文化は、幾何学的文様の流行、沈線文土器、初期農耕の拡散時期や特徴などにおいて韓半島と類似した様相である。また初期農耕が狩猟採集経済の補完的手段であり、家畜飼育の証拠が明らかでない点も類似する。このような類似点のため、韓半島とその周辺地域における新石器時代初期農耕のはじまり、拡散、受容過程は、その基底に一連の文化的要因を共有しつつなされたと見られる。

新石器時代の韓半島とその周辺地域では、土器の種類をはじめとする遺物群の地域別の特色を基礎に多くの文化圏が設定されており、前述のように沈線文土器の流行を基準に大きく二時期に分かれる。前期段階には地域別文化圏として遼河流域中心の之字文土器文化圏、アムール河中流と松嫩平原一帯の隆起線文土器文化圏、三江平原とアムール河下流中心のアムール編目文土器文化圏、豆満江下流と沿海地方南部中心のボイスマン文化圏が設定されている。沈線文土器が登場し拡散する後期段階には、遼西の紅山文化と小河沿文化、遼東の小珠山中層文化群、三江平原および黒龍江下流のヴォズネセノフカ文化、豆満江下流および沿海地方南部のザイサノフカ文化が知られている。

之字文土器文化圏の遼西と遼東地域では文化的内容に若干の違いがある。遼西では興隆窪—趙宝溝文化、遼東では新楽下層、小珠山下層、後窪下層文化がこれに属し、吉林では左家山1・2期と西団梁山1期がこれに該当する。遼西ではこの段階から農具あるいは土掘具が登場し、穀物も発見された。続く紅山文化段階は本格的な農耕社会の様相を見せるが、彩陶が見られるなど中原地域の仰韶文化と関連した様相が現れる。遼東では新楽下層段階にキビが発見されているが、この時期から初期農耕がはじまっていた可能性がある。

アムール編目文土器文化圏は、関連資料が多くないためその内容に不明な点はあるが、アムール河下流のコンドンおよびマリシェヴォ文化と沿海地方南部のルドナヤ文化、中国の新開流文化がこれに該当する。アムール河中流域では昻昻渓文化と呼ばれる隆起線文土器文化が分布するが、打製石刃鏃と槍、銛、漁網錘などが主要遺物であり、狩猟と漁労活動が重要であったものと見られる。豆満江下流域のボイスマン文化でも、貝塚と狩猟漁労具が重要な考古学的証拠となっているが、江原道高城文岩里遺跡でもボイスマン文化の土器が発見されている。

後期段階になると、遼西と遼東の文化相はさらに差異を見せる。遼西では紅山文化以来の中原との関係がさらに強くなり、遼東では前段階の伝統が引き継がれ、小珠山中層、馬城子下層、後窪上層文化を包括する小珠山中層文化圏および小珠山上層文化段階へと進んでいく。遼東半島の小珠山中層段階には山東半島の膠東地域との交流を示す証拠が現れ、上層段階になって山東龍山文化の影響がさらに顕著になる。小珠山中層段階に出土する石庖丁と貝庖丁および鎌、ブタの骨はそのような交流の結果としての初期農耕と家畜飼育の証拠として解釈されている。また、遼中地域の馬城子下層段階の遺跡群では有肩石鍬が

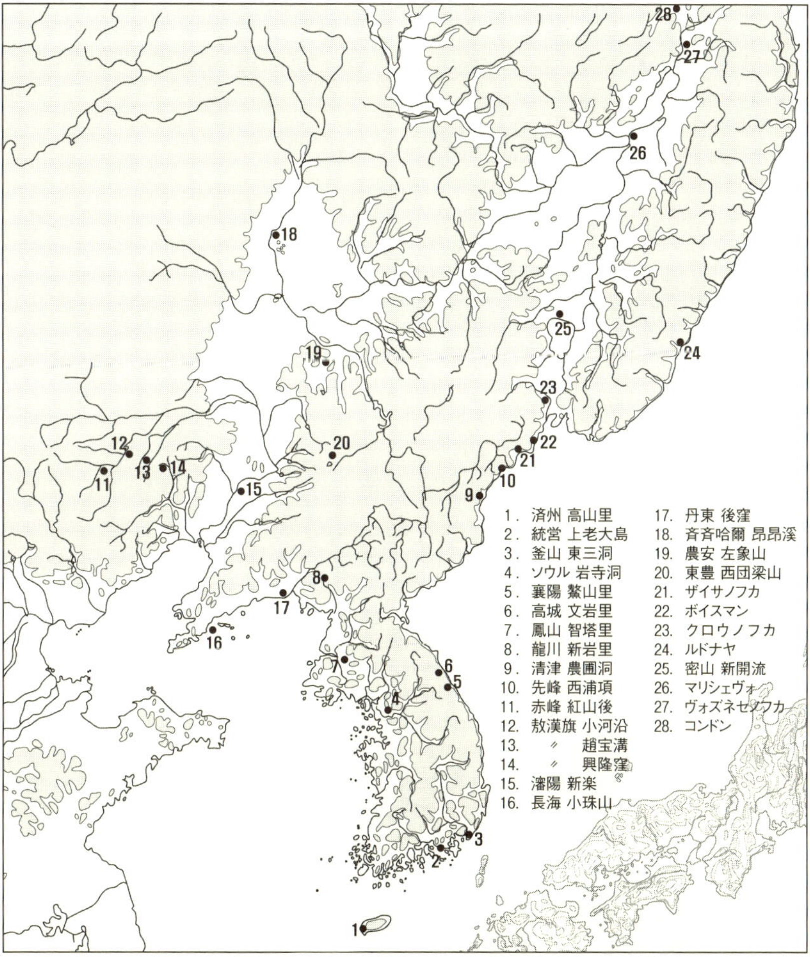

図28　韓半島と周辺地域の主要遺跡の分布

出土している。遼東地域においては、初期農耕が新石器時代前半段階に登場していた可能性があるが、小珠山中層段階になると土器や各種道具が変化し、家畜も登場することから、この段階に何らかの大きな変化が起こったものと考えられる。

沿海地方ではボイスマン文化に続いてザイサノフカ文化が現れるが、土器の表面装飾は縄線文から沈線文、沈線および擦過状文様段階へと変化する。ザイサノフカ文化の後半に現れる雷文土器は主に沈線文で装飾されるが、これと同時に石器組成も大きく変わり、有肩石鍬が登場する。有肩石鍬は栽培穀物導入の証拠とみなされることもあるが、クロウノフカ１遺跡にみられるように、穀物は縄線文土器段階にはすでに登場していた。

Ⅳ　初期農耕

韓半島新石器時代の初期農耕はその登場時期や作物および農耕道具の種類・形態において、遼寧・吉林地域と類似した様相を見せる。作物としては釜山東《トン》三洞《サムドン》でアワとキビが、南江ダム水没地区内の上村里《サンチョンニ》Ｂおよび漁隠《オウン》Ｉ地区と昌寧飛鳳里でもアワが発見され、平壌南京《ナムギョン》遺跡でも多様な穀物が発見された。沃川大川里《テチョンニ》では新石器時代の稲作の可能性を示すイネをはじめとし、オオムギ、コムギ、アワが発見された。しかしこの遺跡をはじめ各地で報告された植物遺体の年代と出土状況については慎重な解釈が必要であり、層位学的解釈と資料同定の正確性が全面的に再検討されるべきとの指摘が提起されてもいる。農耕の証拠の確保と関連し、最近では土器表面を観察して圧痕を探そうとする試みもなされている。

新石器時代の遺跡からアワがしばしば発見されるものの、新石器時代をアワ栽培が重要であった農業経済社会と規定するのは難しく、農耕は環境変化と人口増加、社会複雑性の増大などの要因で狩猟採集経済の付属的手段として登場したものと思われる。しかし初期農耕と関連した証拠の確保と農耕の展開過程を説明することが解決すべき課題として残っている。新石器時代の農耕方式を検討しうる耕作遺構は確認されておらず、ただ道具から推測して焼畑農耕がなされた可能性があると考えられる。代表的な農耕関連道具としてタビ形石器（訳注：石鍬の一種）と有肩石鍬がある。

Ⅴ　遺　跡

１　集　落

新石器時代の住居遺跡は全国的に発見されているが、集落の登場と変遷過程はいまだ体系的には把握されていない。住居様式や集落の構造については、中西部以南の地域である程度その輪郭が把握されているのみである。

新石器時代の人々は、基本的にそれほど大きくない竪穴住居で生活したが、遺跡で発見される住居跡内の床面には柱穴と炉跡程度だけが残っている。炉跡は一般的に住居跡の中央にあり、古い段階には隅に石をめぐらせたいわゆる石囲炉が優勢であるが、中期以後には地床炉に徐々に置き換わる。しかし、最近京畿道海岸地域で発見された後期の住居跡には、石囲炉が備えられていた。

集落は新石器時代中期から本格的に現れるが、その規模は小さく、中期には通常10～20棟の住居跡からなり、後期にはその規模がさらに小さくなって３～５棟程度である。これに加え集落の位置も川沿いの沖積地から丘陵へと変わる傾向がある。大同江流域では新石器時代後期にある種の集落共同施設の可能性のある大型住居跡も建てられた。集落は後期を過ぎて晩期になると南部地域と中西部地域でともに解体される様相を見せるが、このような変化の理由と過程

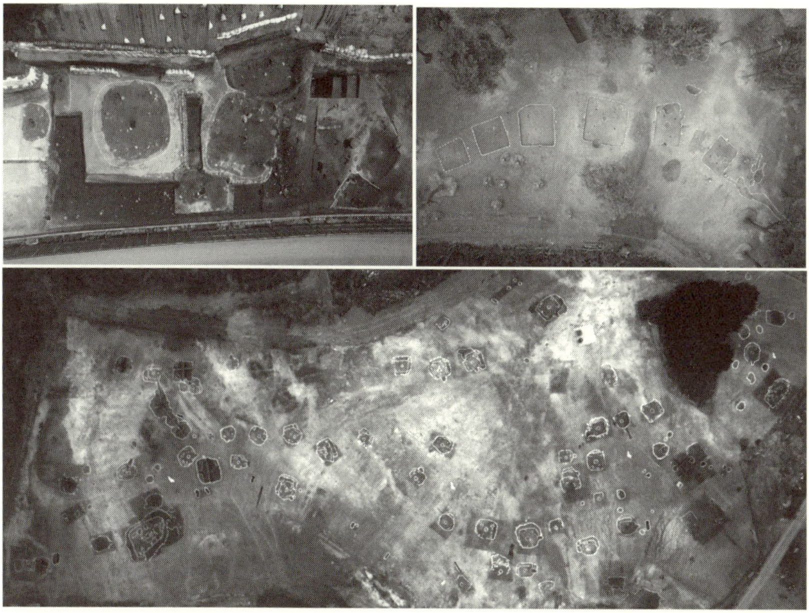

図29　集落遺跡：襄陽鰲山里遺跡（左上）、高城鉄桶里遺跡（右上）、仁川永宗島遺跡（下）

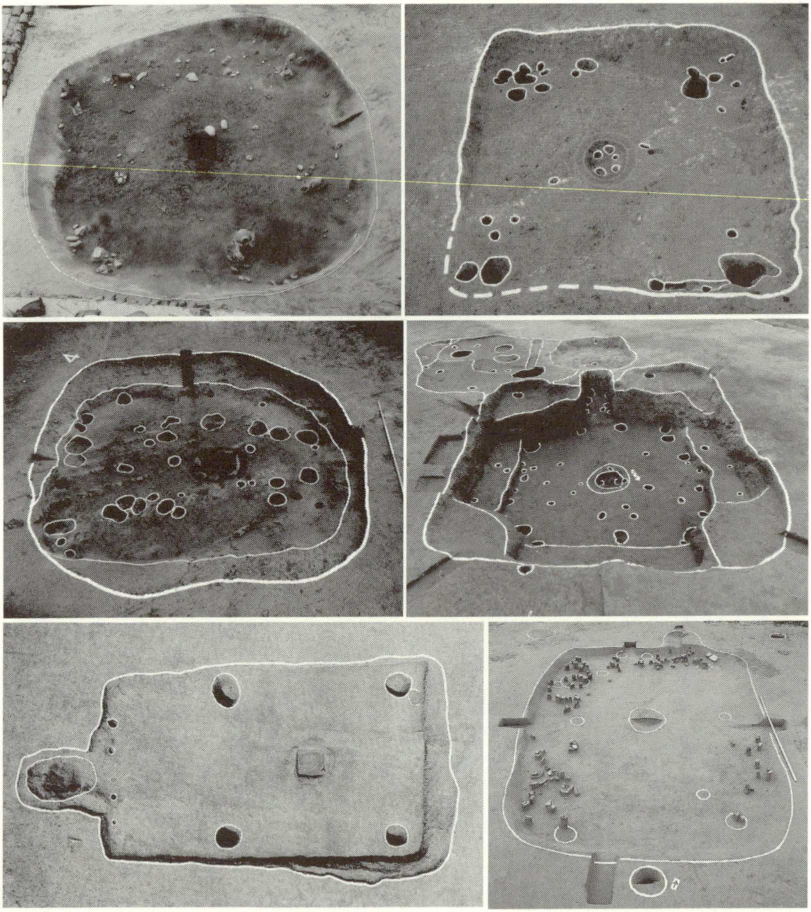

図30　各地域の住居跡：襄陽鰲山里遺跡Ｃ地区１号住居跡（左上）、始興陵谷遺跡11号住居跡（右上）、仁川中山洞遺跡24号住居跡（左中）、仁川雲西洞３号（右中）、大田官坪洞（左下）、晋州上村里17号（右下）

については、詳しく知ることはできない。

櫛目文土器が登場する以前、新石器時代前期の住居跡はそれほど多く発見されておらず、東北部地域の西浦項１期および２期層、嶺東地域の襄陽鰲山里遺跡と高城文岩里遺跡、そして南海岸の突山松島で発見された住居跡と東三洞３号住居跡がすべてである。住居跡はおおむね円形や方形の浅い竪穴構造で、その実態を確実に知ることのできなかった嶺東地域の新石器時代早期および前期

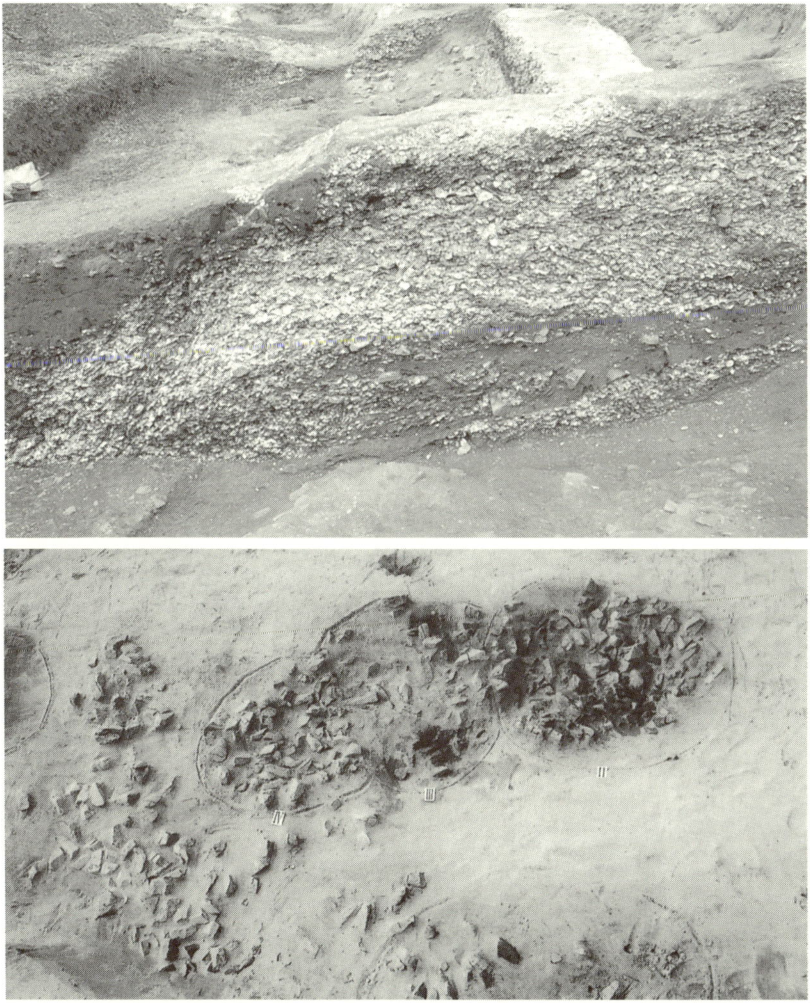

図31　貝塚の堆積様相と集石遺構：河東牧島貝塚（上）、仁川龍遊島遺跡（下）

段階の住居跡もやはり竪穴住居であったことが、文岩里遺跡と鰲山里遺跡で確認された。

新石器時代中期に集落が全国各地で営まれたのは、植物資源がより重要な位置を占めるようになって穀物を栽培しはじめる等、生業経済における大きな変化が起こったためと見られる。この時期になると、遺跡数も増加し、個別住居

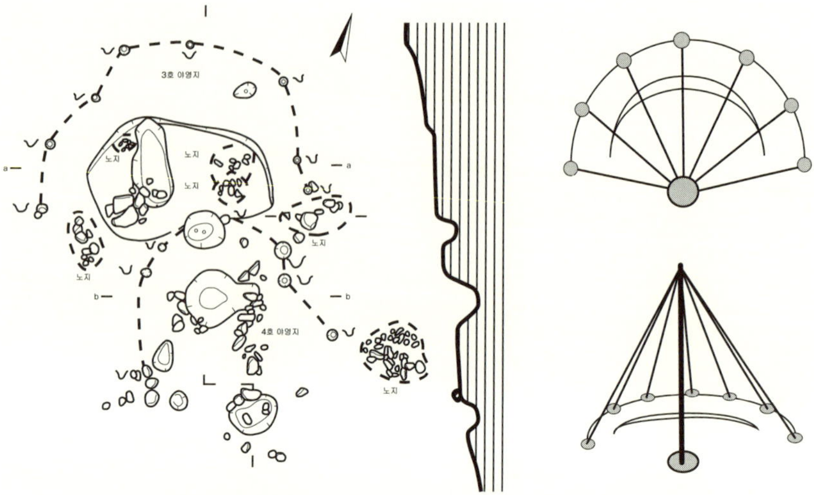

図32　群山駕島貝塚の屋外施設（左）と復原図（右）

跡の竪穴の深さも深くなり、平面形も円形・方形・長方形と多様になる。このような遺跡としては、最近調査された仁川三木島《サムモクト》遺跡、永宗島中山洞《チュンサンドン》・雲西洞《ウンソドン》遺跡、始興陵谷《ヌンゴク》遺跡、安山新吉《シンギル》遺跡、龍仁農書里《ノンソリ》遺跡をあげることができる。こうした集落遺跡では皆、柱を４本もつ４柱式方形住居跡が20棟以上発見され、中部地域の新石器時代住居跡は前期から後期まで主に方形であることが確認された。南部内陸で発見された集落遺跡に金泉松竹里《ソンジュンニ》遺跡と晋州上村里遺跡があるが、ここでは主に地床炉をもつ長方形住居跡が見つかった。東海岸の襄陽地境里《チギョンリ》遺跡と江陵草堂洞《チョダンドン》遺跡では、新石器時代中期の円形と方形の住居跡が確認された。

住居跡の平面形は新石器時代中期以後、大同江流域、忠清内陸、嶺南内陸ではおおむね長方形であるが、他の地域では方形が目立つ。内部構造も突出式または通路式出入口が整然と作られ、柱は４柱式に見られるように秩序だって配置された。新石器時代後期の忠清地域の内陸および海岸地域では、大川里式住居跡と呼ばれる大型長方形住居跡が現れるが、これは大同江流域の弓山４期段階の通路式出入口をもつ大型長方形住居跡と類似した構造である。一方、鴨緑江や豆満江流域、江原道嶺東地域でも新しい時期まで方形住居跡が流行するが、高城鉄桶里《チョルトンニ》遺跡では海を望む丘の上で４柱および２柱式の方形住居跡からなる集落遺跡が調査された。また、嶺南内陸の陜川鳳渓里遺跡などでは後期段階の円形住居跡が調査されたが、これとともに長方形住居跡も確認された。

２　貝塚および屋外遺構

貝塚は南海岸では隆起文土器段階に、西海岸では櫛目文土器段階に登場するが、その数が増加するのは後期に入ってからである。西海岸の貝塚の大部分と、南海岸の貝塚の一部は小規模かつほとんどすべてがカキの貝殻で構成されており、遺物もきわめて少ない。このような遺跡は、定住集落とはその機能的性格が異なる遺跡であって、限定行為場所ないし一時的居住地点と呼ぶことのできる短期使用遺跡と見られる。場合によって、このような遺跡では屋外施設や屋外炉跡などの遺構が確認されることもある。これに比べ、南海岸のほとんどの貝塚は規模も大きく、貝層には各種の遺物とシカやイノシシ、魚類をはじめとする動物遺存体が多量に含まれており、時には住居跡と墓、屋外炉跡も発見されるなど、長期間にわたって繰り返し使用された生活根拠地としての性格を見せている。貝としてはカキが圧倒的であるが、少量ではあるもののイガイやアカニシなどの種類も混ざる。

貝塚以外にも、新石器時代の限定行為場所遺跡として、短期居住地の性格をもつ屋外施設や屋外炉跡と見られる集石遺構がある。屋外施設は始興烏耳島《オイド》貝塚、甕津延坪島《ヨンピョンド》貝塚、群山駕島《カド》貝塚、舒川長岩里《ジャンアムリ》貝塚など西海岸だけでなく河東牧島《モクト》貝塚など南海岸においても確認されており、全時期にわたって発見されている。その構造は非常に単純で、傾斜面に土坑や穴を掘って柱を立てたり、隅に石をめぐらせたりしているが、複数の遺構が一箇所で確認された例はほとんどない。このような施設は、おそらく貝類採集や漁労作業と関連した臨時の居所として使用されたのであろう。

集石遺構は新石器時代に特徴的な遺構であり、貝塚や住居跡の周辺で見つかることもあるが、時には単独で発見され、きわめて多様な場所で発見されている。その理由はこれらが屋外炉施設であるためとみられる。通常は丸く浅い穴を掘った後に石を１、２層敷いている。その形態を見ると、断面が扁平のものや凹んでいるもの、集石の上ないし下に木炭があるもの等の型式があり、様々

図33　埋葬遺跡：釜山東三洞（左上）、晋州上村里（左中）、統営欲知島（右上）、蔚珍厚浦里（下）

な方法で使用されたのであろう。鎮安カルモリ遺跡、仁川龍遊島南北洞《ナムブクドン》遺跡などいくつかの遺跡で実施した脂肪酸分析の結果から、これらの施設で魚介類や植物性食料を処理したものと推定されている。

3　埋葬遺跡

新石器時代の埋葬遺構としては、甕棺墓が隆起文土器段階の東三洞貝塚と中期段階の上村里遺跡で知られている。また、土壙墓が釜山凡方《ボムバン》貝塚、煙台島《ヨンデド》貝塚、欲知島《ヨクチド》貝塚、山登《サンドゥンドゥン》貝塚などで見つかり、麗水安島《アンド》貝塚では二体を土壙に合葬した墓も発見された。特に山登貝塚と安島貝塚では、貝輪を装着した人骨が発見された。高城文岩里遺跡や安島貝塚のような古い時期の埋葬遺跡からは、まれに玦状耳飾が発見されることもある。蔚珍厚浦里《フボリ》遺跡は40人以上が集団埋葬された特殊な二次葬の事例であり、遺骸は火葬されたり、伸展葬で葬られたりした。統営煙台島では新石器時代の共同墓地が確認されたが、土器や石器、装身具などの副葬品の様相からは被葬者の間に身分差は見出せない。一方、鰲山里式土器段階の墓が確認された春川校洞《キョドン》岩陰は、住居跡を墓に転用した事例として知られている。

4　その他の遺跡

上村里で発見された積石遺構は新石器時代の儀礼と関連するものと報告されたが、いまだこの時代の儀礼遺跡の存在は確実ではない。一方、洞窟や岩陰では野営地の性格の遺跡も発見されるが、洞窟遺跡としては寧越サングル、丹陽サンシ、堤川チョムマル遺跡が、岩陰遺跡としては南海岸の金海栗里《ユルリ》遺跡、内陸の清道梧津里《オジンニ》遺跡と鉄原軍炭里《グンタンニ》遺跡および済州島北村里《ブクチョンニ》遺跡が確認された。国内では発見事例がまれな低湿地遺跡である昌寧飛鳳里遺跡では、丸木舟やドングリ貯蔵穴、糞石や各種動植物遺存体が出土した。

Ⅵ　遺　物

新石器時代の遺跡からは、集団間あるいは集団成員間の資源と物資の交換ないし交易が盛んであった証拠が発見されている。例えば、丹陽サンシ３洞窟、

図34　清道梧津里岩陰遺跡

嶋潭里クムグル、清道梧津里など内陸各地の遺跡から発見された貝輪、中部地域各地の産地未詳黒曜石あるいは南海岸の多くの遺跡で報告された日本九州産の黒曜石や釣針、石匙、土器などの遺物は、新石器時代に相当な広域にわたって社会経済網が成立していたことを物語る。また東三洞貝塚では1500点以上の貝輪

図35　昌寧飛鳳里遺跡の丸木舟（上）とドングリ貯蔵穴（左下）、晋州上村里遺跡出土ドングリ（右下）

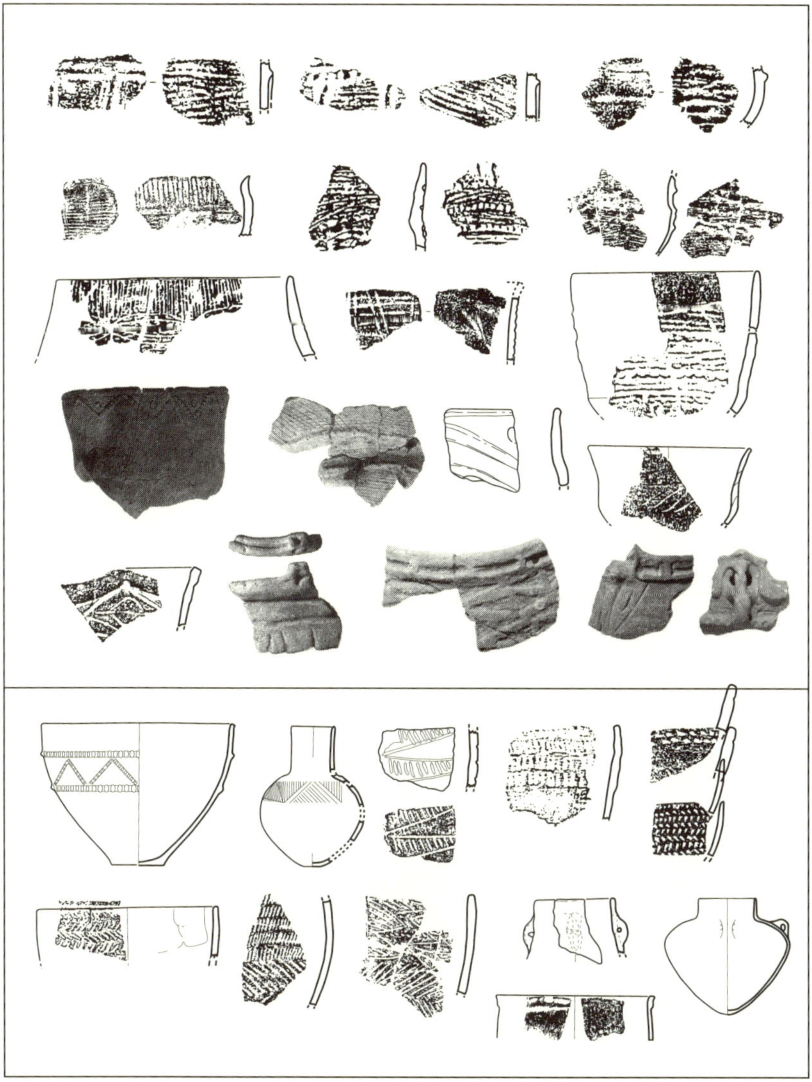

図36　対馬（大韓）海峡両岸地域の交流と関連する遺物：韓半島南部地方出土の日本列島の縄文土器（上）、日本列島出土の韓半島新石器時代の土器（下）（林尚澤2008）

が発見されたが、こうした貝輪は九州地域の黒曜石と交換されたものと考えられている。一方、新石器時代前期の瀛仙洞式土器段階には、南部地域で中西部地域系統の短斜線文土器が発見されることがあり、また錦江河口や江原道嶺東地域でも大同江流域の金灘里１式土器が少量発見されることもある。このような事例は、地域間の交換関係を見せる間接的な資料である。しかし、新石器時代の交換や交易と関係する研究はいまだに、産地推定や遺物の型式検討により物品の移動を確認し、その経路を推定したり交換体系の存在を漠然と想定する水準にとどまっている。

土器以外の新石器時代の道具としては、当時の生業活動を反映する石鏃や槍先のような狩猟具および釣針、漁網錘、銛のような漁労具が代表的である。古い時期の石鏃は主に打製であり、東北地域では遅くまで打製の黒曜石製石鏃が使用されたが、適切な石材のない西北および中西部地域では、磨製石鏃が作られた。石鏃の形態は茎のない三角形や柳葉形が代表的である。高山里遺跡で発見された茎のある鏃は、例外的な形である。

韓半島東海岸と南海岸地域では、釣針・漁網・銛などを利用した海洋漁労が発達したが、特に東南部地域は日本の西北九州と類似した様相を見せる。これに比べ西海岸での漁労活動は、漁網を用いる比較的単純な方式であったとみられ、内陸でも漁労行為が行われていたであろう。海岸の遺跡で発見される海洋漁労用釣針は、新石器時代の全時期において製作された。その種類には一体型釣針、結合式釣針、逆Ｔ字形釣針があり、一体型釣針は東北地域で、結合式釣針は嶺東および南海岸地域で主に発見され、逆Ｔ字形は少量が南海岸地域で知ら

図37　石鏃各種：統営煙台島貝塚（黒曜石、上）、金泉松竹里２号住居跡、鎮安カルモリ遺跡、高城文岩里遺跡、襄陽地境里遺跡（下）、江陵下詩洞里遺跡

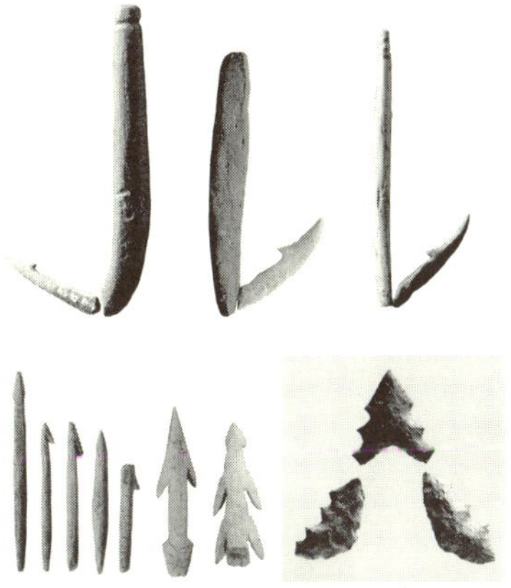

図38　釣針と銛：蔚山細竹貝塚（左上）、釜山東三洞貝塚（右上、左下）、先鋒西浦項遺跡（中下）、高城文岩里遺跡（右下）

図39　磨盤と磨棒：襄陽地境里遺跡（上）、釜山凡方貝塚（下）

れている。漁網錘は石製が多く、海岸沿いのものが内陸のものより大きい傾向がある。網が新石器時代前期から使用されていたことは、鰲山里で発見された多数の漁網錘が物語っている。もっとも実物としての網はまだ発見されていないが、土器の表面に網が転写された痕跡が東三洞貝塚で発見されており、その形態を検討することができる。銛は石や骨で製作され、大型魚類や海棲哺乳類を捕まえるのに使用されたが、基本的に身部と銛部分がつながっている固定式と、別々になっている分離式とがある。また、石鋸と呼ばれる結合式銛も、同じ用途で使用されたであろう。

前述したように、鋤あるいはタビは有肩石鍬とともに農耕道具であると同時に、植物資源の採集にも使用されたものと想定され、新石器時代前期後半の中西部地域に登場し、中期に全国的に拡散した。智塔里《チタムリ》遺跡では大・中・小型がすべて発見され、中部以南では主に小型のみが発見されるとともに、鍬と見られるものも発見された。東北地域では西浦項３期段階以後、遼河以東の中国東北地方によく見られる有肩石鍬が登場するが、その分布は豆満江流域からは外れない。収穫道具である石鎌は鳳山智塔里遺跡とソウル岩寺洞《アムサドン》遺跡、密陽サルレ遺跡で発見されたが、それほど多くはなく、中期以降の中部以南地域では、石庖丁形の道具が若干発見されている。食料加工道具として磨盤と磨棒はセッ

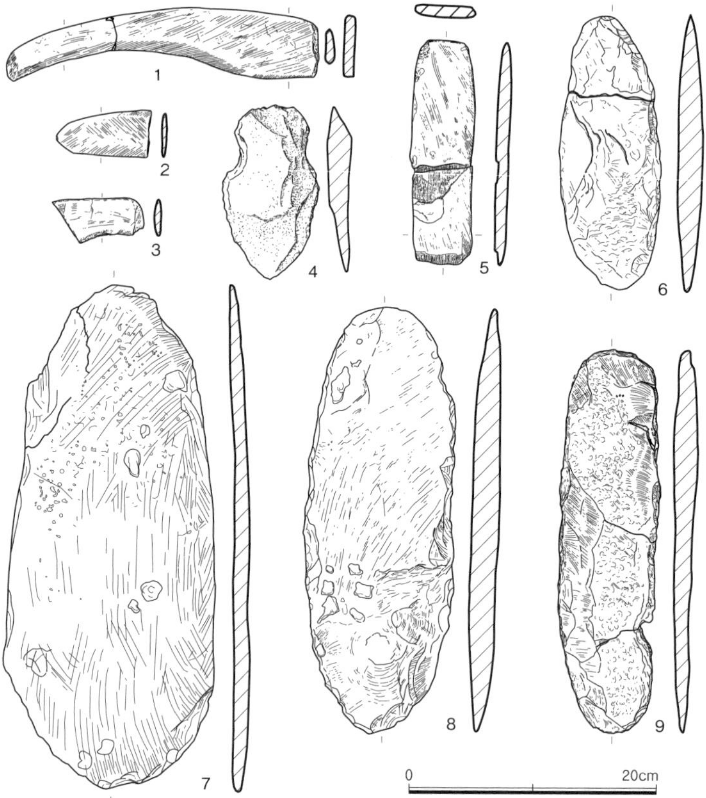

図40　石製農具各種：１～３、５～９．鳳山智塔里遺跡、４．平壌金灘里遺跡

トをなして新石器時代前期から現れるが、片手で握って回す球形磨棒、塊状磨盤および両手で握って押し引きする棒状磨棒、鞍形磨盤がある。前期には二種類がともに使用されるが、中期以後には後者のみが使用される。時期が下るにつれて、棒状磨棒の磨盤との接触面は次第に広くなり、扁平で両端が突出する形態になる。

新石器時代の遺跡からは、化粧と装飾に使用された物品と芸術品が発見されている。このような例としては、前述した玦状耳飾の他にも、東三洞貝塚や新岩里遺跡などで発見された土製円盤形耳飾、煙台島の足輪、東三洞貝塚と金灘里遺跡などの腕輪などがあげられる。芸術品としては西浦項貝塚と農《ノン》圃《ポ》遺跡、

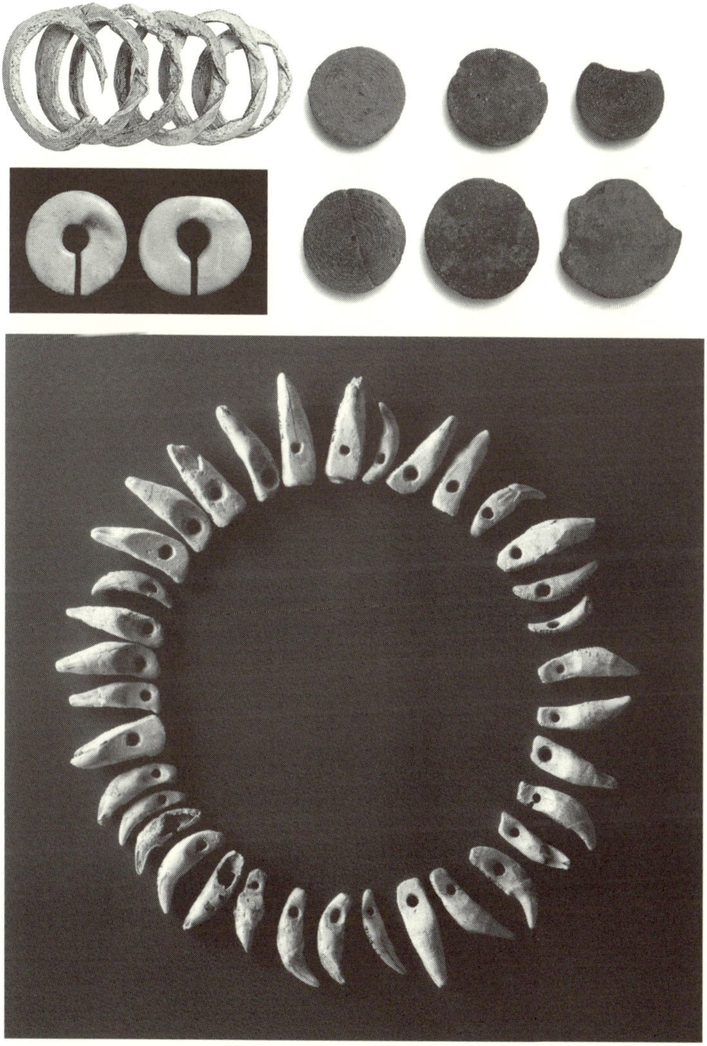

図41　装身具各種：貝釧（釜山東三洞貝塚）、玦状耳飾（高城文岩里遺跡）、土製耳飾（釜山東三洞貝塚）、首飾（統営煙台島貝塚）

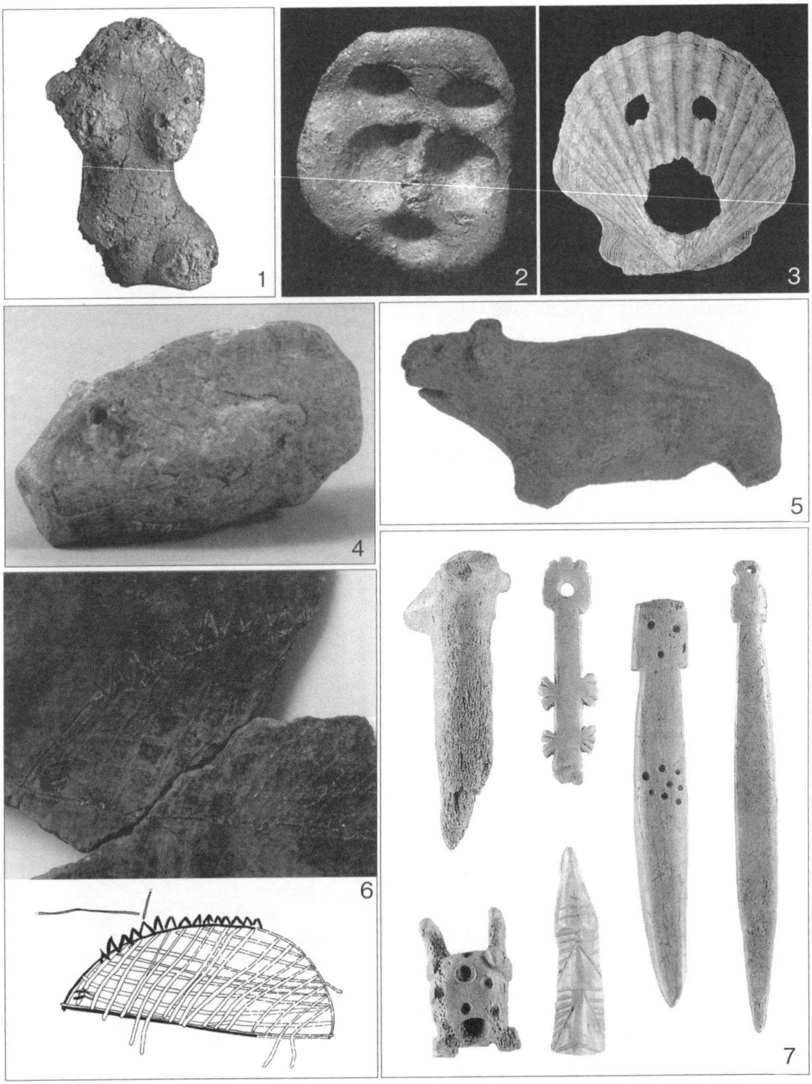

図42　芸術品各種：1．蔚山新岩里遺跡、2・5．襄陽鰲山里遺跡、3．釜山東三洞貝塚、4．統営煙台島貝塚、6．昌寧飛鳳里遺跡、7．先鋒西浦項遺跡

鰲山里遺跡、煙台島貝塚などで発見されたイヌ、ヘビ、ウマ、クマ、イノシシなどの動物形象と西浦項貝塚、鰲山里遺跡、新岩里《シナムリ》遺跡、麗瑞島《ヨソド》遺跡などで確認されたヒトの顔形や身体土偶などがある。飛鳳里遺跡と東三洞貝塚では、儀礼的に土器に刻んだ動物の線刻画が発見された。新石器時代人の観念や儀礼などについては、あまり知られていない。

参考文献

金用玕・徐国泰 1972「西浦項原始遺跡発掘報告」『考古民俗論文集』4　社会科学出版社

金勇男 1983「弓山文化に対する研究」『考古民俗論文集』8　科学百科事典出版社

金壮錫・梁成赫 2001「中西部新石器時代編年と貝塚利用戦略に対する新たな理解」『韓国考古学報』45　韓国考古学会

具滋振 2007「我が国新石器時代住居跡の地域圏設定と変化様相」『韓国新石器研究』13　韓国新石器学会

具滋振 2008「新石器時代大川里式住居跡の再検討」『湖西考古学』18　湖西考古学会

徐国泰 1986『朝鮮の新石器時代』4　社会科学出版社

宋銀淑 2001「新石器時代生計方式の変遷と南部内陸地域の農耕の開始」『湖南考古学報』14　湖南考古学会

申鐘煥 1995「新石器時代錦江式土器に対する小考」『嶺南考古学』7　嶺南考古学会

安承模 1998『東アジア先史時代の農耕と生業』学研文化社

安承模 2003「錦江式土器と菱格文の形成過程に対する予備的考察」『湖南考古学報』17　湖南考古学会

李東注 1998「東北アジア隆起文土器研究の諸問題―東シベリア、極東地域の初期新石器遺跡を中心に」『韓国先史考古学報』5　韓国先史考古学会

李東注 2003「櫛目文土器段階の石器内容と特徴」『韓国新石器研究』6　韓国新石器学会

李相均 2003「韓半島新石器時代住居の変遷と構造的様相」『古文化』61　韓国大学博物館協会

李相均 2005『韓半島新石器文化の新動向』学研文化社

李俊貞 2002「貝塚遺跡の機能に対する考察―生業・住居体系研究のための方法論的模索」『韓国考古学報』46　韓国考古学会

李俊貞 2003「動物資料を通じた遺跡性格の研究―東三洞貝塚の例―」『韓国考古学報』50　韓国考古学会

林尚澤 1999「湖西新石器文化の時空的位置」『湖西考古学』1　湖西考古学会

林尚澤 2006「櫛目文土器文化の集落構造変動研究」『湖南考古学』23　湖南考古学会

任孝宰 1983「土器の時代的変遷過程」『韓国史論』12　国史編纂委員会
鄭澄元 1991「中国東北地方の隆起文土器」『韓国考古学報』26　韓国考古学会
河仁秀 1997「瀛仙洞式土器小論」『嶺南考古学』21　嶺南考古学会
河仁秀 2009「新石器時代南海岸地域の骨角器文化に対する考察」『古文化』73　韓国大学博物館協会
韓永熙 1978「韓国中・西部地方の新石器文化」『韓国考古学報』5　韓国考古学会
韓永熙 1983「地域的比較」『韓国史論』12　国史編纂委員会

第4章

青銅器時代

Ⅰ　時代概観

韓半島とそれに隣接する中国東北地方の大部分を含む広い地域は、紀元前２千年紀後半ごろに、遺物と墓制をはじめとする主要文化要素の構成において、周辺地域とは異なる独特な特徴を見せる一つの文化圏をなすようになる。この広義の韓国青銅器文化圏においては、各地域で特徴ある青銅器文化が展開し、古朝鮮をはじめとする韓国古代史上の様々な政治体が興亡した。このように広域を対象とする青銅器時代研究では、中国東北地方のいわゆる琵琶形銅剣文化と韓半島青銅器時代の関係をどのように規定し、土器や青銅器、あるいは墓などの各文化要素が時間と空間によってどのように分布するのかという点が、重要な研究対象となっている。

韓半島の青銅器時代は、農耕が本格的に行われるようになり、無文土器と磨製石器が広く使用され、社会の複雑度が増加する時期である。このような文化相はそれ以前の新石器時代とは大きく異なるため、韓半島の青銅器時代は北方から新しい住民集団が移住して来ることによりはじまり、これにより韓民族の骨格も形作られたという住民交替説が、1970年代初頭に提示された。しかしこの学説は事実とは異なるため、現在では説得力を失った。

ところで、青銅器時代に属する青銅遺物は韓半島ではまれで、特に南部地域では青銅器が遅れて普及した。よって青銅器時代の定義や文化発展段階の設定は、無文土器の登場と変化様相を基準になされる傾向にある。韓半島青銅器時代の開始年代は、青銅器時代の存在が認定された1960年代以来たえず変化してきた。1970年代末までは、オルドス青銅器に起源を求め、そのはじまりを紀元前７世紀頃と推定していた。しかし1980年代半ばには、龍川新岩里と内蒙古寧城南山根出土青銅遺物との比較から、紀元前10世紀と見るようになり、1990年代には無文土器出土住居跡の放射性炭素年代を根拠に紀元前13世紀までさかのぼらせた。さらに最近では無文土器が紀元前15世紀に発生し、青銅器時代も紀元前15世紀からはじまったという学説が提起され、現在議論が進められている。しかし青銅器時代の終末については、1980年代以来、細形銅剣と円形粘土帯土器の登場とともに初期鉄器時代がはじまるという設定が、幅広く受け入れられている。ただし1990年代からは、こうした変化の開始時期は、従来考えられていた紀元前300年頃よりもやや古い時期と見る傾向にある。

こうした編年観は、基本的に韓半島南部地域の資料を基準にしたものである。しかし、韓国青銅器文化圏内での社会発展段階や青銅器と鉄器の登場時期、土器の変化相は画一的でなく、地域による差異があったことを念頭に置かねばならない。さらに青銅器時代は、文献に登場する最初の古代国家である古朝鮮が中国をはじめとする諸勢力と共存し争覇していた時期である。よってこの時代の考古学資料と文献記録をどのように関連付けて解釈するかにより、青銅器時代に対する説明は根本的に異なってくる。

考古歴史資料に対する観点と解釈においては、朝鮮南北と中国、日本の間で大きな違いがあり、古朝鮮の社会文化的実体や位置、あるいは存続期間などについても、互いに妥協の難しい多様な主張が提示されている。このため、韓国青銅器文化圏の全域を対象とする青銅器時代の設定と詳細な時期区分および文化変化過程に対する説明は、韓国考古学研究の核心課題である。しかし、広義の韓国青銅器文化圏全体にわたる青銅器時代の全般的様相とその変化過程を一目瞭然に見せる総合的編年案は、まだ作られていない。各種の新たな文化要素が韓半島南部に比べ相対的に古い段階に受容されたり、登場したりした、北部地域の資料に直接接近することができないという限界が、大きな障害として残っているためである。

Ⅱ　編年と時期区分

1　北朝鮮および中国東北地域

北朝鮮学界は1960年代以後の研究成果に修正を重ね、1980年代に入ると青銅器文化が新石器文化から自生的に発展して紀元前２千年紀前半に形成され、その後奴隷制国家段階である古朝鮮が成立するまで持続したと整理した。しかし1990年代以後には、古朝鮮は紀元前３千年頃にはすでに古代国家として完成していたと主張し、いわゆる「大同江文明論」のような主張が現れはじめた。しかしこういった主張には、考古学的な実物資料の裏付けが全くなされていない。

1980年代までの北朝鮮学界は、鴨緑江中・上流の公貴里《コングィ リ》式土器、平安南道と黄海道のコマ形土器（角形土器）および豆満江流域の平底土器などを、青銅器時代の標識遺物とした。この時点まで北朝鮮では、〈表11〉に示したように北朝鮮地域と中国東北地方の青銅器時代を四つの文化圏に分けた後、各文化圏でいわゆる時期別の文化類型を設定した。青銅器時代は古朝鮮が登場して終わるとしたが、古朝鮮の登場は墓から副葬品として発見される美松里《ミ ソン ニ》式土器と琵琶形銅剣を指標にするとされており、その文化的な内容は事実上青銅器時代段階に設定されている。

この表では、遼東半島南端の双砣子１期文化層は新石器時代に編年されるが、この時期に該当する大連大嘴子遺跡などで銅戈などの青銅器が発見されるため、現在はこれを青銅器時代初期とみる傾向にある。一方、農耕関連石器が多く発見された、松花江流域の吉林西団山子遺跡をはじめ西団山文化に属する諸遺跡では、紀元前10世紀以前の放射性炭素年代が知られており、その年代を表よりも数百年さかのぼらせて紀元前２千年紀末とすることもある。また、西

表11　韓半島北部青銅器時代の地域別編年（1980年代の案）

時期／地域	新石器時代	紀元前２千年紀 前半	紀元前２千年紀 後半	紀元前１千年紀前半期
鴨緑江下流および遼東半島南端	双砣子１文化層	双砣子２文化層 将軍山積石墓 単砣子石·墓	双砣子３文化層 新岩里３地点２文化層 羊頭窪遺跡 大垈山積石墓	
鴨緑江中上流および松花江流域			公貴里下層 公貴里上層	深貴里1·2号住居跡 西団山子類型
大同江流域			金灘里３文化層 臥山洞遺跡 石灘里遺跡1期	石灘里遺跡２期 石灘里遺跡３期
			新興洞遺跡 沈村里遺跡	高淵里遺跡１文化層 舟岩里遺跡 立石里遺跡 猿岩里遺跡 江老里遺跡
豆満江流域		西浦項遺跡青銅器１期 五洞遺跡１期	虎谷２期 草島遺跡紅陶層 西浦項遺跡２期	五洞遺跡３·４期 虎谷４期 虎谷３期

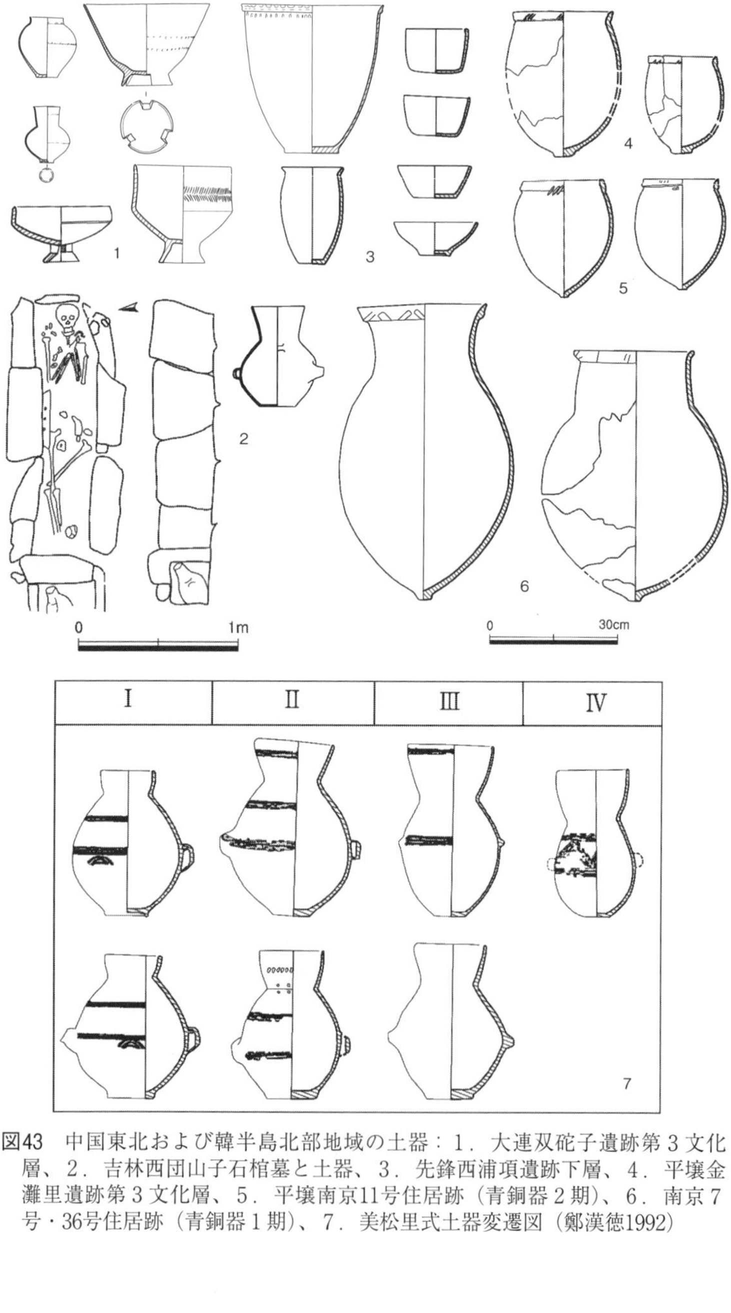

図43　中国東北および韓半島北部地域の土器：1．大連双砣子遺跡第3文化層、2．吉林西団山子石棺墓と土器、3．先鋒西浦項遺跡下層、4．平壌金灘里遺跡第3文化層、5．平壌南京11号住居跡（青銅器2期）、6．南京7号・36号住居跡（青銅器1期）、7．美松里式土器変遷図（鄭漢徳1992）

図44　中国内蒙古地域の青銅器類：1・9～22．寧城小黒石溝 M8501号墓、2．寧城孫家溝出土、3．寧城甸子郷王営子出土、4．寧城甸子郷出土、5・8．寧城南山根M101号墓、6．寧城小黒石溝出土、7．寧城小黒石溝98AⅢM5号墓

団山類型の土器は、美松里式土器の変形とも考えられている。

中国学界は北方草原地帯と東北地方の青銅器文化を大きく内蒙古、遼西、遼東、吉林-長春地域に分け、内蒙古と遼西、遼東地域を大きく一つの文化圏としてくくり、夏家店下層と上層の二段階に編年している。しかし各地の資料は細部において非常に多様である。

寧城南山根と小黒石溝遺跡に代表される内蒙古青銅器文化には、変形琵琶形銅剣が少数見られるものの、基本的に動物文様と北方式短剣を特徴とする北方青銅器文化圏に属する。韓国青銅器文化圏に属する遼寧地域において、北方式短剣や動物文の様な北方青銅器文化要素と、三足器をはじめとする中原青銅器文化の要素は、朝陽十二台営子遺跡等の様に、遼西地域においても相当に強く現れている。しかし遼東地域では、崗上墓や鄭家窪子遺跡の様に琵琶形銅剣と土器の構成をはじめ韓半島西北地域と文化要素を共有しており、南北の学界はこれを古朝鮮と関連するものとみている。吉林-長春地域の西団山文化は、琵琶形銅剣と石棺墓および西団山類型の土器を特徴とし、後の扶餘の母胎になったとみられる。

2　韓半島南部地域

韓半島南部地域における青銅器時代のはじまりを無文土器の発生に求める見解のあることは前述したが、その時期を紀元前15世紀とする説が提起されている。しかしそのはじまりがいつかという問題とは別に、南部地域における松菊里類型の登場は、青銅器時代を分かつ重要な分水嶺として知られている。松菊《ソングン》里《ニ》類型とは、松菊里式土器および松菊里式住居跡などの一連の独特な文化要素によって規定されるもので、松菊里類型の登場は、無文土器社会に大きな変化が起こった徴表と考えられる。松菊里類型の登場と拡散は、青銅器時代の社会の性格が変化する契機であったか、あるいはそのような変化とともに登場したと認識されている。よって青銅器時代研究においては、松菊里類型登場以前と以後を互いに異なる性格の社会として見なければならないという点で異論はない。

南部地域の青銅器時代編年と関連する最も重要な問題は、初期鉄器時代を設定するかどうかということである。初期鉄器時代の文化相は青銅器時代と類似

図45　無文土器各種：１．刻目突帯文土器（晋州漁隠１地区）、２．節状突帯文土器（洪川哲亭里２号住居跡）、３．可楽洞式土器（ソウル可楽洞）、４．欣岩里式土器（江陵坊内里（左）、驪州欣岩里７号住居跡（右））、５．駅三洞式土器（華川龍岩里、晋州漁隠１地区）、６．松菊里式土器（扶餘松菊里54－５号・50－５号住居跡）

する点が多く、長い間青銅器時代後期と呼ばれてきた。しかし清川江以北で鉄器が登場する時期を考慮して、1980年代から初期鉄器時代と呼ぶようになった。しかしこの時期は、実質的には青銅器時代の文化段階に留まっているため、初期鉄器時代は不適切な用語であり、青銅器時代後期と呼ぶべきであるという主張も続けられている。

もし初期鉄器時代を青銅器時代に含め、無文土器が紀元前15世紀に発生したとする説にしたがうと、青銅器時代は、1）刻目突帯文土器を指標とする早期、2）駅三洞《ヨクサムドン》–欣岩里《フナムニ》式土器と可楽洞《カラクトン》式土器段階の前期、3）松菊里式土器（松菊里類型）段階の中期、そして4）円形粘土帯土器段階、すなわち初期鉄器時代の後期に区分できる。この際に、初期鉄器時代を排除するならば、青銅器時代は前の三段階のみで構成され、早期・前期・後期に分けることもできる。ただし、以下では用語上の混乱を避けるため、早期、前期、松菊里類型段階に区分して述べる。

1）青銅器時代のはじまりと展開

青銅器時代早期の資料はまだ不十分であるが、その指標とされる刻目突帯文土器ないしその変形したものと見られる節状突帯文土器は、河南渼沙里《ミサリ》遺跡、堤原黄石里《ファンソンニ》遺跡、旌善アウラジ遺跡、洪川哲亭里《チョルジョンニ》遺跡、加平連下里《ヨナリ》、錦山水《ス》塘里《ダンニ》遺跡、燕岐大平里《テピョンニ》遺跡、淳昌院村《ウォンチョン》遺跡、金泉松竹里《ソンジュンニ》遺跡、晋州大坪里《テピョンニ》遺跡漁隠地区および上村里《サンチョンニ》遺跡などで発見されている。これらの遺跡は、板石をめぐらせた炉跡を備えた平面方形ないし長方形の住居跡からなるという共通点を見せており、これを渼沙里類型と呼ぶこともある。しかし、刻目突帯文土器と節状突帯文土器は互いに異なる時期に属するという見解もあり、渼沙里類型の性格は明確でない。刻目突帯文土器の祖型と考えうる土器は未だ明らかでないが、中国東北地域からの農耕の伝播とともに流入したものと見たり、韓半島西北地域や東北地域との関連性が提起されたりしている。

紀元前13世紀頃にはじまったと推定される青銅器時代前期は、全国各地で無文土器および石器とともに発見される平面細長方形や長方形住居跡に代表される。この時期の特徴的な深鉢形無文土器は、口縁部の仕上げ方によって可楽洞式、駅三洞式および欣岩里式に分かれ、これらの発生過程は青銅器時代の時期区分と編年、文化系統の設定の重要な根拠と見られてきた。またそれぞれの土

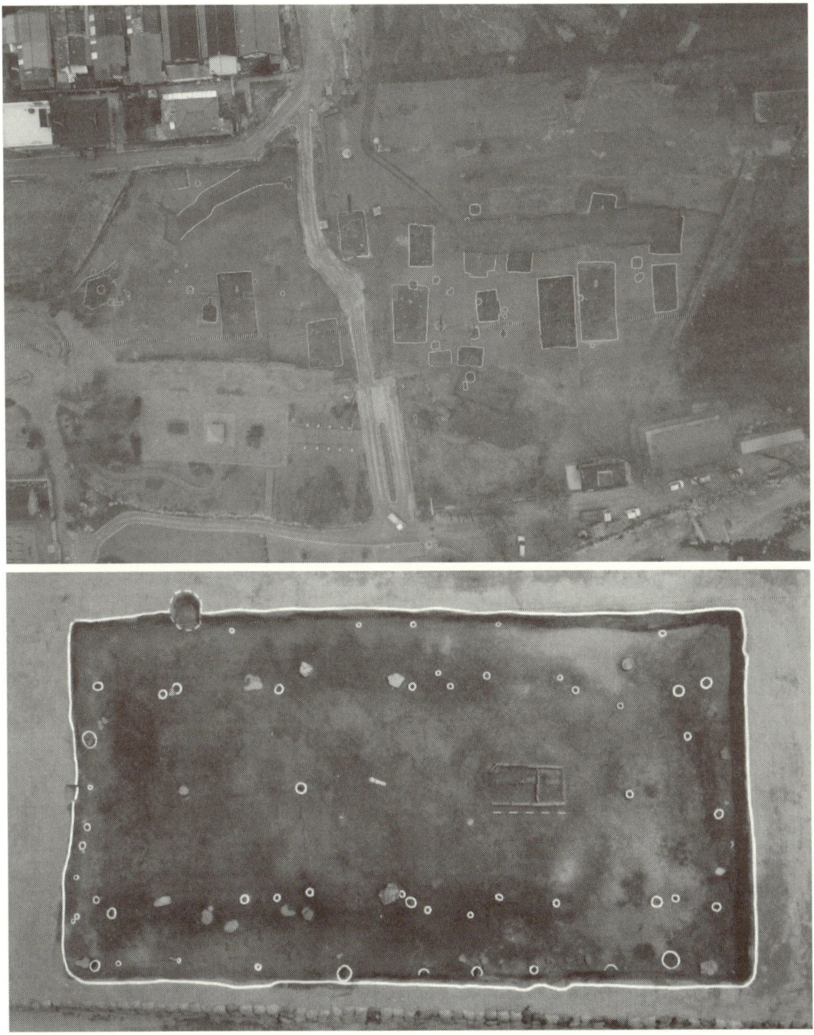

図46　旌善アウラジ遺跡（上）と１号住居跡（下）

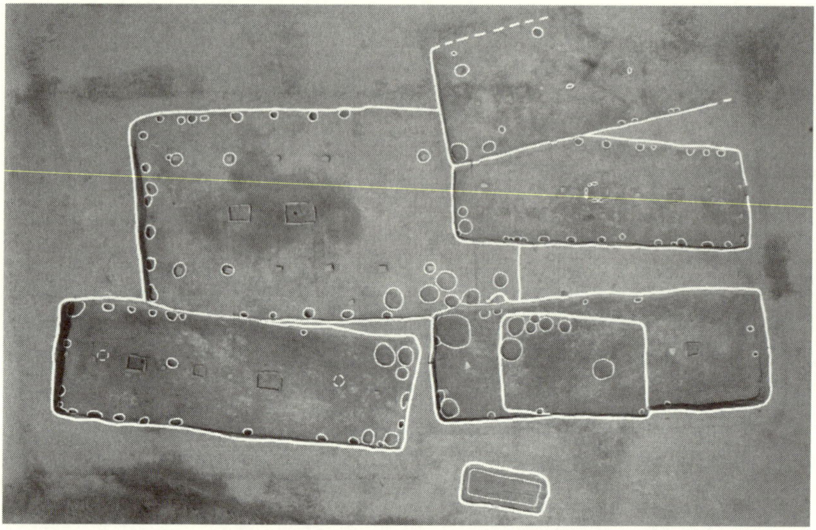

図47　燕岐松潭里遺跡：可楽洞式住居跡群

器を指標に、可楽洞類型、駅三洞類型、欣岩里類型などの文化類型が設定されてきた。

無文土器を用いた青銅器時代の編年研究は1970年代初頭にはじまったが、大同江一黄海道地域のコマ形土器と東北地方の孔文様土器、すなわち孔列土器が南下して共存した後、両者が結合して欣岩里式土器が発生したと推定した。以後、土器要素の拡散と結合、発展を通じた文化類型と系譜設定は、青銅器時代研究の核心をなしており、特に1990年代末から多様な意見が提示されている。例えば、欣岩里類型が元山湾一帯に起源するという主張がなされたり、一方では欣岩里類型の実在自体を否定する意見も提示された。後者の立場はいわゆる駅三洞式と欣岩里式土器を区分する必要なしと見なし、可楽洞式が南下する頃に欣岩里式も同時に発生したと推定している。しかし正反対に、駅三洞類型と欣岩里類型は明らかに異なる文化類型であるという主張もある。可楽洞式土器について、1980年代には西北地方のコマ形土器が南下して発生したものという意見が出されたが、1990年代末には鴨緑江流域で起源したものとの主張が現れた。最近では可楽洞式土器が車嶺山脈以南で集中的に発見されており、これを

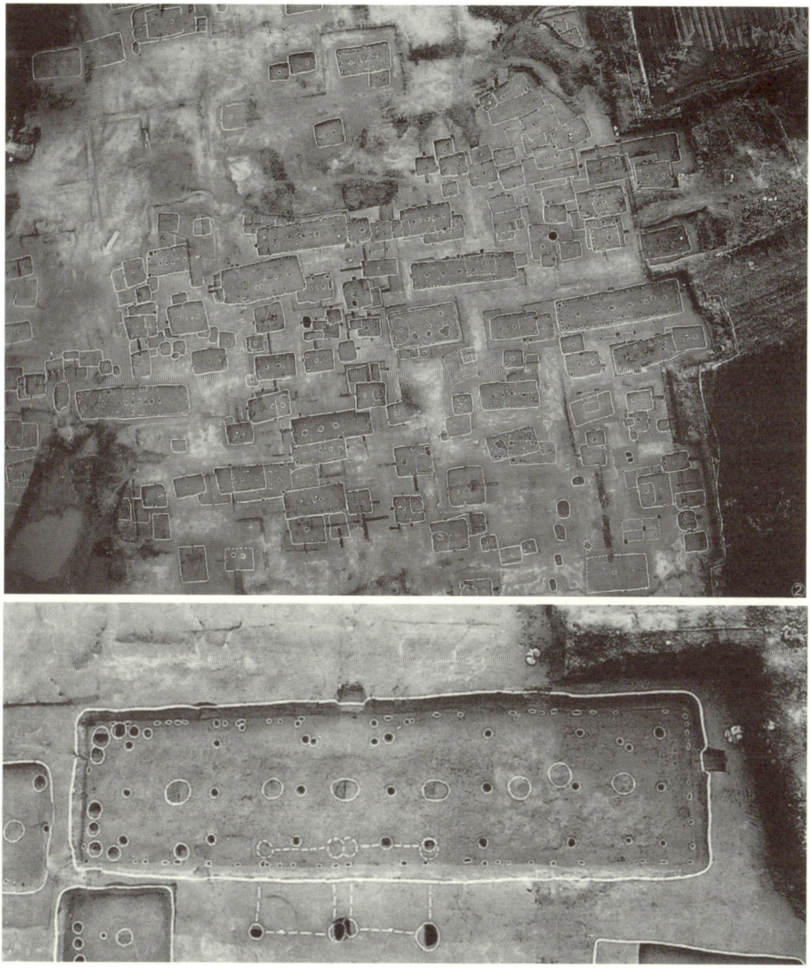

図48　華川龍岩里遺跡（上）と122号住居跡（下）

めぐって多様な見解が示されている。

2）松菊里類型の形成と拡散

松菊里類型は、1970年代はじめに夫餘松菊里遺跡で発見された、楕円形土坑を中央に配置した独特な構造の円形住居跡と、外反口縁の甕形土器である松菊里式土器を指標として設定された概念である。これに該当する遺跡は、忠清道と全羅道、慶尚道西部地域に集中しているが、前時期の文化相に代って韓半島南部地域全体に広がり、済州島では原三国時代まで続いた。ただし、安城川以北の京畿地域と江原および嶺南東部ではまれで、こうした地域では前時期の文化相がそのまま、あるいは若干変形して続いた。よって松菊里類型に対応する文化類型として、嶺西地域では泉田里《チョンジョンニ》類型、嶺南東部では検丹里《コムタンニ》類型が設定されている。

松菊里類型は、稲作が生業の主な位置を占めるようになったことにより現れたと判断される。この段階になって、住居跡の規模は小さくなり、貯蔵施設と収穫用石庖丁が普遍化し、遺跡数が急増して大規模中心地が登場した。このような様相は、社会階層化が進展して複雑度が増大するなど、政治権力が胎動していることを物語る。松菊里類型の拡散とともに青銅器も広がったが、松菊里石棺墓や麗水積良洞《ジョンリャンドン》支石墓の事例にみられるように、ほとんどは墓から出土している。すなわち青銅器は実用器ではなく、政治権力を象徴し、裏付ける威勢品と考えられる。この時期には、土器と石器の構成にも変化が現れる。墓制も多様化するが、錦江流域では石棺墓、石蓋土壙墓、単甕式甕棺墓など新たな墓制が登場し、周辺地域に拡散して支石墓と共存したり、既存の土着墓制を変形させたりした。このような墓制を指して、松菊里式墓制と呼ぶこともある。

松菊里類型は、おおむね忠清南道西海岸から錦江中下流一帯にかけての地域ではじめて現れたと判断されるが、京畿道南部安城川一帯を起源地とする説もある。発生時期については、1980年代までは紀元前５～４世紀頃と考えられていたが、現在はそれよりはるかにさかのぼり、極端な場合には紀元前10世紀頃とする主張もなされている。しかし、紀元前１千年紀は大気中の炭素同位体の比率が不安定な時期であるため、放射性炭素年代に依存した青銅器時代の編年は非常に難しい。

松菊里類型の起源については、青銅器時代前期文化が漸進的に変化して発生したという自生説と、外来集団が錦江流域に定着し発生したという外来起源説がある。自生説は、青銅器時代前期の長方形住居跡から中間形態である休岩里《ヒュアムニ》式住居跡を経て松菊里式の円形住居跡が発生したと説明する。外来起源説は、松菊里式土器のいくつかの形態的特徴が中国東北地方の土器に観察される点を重視し、休岩里式住居跡は松菊里類型が流入した後に青銅器時代前期末の土着

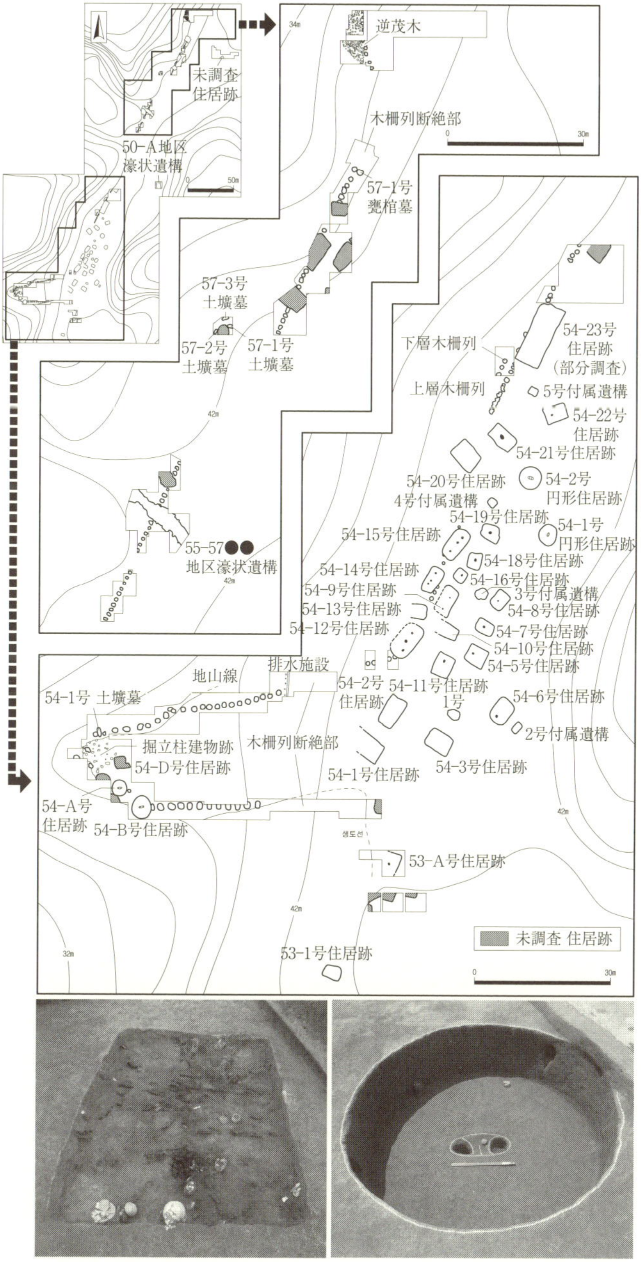

図49　扶餘松菊里遺跡遺構分布図（上）と54－５号方形住居跡（左下）、54－２号（'97）円形住居跡（右下）

文化との接触により変化したものと推定している。しかし両者の立場ともに裏付けとなる証拠は明らかでない。

松菊里類型の起源に対する関心とは対照的に、その終焉に関して明らかなことはほとんどない。初期鉄器時代のはじまりの直前である紀元前5世紀末になると、集落の規模が急速に小さくなり、立地条件も大きく変化するが、その詳細な様相は知ることができない。この頃松菊里類型は日本へと拡散し、弥生文化の成立に重要な役割を果たした。九州地方では松菊里式住居跡、支石墓、無文土器、磨製石器など韓国青銅器文化の要素が稲作の証拠とともに縄文時代晩期と弥生時代開始期の遺跡で多数発見され、この地域が本格的な農耕社会に転換する過程で松菊里類型が寄与していたことを良く示している。

Ⅲ　遺　跡

1　集　落

青銅器時代には、本格的な農耕生活とともに大小の集落が各地で現れ、これを基礎にして、共同体規模の労働力の動員を前提とする支石墓が出現しはじめた。集落は、その位置が河川沿いの沖積低地であれ丘陵であれ、農業に有利な立地条件を備える場所であれば長期間持続した。華川龍岩《ヨンアム》里《ニ》遺跡のように、集落が占地できる空間が限られている場所では、青銅器時代前期から後期まで継続して住居が建てられ、集落が存続した。

集落の規模や住居跡の形態は時期により変化したが、青銅器時代にも住居跡は新石器時代以来の竪穴住居であり、内部には炉、柱穴、排水溝、貯蔵孔といった施設がある。住居跡は列をなして配置されたり、無作為に群集して建てられたりした。集落の内外には生産施設、貯蔵用地上建物、広場、儀礼空間などの生活施設、環濠や木柵などの防御施設、動物を捕えるための陥し穴や墓が作られた。空間利用の定型化は、生産力、人口、社会的複雑度などが増大する一連の過程が本格的に進行したことを物語る。

青銅器時代前期の集落は、平澤素《ソ》沙《サ》洞《ドン》遺跡、牙山鳴岩里《ミョンアムニ》遺跡や天安仏堂洞《ブルダンドン》遺跡・白石洞《ベクソクトン》遺跡に見られる細長方形住居跡や、大田屯山洞《トゥンサンドン》遺跡、燕岐松院里《ソンウォンニ》遺跡・松潭《ソンダム》里《リ》遺跡、清州龍岩《ヨンアム》遺跡に見られる長方形住居跡が、棟を一定の列に

図50　蔚山検丹里遺跡（上）と昌原南山遺跡（下）の環濠

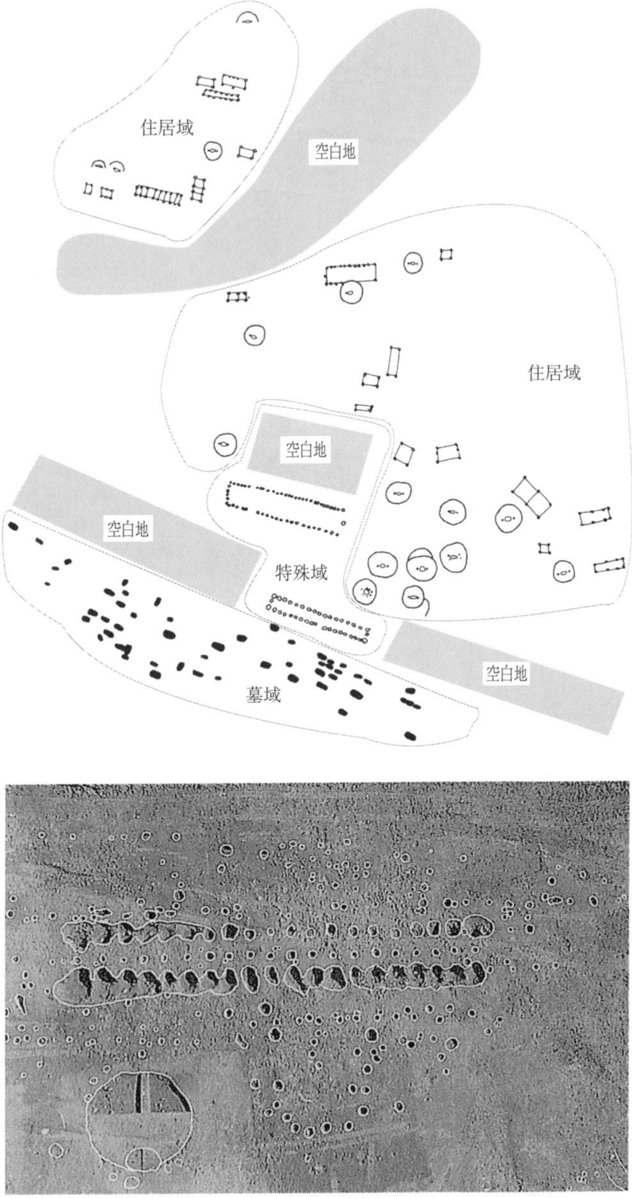

図51　泗川梨琴洞遺跡遺分布図（上）と61号大型建物跡（下）

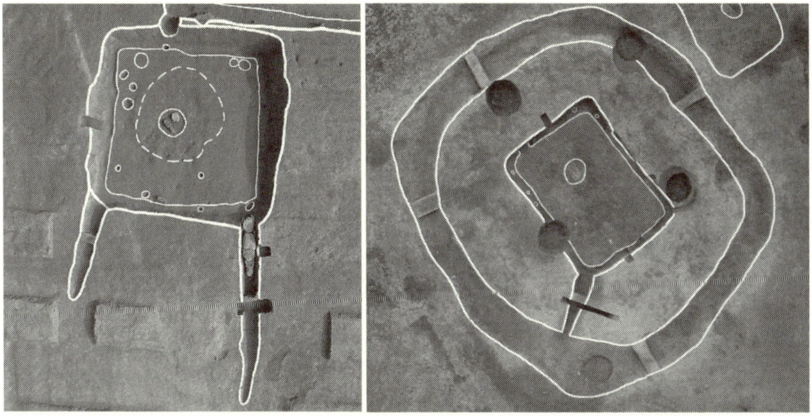

図52　排水溝の付いた住居跡：蔚山校洞里２号住居跡（左）、蔚山中山洞薬水Ⅱ－７号住居跡（右）

並べて形成された。細長方形住居跡は幅に比べ長さがきわめて長く、炉と貯蔵施設を複数備えていることから、複数単位の世帯が空間を分割して居住し、拡大家族の形態で暮らしていたものと推定される。住居跡内部にある炉は、地面を浅く掘っただけでの無施設式と、周縁部に石をめぐらす石囲式とがある。前者は主に駅三洞式および欣岩里式土器とともに発見され、後者は錦江中上流地域で主に可楽洞式土器とともに発見される。細長方形住居跡は時期が下ると長軸が短くなっていき、長方形や方形へと変化する。

前期の新しい時期に該当する驪州欣岩里遺跡、晋州大坪里遺跡・上村里遺跡をはじめとする各地では、数十棟以上の家屋で構成される集落が形成された。農業を営んで生活するこの様な集落遺跡においては、各住居跡の規模や遺物の質・量に差があり、農業経済が定着して社会経済的分化が進行したことが知られる。

松菊里類型段階になると、住居跡の平面形が円形ないし方形に変わり、その規模は単独世帯の居住に適合した大きさへと変化した。松菊里式住居跡は基本的に住居跡の内部に土坑があり、その両側に柱穴が配置される独特の形態である。一方、蔚山、慶州、浦項一帯では、方形または長方形住居跡内部の壁溝から外部へとつながる長い排水溝をもった特異な構造の住居跡が発見されている。

図53　水田遺跡：密陽琴川里遺跡（小区画、上）、論山麻田里遺跡（階段式、下）

松菊里類型の集落では、住居単位の分化、集落規模の拡大、木柵や環濠などの防御施設の普及、集落の機能分化、集落単位での位階秩序の発生など、様々な重要な社会経済的変化が現れる。この時期には、松菊里遺跡の様に木柵が取り囲み、数百戸以上の住居跡で構成される大規模集落が形成されたかと思うと、他方では少数の住居跡と多数の貯蔵穴で構成される集落もある。こうした様相は、集落間の機能分化現象を反映する。清原宮坪里《クンピョンニ》遺跡、保寧寛倉里《グァンチャンニ》遺跡をはじめとする大型集落で土器焼成遺構が発見されたという点も、集落の機

図54　畠遺跡：晋州大坪里遺跡漁隠1地区（上）、晋州大坪里遺跡玉房3地区（下）

能分化と関連する現象であろう。

以上の変化は、稲作が普及して農業生産物の剰余が蓄積されるとともに社会的複雑度が増し、政治権力が発生したことを物語るものと解釈される。青銅遺物が主に墓の副葬品として出土する様相は、このような推定を裏付ける証拠となる。住居跡内部にあった貯蔵施設が、松菊里類型発生後に規模が縮小した住居の外に位置するという変化は、農業生産物の剰余に対する所有権が住居単位から政治権力へと移動したことを示唆する。

2　農　耕

青銅器時代の中国東北地方と韓半島北部地域は農業を基盤とした社会であったが、各地で発見される穀物資料と水田・畠遺構は、半島南部においても青銅器時代の社会が農耕社会であったことを物語る。大邱西辺洞《ソビョンドン》遺跡・梅川洞《メチョンドン》遺跡、蔚山校洞里《キョドンニ》遺跡、論山麻田里《マジョンリ》遺跡、安東苧田里《ジョジョンニ》遺跡などで調査された農耕遺跡と木製農具が、その証拠である。反面、動物飼育の証拠はほとんど発見されていない。動物性タンパク質はイノシシやノロをはじめとする野生動物の狩猟と漁労を通じて獲得していたであろう。

稲作は石庖丁をはじめとする農具とともに、中国東北地域と韓半島北部を経て南部へと拡散したものと推定される。実物としてのイネは、1970年代に驪州欣岩里遺跡と扶餘松菊里遺跡で炭化米が発見されて以来、各地で続々と発見されており、安東苧田里遺跡では多量の籾殻が回収されもした。

水田は、密陽琴川里《クムチョンニ》遺跡や蔚山無去洞玉峴《オクヒョン》遺跡にみられる様に、平地ではおおむね小さな方形や長方形の区画形態であるが、蔚山也音洞《ヤウンドン》遺跡や論山麻田里遺跡の様に傾斜地に階段式に造成する水田も確認された。区画された水田一つ一つの大きさは100㎡以上に及ぶ大型もあるが、ほとんどは一辺が数メートル以内の小型である。水田の規模が小さいのは、水の管理を容易にするためであろう。水田遺跡では、水路と堰のような水利施設の痕跡も発見され、大邱東川洞《ドンチョンドン》遺跡や論山麻田里遺跡では水田に水を引き入れるために掘ったと推定される井戸も見つかった。麻田里遺跡の木製井戸は韓半島で最古のもので、ある種の祭儀が行われたことを示唆する赤色磨研土器と鳥形木製品が内部から発見された。

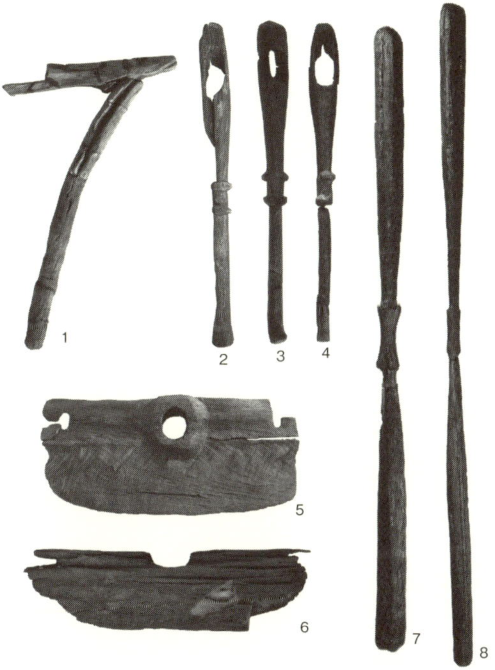

図55　木製農具各種：１．光州東林洞遺跡斧柄、２．大邱西辺洞遺跡石斧柄、３．論山麻田里遺跡石斧柄、４～８．大邱梅川洞遺跡石斧柄、エブリ、竪杵

青銅器時代には畠作も広く行われたが、作物としては新石器時代以来のアワ、ヒエ、モロコシに加えオオムギ、コムギ、キビ、ダイズなどが栽培された（訳注：ヒエやモロコシの出土例はなく、キビは新石器時代にも見られるため、この部分は明らかな事実誤認に基づいている）。晋州大坪里遺跡では、現在の畠と同じ姿の畝と畝間を備えた青銅器時代の畠が、自然堤防に沿って発見された。規模と形態からみて共同体単位の所有であり、生産と分配も共同体単位で行われたという主張がある。

3　埋葬遺跡

支石墓は、韓半島で数万基が発見された固有の先史墓制であり、韓国青銅器文化圏の範囲を示す証拠と言える。すなわち、支石墓の分布は、北は遼河から渾江流域、南は済州島と九州に及んでおり、無文土器と琵琶形銅剣をはじめとする主要青銅器の分布圏や、古朝鮮など韓国古代史の諸政治体の領域と、ある程度一致する。支石墓の登場時期は資料の限界で確定できないが、青銅器時代前期に広く造営され、韓半島南部では紀元前11～10世紀から造られたという意見が優勢である。

支石墓からは、麗水積良洞遺跡の様に琵琶形銅剣などの青銅器が発見され、遺跡の年代や社会の性格および被葬者の身分などに対する端緒を得られることもある。しかし、支石墓から見つかる遺物は少なく、こうした現象は青銅器時代の他の墓と同様であると言える。

遺物の欠乏により、支石墓研究は主にその外形と構造を中心に議論されてきた。研究の草創期には、埋葬主体部の位置と支石の形態および構造によって、北方式と南方式に分けられた。大きくは北方式は半島北部地域に、南方式は半島南部地域に分布するものと見られていたが、支石墓をこの二種に分けるには、その形態があまりに多様であり、分布様相もそう単純でないことが明らかになった。1970年代に入り、支石の存在が明確でない種類を指す蓋石式支石墓という名称が広く使われるようになり、以後多様な型式分類と名称が提示されつつ型式間の相関関係が設定されている。

こうした多様な意見は、支石墓全体の構造、上石の形態、埋葬主体部の形態と構造、そして墓域の設置有無などの諸属性を基準にしたものであるが、このうちどれが特に適切であると言うことはできない。なぜなら、支石墓はその造

図56　支石墓各種：北方式；遼寧海城析木城（左上）、殷栗冠山里（右上）、南方式；昌寧幽里（左下）、蓋石式；金海亀山洞（右下）

営に事前計画と労働力の動員が必要であるが、情況によっていくらでも便宜的に造ることが可能であり、完成した姿は多様になりうるので、一つの支石墓群のなかにも多様な種類が混在しうることから、支石墓の外形分類を通じてその形態の変遷や年代を明らかにするのは難しい。

石棺墓は、青銅器時代前期から初期鉄器時代にかけて現れるが、湖南および湖西地方では、松菊里類型の登場する頃から松菊里型墓制の一つとして広く使用された。石棺墓はそれ自体が独立した埋葬遺構でもあるが、支石墓の下部構造や付属施設としても造られた。よって、一部の石棺墓は上部構造が失われた

図57　石棺墓（上）と甕棺墓（下）：晋州大坪里遺跡漁隠１地区３号（左上）、玉房１地区346号（右上）、益山石泉里（左下）、益山華山里（右下）

図58　鎮安如意谷支石墓群

支石墓の下部構造でもありうることになり、両者には深い関係があるものと見られる。

嶺南・湖南地方では、青銅器時代前期の新しい時期から埋葬施設が一定の墓域内に造られはじめ、松菊里類型の登場以後、該当事例が増加する。このような類型の墓は、石を巡らせてその境界を確定させた墓域内に、支石墓や石棺、土壙、甕棺等の埋葬施設を配置した。このような墓は、埋葬主体部の種類や位置、構造の多様さにも関わらず、明確に設定された墓域をもつという共通点を見せ、区画墓と呼ばれている。例えば、全羅北道鎮安の龍潭ダム水没地区内で発見された支石墓は、その墓域を石で囲っているため、区画墓の一種である墓域式支石墓と呼ばれている。墓域式支石墓の代表的な遺跡としては、泗川梨琴《イグム》洞《ドン》遺跡、昌原徳川里《トクチョンニ》遺跡、馬山鎮東里《チンドンニ》遺跡、金海栗下《ユラ》遺跡などがあり、山清梅村里遺跡では葬礼用祭壇と推定される施設も発見されている。

一方、埋葬主体部の隅に溝をめぐらせ墓域を表示した、一種の周溝墓形態の墓も春川泉田里遺跡、洪川哲亭里遺跡、晋州大坪里遺跡玉房８地区など数箇所

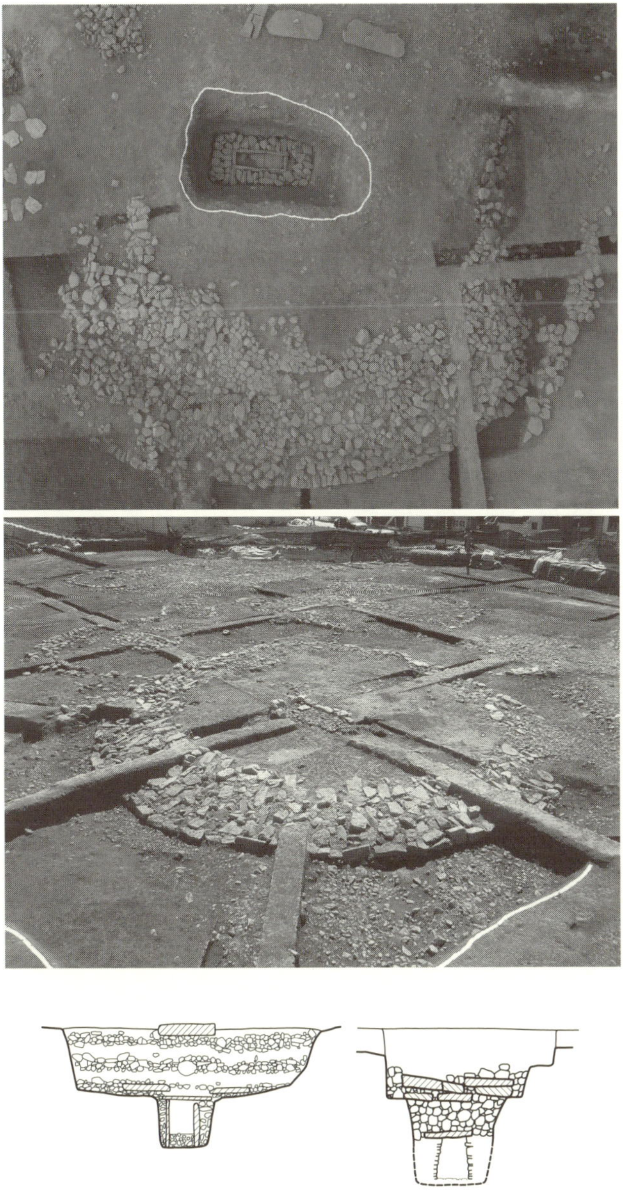

図59　墓域式支石墓と埋葬主体部断面図：金海栗下Ａ２－19号（上）、馬山鎮東Ａ群１号（中）、宝城東村里２号（左下）、昌原徳川里１号（右下）

図60　春川泉田里周溝墓群

で発見されている。このような墓は、墓域の形態と大きさが多様で、大きなものはその長さが40mを超える場合もある。埋葬主体部としては主に地下あるいは半地下式に設置した石棺や土壙が発見されるが、時には２基の石棺が対をなしていることもある。

Ⅳ　遺　物

1　青銅器

青銅は、溶融点が1093℃の銅80～90％に、327℃の錫10～20％と、232℃の鉛をはじめ亜鉛などの鉱物10％未満を混ぜ、溶融点を900℃以下に低めた合金である。青銅の合金比率は青銅器の種類と用途によって異なるが、配合比によって錫青銅、鉛青銅、亜鉛青銅、黄銅（真鍮）などに区分される。韓国青銅器時代の代表的遺物である琵琶形銅剣と初期鉄器時代の細形銅剣は、錫の含有量が

図61　琵琶形銅剣文化圏

17～20%、初期鉄器時代の細文鏡は、錫の含有量が27%程度の錫青銅である。

青銅器時代および初期鉄器時代に、青銅器製作のための原料をどのように獲得していたかについては、ほとんど何も分かっていない。ただし中国東北地方では、遼河西側の大井鉱山で青銅器時代の古い段階の採掘痕跡が報告されている。韓半島では、錦江流域に銅鉱が多いという『世宗実録地理志』の記録から、この地域が先史時代にも主要な銅の産地であることが推測される。鉛と亜鉛が韓半島に比較的豊富に産出するとはいえ、どのように採掘したのかは不明であり、稀な鉱物である錫についてはさらなる謎である。また、滑石や砂岩で作られた鋳型は各地で知られているが、青銅器を製作していた工房遺跡は未確認である。

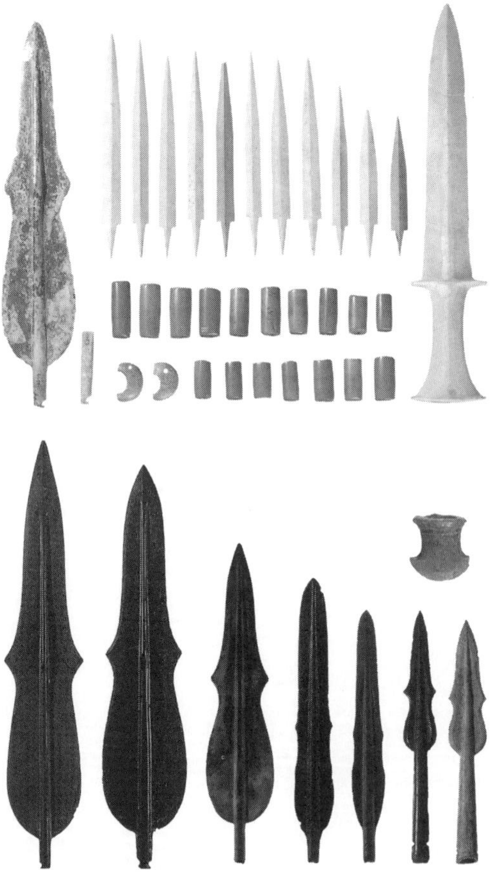

図62　扶餘松菊里石棺墓出土一括遺物（上）と各地出土の琵琶形銅剣、銅矛、扇形銅斧

韓国青銅器文化圏とその周辺地域においては、紀元前2000年前後にはじまり500年余り後に終焉した夏家店下層文化段階に、はじめて青銅器が登場したと見られる。この地域に代表的な遺物は、中国東北地方に起源した琵琶形銅剣である。琵琶形銅剣は、韓半島で合計60余点が発見されている。これ以外にも、琵琶形銅矛・粗文鏡・銅鏃・扇形銅斧などの関連遺物が、合計40点余り発見さ

れている。

琵琶形銅矛は、韓半島内では合計10点余りが発見され、麗水積良洞上積支石墓では琵琶形銅剣とともに出土した。粗文鏡は、中国東北地域の朝陽十二台営子で琵琶形銅剣に伴って発見されたものが最古と見られている。韓半島でも、これに類似した鏡が、平壌、忠清南道、成川などで出土したと伝えられている。粗文鏡がどのような遺物と共伴するのかは確実ではないが、中国東北地方の様相からは、琵琶形銅剣の拡散とあいまって韓半島に現れたものと見られる。扇形銅斧は義州美松里洞窟と東草朝陽洞《ジョヤンドン》支石墓に出土例があり、やはりこれも琵琶形銅剣の拡散とともに韓半島に現れたものである。鏃では、両翼形銅鏃が沙里院上梅里《サンメリ》遺跡、高城巨津里《コジンリ》遺跡、江陵浦南洞《ポナムドン》遺跡などで発見された。

1980年代まで、韓半島における琵琶形銅剣の出現年代は、松菊里住居跡の放射性炭素年代を根拠に紀元前5世紀頃と考えられていたが、1990年代以後は紀元前9～8世紀と推定されている。琵琶形銅剣は咸鏡北道を除いた全地域で知られており、興味深いことに全羅南道の南海岸に沿って支石墓で多数が発見されており、清川江以北と遼東地域では美松里式土器と共に発見される。韓半島南部で発見された琵琶形銅剣は、中国東北地方と異なり、柄の装着を容易にするために茎に溝を彫る有溝茎式がほとんどである。

図63　大連崗上墓遺構配置図

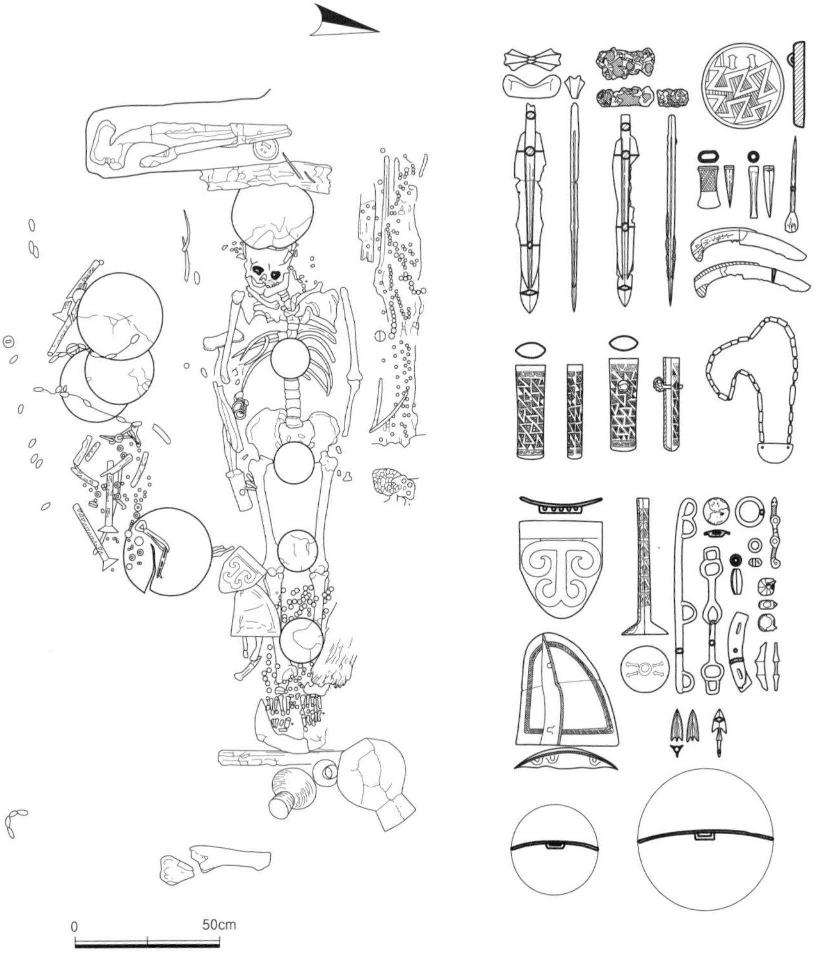

図64　瀋陽鄭家窪子6512号墓遺物出土状態（左）と出土遺物（右）

中国東北地方における琵琶形銅剣は、主に石棺墓、積石墓、土壙（木棺）墓などの墓から出土し、美松里式土器、T 字形剣柄、琵琶形銅矛、扇形銅斧、粗文鏡などと共伴する。こうした様相を指して琵琶形銅剣文化と呼ぶが、その内容には地域によって若干の違いがある。琵琶形銅剣が遼寧および吉林・長春地域から韓半島にかけて発見されることは、韓国青銅器文化圏内で何らかの広範囲な交流があったことを推定する根拠として扱われている。琵琶形銅剣は紀元前15世紀に登場したという主張もあるが、おおむね夏家店上層文化が現れる頃の紀元前11～10世紀、あるいはその直後の紀元前10世紀から9～8世紀頃に、遼寧および吉林・長春地域において登場したとみられる。この場合、夏家店上層および下層文化には文化的継承関係がなく、別個の伝統に属するとみられている。

中国東北地方の琵琶形銅剣や琵琶形銅剣文化の起源と主体については、遼東に起源した濊貊あるいは古朝鮮の文化であるという立場と、遼西に起源した東胡の文化であるという見解が対立している。あるいは東胡ではなく、山戎や肅愼のような戎狄諸族がその主体であるとする見解もある。これを明らかにするのは難しいが、最近では琵琶形銅剣が遼西で先に登場したという主張が有力になっている。

北朝鮮学界は、1980年代まで、琵琶形銅剣が紀元前12世紀から10世紀の間に遼東においてはじめて現れ、紀元前5世紀まで続いたとし、古朝鮮の発祥地と中心地が遼東であると主張していた。すなわち、中国東北地方の琵琶形銅剣のうち、器長30cm 未満で鋒部が短い、双房遺跡や二道河子遺跡などの石棺墓出土品が最も古い時期であり、続いて崗上墓、十二台営子遺跡、南山根遺跡101号墓などで出土した、鋒部がやや長く器長が30～35cm 程度の銅剣が登場し、最後に鄭家窪子遺跡6512号墓や楼上墓などで発見された、さらに細長く鋒部も長い、突起の顕著でない種類へと変化すると主張している。

琵琶形銅剣遼西起源説の立場は、上の案とはおおむね逆の順にその形態の変化をとらえ、遼寧と接した内蒙古寧城一帯または渤海湾喀左和尚溝出土品を最古と推定している。韓半島出土琵琶形銅剣のうち、扶餘松菊里石棺墓出土品や大田比《ピ》來《レ》洞《ドン》遺跡出土品が最も古い時期の遺物と見る見解が有力であるが、形態変化については様々な意見が提示されている。いずれにせよ、時期が下るにつれて、琵琶形銅剣は幅が狭まり長くなって、ついには初期鉄器時代の細形銅剣へと変化した。

2　石　器

青銅器の登場にもかかわらず、青銅器時代の日常道具は石器であって、石器

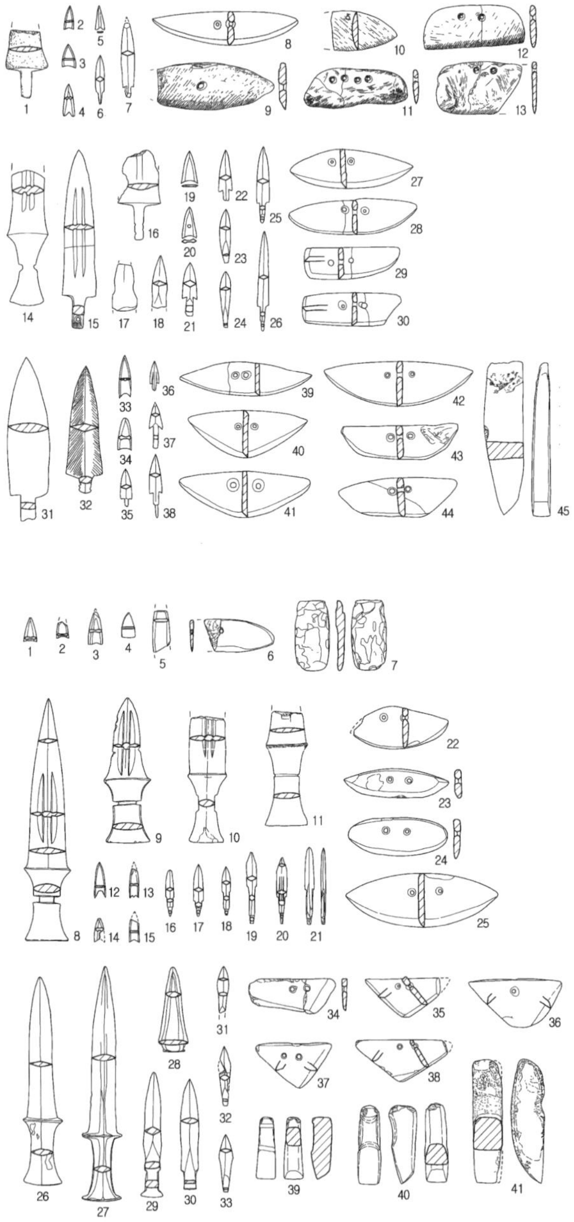

図65　磨製石器の変化：韓半島北部（上）、南部（下）（孫晙鎬2006）

は初期鉄器時代まで残存する。青銅器時代の石器は、ほとんどが精巧に磨かれた磨製石器であり、住居跡の内外で一連の石器製作過程を復元することのできる工房の痕跡や、関連遺物ないし未成品が発見されることもある。しかし、石材原産地比定をはじめとし、原材料の確保、運送そして製品の流通と普及については、ほとんど明らかになっていない。石器の種類は石剣、石槍、石鏃、石斧、石庖丁、すりうす、砥石、紡錘車、漁網錘などきわめて多様である。機能も分化し、武器、狩猟具、伐採具、加工具、農耕具、食料処理具、紡錘具、漁撈具などに分けられる。

青銅器時代の石器のなかでも、磨製石剣は無文土器とともに青銅器時代の標識遺物で、住居跡と墓の両方で発見されている。磨製石剣は、大部分

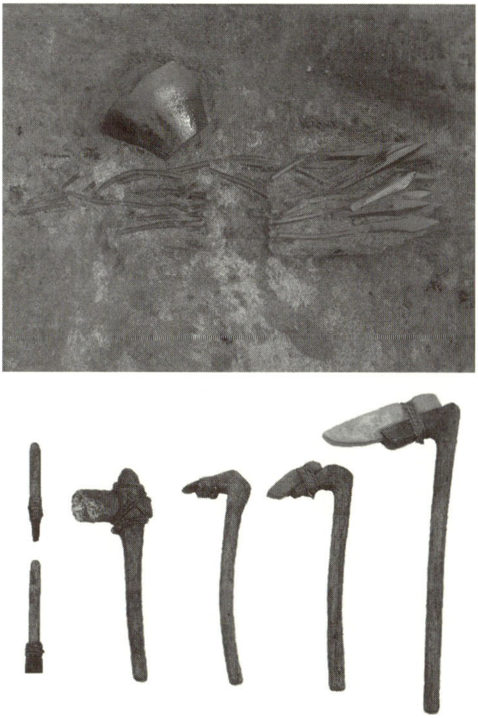

図66　春川泉田里47号住居跡遺物出土状態（上）各種石斧類の復元（下）

図67　日本佐賀県菜畑遺跡出土の韓半島系磨製石器各種

が実用道具として用いられたとみられるが、琵琶形銅剣を模倣して製作されたと解釈されることもある。しかし墓からは、文様を刻んだり透し彫りを施したりして過大装飾した、非実用的儀礼道具と見られるものも時には発見される。墓から発見される磨製石剣のなかには意図的に破壊されたり、墓の内部の特定の位置に特定の方向で置かれた状態で発見されるものもある。

磨製石剣は、下部を柄にはめられるように茎を作り出した有茎式と、柄を作り出す有柄式に分かれる。有茎式は茎の長さにより長茎式と短茎式に分かれ、有柄式は柄の中央部の形態によって一段柄式と二段柄式に分かれる。有茎式は長茎式から短茎式へと次第に変化し、有柄式は青銅器時代前期には二段柄式が流行した後、半島南部では松菊里類型登場以後、一段柄式に変化する。剣身部に二筋を長く彫った樋（血溝）は、古い時期の石剣においてやや高い頻度でみられるが、コマ形土器の地域である大同江流域と黄海道地域で特に多い。

石鏃は茎の有無、全体的な形態と横断面の形態によって扁平三角湾入鏃、一段茎鏃、二段茎鏃、柳葉形石鏃などに分けられる。韓半島南部では、刻目突帯文土器と共伴する例が多い扁平三角湾入鏃が、最も古い時期に登場したと判断される。二段茎石鏃は前期に流行したが、一段茎石鏃は松菊里類型段階に入ってから流行し、長菱形または一体型と呼ばれる長い石鏃も、この時期に登場したものと見られる。

石庖丁は、磨製石剣とともに青銅器時代の代表的な石器であり、穀物収穫用の刃物である。平面形態により長方形、梯形、櫛形、魚形、舟形、三角形等に分類され、このうち三角形石庖丁が最も新しく、松菊里類型段階に登場した。しかし、その型式の時空的分布と編年については、いまだ確定的でない。

石斧は刃の方向と形態、縦断面の形態および平面形態により分類される。柄をより効率的に装着できる片刃石斧の有段石斧と有溝石斧（抉入石斧）は遅れて登場するが、地域によって異なる型式が発見されている。すなわち有段石斧は大同江流域で登場し、有溝石斧は松菊里類型の時期に半島南部地域で登場して初期鉄器時代まで用いられた。その他の石器としては、鉋や鑿の刃として用いられたと見られる石器や、棍棒頭と呼ばれる月形石斧や星形石斧の様な、中央に孔をあけて柄をはめ込む石器がある。

3　土　器

無文土器という名称は、新石器時代の土器に比べ表面にほとんど文様を施さないという特徴から付けられたものである。無文土器は、胎土に砂や長石などの混入物が相対的に多く含まれており、相当に粗い印象を与える。それにもかかわらず、二重口縁、突帯文、孔列文、口脣刻目文、斜線文が個別的に、あるいは組み合わされて現れ、全体的な形態もやはり時間とともに少しずつ変化す

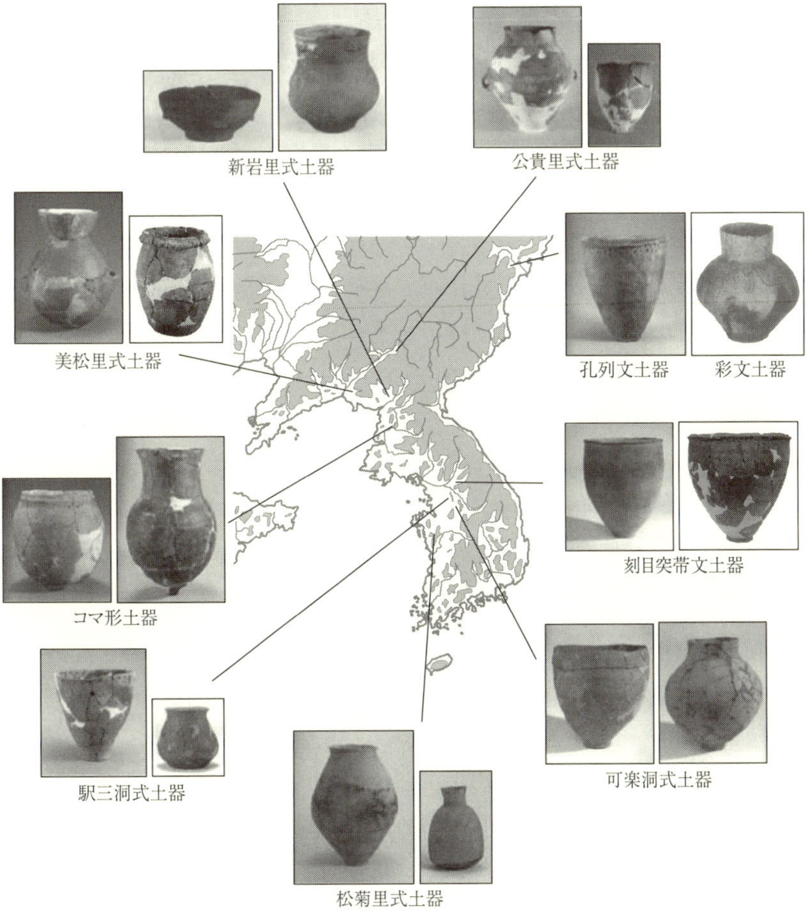

図68　地域別土器型式

るため、編年設定の助けとなっている。また、無文土器とともに、住居跡からは糸を撚る際に使われた紡錘車や漁網錘、あるいは用途不明の小玉などの土製品が発見されている。

無文土器は青銅器時代以後も続けて製作され、地域によっては原三国時代までその脈を保つ。土器表面は通常、黄褐色や赤褐色であるが、表面に鉱物を塗って擦り、艶を出したものもある。底部は小型壺を除けばすべて平底である。大きさは多様で、把手や台脚がつくなど多くの種類がある。土器の形態的多様性は、地域と時期による土器製作様式の変化と、土器の機能的分化を物語る。

例えば、平安道と黄海道では、底部が小さくまるでコマの様な印象を与えるコマ形土器、咸鏡道と豆満江流域では口縁部に孔をあけた孔列文土器、鴨緑江流域では公貴里式土器と美松里式土器などが知られている。韓半島南部地域では前述の可楽洞式、欣岩里式、松菊里式土器などが知られている。

無文土器は、機能の面から儀礼容器と日常生活容器とに分けられる。埋葬儀礼のための土器としては、小型壺の赤色磨研土器や彩文土器、あるいはその変形である茄子文土器、台脚付土器などがあり、これらの土器は墓の周辺に散らばった状態で発見されることもある。住居跡から発見される生活容器としては、貯蔵用土器である甕や壺類以外にも深鉢形土器、鉢、碗などの大小各種がある。生活容器はほとんどが表面に特に処理をしない平凡なものであるが、表面を赤色に磨研したものも発見されている。

無文土器は前時期の土器と同様、屋外で製作されたが、焼成遺構の形態は一段階発展した竪穴式焼成坑と推定される。深さ１m 未満の浅い土坑で、幅が１m 前後の小さなものもあるが、通常は数メートル程度の規模である。

参考文献

姜仁旭 2005「韓半島出土琵琶形銅剣の登場と地域性について」『韓国上古史学報』49 韓国上古史学会

国立中央博物館 2010『2010年特別展―青銅器時代のムラの風景』国立中央博物館

金権九 2005『青銅器時代嶺南地域の農耕社会』学研文化社

金権中 2008「青銅器時代周溝墓の発生と変遷」『韓国青銅器学報』3　韓国青銅器学会

金奎正 2007「青銅器時代中期設定と問題」『韓国青銅器学報』1　韓国青銅器学会

檀君陵

北朝鮮学界は1993年、金日成の教示により平壌のある墓を発掘した後、その墓が檀君陵であることを明らかにしたという衝撃的な発表を行った。墓から出土した人骨のうち、身長が170cm を超え、年齢の高い男性人骨が檀君、繊弱な女性人骨は檀君夫人であると推定された。人骨を試料に用いて科学的年代測定を行った結果、人骨の年代は紀元前3000年以前に遡及すると主張したのである。

これにより、檀君は神話から歴史へと位置づけされ、古朝鮮の国家形成時期は紀元前3000年以前に上方調整された。さらに、古朝鮮の中心地ははじめから終わりまで平壌一帯であったと主張していた1960年代以後、新たな定説となっていた古朝鮮在遼寧説を一挙に覆すことになった。いわゆる檀君陵の発見以後、北朝鮮学界では、古朝鮮のみならず古代史と考古学全般にわたる再解釈作業を経て、平壌は我らが歴史の聖地であり世界文明の中心地であるという大同江文明論が主張された。

しかし、檀君陵と主張された墓は、最初の報告書を検討すれば、３基の棺台をもつ高句麗の横穴式石室墳であることは明らかである。高齢の男性と繊弱な女性の人骨が出土したという事実だけで、この墓が檀君陵であるということの裏付けにはならない。地域住民が檀君陵と呼んできたことや、朝鮮時代の地理書に檀君陵と記録されているという事実も、この墓が檀君陵であることを立証するものにはなりえない。

北朝鮮学界は、この墓を檀君陵と断定した後、近隣に将軍塚を真似た建築物を新たに建設し、檀君陵を改築したと宣伝した。1994年に起工した改建檀君陵は、1994個の花崗岩で造られた巨大な建築物であり、最初に檀君陵と主張されて発掘された墓とは全く関係のない、北朝鮮の現代建築物に過ぎない。折悪くもまさにこの時に高句麗始祖東明王の墓と伝えられる平壌の伝東明王陵、高麗王建の墓である王建陵などがすべて改築整備された。よって、北朝鮮学界が檀君陵の改築に総力を挙げた背景には、単純に学問的な目的だけでなく、南との正当性競争、海外同胞を含めた統一運動の推進など、複雑な政治外交的要因が潜んでいるものと考えられる。

青銅器時代の芸術と儀礼

青銅器時代には、芸術や儀礼も相当に発達していたであろう。芸術関連資料は岩刻画が代表的であるが、合計15箇所程度が知られている。しかし、すべての岩刻画が青銅器時代に製作されたとは断定できない。岩刻画の内容は浦項仁庇洞《インビドン》、麗水五林洞《オリムドン》など支石墓に見られる磨製石剣や石鏃のような石器、蔚山盤亀台《バングデ》岩刻画に描かれた人物と動物、船などの形象、高霊良田洞《ヤンジョンドン》や支石墓に描いた同心円と盾の様な象徴的な文様など、多様である。

儀礼と関連した資料はさほど多くない。山清黙谷里《ムクコンニ》遺跡では河川に土器と石器を壊してばら撒いた痕跡が発見されたが、ある種の祭祀を行った結果と判断される。晋州大坪里遺跡漁隠地区の住居跡では、地鎮具などの生活儀礼の痕跡が発見された。また各地の埋葬遺跡では土器を壊して撒いた葬送儀礼の痕跡が発見され、動物や穀物等を一定に配置した農耕儀礼の痕跡も、春川泉田里遺跡や浦項仁徳山《インドクサン》遺跡などで発見されている。

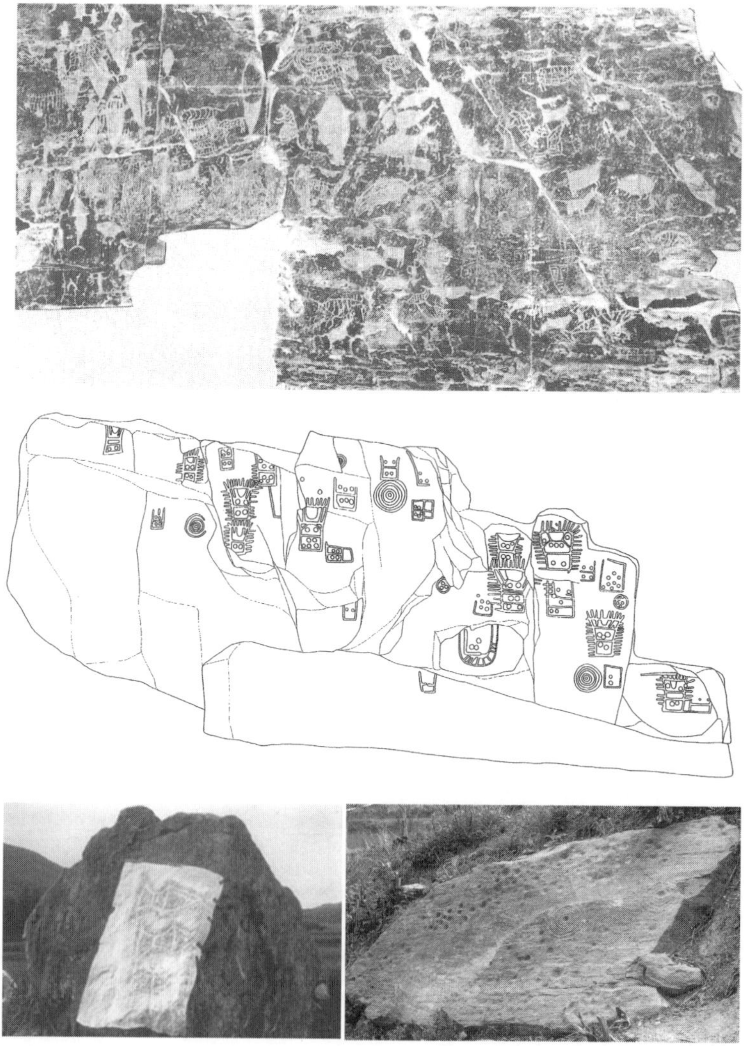

図69　岩刻画：蔚山盤亀台（上)、高霊良田洞（中)、浦項仁庇洞（左下)、咸安道項里（右下）

図70　山清黙谷里祭祀遺跡（上）と出土遺物（下）

金範哲 2007「忠南地域松菊里文化の生計経済と政治経済―農業集約化関連説明モデルからみた水稲作」『湖南考古学報』24　湖南考古学会

金炳燮 2009「南韓地域早・前期無文土器編年および北韓地域との併行関係」『韓国青銅器学報』4　韓国青銅器学会

金承玉 2001「錦江流域松菊里型墓制の研究」『韓国考古学報』45　韓国考古学会

金承玉 2006「青銅器時代住居跡の編年と社会変遷」『韓国考古学報』60　韓国考古学会

金壮錫 2008「松菊里段階貯蔵施設の社会経済的意味」『韓国考古学報』67　韓国考古学会

金壮錫 2008「無文土器時代早期設定論再考」『韓国考古学報』69　韓国考古学会

金材胤 2004「韓半島刻目突帯文土器の編年と系譜」『韓国上古史学報』46　韓国上古史学会

金賢植 2005「蔚山式住居跡の増築と社会的意味」『嶺南考古学』36　嶺南考古学会

朴淳發 1999「欣岩里類型形成過程再検討」『湖西考古学』1　湖西考古学会

裵眞晟 2009『無文土器文化の成立と階層社会』書景文化社

孫晙鎬 2006『青銅器時代磨製石器研究』書景文化社

宋満榮 2002「南韓地方農耕文化形成期集落の構造と変化」『韓国農耕文化の形成』韓国

考古学会
安在晧 2000「韓国農耕社会の成立」『韓国考古学報』43　韓国考古学会
安在晧 2004「中西部地域無文土器時代中期集落の一様相」『韓国上古史学報』43　韓国上古史学会
李榮文 2002『韓国支石墓社会研究』学研文化社
李清圭 1988「南韓地方無文土器文化の展開と孔列土器文化の位置」『韓国上古史学報』1　韓国上古史学会
李亨源 2009『青銅器時代集落構造と社会組織』書景文化社
李弘鍾 2000「無文土器が弥生土器成立に与えた影響」『先史と古代』14　韓国古代学会
李弘鍾 2007「松菊里型集落の空間配置」『湖西考古学』17　湖西考古学会
千羨幸 2005「韓半島突帯文土器の形成と展開」『韓国考古学報』57　韓国考古学会

第5章

初期鉄器時代

Ⅰ　時代概観

韓国考古学において初期鉄器時代と呼ばれる時期は、およそ紀元前300年頃から紀元前100年頃までを言う。この時期には燕国の影響で鋳造鉄器が普及して鉄器文化がはじまるが、いまだ鉄素材と鉄器の大量生産が本格的にはなされなかった段階である。初期鉄器時代以後、紀元前１世紀頃から紀元後３世紀中葉までの時期は原三国時代にあたる。しかし初期鉄器時代と原三国時代を統合して鉄器時代と呼んだり、その前半を鉄器時代前期、後半を鉄器時代後期と呼ぶ見解もある。

ただし、中国東北地方ではこれよりやや古い時期から鉄器が登場していることや、韓半島から渡ったと判断される日本の初期鉄器文化が紀元前４～３世紀頃にさかのぼることから、韓半島でも初期鉄器時代の上限が紀元前４世紀以前にさかのぼる可能性が高い。

初期鉄器時代には鉄器が普及したものの、韓半島内ではむしろ青銅器の製作技術が最高水準に到達し、青銅器時代に用いられていた磨製石器も引き継がれている。この時代は、歴史的には後期古朝鮮と衛満朝鮮にあたる時代である。後期古朝鮮と衛満朝鮮は、中国戦国時代の燕国およびそれ以後の秦漢帝国との間で、外交と交易、一方では戦争をしつつ内的発展を遂げて国家へと成長してゆく。また、この時期の中国東北地域の松花江流域では夫餘が成長しつつあり、鴨緑江流域では初期高句麗社会の形成が進んでいた。

この時代の社会と文化を考古学的に説明する遺跡と遺物の複合は、中国東北地域一帯から韓半島にかけて分布する大きく四種の類型に整理できる。遼東地域と清川江以北の西北朝鮮地域で流行した細竹里《セジュンニ》‒蓮花堡類型、松花江流域の大海猛‒泡子沿類型、沿海地方の団結‒クロウノフカ類型、そして清川江以南の南城里《ナムソンニ》‒草浦里《チョポリ》類型である。これに松嫩平野の漢書２期類型を追加する意見もあるが、この文化類型は中原系統の遼西地域の文化に近く、除外すべきとの意見がより強い。松花江流域と沿海地方の文化類型はそれぞれ時間的下限が紀元後２～３世紀まで下ることが知られており、地域別交差編年が困難である。団結‒クロウノフカ文化では、密閉された窯で焼かれた還元焔焼成の土器がまれ

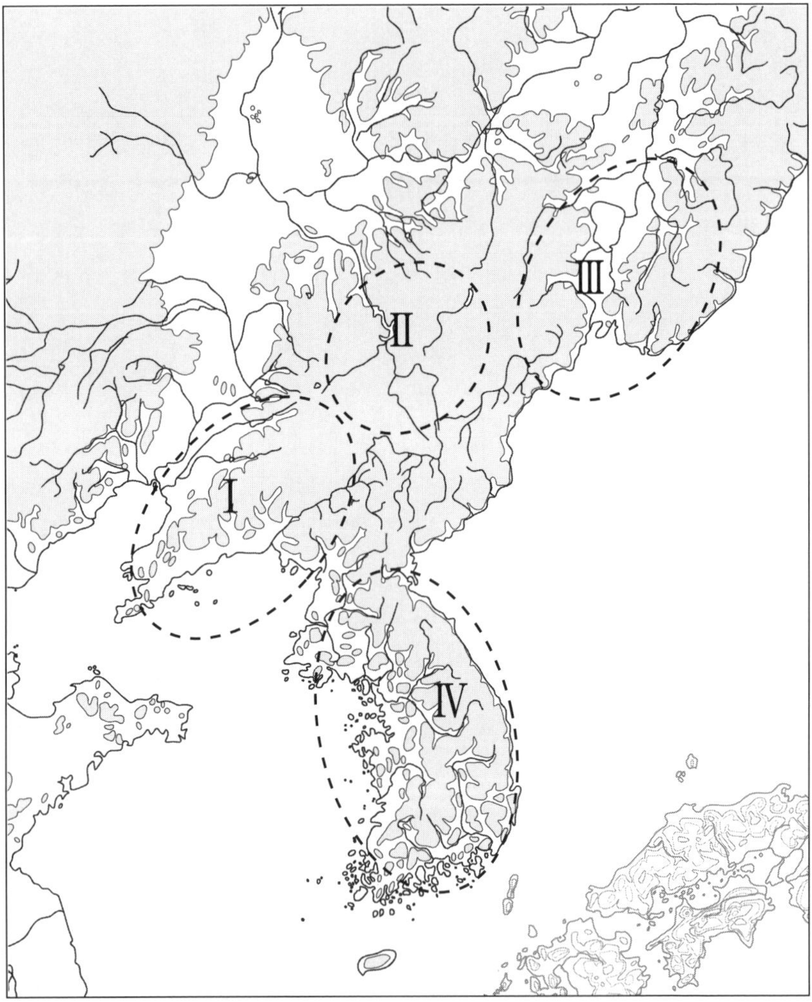

図71　文化類型と分布圏（李清圭2005）Ⅰ：細竹里—蓮花堡類型、Ⅱ：大海猛—泡子沿類型、Ⅲ：団結—クロウノフカ類型、Ⅳ：南城里—草浦里類型

である一方、石器が長い間存続するなど、地域的な特色を強く残す。

Ⅱ　初期鉄器文化の展開

1　Ⅰ期（紀元前４世紀末〜３世紀前半）

この時期の韓半島で、細形銅剣をはじめとする多量の青銅器が副葬された墓は、西南海岸の唐津湾と挿橋川、錦江と萬頃江沿いの牙山南城里、礼山東西《トンソ》里《リ》、大田槐亭洞《クェジョンドン》、扶餘蓮花里《ヨンファリ》などで発見された。これらの地点は西海岸の交通路の要衝であり、当時文化的先進地域である遼東地域との海路による沿岸交流に有利な場所である。忠清南道西海岸と遼東地域の交流は、瀋陽鄭家窪子遺跡で出土した各種青銅器と粘土帯土器、黒陶長頸壺が忠清南道西海岸でも出土する事実から推定できる。西海岸に隣接した保寧校成里《キョソンニ》と安城盤諸里《バンジェリ》などの集落遺跡から円形粘土帯土器が出土していることも、このような推定の裏付けとなる。

しかし銅剣・銅鏡・異形銅器を具体的に比較すると、両地域間に型式上の違いがあり、年代にも一定の差がある。瀋陽鄭家窪子遺跡と同一形態の青銅器および土器複合は、大同江流域の平壌新松里《シンソンニ》遺跡で確認された。よって遼東地域の鄭家窪子類型文化が平壌などを経て間接的に、あるいは多少時差を置いて忠清南道西海岸に伝播したと見られ

図72　旅順尹家村12号積石木槨墓と細形銅剣

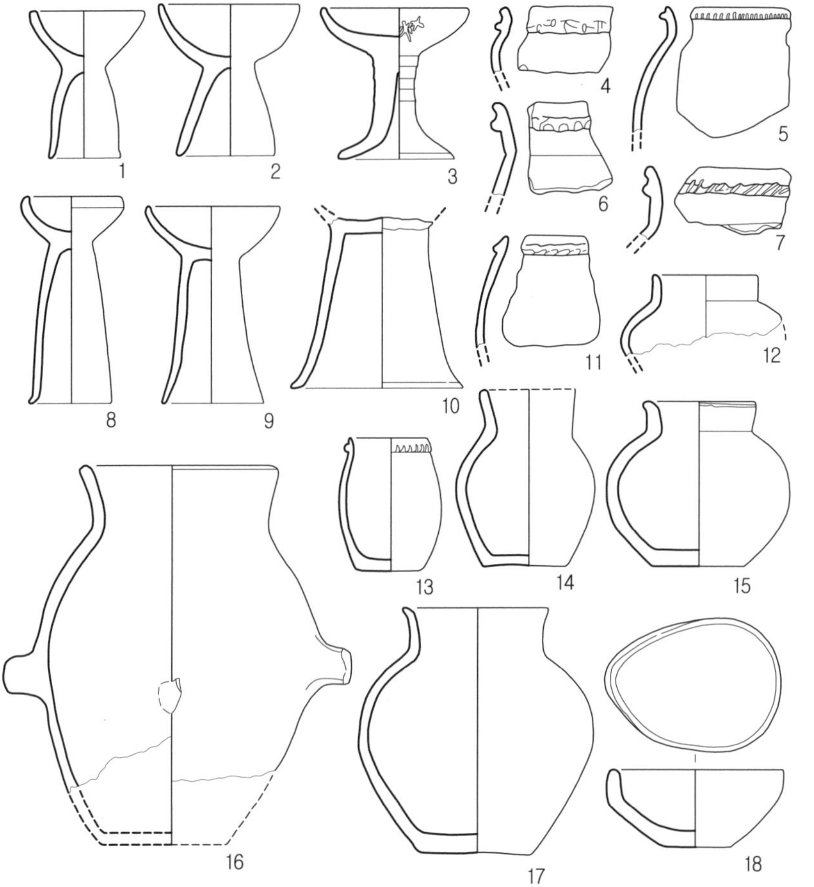

図73　旅順尹家村遺跡下層第２期の土器　1～3・13・14・17. 12号土壙墓、4～12・15・16・18. 11号土坑

る。

紀元前４世紀末～３世紀初頭に、秦開が率いる燕の軍隊が古朝鮮と東胡を退けたという歴史的事件と符合して、中国東北地域–沿海地方–韓半島にはじめて鉄器文化が普及しはじめる。この鉄器文化は、遼東と西北朝鮮地域に集中的に分布する細竹里–蓮花堡類型に代表される。貨幣の一種である明刀銭をはじめとし、鋳造鉄器と灰陶がその重要な要素であるが、遼寧省の撫順蓮花堡、錦県

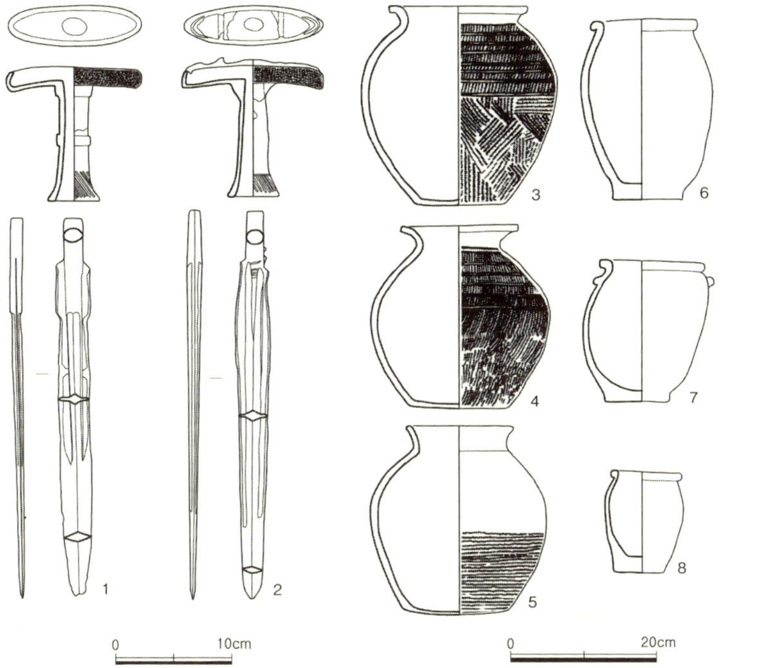

図74　本渓上堡村石槨墓出土遺物　１・２・４・７．１号墓、３・６・10．２号墓、５・８．３号墓

高麗寨、大連牧羊城と平北寧辺細竹里、博川檀山《タンサン》里《ニ》などの生活遺跡が代表的である。

清川江以北と遼東地域の諸遺跡で多量に埋納された状態で発見された明刀銭は、燕国の影響下で活動していた住民が残したものとみるのが合理的である。そのなかには、遼東地域に残っていた古朝鮮人もいた可能性が高い。古朝鮮系の粘土帯土器と細形銅剣、中国系の灰陶と鋳造鉄器がともに副葬された本渓上堡村石棺墓の存在が、その根拠となる。

一方、天山山脈の東側でも燕国鉄器文化の影響を受けて大海猛-泡子沿類型、団結-クロウノフカ類型が登場した。秦漢代の各種鉄器が豊富に発見される細竹里-蓮花堡類型地域と異なり、漢の郡県が設置される紀元前２世紀末までのこれらの地域では、一部の鉄器のみ選択的に受容するに過ぎなかった。明刀銭と灰陶も、遼東と清川江以北の西北朝鮮地域でのみ大量に普及したのであ

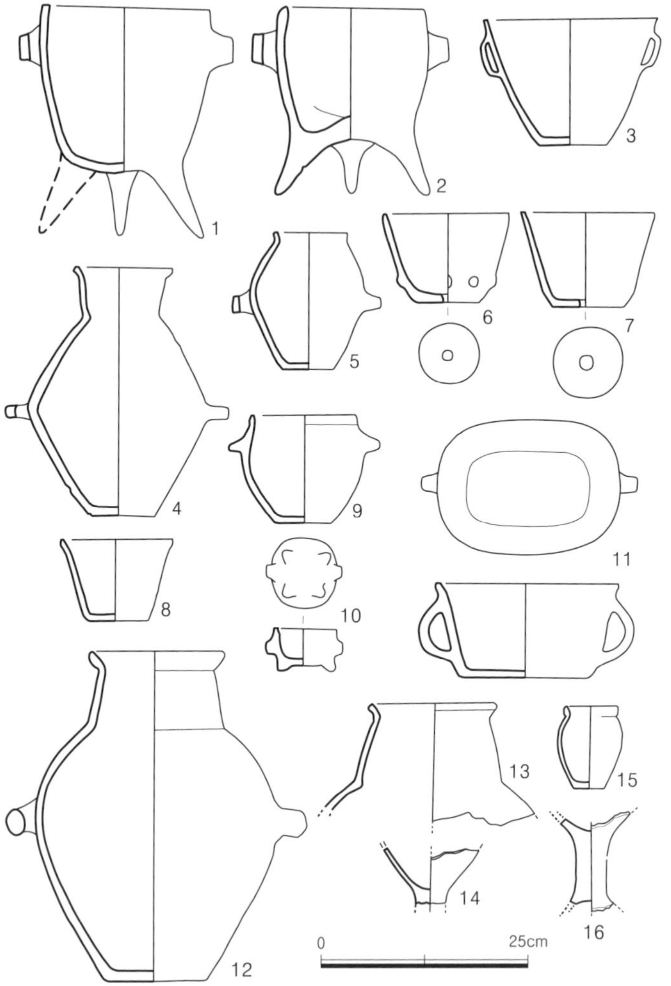

図75　大海猛−泡子沿類型の土器：１～11．吉林猴石山遺跡、12～16．吉林泡子沿遺跡

り、その東側の地域にはほとんど見られない。

燕国の鉄器文化が普及した頃、中国東北地方や沿海地方では首長級の墓に依然として多量の青銅器を副葬していることが、鴨緑江下流域の丹東貫甸県趙家堡と集安五道嶺溝門、渾江上流の通化万撥発子、松花江上流域の華甸県西荒山屯、沿海地方のイズヴェストフ遺跡で確認された。大海猛−泡子沿類型と団結−

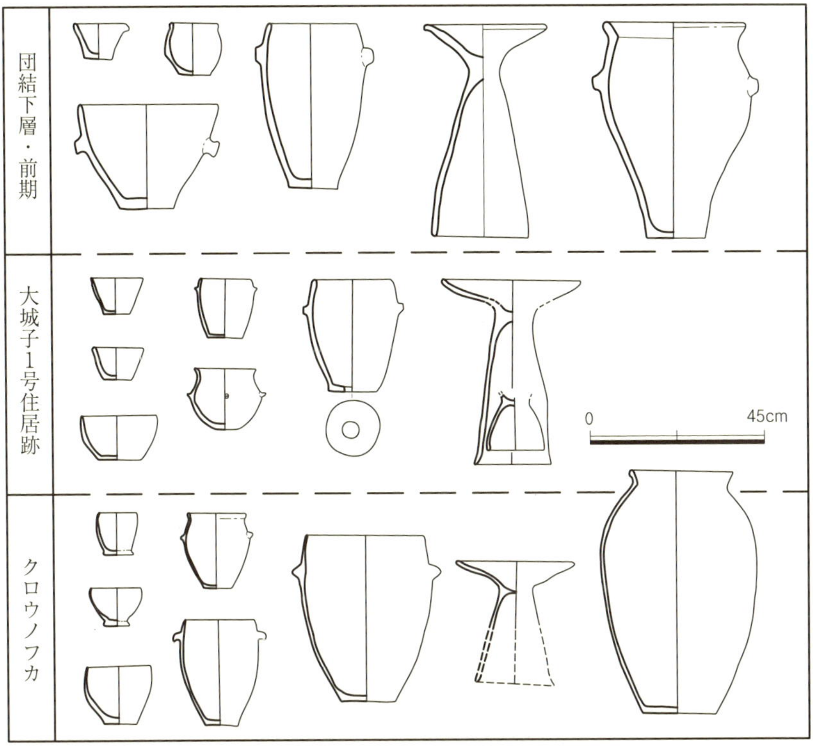

図76　団結–クロウノフカ類型の土器

クロウノフカ類型は、それぞれ夫餘および沃沮と関連する考古学的文化として説明されている。

2　Ⅱ期（紀元前3世紀後半～2世紀）

紀元前3世紀末の秦漢交替期に、遼東地域をめぐって急激な情勢変化がみられた。燕国の首都を攻略した秦国は、遼東に逃れた燕王の勢力を駆逐し、同地域を掌握した。遼東地域で存続していた細竹里–蓮花堡類型の鉄器文化にも変化が現れ、燕国の影響下で維持されていた明刀銭の貨幣としての機能が失われ、清川江以北に多くの明刀銭埋納遺跡が形成されたものとみられる。

大同江流域では前段階の青銅器文化がさらに発展し、細形銅剣の他に細形銅戈、細文鏡などの青銅器が製作された。この地域で発見される鋳型と青銅遺物がその証拠である。精巧に刻まれた幾何学的文様をもつ細文鏡は、高度に専門的な技術を動員してこそ製作可能であった。そのような細文鏡が製作された工房は、当時としては最先端産業の中心地であり、これを管理運営するための体制が必要であったことを考慮すると、同所が社会・政治・経済的に重要な拠点になって然るべきである。このことが、紀元前3世紀中頃以後に古朝鮮の中心が大同江流域にあったと主張する根拠となる。

紀元前2世紀初頭に成立した衛満朝鮮の中心地と推定される大同江流域では、衛満の集団がもたらした外来文化と、すでに形成されていた古朝鮮の土着文化が混ざることになった。本渓上堡村遺跡の例に見られるように、遼東地域には戦国系鉄器と細形銅剣、そして粘土帯土器が共伴する文化類型が存在していたが、このことが燕国の地から古朝鮮の領域へと進出した衛満勢力の考古学的証拠となる可能性がある。大同江流域では銅剣、銅戈、細文鏡を標識とする古朝鮮系文化要素とともに、貞栢洞《ジョンベクトン》で出土した戦国燕国系統の金銅馬面や秦の銅戈の例に見られるような中原系の文化要素が併存していることが確認される。

よって衛満朝鮮の物質文化は、古朝鮮系統と燕・秦系統の文化要素が融合したものと推定される。言い換えれば、燕と古朝鮮伝統の文化要素を融合した土台の上に秦漢代の新たな文化要素を受容したのが衛満朝鮮の文化であるとみることができる。紀元前2世紀代に秦と漢の影響を受けた衛満朝鮮の最高首長級墓は、多量の鉄器を副葬した木槨墓であった可能性が高い。

衛満以前に準王が治めていた古朝鮮でもすでに鉄器が製作され、普及していた可能性が高いが、当時は青銅器の製作技術がさらに発達した。大同江流域のものと類似した様式の青銅器複合が西南朝鮮を中心に分布する現象は、後期古朝鮮集団の南下が、細形銅剣前期文化類型が韓半島南部に拡散する契機となったことを意味する。しかし錦江と挿橋川流域の校成里−南城里文化類型を準王集団の南遷と関連させるのは、年代的な不一致から首肯し難い。文献記録の年代と符合する考古学的資料は、和順大谷里《テゴンニ》と咸平草浦里遺跡に代表される細文鏡と銅戈を中心とする青銅器複合である。

平安南道・黄海道地域と忠清南道・全羅南道西海岸地域は、中国東北地域から韓半島へと続く遠距離交通路の要衝であった。こうした立地にある大谷里と草浦里に、当時の最高級の青銅器副葬墓が造られ、多量の青銅器鋳型が発見されたことから、前時期の錦江流域と牙山湾に登場していた地域政治体と類似した性格の政治体が、この地域でも現れていたことを示す。中国東北地方から沿海地方、そして韓半島にかけての地域に本格的な鉄器文化が流入したのは、紀元前２世紀以後の漢代である。

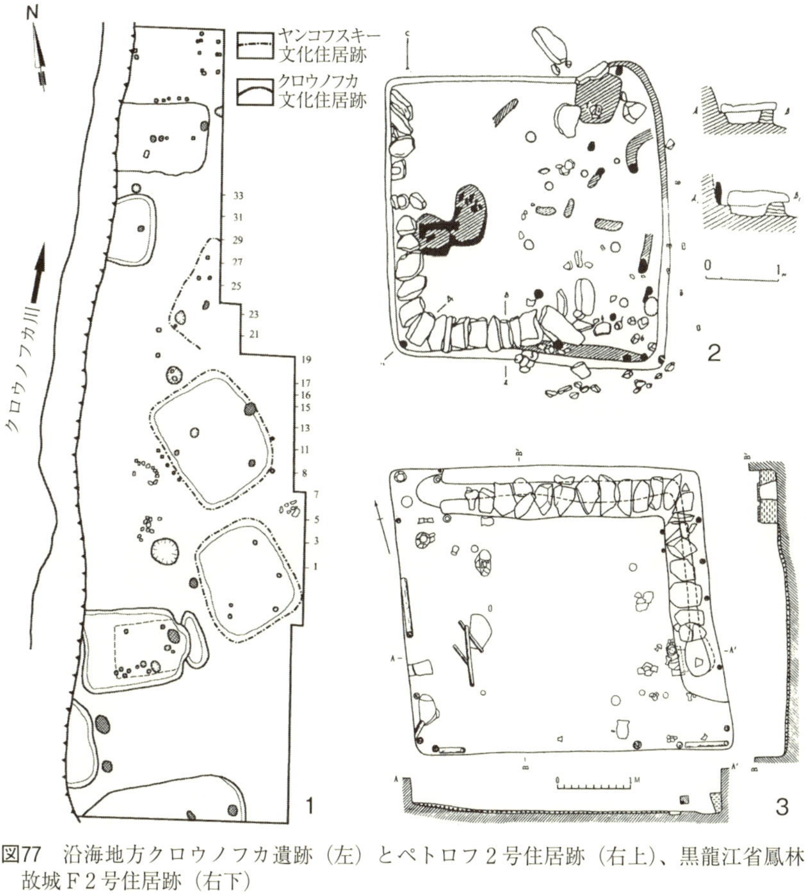

図77　沿海地方クロウノフカ遺跡（左）とペトロフ２号住居跡（右上）、黒龍江省鳳林故城Ｆ２号住居跡（右下）

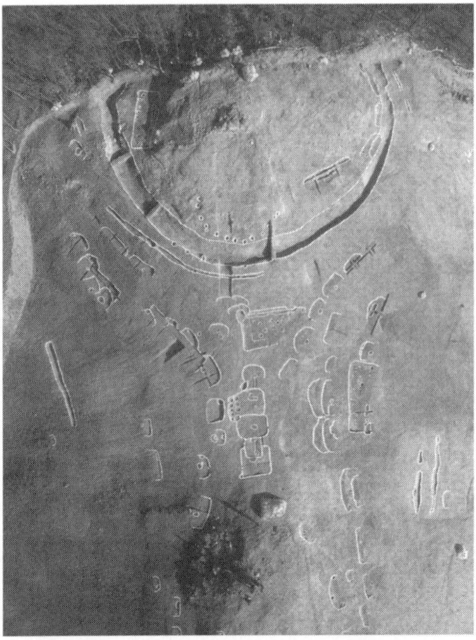

Ⅲ　遺　跡

1　集　落

初期鉄器時代の住居跡の形態は青銅器時代と大差なく、半地下式が主流をなす。異なる点は、清川江以北の西北朝鮮や中国東北地域と沿海地方、豆満江流域で、従来の炉の代わりに暖房と調理機能を発展させたカマドと板石組煙道が流行するという点である。カマドは粘土と石で壁体

図78　安城盤諸里遺跡（上）と高城松峴里遺跡（下）

と天井を作り、家の外に煙を出すために煙道をとりつけたものである。会寧五《オ》洞《ドン》６号住居跡のカマドは幅100cm、高さ30～50cm の馬蹄形の焚口を備えていた。

カマドでの暖房機能が強化され、煙道が長くなると炕の祖形となるが、大概は住居跡壁面に沿ったトンネル形で、通常煙道は一つであり、これを単線祖型炕と呼ぶ。単線祖型炕の平面形は一字形、L 字形、コ字形など様々である。一字形は沿海地方ブロチカ１号住居跡の例があるが、石で積んだもので長さ１m、高さ50cm 程度である。L 字形の例としては寧辺細竹里と大坪里《テピョンニ》３号、沿海地方ペトロフ島住居跡の例がある。カマドと祖型炕は清川江以南の韓半島ではおおむね原三国時代になってから初めて流行するが、それ以北と沿海地方、豆満江流域では初期鉄器時代から流行していた。その反面、泗川勒《ヌク》島《ド》遺跡では、初期鉄器時代に該当する住居跡で石で作った祖型炕がすでに使用されていた点が注目される。

住居跡の平面形態は青銅器時代に流行した長幅比３：１以上の細長方形ではなく、1.5：１未満の方形がほとんどである。面積は100㎡に達する大型もあるが、30㎡未満の小型が多い。保寧校成里遺跡は海抜100m の高地に立地する高地性集落であり、岩盤をＬ字形に掘削して作りだした平面不定形の竪穴住居跡６棟が調査された。安城盤諸里遺跡でもやはり海抜100m の丘陵頂上部で方形に近い竪穴住居跡数十棟が確認されている。これらの遺跡からは粘土帯土器が出土し、鉄器こそ出土しなかったものの、初期鉄器時代に該当することは明らかである。一方湖南、湖西の一部の地域と済州島では、青銅器時代のいわゆる松菊里式円形住居跡から粘土帯土器が出土し、青銅器時代から初期鉄器時代へと移行する過程を見せている。紀元前２～１世紀を上限とする済州市三陽洞遺跡では、200棟以上の松菊里式円形住居跡が発見され、この地域では初期鉄器時代にも依然として松菊里文化が残存していたことを示している。

2　埋葬遺跡

青銅器時代に流行していた支石墓は、初期鉄器時代に入る前にすでに消滅しはじめる。ただし松花江流域では、地下に墓壙を掘り、大きな蓋石をかぶせた大石蓋墓が築造され、韓半島南部では墓域式、あるいは二段土壙の蓋石式支石

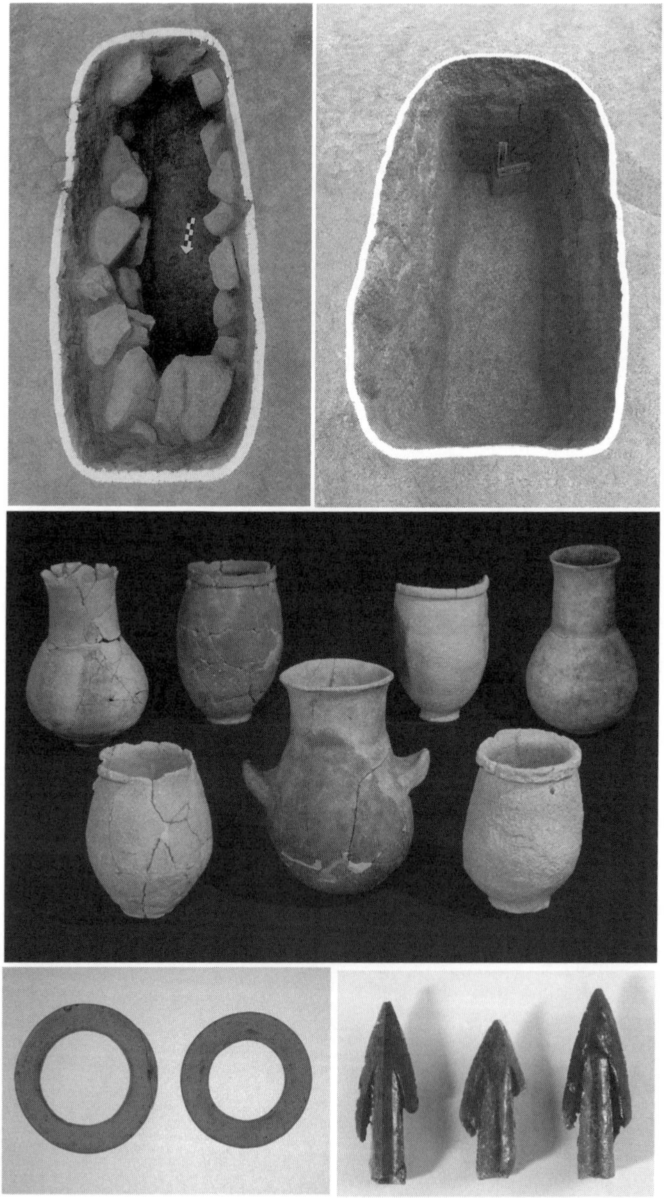

図79　論山院北里積石木棺墓（左上）、完州葛洞１号土壙墓（右上）および２～４号土壙墓出土遺物（中、下）

図80　旅順尹家村Ｍ９号甕棺墓

墓が、初期鉄器時代直前まで築造されていた可能性がある。整形した石で墓壁を積む石槨墓は、青銅器時代に現れ、初期鉄器時代にも依然として築造された。遼東の本渓上堡村、長水南陽里で発見された細形銅剣と鉄器を副葬した墓が、その代表例である。

しかし、初期鉄器時代の墓制の主流は木棺墓である。木棺墓は旧地表面を掘って墓壙をつくり、木棺を安置したものであるが、その過程で墓壙と木棺の間に石を入れたり、木棺の上部に石を積んだりする場合があり、こうした形態の墓を積石木棺墓と呼ぶこともある。遼東の大連尹家村遺跡で、このような形態の墓が発見されている。木棺は板材や角材を利用して組み立てる方式と、丸太を割って中を掘り出す割竹形が共存する。このような木棺は、韓半島中部以南では原三国時代まで続く。

初期鉄器時代の代表的な木棺墓遺跡は、完州葛洞《カルトン》と新豊《シンプン》遺跡で発見された。特に新豊遺跡では70基以上の木棺墓が発見されたが、鏡・剣・斧・鑿・鉇などの青銅器、環頭刀子・刀子・斧・鑿などの鉄器類、粘土帯土器と黒陶長頸壺、そして多様な形態のガラス製装身具が多量に発見された。新豊遺跡を中心として半径４km 以内には、完州葛洞・盤橋里・徳洞《トクトン》・上林里《サンリムニ》、全州如意洞《ヨイドン》などこの時期の遺跡が集中分布しており、この一帯が初期鉄器時代にきわめて先進的な地域であったことが知られる。反面、京畿地域の初期鉄器時代の木棺墓では青銅器や鉄器が見られず、土器１～２点のみが副葬される例が多く、対照的である。

その他、この時期には乳児用に甕棺墓が用いられた。青銅器時代の韓半島南部地域の一部で流行した甕棺墓は、おおむね甕１個に屍身を安置し、直置ないし斜めに立てて安置するのに対し、初期鉄器時代の甕棺墓は２個ないし３個の甕を横に安置した点で異なる。２個の甕を使用した例は信川明沙里《ミョンサリ》と光州新昌洞《シンチャンドン》で、３個の甕を使用した例は尹家村で発見された。

3　その他

陜川盈倉里《ヨンチャンニ》遺跡は黄江に接する独立丘陵の上に営まれた集落で、住居跡、環濠と各種土坑から構成される遺跡である。このうち22号土坑では鋒部が破損した細形銅剣が床面に刺さった状態で出土し、28号土坑では細形銅剣と銅鏃、土器が埋納された状態で発見された。

安城盤諸里、烏山佳長洞《カジャンドン》、水原栗田洞《ユルジョンドン》遺跡は環濠とその内部の自然岩盤を使用した祭祀が行われた遺跡であるが、富川古康洞《コガンドン》の積石環濠遺跡も類似の性格と推定される。最近華城双松里《サンソンニ》では青銅器時代の孔列文土器段階の遺跡から安城盤諸里と同じ形態の環濠遺跡が発見され、その伝統がさらに古い時期からあったことが明らかになった。

いっぽう馬山加浦洞《カポドン》では、海岸沿いの急斜面に位置する岩盤の隙間に、銅剣・銅戈・銅矛などが差し込まれた状態で発見された。こうした事例は青銅器を用いた埋納遺跡と推定されるが、具体的な内容は不明である。安城萬井里《マンジョンニ》と論山院北里《ウォンブンニ》では、細形銅剣の身部の一部を壊して別の場所で処理し、残った部分だけを木棺墓に副葬する例が発見され、当時の葬送儀礼の一面を見せている。

Ⅳ　遺　物

1　青銅器

初期鉄器時代に該当する青銅器製作関連遺物としては、栄山江流域の霊岩出

図81　埋納遺跡：陜川盈倉里22号土坑（左）、馬山加浦洞遺跡（右）

土品が代表的である。ここからは剣・矛・戈などの武器、斧・鑿・尖頭器などの工具だけでなく、釣針などの生業道具も含む多種多様な青銅器鋳型が一括で見つかっており、この地に大規模な工房があったことを物語る。鋳型の形態は目的とする道具の両面を刻んで向き合わせる双合范で、間に生じた空間に銅を流し込んで青銅器を製作した。精巧な文様が装飾された細文鏡や、形を作るの

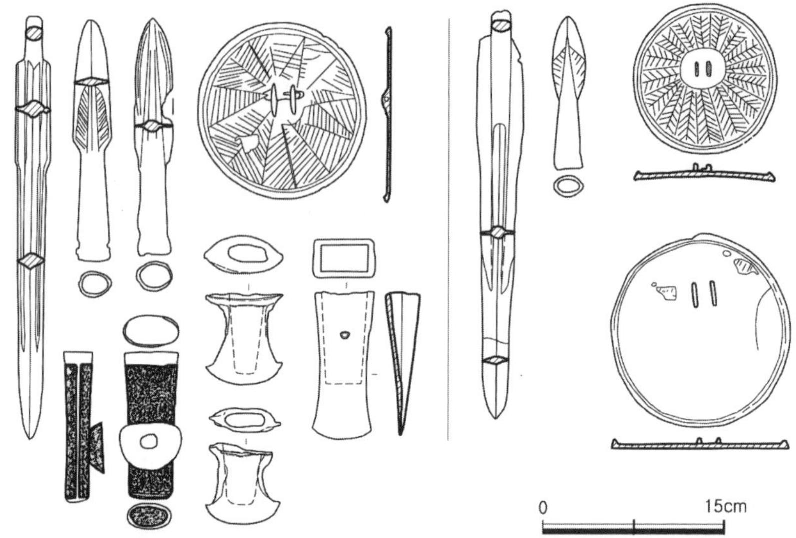

図82　細形銅剣関連遺物：集安五道嶺溝門積石塚（左)、寛甸趙家堡子遺跡（右)

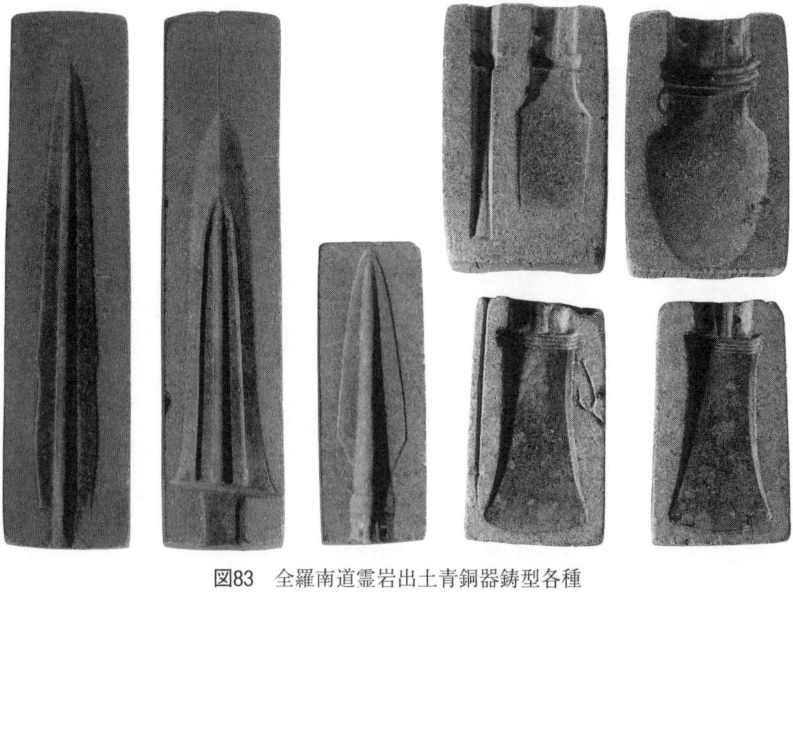

図83　全羅南道霊岩出土青銅器鋳型各種

図84　大田槐亭洞遺跡出土遺物

が難しい鈴などの儀器は蜜蠟で元型を作り、きめ細かい粘土を塗ってかぶせた後、その蜜蠟を溶かして、目的とする青銅器の形を製作したと推定される。細文鏡の石製鋳型が発見されない理由も、おそらくこうした製作方式が原因であろう。表面の文様が粗く表現された粗細文鏡または粗文鏡は、平安南道孟山《メンサン》などで発見された遺物から、石製鋳型で製作されたことが知られる。

初期鉄器時代における青銅器の変化段階を整理すると、以下のようである。

紀元前５世紀前後にあたる１段階には、細形銅剣に近い、剣身の細くなった後期型式の琵琶形銅剣・銅矛・銅鏃などの武器、斧・鑿などの工具、喇叭形銅器・盾形銅器、円蓋形銅器などの異形銅器、青銅釦などの装身具、そして轡のような車馬具などが遼河流域に普及する。瀋陽鄭家窪子6512号墓が代表的である。反面、韓半島では銅剣や銅矛が墓に１～２点程度のみ副葬され、青銅器の全器種がいまだ普及していない段階である。

２段階は紀元前４～３世紀で、初期鉄器時代に進入する段階である。遼寧地域では全体的にのっぺりとし、下部に段がある細形銅剣、韓半島では剣身に抉りがあり、脊に節が形成された細形銅剣が成立し発展してゆく。韓半島の細形

図85　牙山南城里遺跡出土青銅器

銅剣を、琵琶形銅剣や遼寧式の細形銅剣と区分して、韓国式（細形）銅剣ともいう。遼東地域のみならず松花江流域と沿海地方はもちろん、韓半島でも武器、工具、鏡など多様な種類の青銅器が製作され、普及した。特に瀋陽鄭家窪子遺跡に見られる異形銅器が、牙山南城里、大田槐亭洞、礼山東西里など韓半島西南部の墓でも発見され、牙山湾と錦江流域が新たな青銅器文化の中心地として台頭したことがわかる。この地で出土した、盾形銅器と剣把形銅器などの特徴的な青銅儀器には様々な文様が刻まれているが、大田で発見された農耕文青銅器には、畠の耕作と収穫の場面、そして蘇塗の姿が刻まれている。この時期に清川江以北の寧辺細竹里と遼寧省の撫順蓮花堡などで、鋳造鉄器が登場しはじめる。

３段階は紀元前３～２世紀で、発展した鋳造技術で製作された銅戈、細文鏡、鈴などが普及する段階である。青銅器は中国東北地域では衰退するが、大同江流域以南の韓半島全域はもちろんのこと、日本にまで広く普及する。特に祭祀場の巫具と推定される八珠鈴、竿頭鈴、双頭鈴などの青銅鈴のセットが、西海岸の忠清南道礼山徳山、全羅南道和順大谷里、咸平草浦里と、洛東江上流の慶尚北道尚州などで発見されている。

図86　大田出土農耕文青銅器

4段階は初期鉄器時代以後、原三国時代に含まれる紀元前1世紀以後であり、中国東北地域と西北朝鮮では青銅器がほぼ消滅し、東南部地域に大型化した銅矛と銅戈などの武器が普及する段階である。大型銅矛と銅戈は大邱飛山洞《ビサンドン》・晩村洞《マンチョンドン》と慶州入室里《イプシルリ》・九政洞《クジョンドン》・竹東里《チュクトンニ》などで発見されており、青銅器製作の中心地が韓半島西南部から嶺南地域へと移動したことが知られる。

2　鉄　器

鉄器を作るためには原料を採取する採鉱と原料から鉄成分を抽出する製錬工程があるが、これらの証拠となる初期鉄器時代の資料は未発見である。製錬を通じて得られた鉄を用いて鉄製器物を作る工程では、鋳型を用いた鋳造と叩いて作る鍛造がある。平安南道甑山郡と大同郡斧山面で確認された鋳型は、紀元前2世紀頃、韓半島西北部において中国燕国のように銑鉄を利用した鋳造鉄器生産がはじめられたことを示す。

鉄と鉄器の普及過程については、シベリア系統の鉄器が中国系鉄器よりも先に流入したという主張があるが、これに該当する遺物は豆満江流域で確認され

図87　咸平草浦里積石木棺墓出土青銅器

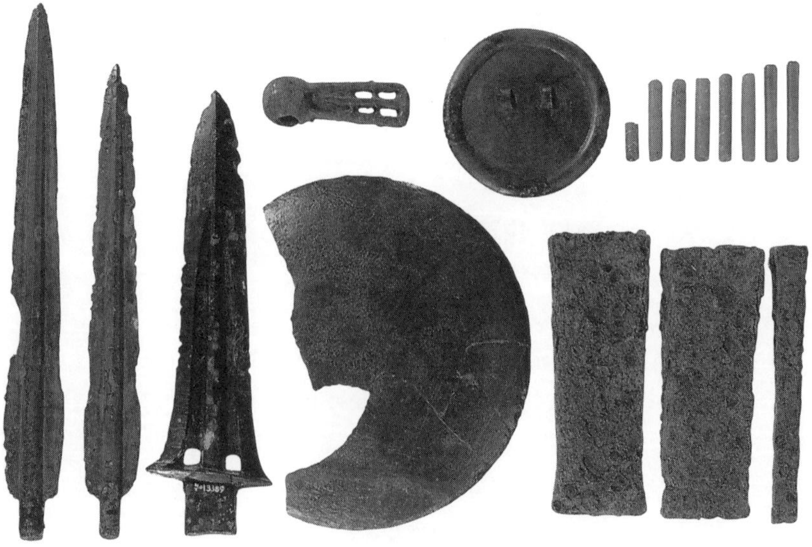

図88　扶餘合松里遺跡出土遺物

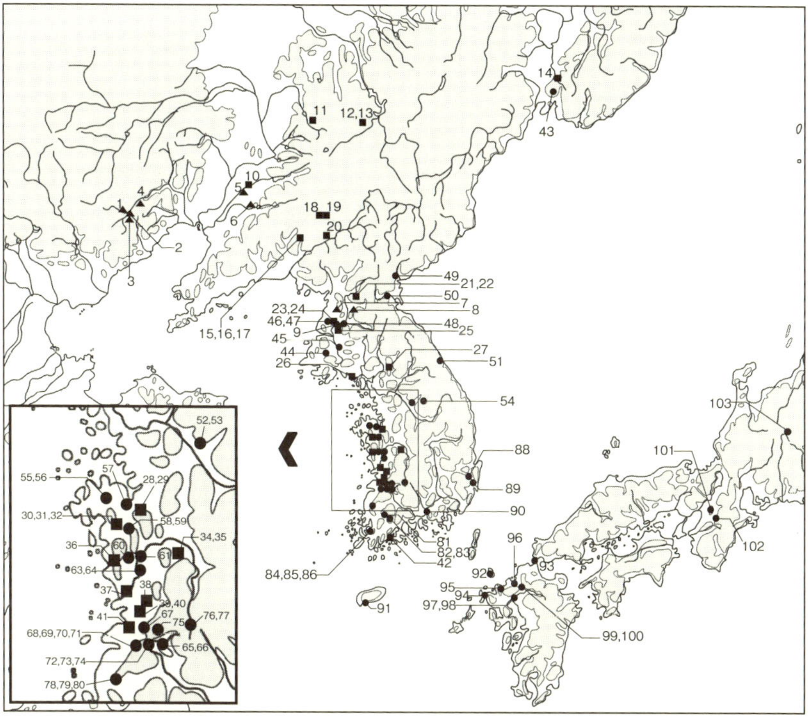

図89　東北アジアの多鈕鏡分布図（李清圭2004・2010より作成）

▲粗文鏡（Ａ式）
１．小黒石溝　２．大拉罕溝851号　３．炮手営子881号　４．十二台営子３号
５．鄭家窪子6512号　６．梁家村１号　７．新成洞　８．（伝）成川　９．（伝）平壌１
■粗細文鏡（Ｂ式）
10．劉家村　11．南山崗鋳型　12．西荒山屯２号１鏡　13．西荒山屯２号２鏡　14．イズヴェストフ
15．趙家保１鏡　16．趙家保２鏡　17．趙家保３鏡　18．大架山　19．栄額浦　20．五道嶺溝門
21．（伝）孟山鋳型Ａ面　22．（伝）孟山鋳型Ｂ面　23．貞柏里１鏡　24．貞柏里２鏡　25．中和
26．小雅　27．漣川　28．南城里１鏡　29．南城里２鏡　30．東西里１鏡　31．東西里２鏡
32．東西里　33．蓮花里　34．槐亭洞１鏡　35．槐亭洞２鏡　36．九鳳里１鏡　37．多松里
38．五金山　39．如意洞１鏡　40．如意洞２鏡　41．徳洞Ｇ１　42．小鹿島
●細文鏡（Ｃ式）
43．シュコトフ　44．龍山里　45．松山里　46．反川里１鏡　47．反川里２鏡　48．（伝）平壌
49．梨花洞　50．龍山里　51．釘岩里　52．原州１鏡　53．原州２鏡　54．講林里　55．素素里１鏡
56．素素里２鏡　57．宮坪里　58．東西里　59．東西里５鏡　60．九鳳里２鏡　61．合松里
62．（伝）論山　63．院北里ナ１号　64．院北里タ１号　65．葛洞１　66．葛洞　67．徳洞Ｄ１
68．新豊カ２号　69．新豊カ27号　70．新豊カ31号　71．新豊カ47号　72．新豊ナ１号
73．新豊ナ21号　74．新豊ナ23号　75．孝子洞　76．南陽里１号　77．南陽里２号
78．草浦里１鏡　79．草浦里２鏡　80．草浦里３鏡　81．白巌里　82．大谷里１鏡　83．大谷里２鏡
84．（伝）霊岩１（崇実大）　85．（伝）霊岩２（崇実大）　86．（伝）霊岩３（小倉コレクション）
87．霊岩鋳型　88．朝陽洞５号　89．入室里　90．月城洞　91．猊来洞　92．原の辻　93．梶栗浜
94．里田原　95．宇木汲田　96．吉武高木　97．増田　98．本村籠　99．若山３区１鏡
100．若山３区２鏡　101．大県　102．名柄　103．社宮司

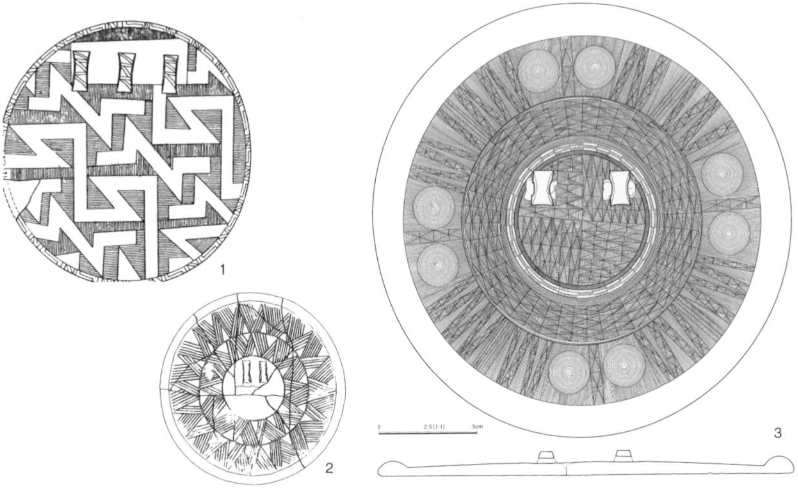

図90　多鈕鏡の分類：1．朝陽十二台営子遺跡（粗文鏡、A式）、2．牙山南城里遺跡（粗細文鏡、B式）、3．伝論山出土品復元図（細文鏡、C式）

るのみであり、在地生産か否かも明らかではない。茂山虎谷（ポムィグソク）第5文化層および会寧五洞6号住居跡出土鉄斧が分析により錬鉄と銑鉄製品であるとされ、その年代が紀元前7～5世紀頃と主張されているが、首肯し難い。他地域の初期鉄器と同様、中国燕国系統である可能性が高い。

以上から、中国東北地方と韓半島における鉄器文化が、紀元前4世紀頃に燕の鉄器文化が流入することではじまったとみるのが合理的である。鉄器は主に清川江以北に集中しているが、遼寧省撫順蓮花堡、平安北道寧辺細竹里、渭原龍淵洞《リョンヨンドン》などの生活遺跡があり、手鍬・鋤・鎌・鉄庖丁・手斧などの鉄製農具と、矛・鏃などの鉄製武器が出土した。その型式と数量からみて、現地で製作された可能性が高い。

清川江以南では燕国系統の鉄器が生活遺跡から出土したことはない。ただし、咸鏡南道咸興梨花洞《イファドン》、黄海道鳳山松山里《ソンサンニ》と錦江流域の忠清南道扶餘合松《ハブソン》里《ニ》、唐津素素里《ソソリ》、公州鳳安里《ポンアンニ》、全羅北道長水南陽里《ナミャンニ》、完州葛洞と新豊地区などの墓から、鋳造鉄斧と鉄鑿、尖頭器が数点ずつ出土しているのみである。結局のところ、紀元前4～2世紀頃の清川江以北では鉄器が本格的に普及していた

図91　渭原龍淵洞遺跡出土の鉄器および青銅遺物

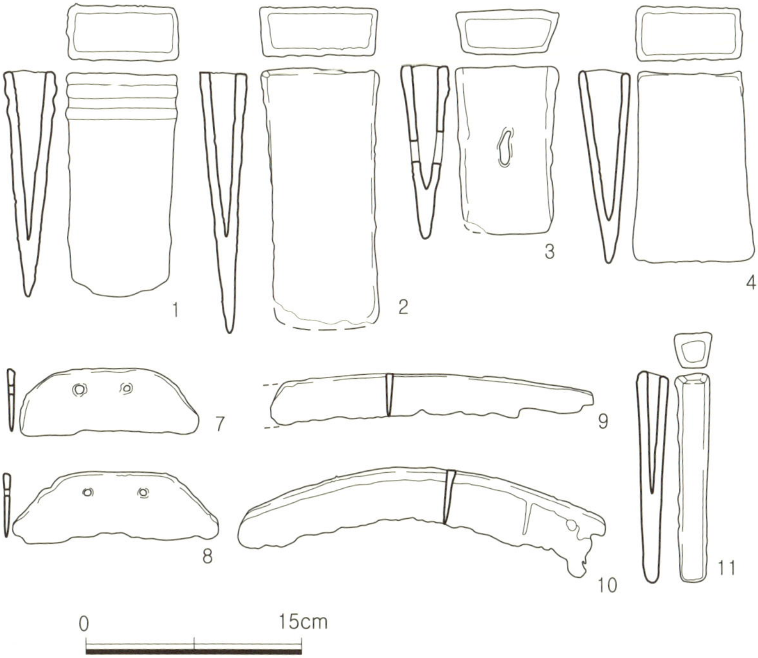

図92　寧辺細竹里遺跡出土鉄器

図93　安城萬井里２地点ナ区域１号土壙墓出土の石鏃・銅鏃および鉄鏃

が、それ以南ではいまだ本格的な製作および普及段階には入っていなかったと言えよう。

3　土　器

初期鉄器時代の土器は、新石器時代以来の伝統的な手法で作られており、砂混じりの粘土を手びねりで成形し、酸化焔焼成によって野焼きした赤褐色無文土器であるという点で共通する。代表的な器種として粘土帯土器、長頸壺、外反口縁壺、高坏（豆形土器）、把手付深鉢と壺形土器、そして三足器がある。細竹里–蓮花堡類型では緻密な粘土を胎土にし、回転台を用いて成形し、閉鎖された室窯で還元焔によって焼いた灰色土器が普及はするが、このような土器類は中原系統の技術で製作されたものであって、赤褐色無文土器とは区分される。

粘土帯土器は深鉢形の器の口縁部に断面円形や三角形の粘土帯を付けたものである。丸みを帯びた胴部に直線的な長い頸部をのせ、表面を黒く光沢の出るように処理した黒陶長頸壺とともに、すでに青銅器時代末期から流行したもので、遼河流域にはじまって、細形銅剣などの青銅器とともに韓半島地域に広く拡散した。遼河西側で琵琶形銅剣とともに分布すると主張されているが、古い段階の確実な例としては、遼河の東側の瀋陽鄭家窪子で後期琵琶形銅剣、遼陽二道河子の墓から初期細形銅剣とともに発見された例がある。韓半島では古い段階の出土例が南楊州水石里と保寧校成里、安城盤諸里など中部地域の住居跡で確認された。粘土帯土器は大田槐亭洞、牙山南城里遺跡をはじめとし、咸平草浦里、和順大谷里など、紀元前４世紀から紀元前２世紀にかけて韓半島南部の全域で発見され、この地域の南城里–草浦里類型の初期鉄器文化を代表する土器といえる。嶺南および湖南地域では原三国時代である紀元後１世紀まで続き、大邱八達洞《パルタントン》、星州礼山洞《イェサンドン》などの木棺墓遺跡と泗川勒島や海南郡谷里《クンゴンニ》、宝城鳥城《ジョソン》里《リ》などの集落・貝塚でも発見されている。

外反口縁壺は胴部中上部に最大径がある壺で、すぼまった頸部に口縁部が外反する点が特徴である。円筒形把手土器とともに初期鉄器時代に遼東と西北朝鮮地域はむろん、沿海地方や豆満江流域に広く普及した。遼東の大連尹家村と撫順蓮花堡、清川江以北の寧辺細竹里で灰色タタキ目文土器に伴って出土する細竹里‐蓮花堡類型の土器を代表とする。また、松花江以東の綏芬河流域に位置する団結遺跡、沿海地方のクロウノフカ遺跡、豆満江流域の会寧五洞遺跡等に代表される団結‐クロウノフカ類型の諸遺跡でもこうした土器が見られ、紀元後２～３世紀まで存続する。

図94　土器各種：保寧校成里遺跡（上）、南楊州水石里遺跡、甕津白領島遺跡、大田槐亭洞遺跡、扶餘九鳳里遺跡（中）、大田槐亭洞遺跡、牙山南城里遺跡、陜川盈倉里遺跡（下）

外反口縁壺は韓半島中部地域における原三国時代の代表的な土器である中島式硬質無文土器の外反口縁壺の原型となるわけであるが、具体的には、遼東–西北朝鮮の外反口縁壺に注目する見解と、豆満江–沿海地方の外反口縁壺に注目する見解に二分されている。

高坏は皿に高い脚が付いた形であり、脚の形態は喇叭形、筒形あるいは長鼓形をなすが、脚部の高さに統一性はない。青銅器時代には満州–韓半島全域にかけて分布するが、初期鉄器時代に入ってさらに盛んに作られる。二道河子等の遼東地域をはじめとし、南城里–草浦里類型はもちろん、団結–クロウノフカ類型など中国東北地方と韓半島全域にかけて広く分布する。時期が下ると南部地域では円筒形台脚が特に高くなるが、豆満江–沿海地方ではむしろ低くなる傾向を見せる。

遼西地域の夏家店上層文化の影響で、青銅器時代から遼河北部地域を中心に

古朝鮮の位置

檀君神話において檀君が古朝鮮を建てたとされる紀元前2333年は新石器時代にあたるため、この年代を古朝鮮の国家形成時点とみなすことは難しい。朝鮮と呼ばれる政治体が形成されはじめる時点は、紀元前8～7世紀頃、特徴的な遺物は琵琶形銅剣、そしてその中心地は遼寧省一体と推定される。琵琶形銅剣はその形態面において、中原地域の中国式銅剣や、モンゴルとオルドス地域のオルドス式銅剣とは確然と区分されるが、遼西と遼東、吉林–長春地区、韓半島にかけて広く分布している。このうち遼東と韓半島西北地方の琵琶形銅剣文化は、剣身と柄、柄頭飾を別途鋳造した後に組み立てる方式を固守した点、青銅器に施された幾何学的文様、美松里式土器などが特徴である。まさにこの様な遺物の分布圏を、初期古朝鮮の中心地と見る見解が有力である。

紀元前4世紀以後、琵琶形銅剣文化にかわる細形銅剣文化の中心地は、大同江流域と見なすことができる。この点に注目し、後期古朝鮮の中心地は大同江流域に存在したものとみなせる。つまり、古朝鮮社会の覇権は初期に遼寧地域にあったが、後期には大同江流域へと移動した可能性が高い。秦漢交替期に遼東と韓半島西北地域は勢力の空白状態に置かれることになり、この地域に居住していた燕国系統の流民たちの力を集めて衛満という人物が新たな王朝を開くことになるが、これが衛満朝鮮である。衛満朝鮮の都城である王倹城は現在の平壌に存在していた。衛満朝鮮は中国東北地域と韓半島北部で最も強力な勢力に成長したが、紀元前108年漢武帝の侵略により滅亡し、その地には楽浪郡をはじめとする漢の郡県が設置された。

普及しはじめる三足器は、松花江流域において青銅器時代の西団山類型の文化へと続き、紀元前４～３世紀に普及する大海猛類型段階に至るまで持続する。しかしその後、漢文化の影響を受けて、泡子沿類型ではほとんど消滅する。

参考文献

權五榮 2003「檀君陵事件と大同江文明論の展開」『北韓の歴史をつくる』青い歴史

姜仁旭・千羨幸 2003「ロシア沿海州細形銅剣関係遺跡の考察」『韓国上古史学報』42　韓国上古史学会

国立中央博物館 1992『韓国の青銅器文化』ボムサ

金美京 2009「遼東地域青銅器時代土器文化圏設定に対する再検討―涼泉文化を中心に―」『湖西考古学』21　湖西考古学会

金正培 1985『韓国古代の国家起源と形成』高麗大学校出版部

盧爀真 2004「中島式土器の由来に対する一考」『湖南考古学報』19　湖南考古学会

朴善美 2000「紀元前３-2世紀遼東地域の古朝鮮文化と明刀銭遺跡」『先史と古代』14　韓国古代学会

朴淳發 2004「遼寧粘土帯土器文化の韓半島定着過程」『錦江考古』１　忠清文化財研究院

朴晉煜 1988『朝鮮考古学全書―古代編』科学百科事典総合出版社

朴辰一 2000「円形粘土帯土器文化研究」『湖南考古学報』12　湖南考古学会

朴辰一 2001「嶺南地方粘土帯土器文化試論」『韓国上古史学報』35　韓国上古史学会

孫リャング 1990「遼東地方と西北朝鮮から現れた明刀銭について」『考古民俗論文集』12　科学百科事典出版社

宋鎬晸 2003『韓国古代史の中の古朝鮮史』青い歴史

呉江原 2006『琵琶形銅剣文化と遼寧地域の青銅器文化』青渓

劉銀植 2006「豆満江流域初期鉄器文化と中部地方原三国文化に対する一研究」『崇実史学』19　崇実大学校史学会

李南珪 2002「韓半島初期鉄器文化の流入様相―楽浪設置以前を中心に―」『韓国上古史学報』36　韓国上古史学会

李陽洙 2004「多鈕細文鏡からみた韓国と日本」『嶺南考古学』35　嶺南考古学会

李陽洙 2005「粗文鏡の製作技術」『湖南考古学報』22　湖南考古学会

李鍾洙 2001「吉林省中部地域初期鉄器時代文化遺跡研究」『百済文化』30　忠南大学校百済研究所

李清圭 1999「東北アジアの多鈕鏡とその副葬墓について」『韓国考古学報』40　韓国考古学会

李清圭 2005「青銅器を通じてみた古朝鮮と周辺社会」『北方史論叢』６　高句麗研究財団

李厚錫 2008「中国東北地域細形銅剣文化研究―遼寧式細形銅剣文化を中心に―」『崇実史学』21　崇実大学校史学会
李熙濬 2004「初期鉄器時代・原三国時代再論」『韓国考古学報』52　韓国考古学会
趙鎮先 2005『細形銅剣文化の研究』学研文化社
崔秉鉉 1998「原三国土器の系統と性格」『韓国考古学報』38　韓国考古学会

第６章

原三国時代

時代概観

原三国時代という時代区分用語は、1972年に金元龍がはじめて使用した。金は1973年版『韓国考古学概説』を通じて、従来の考古学で金海時代と呼ばれてきた歴史学における三韓時代を、「原初三国時代―原史時代の三国時代」という意味の原（proto）三国時代と命名することを提案した。この時代は、考古学的には青銅器の消滅、鉄生産の盛行、稲作の発展、支石墓の消滅、打捺文硬陶（金海土器）の出現を特徴とする、西暦紀元直後の２世紀または２世紀半に該当するとした。金は、『三国史記』によればこの時期は厳然たる三国時代であるが、文献史家たちはこの時期を三国時代と呼ばず、三韓時代または部族国家時代という名で呼んでいると指摘し、三国ではあるが完全な王国になりきっていない初期発展段階を意味する原三国という用語は、考古学のみならず文献史でも広く用いることができるとした。

金は1986年『韓国考古学概説』第３版において「三国時代の原初期」または「原史段階の三国時代」という意味での原三国時代（Proto-Three Kingdoms Period）という時代区分用語の妥当性を再確認し、その下限を西暦300年頃まで拡大した。国史学では実質的な三国時代のはじまりを西暦300年と見ており、考古学でも新羅土器の発生と高塚の出現を300年頃に編年しているため、この時点を原三国時代の終末年代とみるのが妥当であるとした。

それ以降、原三国時代という時代区分は韓国考古学において広く用いられた。しかし提案者の期待とは異なり、文献史では批判的な雰囲気のなかでほとんど使用されることはなく、原三国時代に対する考古学的研究も実際には漢江以南の社会の遺跡・遺物に限定された。批判の焦点は、歴史的にも考古学的にも発展段階に大きな差のある高句麗と三韓を一つにまとめることができるのかという点であり、また漢江以南の地方の社会・文化についても、原三国時代に設定された１～３世紀とそれ以後の三国時代が連続線上にあるものなのか、さらにははたして韓半島において西暦紀元前後と西暦300年頃を文化的画期と規定することができるのかに対する批判もあった。

よって現在学界の一角では、原三国時代の代わりに鉄器時代、三韓時代、三

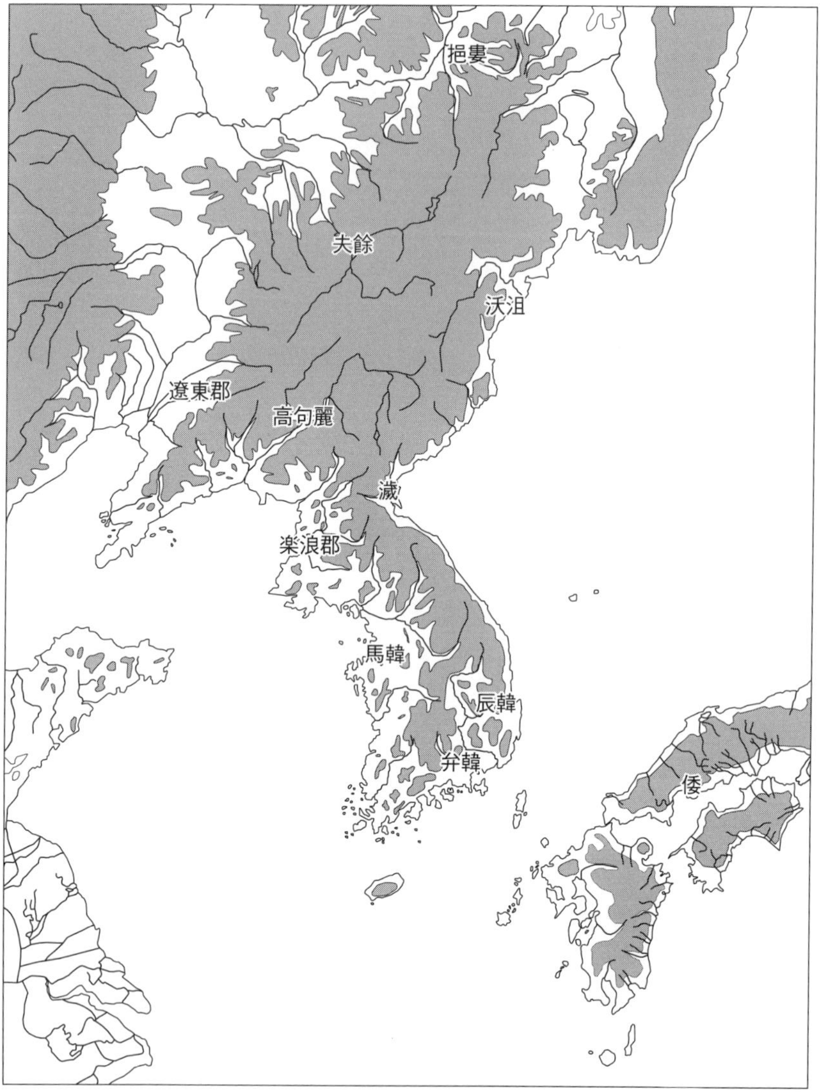

図95　諸政治体の分布様相

国時代前期という用語を使用することもある。このうち三韓時代という用語を使用する研究者たちは、その上限を細形銅剣文化がはじまる西暦紀元前300年まで上げて見ることもある。しかしこれらの用語は地域的に偏った定義であり、歴史発展の実情との乖離が大きいため、対象を時空的に包括できる定義たるべき時代区分用語としては、むしろ原三国時代よりもさらに不適切である。また、原三国時代という時代設定が高句麗・百済・新羅という三つの古代国家の原初形態が存在した時期であるという意味ではなく単に「三国時代」の原初期であるという意味で規定するならば、これに高句麗が含まれても問題ないとする見解もある。

この様な状況を鑑みると、適切な代案が提示されない限り、原三国時代という時代区分は依然として有用であり、その空間的対象は三韓（中・南部地域）に限定されるのではなく、中国東北地方と韓半島において興り、以後三国に集約されるすべての政治勢力とその活動舞台を含めるべきであろう。また最近では、嶺南地方での新たな考古資料の出現を背景に、紀元前100年頃を初期鉄器時代から脱する社会文化変動の画期と設定し、嶺南地方原三国時代のはじまりをこの時点まで遡及させるべきとの見解が示されている。すなわち、考古学の編年は新たな資料の出現と解釈、そして科学的方法の発達によってより精密に設定されうるだけに、原三国時代を１～３世紀の範囲に釘付けにする必要はなく、研究地域あるいは研究対象となる古代国家それぞれが経た社会文化変動によって、時期設定を柔軟に考えるべきであろう。

北部地域

Ⅰ 概 観

韓半島北部地域と中国の東北地域は、『史記』朝鮮列伝、『三国志』魏書東夷伝、『後漢書』東夷列伝などの記録に見られるように、夫餘・高句麗・挹婁・沃沮・濊などの様々な種族が活動していた舞台である。紀元前2世紀中頃以後、衛満朝鮮は周辺の諸種族や政治体よりも優越した地位を享受しつつ東北アジアの強者となり、漢を背後から脅かす程に成長したが、紀元前108年頃に漢の攻撃を退けられずに敗れ、その故地に四つの郡が設置された。しかしその後高句麗など地域勢力の成長により、紀元前75年頃に臨屯郡と真番郡が廃止され、玄兎郡は遼東へと追い出されることになる。最後に残った楽浪郡は勢力の小康を保って存続したが、313年高句麗によって滅ぼされた。一方、楽浪郡の南部地域に対する統制力を回復するために遼東の公孫氏政権によって3世紀はじめに建てられた帯方郡も、やはり楽浪郡と似た時期に韓半島から駆逐された。

衛満朝鮮が滅亡した後に建てられた漢四郡の一つである玄兎郡の属県として高句麗県が存在することからみて、高句麗はすでに紀元前2世紀から頭角を現しており、以後古代国家へと成長してゆく。青銅器時代の西団山文化を基礎に吉林–長春一帯を舞台として成長した夫餘は、強力な支配構造を完成させることができず、4世紀以後には領土の大部分を高句麗に吸収された。沃沮や濊も同様であり、古代国家の水準には到達できずに高句麗に吸収された。地域的には中国東北地方から韓半島北部、時間的には紀元前2世紀代から紀元後3世紀代にかけてのこれらの種族と政治体に対する考古学的研究は、資料への接近が難しいために低調である。しかし韓国古代の歴史と文化を体系的に理解するためには必要不可欠な研究分野である。

Ⅱ　中国東北地域一帯の政治体

1　初期高句麗

初期高句麗の遺跡としては、遼寧省桓仁県の渾江に沿って分布する望江楼、高力墓子、上古城子、四道嶺子古墳群があり、集安地域には禹山下、万宝汀、山城下東大坡古墳群などが知られている。初期高句麗の積石塚は、青銅器時代以来中国東北地域に広く分布する石を用いた墓から発展したものとみられる。しかしその変遷過程はいまだ明らかではなく、出土遺物なしにはどの段階から高句麗古墳とするのか決め難い点もあるが、おおむね不定形や楕円形の平面形を帯びるものが初期のものと理解される。

初期高句麗の城としては、最初の都城である紇升骨城に比定される五女山城と下古城子土城が知られており、近年の発掘調査で古い時期の高句麗土器が多数出土した。五銖銭と大泉五十などの共伴により紀元前後の時期の占有が認定される五女山城３期文化には、橋状把手と棒状把手の付いた壺形・深鉢形土器が多いが、これらには下層である２期青銅器晩期文化の土器と形態的な継承関係が確認される。同土器群には滑石を中心とする石・砂粒が多く含まれてお

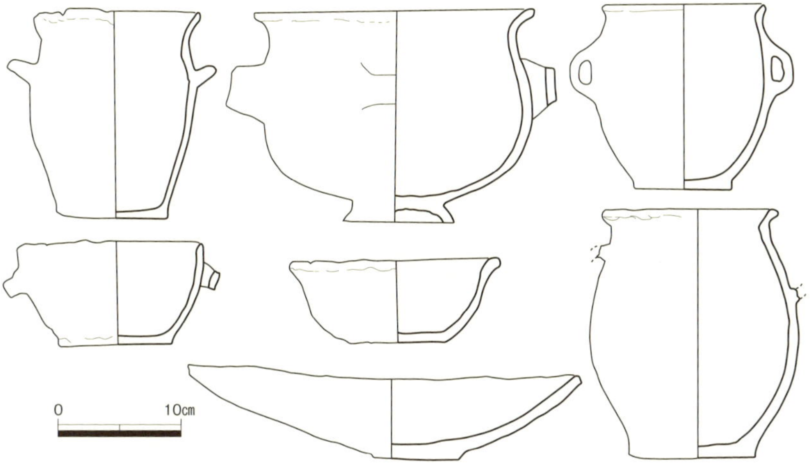

図96　時中魯南里遺跡出土遺物

り、焼成温度が低い酸化焔焼成の土器がほとんどであるが、北朝鮮の学者が初期高句麗遺跡と指摘する時中魯南里の土器に通じる器種がある。五女山城では鋳造鉄斧が、魯《ロ》南《ナム》里《リ》遺跡では製鉄遺構が確認されたことから、高句麗が紀元前にすでに鉄器を生産していたことは明らかである。

2 夫 餘

夫餘の実態を示す考古学的指標は、石棺墓を築造した西団山文化を基層文化とする泡子沿文化と理解されるが、吉林省吉林市・長春市と第二松花江流域を合わせた空間がその中心領域である。吉林市を横切る松花江に面して築造された南城子遺跡は、漢代の夫餘王城に比定されるが、平面不定形に造られた土城であり、その東側に東団山城がある。城の近くには帽児山古墳群が広く形成されたが、発掘調査を通じて漢−魏晋代にかけての時期の大規模墳墓であることが明らかになり、南城子遺跡が夫餘と関連することを裏付けた。

夫餘の墓としては、第二松花江北岸の楡樹県老河深遺跡が重要である。この遺跡の中間層からは前漢末から後漢前期にかけて造営された墳墓129基が発掘され、おおむねその構造が土壙木槨墓であることが明らかになったが、木棺の痕跡が残っているものや、副槨が別に設置されたものもある。北方遊牧民集団との交流を象徴する各種動物意匠の装身具、漢との交流を示唆する青銅鏡など

図97　吉林東団山城

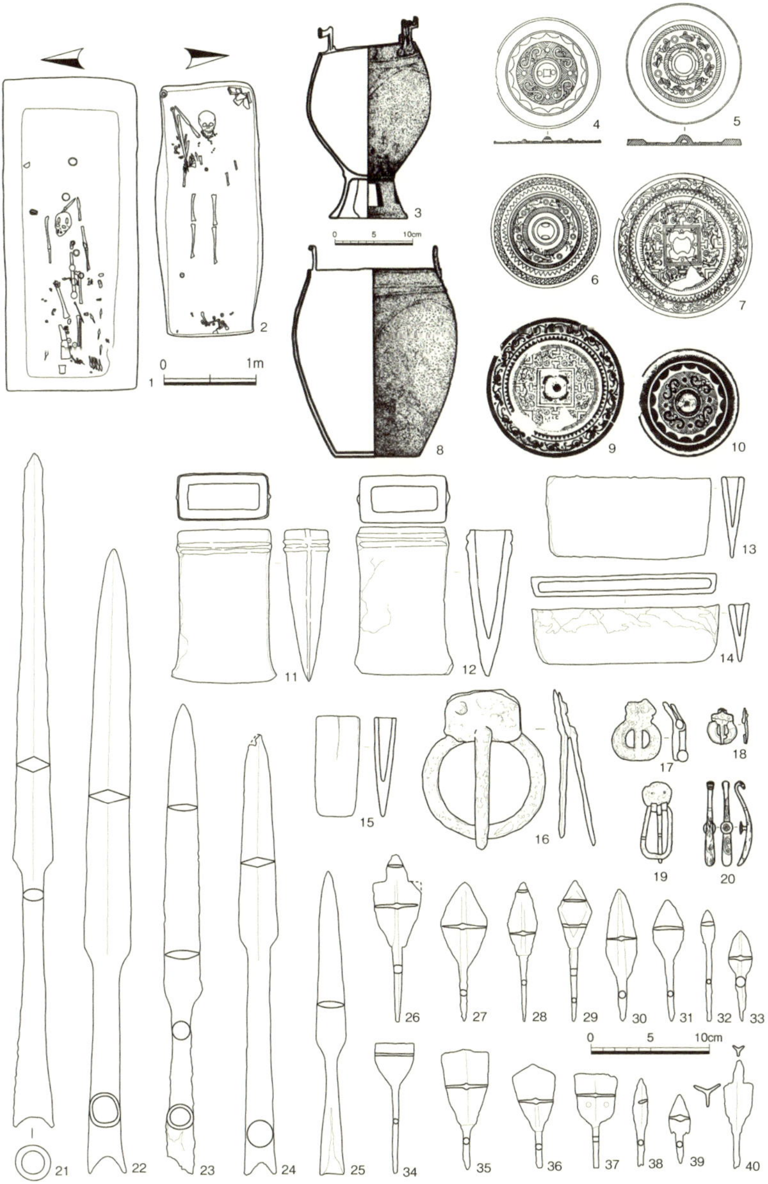

図98　楡樹老河深土壙墓と金属遺物各種

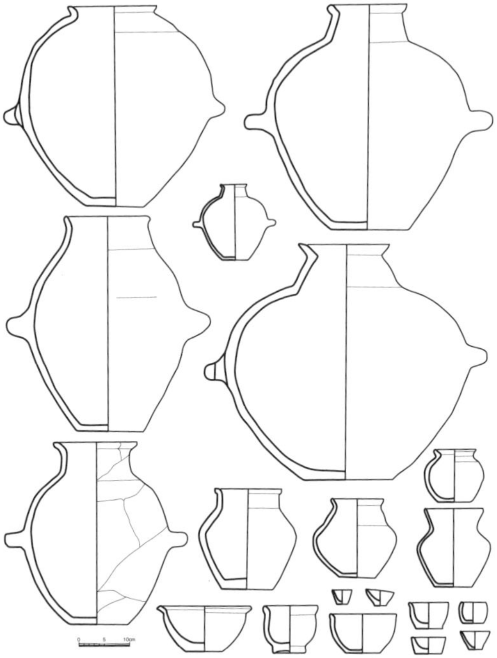

図99　楡樹老河深遺跡出土の土器各種

が発見された。把手が水平に付き頸部が内傾する壺形土器、小型短頸壺、そして器壁が厚い碗形土器など地域的伝統の土器が副葬されるが、砂粒が多く含まれる酸化焔土器が中心である。中国系灰陶が搬入され副葬された例があるが、地域様式の土器としては発展しなかった。鉄槍は銎端部が燕尾形のものが多く、鏃は様々な広形鉄鏃で構成されているが、これは高句麗のものと似る。鉄製の冑と札甲が存在し、長剣などの武器類が多量に副葬されていることから、発達した鉄器文化を基盤に戦争が頻発したことを推定できる。

楡樹老河深遺跡より古い時期の墳墓遺跡としては、63基の土壙墓が確認された西岔溝遺跡があげられる。同遺跡では、胴部両側に把手のつく独特な無文土器と青銅および銀製の装身具類が出土した。楡樹老河深と同様に柄に節のある銅剣と鉄剣、双鳥装飾が柄についた触角式銅剣が出土したが、これは夫餘を代表する武器といえる。剣身下部が段をなす銅剣が夫餘地域でも出土するが、平壌の土城洞486号でも発見例がある。触角式銅剣は平壌と大邱飛《ピ》山《サン》洞《ドン》・池《チ》山《サン》洞《ドン》、慶山林堂《イムダン》遺跡はもちろん、日本の対馬などでも出土している。分布様相からみて触角式銅剣の移入には楽浪勢力が関与していた可能性が高いが、その起源は夫餘文化にあるといえる。

西岔溝と楡樹老河深遺跡を残した集団については、匈奴ないし鮮卑系とみる立場と夫餘ないし濊貊とみる立場が対立している状態である。この他に吉林市長蛇山墳墓群樺甸県西荒山屯、懐徳県大青山遺跡などが夫餘の遺跡として知られている。

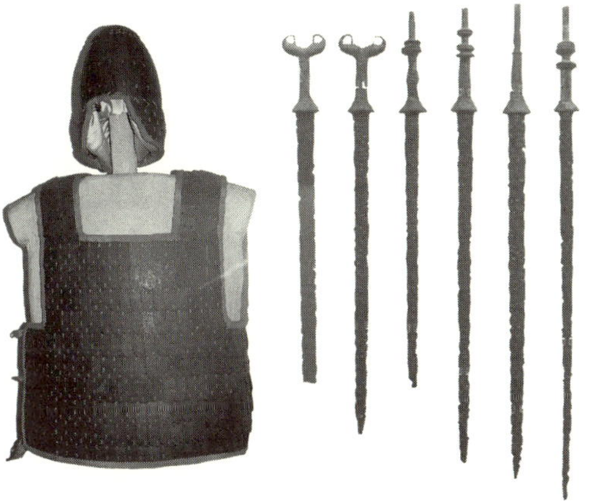

図100　楡樹老河深遺跡出土の甲冑(左)と鉄剣(右)

3　沃沮と挹婁

沃沮と関連する遺跡は豆満江を中心に中・露国境地帯で確認されるが、中国ではこれを団結文化とし、ロシアではクロウノフカ文化と呼ぶ。重要な遺跡としては団結遺跡、クロウノフカ遺跡、ペトロフ島遺跡、茂山虎谷遺跡などがある。羅津草《チョ》島《ド》、会寧五洞遺跡なども類似の性格の遺跡であり、団結-クロウノフカ文化の南側の範囲を咸鏡道地域にまで含めることができる。

住居跡は平面長方形の竪穴であり、出入口がつく「呂」字形のものもある。内部に壁にそってＬ字形に煙道が設置されるのが特徴である。土器は無文であり、棒状把手のつく甕、赤色磨研を施した高坏、甑、外反口縁の壺などで構成されている。鋳造鉄斧などの鉄器が普及するが、有肩石斧、石庖丁、蛤刃石斧など石器の比重が依然として高い。原三国時代の韓半島中部地域に分布する中島式硬質無文土器の一部の器種と出入口のつく住居跡が、この団結-クロウノフカ文化に由来するという主張もなされている。

また、黒龍江と松花江の合流地点の南側に広がる三江平原一帯で発展した滾兎嶺文化、アムール河流域のポリツェ文化は、それぞれ中国とロシアで命名されたものであるが、物質文化の様相は同一であり、これらを総称してポリツェ文化とすることができる。

集落は防御に有利な高地に立地し、土塁や環濠を備え、出土遺物に占める武器の割合は非常に高い。主な生業は漁撈と農耕であり、斧・鏃・鋤先・剣・札甲などの鉄器が発見された。この文化を担った住民集団は、史書に現れる挹婁と推定されている。

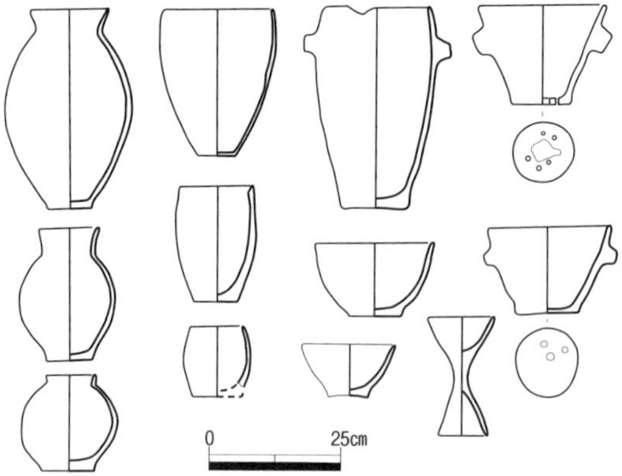

図101　茂山虎谷遺跡Ⅵ期の土器各種

代表的な遺跡である滾兎嶺遺跡は、河川の曲流部に突出した丘陵上の防御集落であり、多量の土器と石器が出土した。ポリツェ遺跡では11軒の住居跡が発見されたが、すべて火災住居跡であった。このような様相から、漢代の文物が移入される前後の時期に、社会統合の主導権をめぐる集団間の緊張関係が高かったことがうかがわれる。

ポリツェ文化の土器は、砂粒が多く含まれる酸化焔焼成のものがほとんどであるが、棒状や六角形の把手が胴部の一方のみに付く土器が特徴的である。周辺地域と異なり高坏が全く出ていないが、この事実は挹婁のみに俎豆がなかったという『三国志』の記事と一致する。また多様な石器が出土したことについて、挹婁が石鏃を使用したという『三国志』の記事と関連付ける見解もある。

Ⅲ　楽浪と帯方

1　遺　跡

1）　城　郭

楽浪・帯方郡と関連する中国式土城には、楽浪《ナンナン》土城（土城洞《トソンドン》土城）、雲城里《ウンソンリ》土城、於乙洞《オウルドン》土城（城峴里土城）、智塔里《チタムリ》土城（唐土城）、青山里《チョンサンリ》土城（信川里土城）、そして所羅里《ソラリ》土城がある。これらの土城は郡県の位置とその領域を知ることのできる重要な資料である。

このような城は、川沿いや海岸付近の平地に立地するが、すべて土築の城壁である。立地や構造の面で中国戦国時代以来の郡県城と類似するが、楽浪郡治かつ楽浪郡の首県である朝鮮県が位置していた楽浪土城は平面形が不定形で

韓国考古学における楽浪の位相

漢武帝が衛満朝鮮を滅亡させ、その中心に設置した四郡のうち楽浪郡の領域は、平壌を中心に清川江流域から黄海道にまで及んだ。真番、臨屯、玄兎など他の三郡の位置については諸説あり、考古学的な証拠も多くない。紀元前75年に真番郡と臨屯郡が廃止され、玄兎郡が西側に移動した後のいわゆる大楽浪郡時期には、一時的に咸鏡南道地域まで拡大したものと考えられる。紀元後３世紀初頭に楽浪郡南部の地に設置された帯方郡は、載寧江流域を中心とする黄海道地域である可能性が高い。

楽浪郡と帯方郡の位置やその政治的性格と文化を解明できる資料は、比較的多く蓄積されている。平安南道温泉郡城峴里で発見された秥磾県神祠碑が捏造であるとの主張、楽浪をはじめとする漢四郡がすべて遼寧一帯にあったという主張、平壌一帯で発見された楽浪郡関連封泥と古墳はすべて日帝占領期に造作されたものであるとの主張など、楽浪郡の位置と関連して多様な異見が提示されてきたが、楽浪郡の中心が平壌であったという事実は動かしがたい。それは何よりも、解放後北朝鮮学界で数度にわたって発掘調査を行った結果、大同江南岸の楽浪区域において数百基の楽浪古墳が調査され、木簡をはじめとする多くの遺物が発見されたためである。

楽浪郡と帯方郡の性格を中国の植民地と規定し、韓国史の範疇から除外する主張もなくはない。しかしそうした場合、400年を超える長期間、韓半島西北地方は歴史上の空白となってしまう。また楽浪郡と帯方郡の性格がその成立から終末まで変化のない固定的なものであったのではなく、実際には多くの変化が存在した。楽浪と帯方地域の住民の絶対多数は衛満朝鮮系であり、また新たに移住してきた中国系住民もこの地に定着して長期間生活しつつ、自らを中国人とは区別して、先住民とともに楽浪人という認識を持つようになった。こうした点を考慮するならば、楽浪と帯方の文化は、韓国考古学の一部として扱ってこそ適切である。

あって、方形平面を基本とする中国の土城とは差がある上に規模も小さい。

楽浪土城は1913年９月にはじめて学界に知られ、楽浪郡の位置をめぐる論争を経て調査の必要性が高まり、1935年と1937年に発掘調査された。土城内からは礎石と舗道で区画された重要な建物跡が各所で発見されたが、所々で遺構の重複関係が確認された。城内で発見された塼積の井戸と便所は、中国のそれと大差ない。中国の土城と同様、青銅器・鉄器およびガラス製品などの工房跡が確認され、武器庫も設置されていた可能性が高い。こうした点から、楽浪土城は当時、楽浪郡の政治・行政の中心地としての機能だけでなく、郡県を維持するために必要な戦略物資を生産する先端基地の機能も担っていたことが分かる。

雲城里土城は大同江河口南岸の海岸にある。内城と外城から構成されることが知られ、平面形は東西に長い長方形である。土城内からは建物跡と排水路が発見され、刀子・鏃・鎌などの鉄器と花盆形土器、碗形土器などが出土した。また、「千秋萬歳」銘軒丸瓦と巻雲文軒丸瓦および銘文塼が出土したことでも知られている。

於乙洞土城は、大同江河口北岸の低い丘陵上に立地する。土城内からは多数の土器片と瓦が採集されたが、軒丸瓦は発見されていない。建物跡と塼を敷いた施設が発見され、細形銅剣の剣把頭飾と花盆形土器、泥質系小型短頸壺などが出土した。近隣に古墳があり、それほど遠くない位置で秥磾碑が発見され、磾県の治所に比定されている。

智塔里土城は黄海道鳳山郡文井面にあり、周囲で発見された張撫夷墓から「帯方太守」という銘文が出土したため、帯方郡治として知られてきた。しかし、張撫夷墓と構造の類似する集安禹山下3319号の年代を４世紀中頃とする主張を参考にすれば、この墓は高句麗古墳である可能性が高い。また、張撫夷墓の天井が塼積みの穹窿状でなく、石の天井であった蓋然性が高い点も、この墓が帯方郡と直接関連するものではない可能性を示唆する。

青山里土城は信川邑から北側に約６km 離れた青山里所在地にあり、水路を

図102　楽浪土城（左）と土城内部の塼敷遺構（右）

通じて大同江へ容易に出ることのできる立地である。長方形の土城であり、滑石混入系花盆（植木鉢）形土器をはじめとする多数の土器と瓦塼が出土した。周辺には木槨墓と塼室墓が分布しており、細形銅剣が採集されたとの報告もある。「昭明」という文字が刻まれた塼が採集され、楽浪郡昭明県に比定されている。

以上の土城はすべて大同江と載寧江流域にあるが、所羅里土城は東海岸の咸興平野に所在する。土城は咸鏡南道金野邑から東南に６km ほど離れたセドン里に位置する。内部からは銅鏃と細形銅剣の剣把頭飾、車軸頭、日傘台装飾、鉄剣などとともに板状鉄斧が出土したが、板状鉄斧を弁韓地域からの輸入品とみる見解もある。同遺跡出土の瓦は、韓半島西北部の楽浪土城出土品と大差ない。同土城を臨屯郡や玄兎郡の郡治とみることもあるが、積極的な根拠となる資料は見つかっていない。

2）　古　墳

楽浪古墳には木棺墓と木槨墓そして塼室墓が最も多いが、部分的に甕棺墓と瓦棺墓、そして小型塼槨墓なども知られている。

木棺墓は墓壙のなかに板材や丸木で製作した木棺を安置し、墓壙と木棺の間あるいは木棺の頭側ないし足元に副葬品を置く形態である。貞栢洞494号墓、土《ト》城《ソン》洞《ドン》113号墓などの例であり、楽浪と関連した墓制では最古式に分類され、細形銅剣関連の青銅器を副葬する前段階の土壙墓との継承関係が認定される墓の形態である。木棺墓は角材式木槨墓の登場後にも、依然として下位階層の墓として選好された。細形銅剣と関わる青銅器類が出土し、土器では滑石混入系の花盆形土器と小型打捺文短頸壺がセットで副葬される場合が多いが、こうした伝統は木槨墓の登場以後もしばらく続く。

木棺墓より出現時期の新しい木槨墓は、大きく単葬木槨墓と合葬木槨墓に区分され、後者はさらに併穴合葬と同穴合葬に分かれる。単葬木槨墓は板材式木槨墓と角材式木槨墓に分かれるが、前者は墓壙を掘った後に板材を数枚つなぎあわせて木槨とするもので、後者は角材で木槨をつくるものである。板材をつなぐために木の楔が用いられたが、これは楽浪郡の周辺地域では確認されない方法である。ただしその内部に木棺が安置される様相は類似しており、木棺の頭位外側と木槨の間を副葬品の置き場として利用し、木棺の西側も副葬空間と

図103　墓の各種：貞柏洞327号木槨墓（左上）、石巌里205号木槨墓（王旴墓、右上）、石巌里９号木槨墓遺物出土状態（左下）、道済里50号塼室墓（右下）

した。単葬木槨墓には、木棺墓と同様に、細形銅剣に代表される青銅器類と花盆形土器、そして打捺文短頸壺が共伴する場合が多いため、その上限は楽浪郡設置以前に遡る可能性が高い。細形銅剣が共伴した上里《サンリ》や東大院里許山《ホサン》と梨峴里《イヒョンリ》で発見された木槨墓が代表例であり、戦国時代後期ないし秦代の銅鏡が共伴した土城洞486号も、楽浪郡設置以前にさかのぼる可能性の高い木槨墓である。

併穴合葬墓は、先に掘られた墓壙の横にもう一つの墓壙が築造されるもので、先行墓壙の一部を破壊することもあるが、おおむね併置されているものが多い。先行墓壙の外側に墓壙を追加して掘るのに備え、色調の異なる土で位置を表示する事例も確認された。併穴合葬墓はほとんどが夫婦合葬墓と判断され

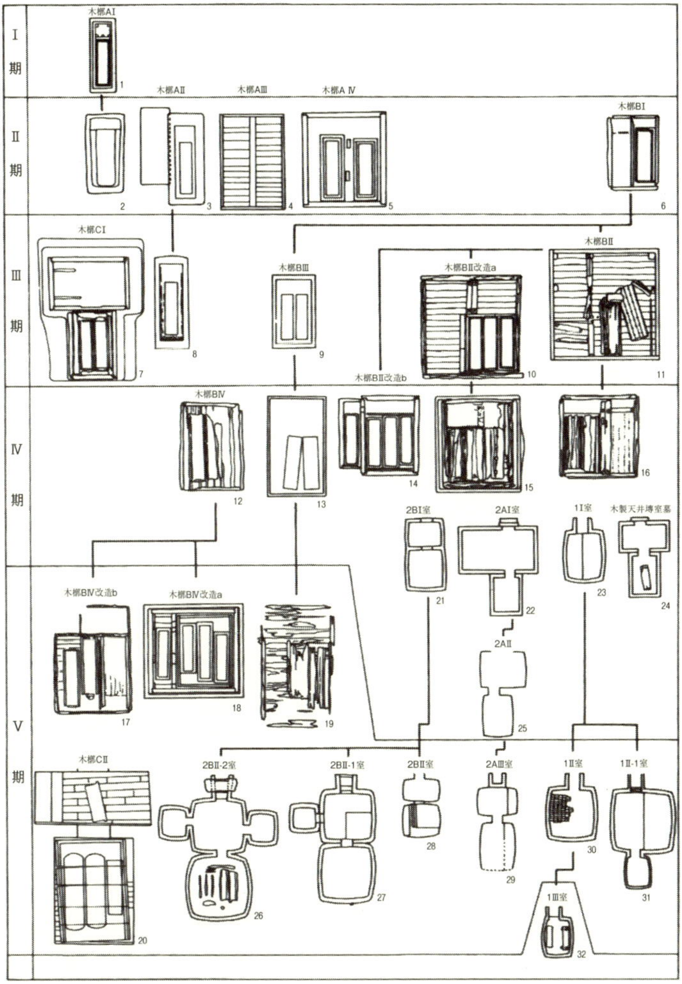

図104　楽浪古墳変遷図（高久健二1995）

1．貞柏洞92号、2．雲城里 9 号、3．貞柏洞53号、4．貞柏洞88号、5．貞柏洞 2 号、6．貞柏洞37号（北槨）、7．貞柏洞 1 号、8．貞柏洞49号、9．貞柏洞84号、10. 石巌里201号、11. 貞梧洞 5 号、12. 貞梧洞11号、13. 石巌里20号、14. 石巌里205号、15. 貞梧洞 8 号、16. 貞梧洞 4 号、17. 貞梧洞12号、18. 梧野里19号、19. 貞柏里 3 号、20. 南井里116号、21. 石巌洞塼室墓、22. 土城洞45号、23. 台城里 5 号、24. 石巌里120号、25. 貞柏里219号、26. 南寺里29号、27. 南寺里 2 号、28. 冠山里 2 号、29. 徳星里塼室墓、30. 石巌里99号、31. 貞柏洞23号、32. 平壌駅前佟利墓

るが、女性の棺の屍床が男性の棺よりも低く設置され、多くの場合、被葬者側からみて女性が男性の左側に埋葬される原則を忠実に守っている。合葬木槨墓の登場は、親族中心の埋葬習俗が夫婦、すなわち家族を基本単位とする埋葬へと変わったことを暗示する。代表的な併穴合葬墓には、貞栢洞37号や53号などがある。これらには細形銅剣が依然として副葬され、花盆形土器が共伴し、異体字銘帯鏡の副葬例が多いことから、紀元前１世紀代がその中心時期である。

同穴合葬墓は、方形ないし長方形の墓壙に比較的規模の大きい木槨を設置し、その内部に複数の木棺を安置する構造で、単葬木槨墓や併穴合葬木槨墓に比べ墓壙の規模が大きく井桁に組立てられるという特徴がある。隔壁で副葬空間を区分する場合が多いが、隔壁なしに木槨の片側に偏らせて複数の木棺を安置する場合もある。内部に木棺が３基以上置かれる場合には、木槨の内部構造を修正したり木槨外部に他の空間を設けたりする場合もあるが、これは併穴合葬墓段階では見られない現象である。この段階の代表的な古墳は貞柏洞２号、貞栢洞127号、石巌里《ソガムリ》205号などで、出土した漆器の銘文と銅鏡の型式から紀元後１世紀から２世紀代が中心年代とみられる。

同穴合葬木槨墓に後続する墓制が塼室墓である。塼室墓は単室墓と二室墓、さらには側室がつく場合もあるが、おおむね穹窿状の天井形態が楽浪では一般的である。塼室墓は墓壙床面に塼を敷き、その上に四壁を塼積みするが、楽浪では横方向に３個、縦方向に１個積む（３平１竪）のを繰り返すのが一般的である。玄室の壁の輪郭は外側に張り出す弧を描く場合が多いが、例外もある。事例は多くないが、塼で墓室を作った後に木で天井を覆ったり、木槨の天井や壁に部分的に塼を利用したりする場合があるが、北朝鮮の研究者はこれを木槨墓から塼室墓への変遷過程で現れる現象と判断している。木槨墓から塼室墓への変化が外部的な要因に起因するのではなく、全面的に内部的発展であるという基本認識が前提となる解釈である。逆に日本の学界では、中国から完成形の塼室墓が楽浪地域に導入されたものと把握しており、特に遼東地域の塼室墓と類似性が高いものと説明されることもある。こうした楽浪地域の塼室墓は紀元後２世紀末に出現し、３世紀代に最も流行した墓制と理解されてきたが、最近では文様塼が併用された木槨の時期を参考にし、その上限年代を紀元後１世紀代にさかのぼらせる主張がなされている。また新しい時期の塼室墓には石蓋天井を採用したり、壁面の一部を割石で築造したりする場合があるが、これもやはり北朝鮮学界では楽浪塼室墓が高句麗石室墳へと変わっていく過渡期的現象と説明している。しかしこれに対しては、すでに楽浪地域で受容されていた高句麗石室の影響によって一時的に現れた現象であるという主張もある。

平壌駅構内塼室墓から出土した紀年塼（353）を参考にすれば、楽浪地域の塼室墓は楽浪・帯方郡が滅亡した４世紀まで継続して築造されたことが明らかである。黄海道鳳山郡で発見された張撫夷墓も同様であり、壁面に石膏を塗ったり、羨道の左右に小さな耳室を置いたりする高句麗古墳の影響が色濃い。

楽浪・帯方時期の甕棺墓はほとんどが合口式で、花盆形土器と打捺文短頸壺が好まれる傾向がある。南京甕棺墓のように甕棺墓のみで構成される墳墓群があるものの、木槨墓や塼室墓に付属した幼児墓である可能性が高い。少数の事例が報告されている瓦棺墓と塼槨墓もおおむね幼児墓と判断されるが、もし成人墓であったとしても、副葬品からは下位階層の墓制と考えられる。

2　遺　物

1）　鉄　器

楽浪の鉄器は、韓半島中部以南地域で鉄器文化が受容される年代およびその過程と関連して注目された。また『三国志』魏書東夷伝の記事に現れる、鉄を媒介とした遠距離交易の中心として、楽浪の役割が注視された。しかし、楽浪の鉄器それ自体に対する本格的な研究はそれほど多くはなかった。

鉄の交易と関連した『三国志』の記事は弁・辰韓で生産された鉄が楽浪郡に供給された根拠とされており、楽浪地域出土板状鉄斧が弁・辰韓か

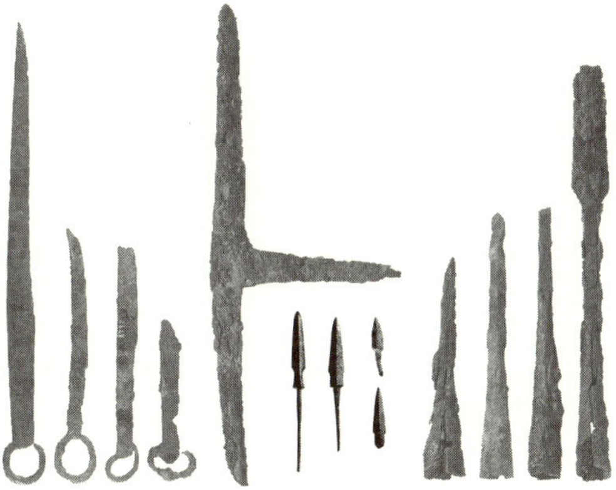
図105　楽浪古墳出土鉄製武器各種

ら供給されたという説が提起されたこともある。貞栢洞62号出土鍛冶具は、楽浪郡の鉄器生産が鍛造品中心であり、その素材が弁・辰韓地域から供給されたものであるという解釈を拡散させる素材となった。しかし、楽浪郡にも比較的高度な鋳造鉄器製作技術が存在したことは、漢式とは異なる鋳造鉄製容器と車軸頭が古墳に副葬されることから明らかである。また現地で生産されたものとみられる鋳造鉄斧と鉄鏃類が楽浪土城で出土したことを参考にすれば、楽浪郡設置以前は戦国式鋳造鉄器で、楽浪郡の鉄器は漢式鍛造鉄器であるという二分法的な区分は妥当でない。

楽浪の鉄器は戟・矛・剣・刀・鏃などの武器類が代表的で、斧・鎌・U字形鋤先といった農具類もある。鉄矛は銎端がほぼ直線的で、燕尾形が主流をなす高句麗や夫餘のものとは異なり、鉄鏃は三稜鏃と四稜鏃が多い。

京畿道華城旗安里《キアンニ》や加平大成里《テソンニ》遺跡では、鉄器生産を証明する多様な遺物とともに多量の楽浪土器が出土している。こうした事実は、韓半島中部地域の鉄器製作が、楽浪・帯方と深い関係にあることを示すものである。

図106　大同郡上里出土一括遺物

2）　青銅器

楽浪地域の青銅器には、細形銅剣文化の伝統を継承したものと、中国青銅器文化の系統を引くものが共存する。平壌で出土した鋳型が楽浪古墳の副葬品であれば、平壌地域では楽浪郡設置以後にも細形銅剣が持続的に製作されたと考えられる。

楽浪地域で出土する中国式青銅器としては、弩機の付属具と戈・矛・剣・鏃などの武器類、鍑や鼎のような容器類、鏡や銅銭などがある。楽浪地域で出土するこうした多様な青銅器類は、なかには中国から輸入したものもあったであろうが、ほとんどは楽浪現地で製作された可能性が高い。実際に楽浪土城では青銅器を製作した工房跡が確認された。楽浪土城で出土した青銅器類の鉛同位体比を分析した結果、これらの青銅器は、現地調達かあるいは中国から輸入した銅を利用して製作されたことが明らかになった。青銅製車馬具のうち、古い時期のものは中国漢代のそれと形態が異なるため、衛満朝鮮の青銅器である可能性が高い。

図107　楽浪土器各種：泥質系土器（上)、滑石混入系土器（中)、石英混入系土器（下）

３）　土　器

楽浪土器は、胎土を基準に泥質系、滑石混入系、石英混入系の３種類に分けられる。泥質系土器には円筒形・高坏形・碗形・盆形・甑形土器のような日常容器と、カマド形土器、耳杯など少数の副葬用土器が含まれる。滑石混入系は鼎や花盆形土器などの炊事用土器が大部分であるが、これは耐火性の優れた滑石の岩石学的特徴を利用した結果と判断される。石英を混入した胎土で製作した白色土器類は、少数の日常容器を除外するとほとんどが中・大型の貯蔵用土

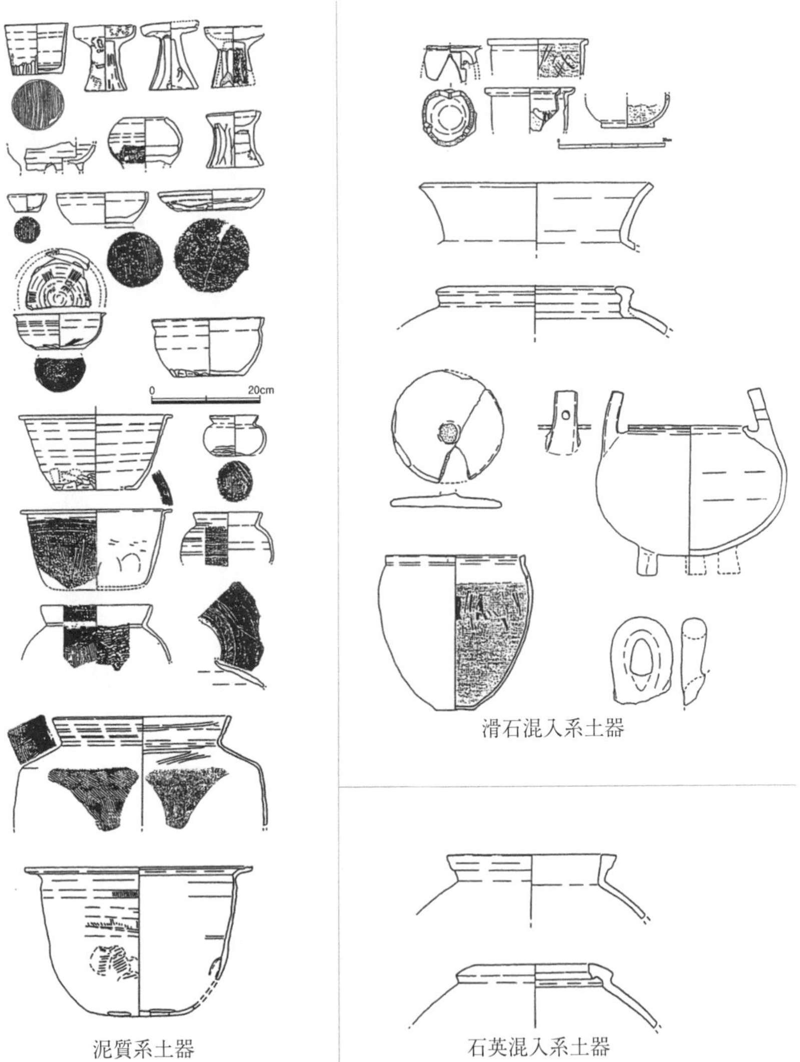

図108　胎土別楽浪土器の構成（鄭仁盛 2004）

器である。

帯方郡の治所として知られる智塔里土城の出土土器と東海岸に面した所羅里土城の土器も、楽浪土城を中心とした平壌地域のそれと大差ない。このため、在来の無文土器類と区分される新たな土器類全般を「楽浪土器様式」と呼んでも良いであろう。

土器胎土の種類は、製作技法と密接な関係がある。まず泥質系土器はほとんどが紐を巻いた当て具と叩き板で1次成形し、この工程を経た土器の内面には横方向に連続する紐圧痕が残るのが特徴である。1次成形に続く2次成形工程では、器種によって叩きと回転ナデが選別的に採用される。土器の1次成形で紐を巻いた当て具を用いる事例は、現在までの資料を見る限り韓半島西北地域でのみ確認され、楽浪土器の重要な技術属性の一つと言える。滑石混入系土器は型に布を巻き、その上から粘土を巻きつけ叩きを加えて成形する型作り技法が一般的である。そして石英混入系土器は基本型を別に作らず、1次成形段階でそのまま完成形へと仕上げる。

古墳副葬用土器としては花盆形土器と泥質系短頸壺が最も古く登場し、紀元後1世紀に石英混入系の貯蔵甕と壺形土器などが加わる。花盆形土器は口脣が角張って平底のものが典型であるが、後には口脣部が曲がって外反し、底部に台がつくものへと置き換わる。紀元後2世紀にはカマド形土器をはじめとし、各種の明器類が副葬土器に加わる。楽浪古墳に副葬される土器類は、概してその数量が多くない。

楽浪土器はしばしば漢式土器と同一視されることもあるが、形態および製作技法において中国漢代の土器とは明確に区分される器種がほとんどである。滑石混入系土器と泥質系土器は戦国燕の製陶技術と関係が深く、石英混入系土器は山東半島から移入された可能性が高い。

4）漆　器

楽浪古墳からは多様な種類の漆器が大量に出土する。当時の郡県の長官の月給が1,800～3,000銭程度であるが、漆器一点の価格が1,200銭であったという『史記』貨殖列伝の記録を参考にすれば、楽浪古墳の被葬者の財力を理解できる。楽浪古墳のように多量の漆器を副葬する例は、中国でも多くない。

漆器の種類としては、耳杯・盒・盤・案・皿・奩・篋・偏壺・香炉などが確

図109　楽浪漆器：貞柏里127号墳および南井里116号墳出土杓子（左上）、耳杯と盤の復元図（右上）、食膳一式復元（下）

認されているが、鼎や鍾のような青銅器を模倣した種類は発見されていない。

漆器を製作する方法には、木芯に漆を塗る木胎、布に漆を塗って複数枚を重ねて固める夾紵胎、木芯に布を何度も重ね巻きして漆を塗り重ねる木胎夾紵などがある。土器の表面に漆を塗る例もあり、白色化粧土を塗った後に彩色した土器も確認されている。当時楽浪地域で流通していた高級漆器は、その銘文から、現在の中国四川地域である蜀郡、広漢郡の官営工房で製作されたものと知られている。

5）封　泥

封泥とは、公文書を封印するための粘土に印章が押されたものである。木簡などを束ねた紐をなかほどが空いた木のなかに通過させてからそこに粘土をつめたため、封泥の裏面には紐が通過した痕跡が残るのが一般的である。他の土製品とは異なり焼成品ではないが、日本による占領期に、楽浪郡およびその属県関連資料数百点が出土した。現存する封泥はほとんどが楽浪土城出土品であることが知られており、現在まで楽浪25県のうち22の県と関係する封泥が確認されている。このうち楽浪太守章、楽浪大尹章などは、楽浪郡が平壌一帯に

図110　夫租薉君印章（左）と平壌出土封泥各種（右）

あった証拠となったが、解放後の北朝鮮学界ではこれらはすべて偽造であったという主張がなされた。占領期に報告された封泥に偽造品が多いことは明らかだが、すべてを偽造とするのは難しい。

近年では中国遼寧省の錦西市で臨屯太守章が押印された封泥が発見され、ここを臨屯郡とみる見解が示されている。

6）瓦　塼

中国戦国時代の半瓦当は、秦漢交替期を経て次第に円瓦当へと変化するが、現在まで楽浪では円瓦当のみが出土している。楽浪の軒丸瓦は瓦当と丸瓦を別々に成形してから付着させたり、瓦当を分割する前の丸瓦にはめておく方法が一般的だが、瓦桶に麻布を巻いて瓦当と丸瓦を同時につくる、いわゆる型作り技法もみられる。型作りで製作した瓦当には滑石が混入する特徴があるが、型作りで作られた土器にもやはり滑石が混入していることから、土器と瓦を同じ工人が製作したものと理解できる。型作りで製作した瓦当には蕨文が装飾されるが、その他の瓦当には各種の文字と雲気文、巻雲文があり、一部四葉座文も確認される。文字瓦当の銘文は絶対年代資料を提供してくれる。瓦当の編年は確実なものではないが、「楽浪礼官」銘瓦当と四葉座文が古式で、「大晋元康銘」瓦当の様なものが最も新しい時期のものとみられる。泥質系瓦当は形態と文様が類似するものの、多様な技法が確認されることから、瓦製作工程の定型化水準は比較的低かったものと考えられる。

楽浪の平瓦は、ほとんどが桶を用いずに製作するものである。無桶叩き成形には、当て具・叩き板ともに縄を巻いたものが用いられる。桶を使用する場合にも叩きは縄目文が基本であり、格子目文などが1次成形に用いられる事例は確認されていない。無桶瓦の成形過程で横方向に押圧される縄目文が残る当て具を用いるのは、楽浪製瓦技術の最大の特徴である。平瓦の外面には縄目文が見られる場合が圧倒的であるが、当て具痕には一部無文、列点文、格子文などが確認されている。

楽浪では、古墳や各種建築物の築造に塼が用いられた。塼は基本的に組み合

図111　軒丸瓦と塼各種：1．平壌出土〈楽浪禮官〉銘、2．平壌出土〈萬歳〉銘、3．平壌出土〈千秋萬歳〉銘、5・6．鳳山養洞里1号墳、7．鳳山松山里、8．平壌貞柏里2号墳、9．鳳山土城里〈光和五年（182）〉銘、10．鳳山土城里〈泰始七年（271）〉銘、11．平壌石巌里253号墳〈王宜〉銘

わせ式の型を利用して一回に一枚を作るが、型に粘土を詰めた後に上方から叩くため、平面の片方のみに縄目文叩き痕が残る。土城で確認される塼には床に敷くための敷塼と壁と天井を積むのに用いる長方形塼に分かれるが、敷塼には滑石が混入する。長方形塼には、ほぞとほぞ穴がないものと、それをもつ所謂母子塼および、丸い天井をつくるための楔塼と特殊塼がある。塼の文様には幾何学文と菱形文が多い。楽浪滅亡以後も楽浪塼はしばらく製作され続けたが、高句麗の建築物に楽浪塼を再利用した事例も時折みられる。

参考文献

姜仁旭ほか 2008『考古学からみた沃沮文化』東北亜歴史財団

国立中央博物館 2001『楽浪』国立中央博物館

高久健二 1995『楽浪古墳文化研究』学研文化社

金ジェヨン・梁ジュンホ 2005「楽浪遺跡で知られる弓と弩に対する考察」『朝鮮考古研究』2005-2　社会科学出版社

李淳鎮 1983「我が国西北地方の木槨墓に対する研究」『考古民俗論文集』8　社会科学出版社

李淳鎮 1997『平壌一体楽浪墓に対する研究』社会科学院考古学研究所

朴洋震 1998「墓葬資料の社会的分析と楡樹老河深墓地の一考察」『韓国上古史学報』29　韓国上古史学会

朴洋震 1998「族属推定と夫餘および鮮卑考古学資料の比較分析」『韓国考古学報』39　韓国考古学会

成チョル 2004「我が国木槨墓の発祥地について」『朝鮮考古研究』2004-1　社会科学出版社

宋鎬晸 1999「考古学資料を通じてみた夫餘の起源と成長過程」『韓半島と中国東北3省の歴史と文化』ソウル大学校出版部

辛勇旻 1991「西北地方木槨墓に関する研究（上）（下）」『考古歴史学誌』7・8　東亜大学校博物館

安柄燦 1995「平壌一帯楽浪墓の発掘定型について」『朝鮮考古』1995-4　社会科学出版社

呉永賛 1999「楡樹老河深遺跡を通じてみた夫餘社会」『韓半島と中国東北3省の歴史と文化』ソウル大学校出版部

呉永賛 2006『楽浪郡研究』四季節

李庚美 1992「楽浪古墳出土鉄器に対する一考察」『韓国上古史学報』11　韓国上古史学会

李南珪 1993「1～3世紀楽浪地域の金属器文化—鉄器を中心に」『韓国古代史論叢』5

韓国古代社会研究所
李南珪 2006「楽浪地域漢代鉄製兵器の普及とその意味」『楽浪文化研究』東北亜歴史財団
鄭仁盛 2004「楽浪土城の土器」『韓国古代史研究』34　韓国古代史学会
鄭仁盛 2006「復元実験を通じてみた楽浪土器と平瓦の製作技法」『韓国上古史学報』53　韓国上古史学会
鄭仁盛 2007「楽浪 '打捺文短頸壺' 研究」『江原考古学報』9　江原考古学会
韓仁徳 1986「平壌一帯の塼室墓の構造型式とその変遷」『朝鮮考古研究』1986-2　社会科学出版社
韓仁徳 1995「西北朝鮮の塼室墓の性格について」『朝鮮考古研究』1995-4　社会科学出版社
洪潽植 1993「楽浪塼積墓に対する一考察」『釜大史学』17　釜山大学校史学会

中部および西南部地域

Ⅰ　概　観

韓半島中部および西南部地域における原三国文化の開始年代は、紀元前100年頃とみるのが一般的である。ソウル・京畿地域は、百済国家の成立時点を基準に、3世紀中葉頃を原三国文化の下限とみることができるが、忠清・全羅地域に百済国家の影響力が及ぶ時期には差がある。

原三国時代の中部および西南部地域は、文献上の馬韓と濊系集団の活動空間である。漣川–楊平–南漢江をつなぐ線を境界として、東側を濊系の中島類型文化圏、西側を馬韓の中西部地域文化圏として把握する見解が提示された一方で、このような見解を修正する必要性も提起されている。江原道嶺西地域を中心に発展した中島類型文化の特徴的な要素である中島式硬質無文土器は嶺南を除いた全国に分布しており、出入口施設のある住居跡は京畿道南部の水原・華城・龍仁などでも発見されている。また江原道嶺東地域と嶺西地域は、住居構造と土器形態において強い共通性をもつが、埋葬遺跡では差があり、嶺西地域では臨津江流域と共通する積石墳丘墓が築造される反面、嶺東地域ではいまだに埋葬遺跡が一切確認されていない。

湖南・湖西地域の馬韓に特徴的な（長）方形4柱式住居跡は、京畿西部地域にまで分布している。また、湖西・湖南海岸地域に主に分布する周溝墓もこの地域で調査されており、京畿南部地域には中西部内陸と共通する周溝土壙墓が分布している。原三国時代の中部と西南部地域は、このようにいくつかの小地域文化圏に分かれるようであるが、いまだその実態は明確でない。ただし住居跡と墓の型式のみから見れば、おおむね京畿西南部地域において文化接変現象があったものとみられる。

いっぽう中国古代の文献によれば、済州島には船で韓・中と交易した州胡と

図112　漢江流域および中西部地域の土器編年（朴淳發 2001）

1. 河南渼沙里（高麗大）KC020住居跡、2. 渼沙里（高麗大）KC010住居跡、3・4・6中島1号住居跡、5. 漢沙里（漢陽大）A-1号住居跡、7・9・10. 中島2号住居跡、11. 石村洞、12・15. ソウル石村洞大型土壙墓、13. 天安清堂洞2号墓、14. 清堂洞18号墓、16・19・21. 加平馬場里住居跡、17・18. 堤川陽坪里2号積石塚、20. 中島積石塚石塚丘墓、22. 襄陽阿坪里住居跡、23. 堤川桃花里積石質丘墓、24. 鎮川三龍里1号窯

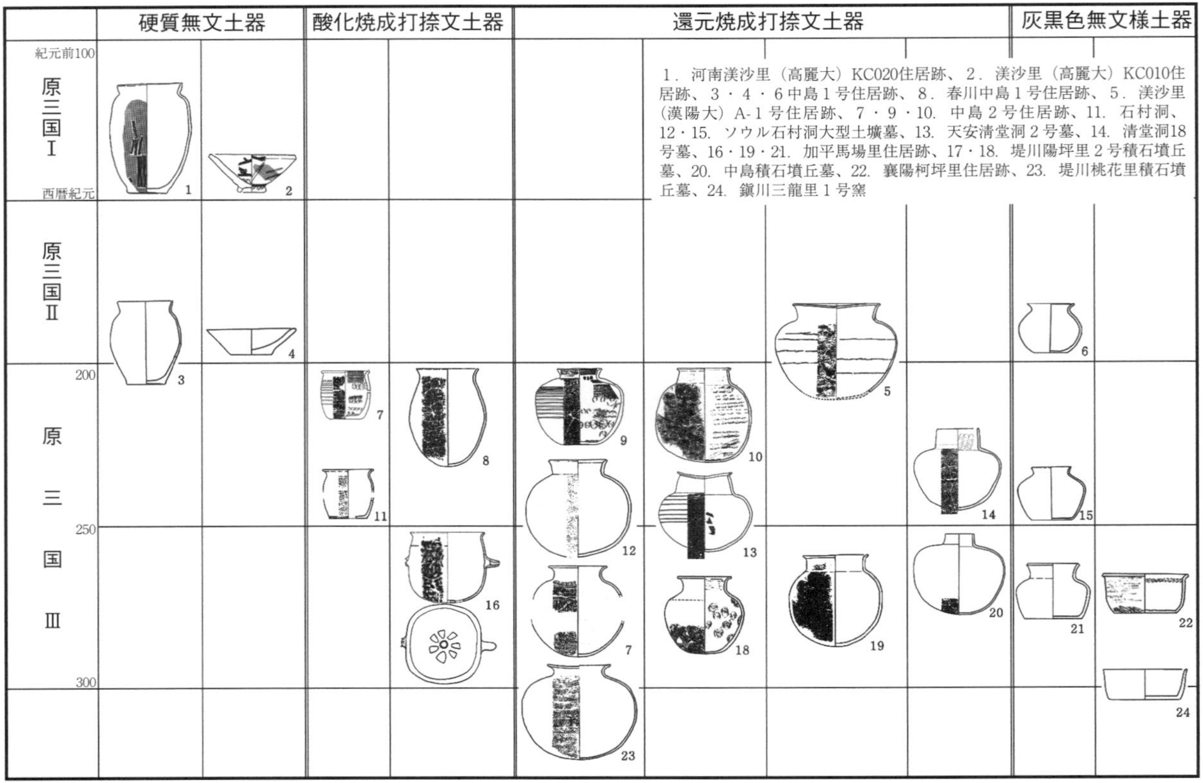

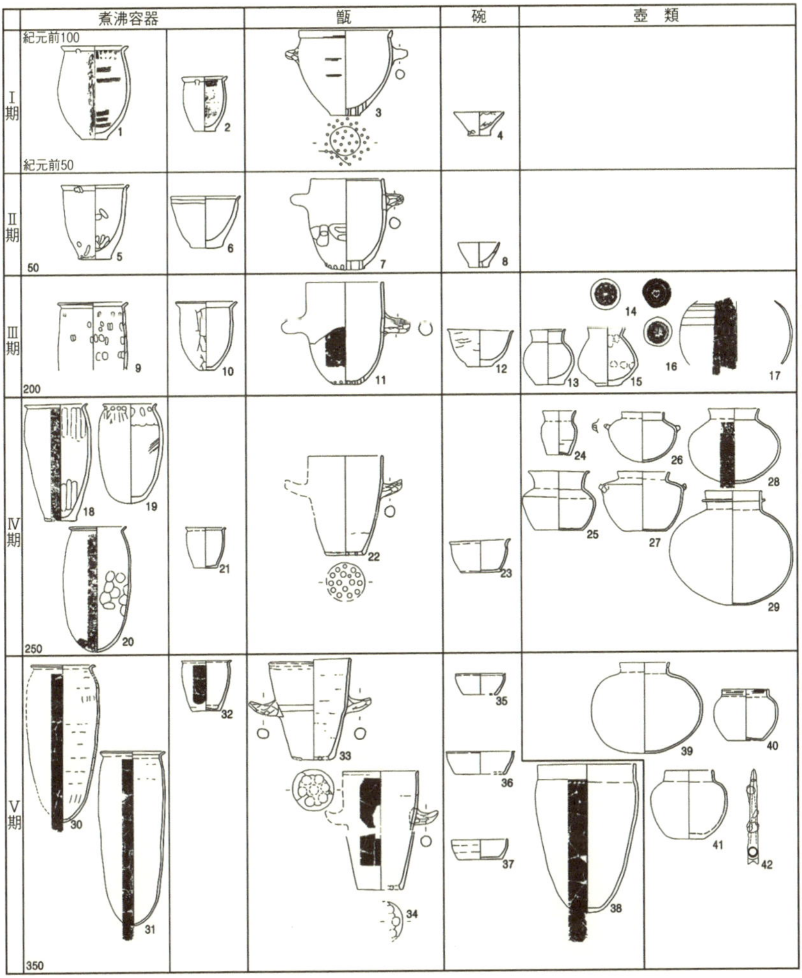

図113　湖南地域の土器編年（朴淳發 2005）

いう勢力がいたという。済州地域のこの時期の遺跡から出土した遺物をみると、全羅道や慶尚道南海岸地域の物品、そして中国製の貨幣や鏡などが含まれており、こうした文献の内容と一致する。

中部と西南部地域の原三国時代は、土器変化を根拠におおむね三時期に区分される。しかし地域により土器変化に差があるため、全体を包括した編年案の作成にはいまだ困難が残る。

漢江流域を中心とした中部地域では、この間生活遺跡出土土器を基準に時期を区分してきたが、硬質無文土器単純期（Ⅰ期）から硬質無文土器と打捺文土器の共伴期（Ⅱ期）を経て、硬質無文土器が消滅し打捺文土器と灰黒色無文土器が共伴する時期（Ⅲ期）へと変化するという案が提示されている。最近では中西部地域を含め、より細分した修正案が発表されている。このような編年案は様々な研究者によって継承されているものの、硬質無文土器単純期を認定しない見解、Ⅲ期のはじまりを打捺文深鉢形土器と長卵形土器の出現に求める見解、硬質無文土器の製作が百済国家形成後まで持続したという見解もあり、実際に土器のみで遺跡・遺物を編年するのには困難が伴う。

中西部地域では、主に墓の型式とその出土遺物を基本資料としている。この地域では紀元前１世紀から紀元後２世紀前半に該当する資料がないため、２世紀後半以後を、百済中央の土器様式が影響を及ぼす前の段階とそれ以後の段階に区分している程度である。しかし、馬韓の拠点地域において250年という長期間におよぶ考古学資料の空白状態が存在するというのは納得しがたく、今後多角的な再検討が必要である。

西南部地域の編年も土器変化を基準に大きく３時期に区分する。Ⅰ期は三角形粘土帯土器段階またはこれに硬質無文土器を含めた段階である。Ⅱ期は軟質打捺文土器の出現、Ⅲ期は灰青色硬質土器の出現を指標とする。これに対して最近、５期に細分する編年案が発表されたが、中部地方のⅠ期に該当する紀元前100年～紀元前後までを二段階に分け、中部地方のⅢ期に該当する時期の次にこの地域に百済漢城様式土器である直口短頸壺が登場する段階をもう一つ設定し、中部地方と比較的できるようにしている。

Ⅱ　遺　跡

1　生活遺跡

文献研究と考古学調査を総合すると、原三国時代の集落は規模によって小村、村、大村に区分できる。このうち小村は10軒余りの家屋で構成される基礎的な集落単位であり、小村より規模が大きい村は小村とともに村落を形成する。大村は邑落と国邑の中心村で、ソウル風納土城内部で調査された三重の環濠集落は風納土城の面積に次ぐ規模であるものと推定されるため、国邑の中心村と推定されてもいる。集落は規模によって多少差があったであろうが、居住、手工業生産、食糧生産、貯蔵、廃棄、埋葬または祭儀などの機能的空間で構成されていたであろう。一方、三国時代まで続く長期持続的な大型集落が３世紀頃から出現しはじめ、同時に華城旗安里、鎮川山水里《サンスニ》・三龍里《サンリョンニ》・石帳里《ソクチャンニ》遺跡のような鉄器と土器を専門的に生産した手工業集団の集落が３世紀頃から本格的に造営されはじめる。

河南渼沙里《ミサリ》と漣川江内里《カンネリ》、洪川城山里《ソンサンニ》、江陵安仁里《アニンニ》、東海望祥洞《マンサンドン》遺跡をはじめ、中部地域各地の原三国時代の集落遺跡は、河川沿いの沖積地と海岸砂丘に主に分布している。集落では「凸」字または「呂」字形に突出した出入口のある住居跡が調査されたが、このような住居跡の系譜を豆満江、沿海地方の初期鉄器時代の文化である団結−クロウノフカ文化に求める見解がある。おおむね２世紀頃の住居跡は高い火災率が確認されるため、この頃に集団間の軋轢が高まったものと理解される。住居跡の平面形は前期には長方形であるが、次第にその形態が変化し、原三国時代後期にはソウル・京畿地域と江原嶺西地域の一

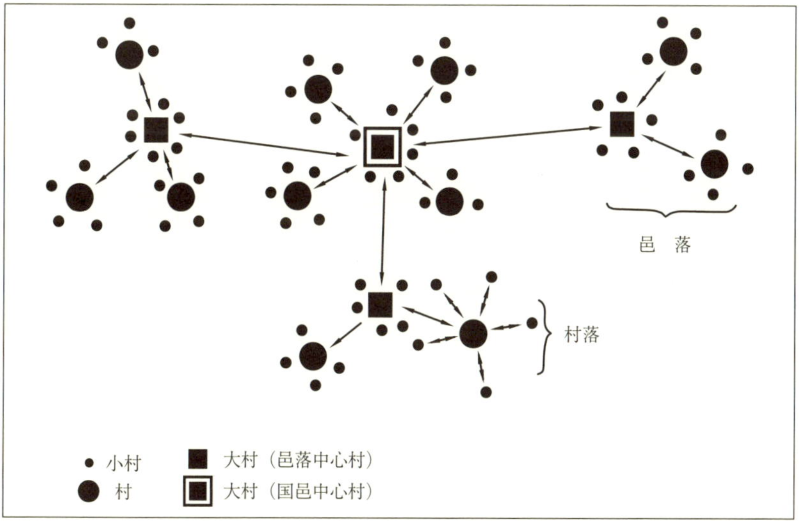

図114　集落分布定型の模式図（李熙濬2000）

図115　集落遺跡：漣川江内里（上）、南楊州長峴里（左中）、東海望祥洞（右中）、洪川城山里（下）

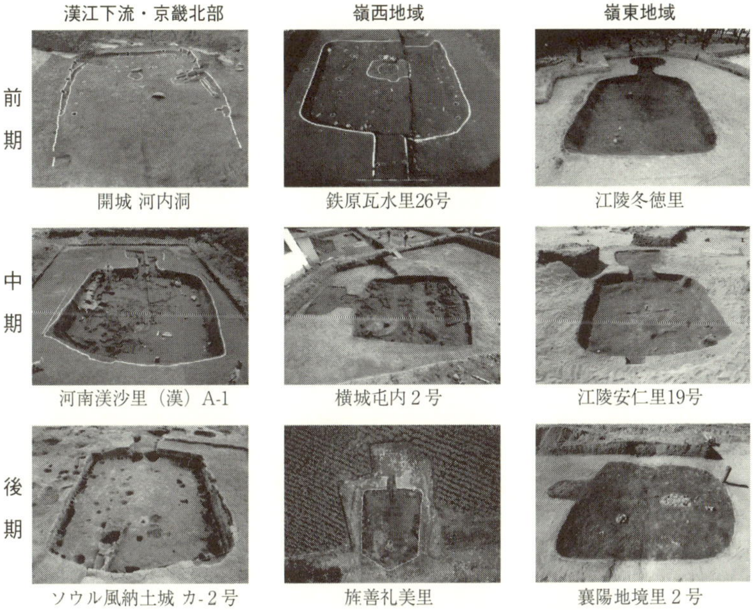

図116　中部地域における住居跡の変化（宋滿榮1999）

部で六角形の住居跡が出現する。住居内部には床に石を敷き周囲を粘土帯で囲んだ敷石式炉が設置される場合が多く、その他にも炊事と暖房の機能をもつ一字形およびＬ字形カマドが用いられることもあった。このような型式のカマドは、初期鉄器時代の細竹里–蓮花堡類型地域で初めて登場して南下したと知られているが、最近沿海地方のクロウノフカ文化の遺跡でもＬ字形カマドが調査されたため、その系譜を探すのは容易でない。

中西部地域と西南部地域では出入口施設のない円形または（長）方形の住居跡が調査された。中西部地域では最近大規模集落が次々に調査されているが、特に大田龍《ヨン》渓《ゲ》洞《ドン》遺跡では400軒を超える住居跡とともに環濠と土器窯が調査された。住居跡は（長）方形の４柱式住居跡とともに円形住居跡が調査されたが、両者の関係はいまのところ明らかでない。炊事および暖房施設は中部地方と同様に一字形およびＬ字形のカマドがある。いっぽう公州長善里《ジャンソンニ》遺跡では地下に作られた穴蔵のように、最小１mの厚さ以上の天井をつくって単独または複数の室をつないだ特異な構造の竪穴が多数発見されたが、これを『三国志』

図117　炊事・暖房施設：丹陽垂楊介 4 号住居跡（左上）、春川栗文里 1 号住居跡（右上）、華城発安里17号住居跡（左下）、坡州堂洞里 6 号住居跡（右下）

挹婁条に記録された土室ととらえる見解もある。

西南部地域で調査された集落遺跡はおおむね 2 世紀以後のもので、小村規模で稜線や斜面の上部に立地している。しかし 3 世紀以後には山の斜面下端に立地する大規模集落が登場する。住居跡の平面形は円形と方形系に区分されるが、前者は東部内陸に、後者は西部内陸と西海岸に主に分布する。時期が下るにつれて住居跡の規模が大きくなり、火床がつく住居跡の数が多くなって壁溝施設が常用化される。また、一字形カマドの使用が普遍化し、一部で L 字形カマドも用いられた。

貝塚は西海岸と南海岸の各所で多く調査された。遺跡はほとんどが離島や海岸に面した丘陵斜面に立地するが、相対的に高い土地に形成されるという共通点がある。貝塚は初期には三角形粘土帯土器のような新たな土器や鉄器文化の

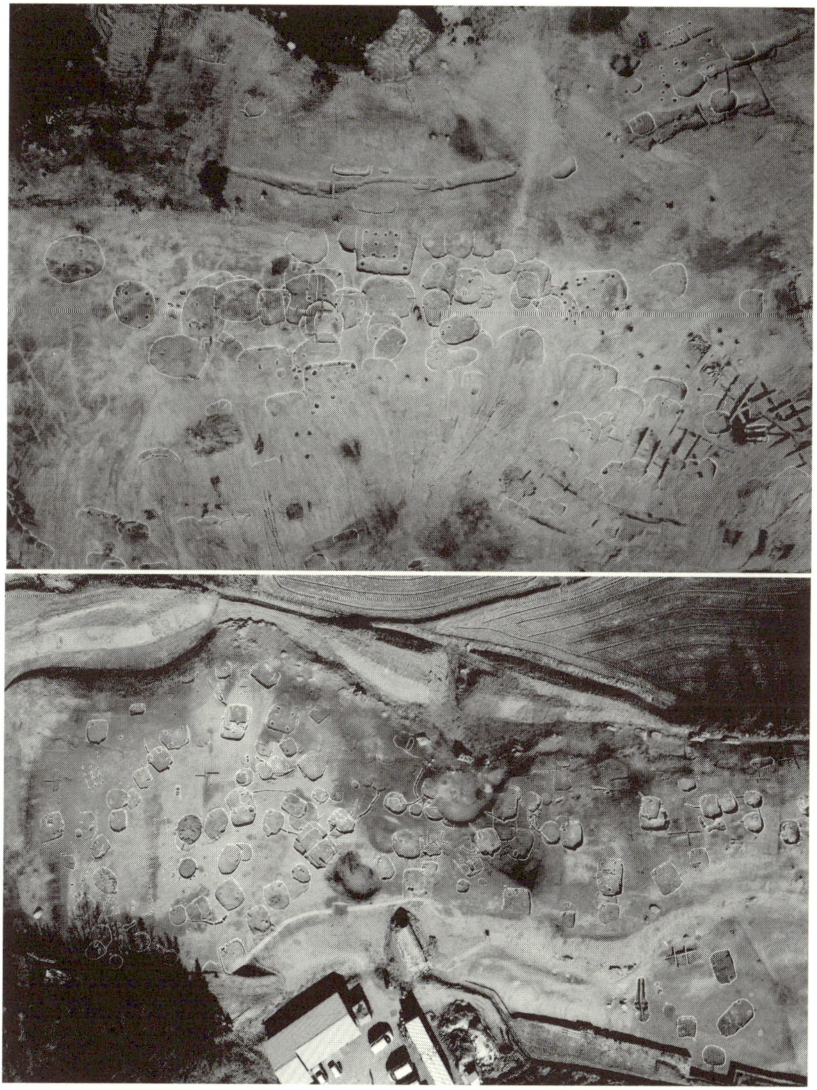

図118　大田龍渓洞遺跡（上）と宝城道安里石坪遺跡（下）

図119　燕岐大平里遺跡Ｂ地点の集落と耕作地

流入と関連して作られたとする見解が一般的であるが、２～３世紀代には気候の寒冷化による食料資源の不足を克服するために形成され、これによって住民集団間の葛藤が生じて高地に作られるようになったとする解釈もある。

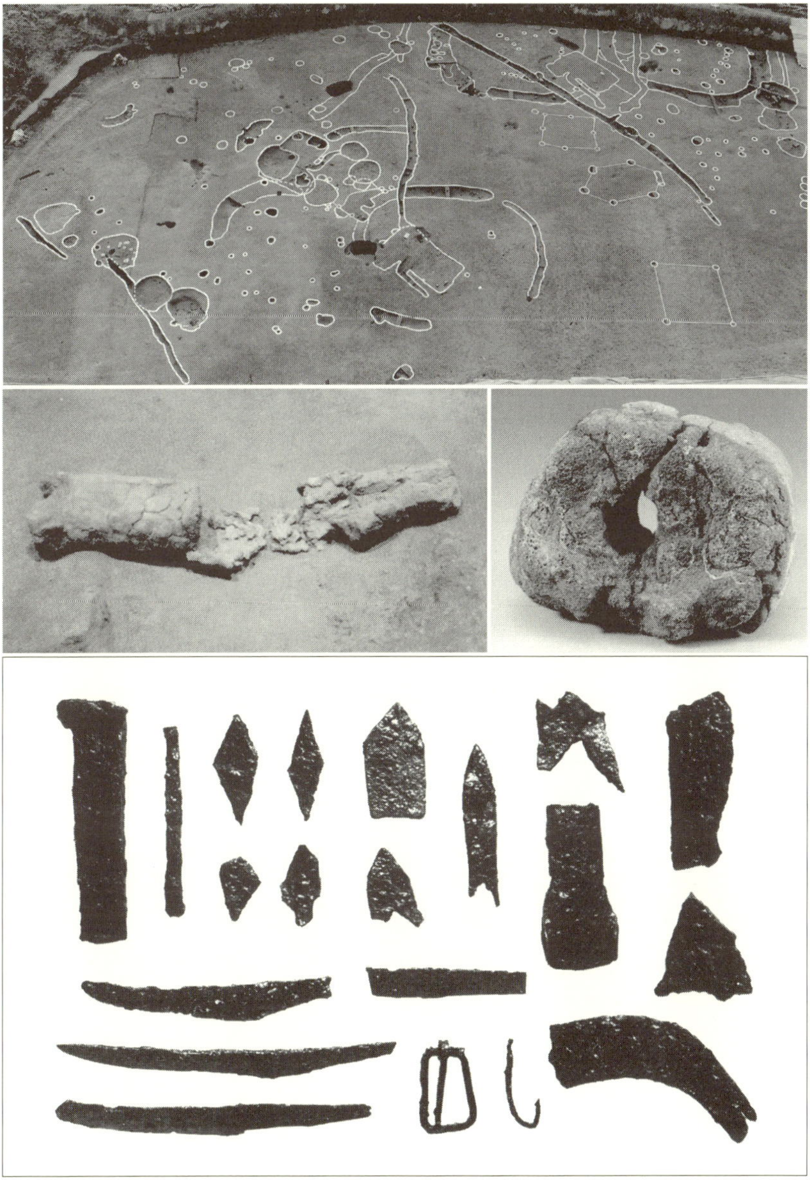

図120　華城旗安里遺跡Ⅱ地点（上）、東海望祥洞遺跡鍛治炉（左中）、江陵安仁里遺跡送風管（右中）、加平大成里遺跡出土鉄器各種（下）

図121　鎮川三龍里88-2号窯跡

2　生産遺跡

1）農　耕

この時期の耕作遺構である水田と畠は、他の時期に比べ調査事例が多くないが、住居跡からの炭化穀物の出土例が多いことからみて、農耕が活発に行われていたものとみられる。また、炭化穀物以外にも果実類、魚介類、鳥類、哺乳動物の遺体が発見されており、多様な食料資源が活用されていたものとみられる。この時期の畠遺跡としては光州新昌洞《シンチャンドン》と富川如月洞《ヨウォルドン》、舒川松《ソン》内里《ネリ》遺跡があるが、ほとんどが家屋の周辺で小規模な形態の畠が調査された。天安長山里では丘陵斜面の住居跡に隣接した谷間の低地で、同時期の水田とともに水路・井堰・集水施設が調査された。水田は約90坪の規模であり、階段式水田と推定されているが、明確ではない。井堰から水田へとつながる取水口が確認されておらず、井堰に貯められた水を水田に供給していたものと推定されている。最近燕岐大平里で、住居跡70軒をはじめ高床建物跡22軒、土坑141基などからなる集落を中心にして、川沿いに畠が、後背湿地に水田と水路１か所が発掘された。23個の水田の耕作面と畦畔、入・出水口が確認された。

2）鉄　器

鉄および鉄器生産遺跡は主に中部地域で調査されているが、特に華城旗安里遺跡は、規模が20万坪余りに及ぶ大規模鉄器生産遺跡と推定される。遺跡では鍛冶炉のみが調査されたが、遺跡の西側の丘陵で大量の流出滓とスラグが採集されており、精錬から鍛冶に至る一連の工程が行われたとみられる。遺跡では燃料を供給するために設置した横口付炭窯も調査されており、大口径の送風管とともに送風具、鉄滓、炉壁片、砥石、鉄片などが出土した。最近漣川三串里《サムゴンニ》で鉄器生産集団の集落遺跡が調査されたが、ここでも鉄器生産と関連した各種施設と遺物が出土した。また、南楊州長峴里《ジャンヒョンニ》、加平大成里、江陵安仁里、驪州淵陽里《ヨニャンニ》、東海松亭洞《ソンジョンドン》・望祥洞遺跡など一般集落遺跡でも住居跡内で鍛冶工程が確認されており、折れた鉄器の補修のような簡単な鍛冶作業は住居跡内の炉跡や小型鍛冶炉で行われた。

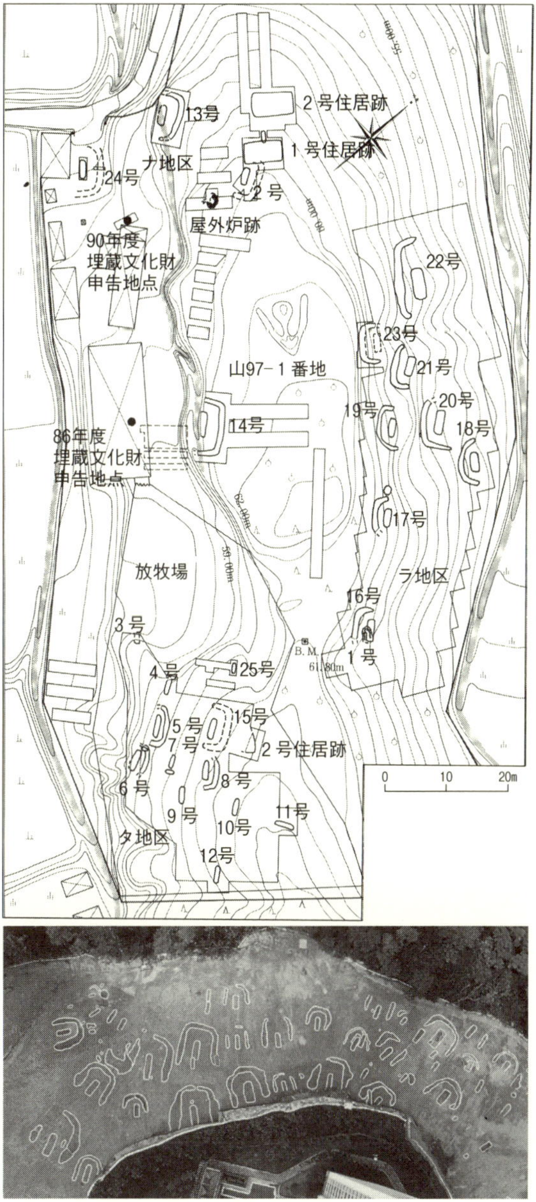

図122　清堂洞型周溝土壙墓：天安清堂洞遺跡（上）、烏山水清洞遺跡（下）

3）土　器

土器生産遺跡としては鎮川三龍里、華城佳《カ》才里《ジェリ》、公州貴山里《グィサンニ》、天安龍院里《ヨンウォンリ》、大田龍渓洞、扶安富谷里《プゴンニ》、昇州大谷里《テゴンニ》、順天蓮香洞《ヨニャンドン》大

石、霊光群洞《クンドン》、海南郡谷里など多くの遺跡が知られている。この時期の土器窯は、すべて低い丘陵の傾斜面に設置した半地下式登窯であるが、郡谷里の窯のように、一部は丘陵傾斜面を掘った地下式である。窯の平面は楕円形ないし長楕円形である。鎮川の土器窯の中では時期の古い三龍里88–1、2号、89–1号窯は長さ4m前後、焼成室の最大幅1.3m程度と小型であるが、時期が下るにつれて次第に大型化し、三龍里90–5号のように全体の長さ7.9m、焼成室の最大幅2.5mに達する大型の窯も登場する。燃焼室の床面の傾斜度も初期には13°程度であったのが、次第に急になって末期には16°に達する。窯構造は画一的ではなく、燃焼室が竪穴式の構造を見せるものと、燃焼室と焼成室が緩やかな傾斜をなしてつながる横穴式の構造をみせるものがある。このような型式の土器窯は構造上、中国の戦国時代の円窯に最も近く、韓半島にもたらされた後に改良された形態と解釈されている。

3　埋葬遺跡

京畿道南部以南では、埋葬主体部周囲に周溝をめぐらす墳墓が多く発見された。烏山水清洞《スチョンドン》、龍仁上葛洞《サンガルトン》などの京畿道南部と天安清堂洞《チョンダンドン》、清州松節洞《ソルジョルドン》など忠清内陸地域では、旧地表面下に土壙を掘って埋葬主体部を作り、その周囲に溝をめぐらす清堂洞型周溝土壙墓が分布する。

これとは異なり、保寧寛倉里《グァンチャンニ》遺跡をはじめ舒川堂丁里《タンジョンニ》、益山永登洞《ヨンドゥンドン》、霊光群洞など、忠清・湖南西海岸地域では、四面に溝をめぐらせ、この過程で生じた土で旧地表面の上に盛土を行った後、そのなかに埋葬主体部を作り出す寛倉里型周溝墓が調査されている。最近は金浦雲陽洞《ウニャンドン》、仁川東陽洞《トンヤンドン》および永宗島でも調査され、京畿西部地域にまでその分布圏が拡大している。

清堂洞型は多くの場合緩い丘陵の斜面に立地しており、埋葬主体部である木棺の外側に丸底短頸壺と深鉢形土器を副葬する場合が多い。墓壙の大きさはほとんどが小型であるが、清州松節洞では超大型合葬墓も発見された。寛倉里型は、おおむね低丘陵や稜線のテラス上に群集し、盛土した低い墳丘をもった墳丘墓であり、4世紀以後規模が大型化して埋葬主体部が木棺・木槨から甕棺へと変化しながら、栄山江流域を中心に高塚へと発展する。

積石墳丘墓は中部地域、特に臨津江と漢江中上流域で河岸砂丘に、群をなさ

図123　寛倉里型周溝墓：保寧寛倉里遺跡（左）、金浦雲陽洞遺跡（右）

ずに単独で築造された。この墓は臨津江流域、北漢江と南漢江が合流する楊平、北漢江上流である春川と華川、そして南漢江上流の旌善、寧越、堤川地域に限って分布する。墓の構造は自然砂丘の上面部を整地した後に川原石を薄く積んで積石塚を築造したが、埋葬主体部である中心部は七、八重程度に厚く石を積み、周辺部には一～二重程度のみを積んだ。このような外形的構造のため、葺石墓、葺石塚、葺石式積石墓、積石墓などの多様な名称が用いられている。最近、臨津江流域の漣川三串里・鶴谷《ハクコン》里《ニ》積石墳丘墓で、埋葬主体部としては規模の大きくない竪穴式多葬石槨が確認された。積石墳丘墓の年代については、３世紀前半から中頃までの短い期間に造成されたものとみる意見もあるが、地域により年代差があるとする意見もある。被葬者は地域集団の首長層と推定され、地域集団の性格については百済の地方勢力、高句麗遺移民集団、濊系集団、濊系集団のうち帯方と南部地域の交易を担当した政治体などとみる見解がある。

いっぽう済州島では、初期鉄器時代に出現した支石墓が引き続き造営されていたが、地下式から地上式への変化が観察される。龍潭洞《ヨンダムドン》遺跡では石槨墓と甕棺墓が混在するが、多量の鉄製遺物が出土し、済州地域の首長層の墓域と推定

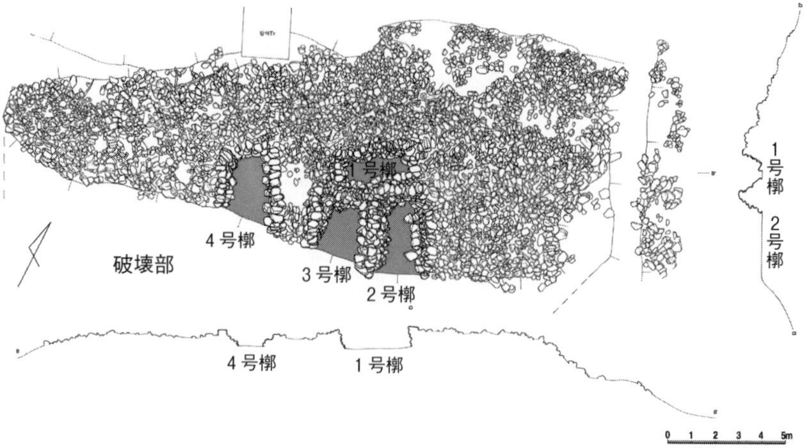

図124　漣川鶴谷里積石墳丘墓

されている。

4　低湿地と埋納遺跡

光州新昌洞と江陵江門洞《カンムンドン》では低湿地遺跡が発見され、当時の自然環境と生活文化の復元に重要な資料を提供している。新昌洞では16以上の層から多量の木製遺物が出土し、江門洞では木製の容器類と工具類が出土した。この他に漢代の銅銭が一括で出土した埋納遺跡としては、済州健入洞《コニプドン》の山地港と麗水巨文島《コムンド》遺跡がある。山地港《サンジハン》遺跡では、絶壁洞窟の下から五銖銭４枚、貨泉11枚、大泉五十２枚、貨布１枚など18枚の貨幣が、銅鏡２面、銅剣付属具１点とともに出土した。こうした埋納遺跡は、楽浪と各地域の政治体間の交流の様相を示している。

Ⅲ　遺　物

1　金属器

金属器のうち青銅製品は、前の時期に比べその数が激減する。天安清堂洞の馬形帯鉤、清原松垈里《ソンデリ》遺跡の小銅鐸と馬形帯鉤、霊光禾坪里《ファピョンニ》スドン土壙墓出土

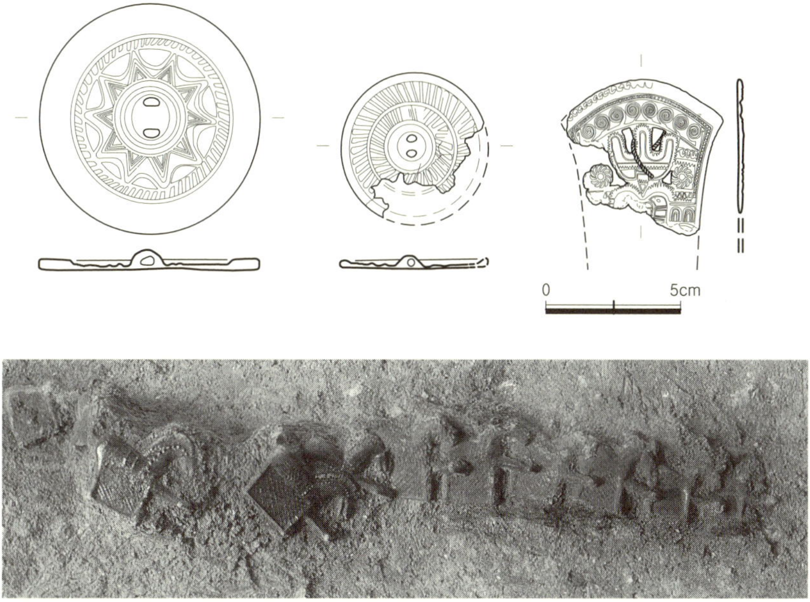

図125　青銅器類：霊光スドン遺跡出土の倣製鏡と鳥文青銅器（上）、天安清堂洞 5 号墓馬形帯鉤出土状況（下）

鳥形青銅器と倣製鏡は、鉛同位体比分析の結果、中国の青銅器原料を輸入して製作したものと把握された。その他の青銅器としては、倣製鏡が河南渼沙里、瑞山機池里、済州島山地港遺跡などで出土した。瑞山機池里遺跡で出土した鳥文青銅器は嶺南地域の固城東外洞遺跡で出土したものと同一の形態で、祭儀と関連する遺物と判断される。

紀元前 2 世紀の錦江流域は戦国系鉄器文化の先進地域であったが、中部地域では最近加平大成里遺跡でこの時期の鉄器が確認されはじめたのみである。楽浪設置以後、中部地域、特に臨津江上流と北漢江上流を含めた嶺西地域では楽浪鉄器の影響下で紀元前 1 世紀後半から紀元前後頃の鉄器文化が浸透したが、中部と西南部地域は嶺南と比較すると鉄器文化が遅れていた。しかし 2 世紀以後からは鉄器文化が次第に発展し、その種類と数量が大きく増加する。特に 3 世紀には中西部および西南部地域を中心に環頭大刀、直基形の鉄矛、多様な型式の鉄鏃など鉄製武器が続けて発展し、積石墳丘墓が主に分布する臨津江および南漢江上流地域でも発達した鉄製武器が確認される。

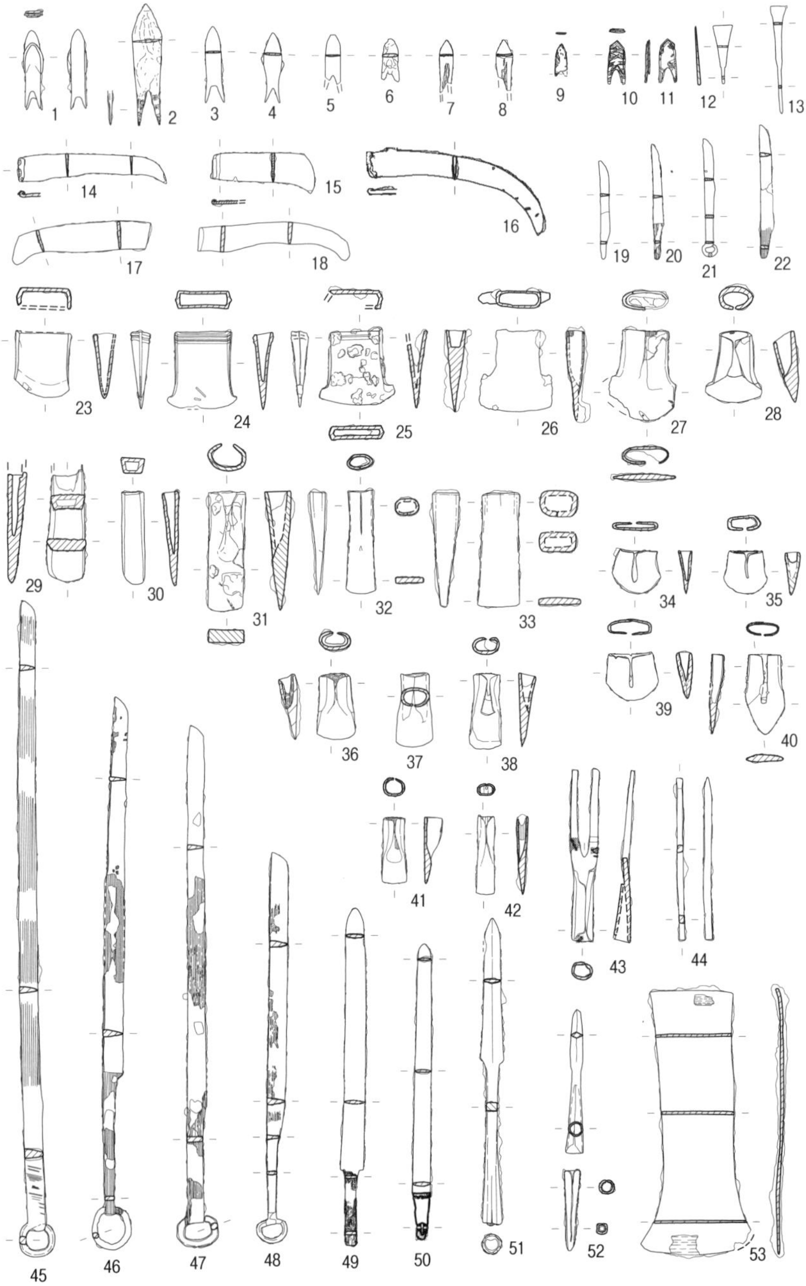
1
2
3
4
5
6
7
8
9
10
11
12
13
14
15
16
17
18
19
20
21
22
23
24
25
26
27
28
29
30
31
32
33
34
35
36
37
38
39
40
41
42
43
44
45
46
47
48
49
50
51
52
53

図126　鉄器類各種

鉄器はＵ字形鋤先、鎌、刀子、鑿、斧、鍬などの農工具類と鏃、矛、大刀、石突、戟、札甲などの武器類、そして鍑、壺などの容器類と帯金具、釣針、釘、轡などの鉄器に区分される。しかし住居跡では鎌、鏃、刀子などの単純な鉄器のみが出土する。鉄器の出土様相にはさほど地域差がないが、鉄茎銅鏃が主に中部地域に分布しており、地理的に近い楽浪との関連性が注目される。錦江流域と栄山江流域の中間である高敞地域では、刀剣や矛のような鉄製武器が発達する様相を見せる。

２　土　器

中部と西南部地域の原三国土器は、大きく硬質無文土器と打捺文土器に区分される。しかし光州新昌洞や海南郡谷里遺跡のように、全羅南道沿海地域の三角形粘土帯土器を古い段階の原三国土器と把握することもあれば、中部地域では楽浪土器またはその製作技法を反映した楽浪系土器を原三国土器に含めることもある。

硬質無文土器は、出土地の名称をとって中島式無文土器と呼ぶこともある。青銅器時代の無文土器の技術伝統に新たな高火度焼成の技術が加味されて出現した土器と考えられるが、野焼きによる焼成とする見解と打捺文土器を焼いた登窯で開放状態の酸化焔で焼成したという見解がある。器種には甕、壺、鉢、甑、碗、蓋などがある。その起源については在地の無文土器や明沙里式土器と関係すると考えられたこともあるが、細竹里-蓮花堡類型の時期の遼東地域の土器に由来するという見解も提示されている。また、沿海地方および東北地域の初期鉄器時代の団結-クロウノフカ文化の遺跡からも同一器形の土器が出土することから、祖形炕とともに韓半島東北地域に由来するとの主張も提起されており、さらには最近嶺東地域では硬質無文土器外反口縁甕が粘土帯土器と共伴する遺跡が調査されていることから、硬質無文土器の起源については多元的に理解する必要がある。

打捺文土器は鉄器の普及に伴って新たに出現する土器で、従来の金海式土器に代わる名称である。戦国系土器生産体系の影響で新たな土器製作技術が採用されるが、文様のある叩き板による打捺文施文と回転板の使用、密閉式の窯の採択などが特徴である。済州島では外都洞遺跡で打捺文土器が出土したが、在

図127　中部および西南部地域の土器：華城發安里遺跡（上）、潭陽台木里遺跡（下）

地で製作されたというよりは、馬韓地域からの交易を通じて輸入されたものと把握されている。打捺文の種類には縄文・格子文・平行線文などがあるが、部位によって異なる文様を施文したり、施文後に横沈線をめぐらせて縄蓆文のような効果を出したりする場合がある。漢江流域の場合、格子文叩きの登場時期を２世紀中頃に、そして細縄文叩きはそれ以前に出現したものとして編年しているが、嶺南地域のように縄文と格子文の先後関係が明らかなわけではない。打捺文土器の器種には、煮沸容器に用いられた酸化焔焼成の深鉢形土器、長卵形土器、甑、水甕、注口土器などと、還元焔焼成の丸底短頸壺、大甕、二重口縁壺などがある。

一方、中部地域では地理的、政治的要因により楽浪と帯方地域のいわゆる楽浪系土器が出土する遺跡が多い。楽浪系土器の主要器種には、平底壺・短頸壺・盆形土器がある。加平達田里《タルチョンニ》木槨墓出土の花盆形土器と短頸壺からみると、楽浪系土器が中部地域に出現するのは紀元前１世紀後半頃と考えられるが、その契機は移住民による可能性が高い。しかしその他の土器は楽浪・帯方製作品と現地製作品の区分が難しいため、楽浪土器の製作技術が反映されていると解釈するのが妥当であろう。楽浪系土器が出土した代表的な遺跡である華城旗安里遺跡では、泥質胎土と石英混入胎土を用いた土器が多数出土したが、

図128　華城旗安里遺跡出土土器（左）と楽浪土城の土器（右）の比較（金武重 2004）

縄文叩き後の強い回転調整、底部の糸切技法、底部と胴部の連結部のケズリ調整などの楽浪土器の製作技法が反映されている。また盆・筒杯・碗・甑・小型甕など、器種自体が楽浪土器に由来するものも多い。これに類似する土器は近隣の堂下里、古琴山など3世紀前半の遺跡で多く発見されており、最近仁川や

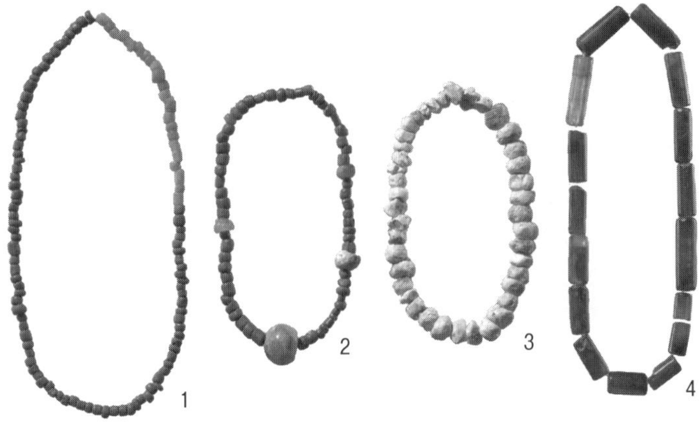

図129　玉類各種：１・２．驪州淵陽里遺跡、３・４．漣川鶴谷里積石墳丘墓

金浦など京畿西部地域でも出土している。

3　玉　類

原三国時代の装身具に用いられた玉類はガラス、天河石、瑪瑙、軟玉、水晶、琥珀などの材料で作られている。玉は形態により環玉、管玉、連珠玉、多面玉、曲玉、臼玉などに区分されるが、様々な遺構から出土している。ガラス玉の製作技法としては、鋳型にガラス細片を入れ加熱して製作する方法と、溶液を鉄棒に巻いて一定の大きさに切る方法が確認されているが、土製鋳型の実物が河南渼沙里、春川中島《チュンド》、海南郡谷里遺跡で発見されている。楽浪系遺物とみられる金箔ガラスは、漣川鶴谷里遺跡出土青色連珠玉とともにガラス溶液を鉄棒に巻いて作ったものである。公州公山城内部で出土した水晶切子玉は、楽浪遺物とする意見もあるが、華城旗安里と加平大成里遺跡で水晶の原石が出土しており、特に最近宝城道《ト》安《アン》里《ニ》石坪《ソクピョン》遺跡で水晶を加工していた遺跡が発見されたため、楽浪のみではなく、中西部地域の複数箇所で水晶装身具が製作された可能性が高まった。

4　木器・骨角器・卜骨

木器や骨角器、卜骨など有機物質遺物は主に低湿地と貝塚から出土した。光

図130　光州新昌洞遺跡出土木器

州新昌洞低湿地では武器類、農工具類、漆容器、弦楽器、織機付属具などの木器が出土し、江陵江門洞低湿地では臼、杵、鍬、木製容器とともに網袋、縄紐などの有機質遺物が出土した。貝塚から主に出土する骨角器には鏃、刀子柄、彫骨、簪、卜骨などがあり、アカガイとウノアシガイで作られた釧が郡谷里貝塚で出土した。卜骨を用いた占卜風習は鉄器文化の拡散とともに出現したものとみられるが、低湿地遺跡と貝塚ではイノシシとシカの肩甲骨を用いた卜骨が出土した。

5　外来遺物

漢郡県設置以後、西北韓地域の楽浪を媒介として、三韓社会には、輸入品だけでなく、技術者集団の移住を通じて先進技術が流入した。中部と西南部地域の原三国時代遺跡から出土した楽浪関連遺物には、土器をはじめとし、鉄茎銅鏃、銅鏡、銅銭、金箔ガラス、銅鐸、青銅環などがある。このうち銅鏡は公州公山城《コンサンソン》出土虺龍文鏡、扶餘下黄里《ハファンニ》出土博局鏡、益山蓮洞里《ヨンドンニ》出土盤龍鏡など忠清南道と全羅北道地域で、銅鐸は忠清北道と京畿道地域で、銅銭は江陵をはじめ仁川永宗島、全羅南道海岸地域、済州島で発見された。先進技術の流入した例

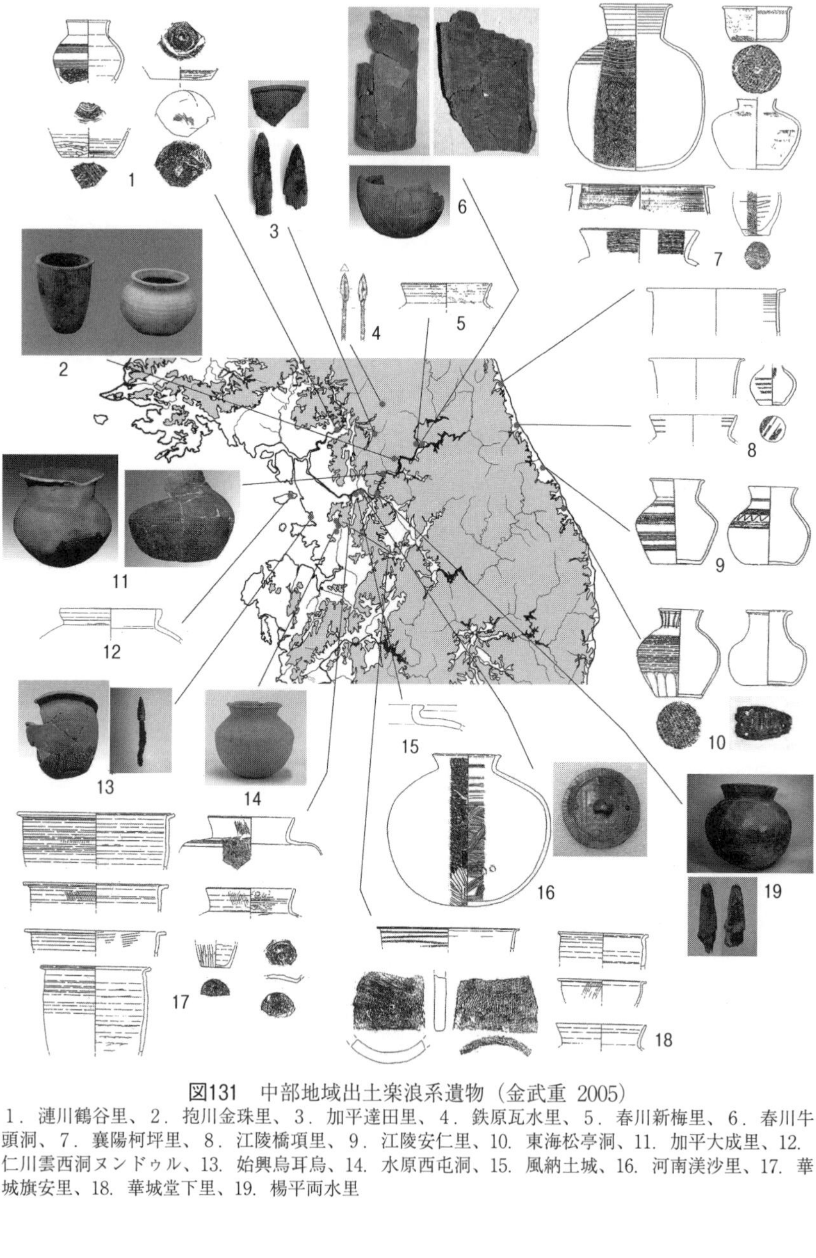

図131　中部地域出土楽浪系遺物（金武重 2005）

1．漣川鶴谷里、2．抱川金珠里、3．加平達田里、4．鉄原瓦水里、5．春川新梅里、6．春川牛頭洞、7．襄陽柯坪里、8．江陵橋項里、9．江陵安仁里、10. 東海松亭洞、11. 加平大成里、12. 仁川雲西洞ヌンドゥル、13. 始興烏耳島、14. 水原西屯洞、15. 風納土城、16. 河南渼沙里、17. 華城旗安里、18. 華城堂下里、19. 楊平両水里

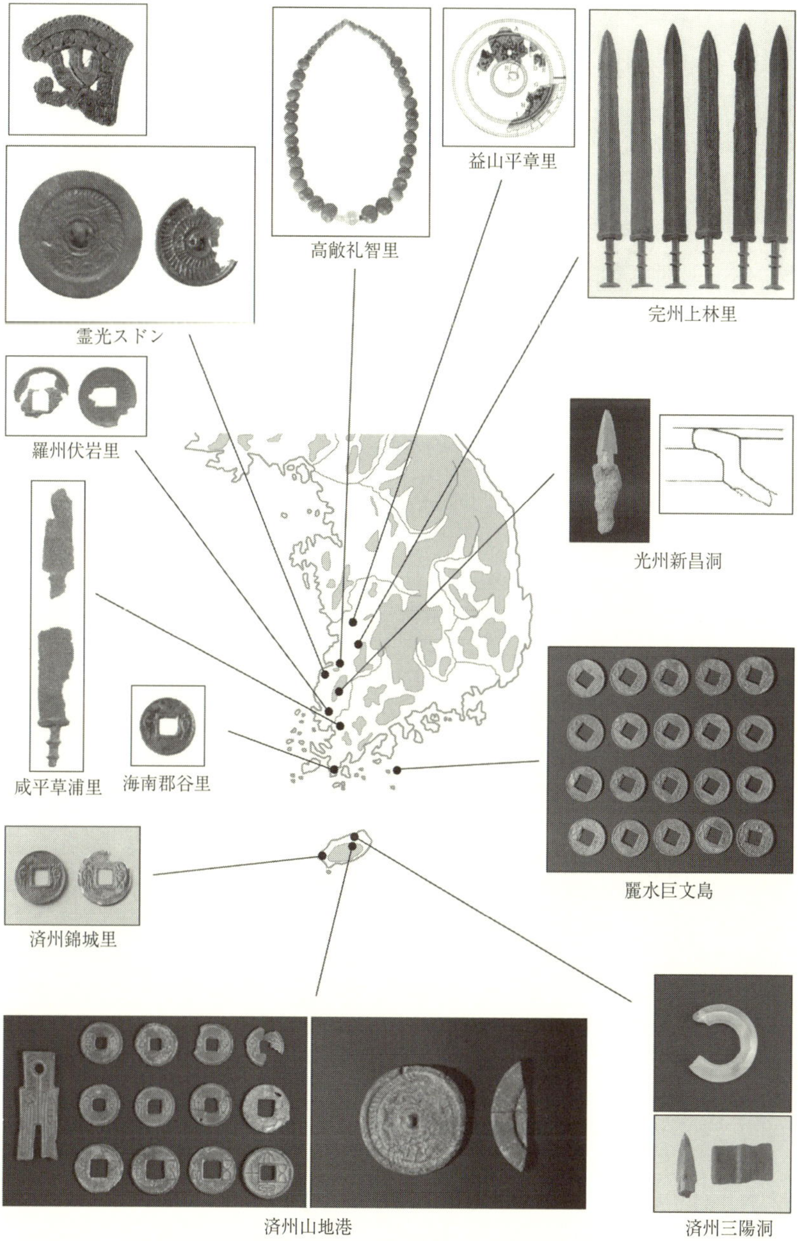

図132　西南部および済州島出土外来系遺物の分布

としては華城旗安里製鉄遺跡が代表的で、多量の楽浪系土器と楽浪の瓦製作技術が反映された送風管を根拠に、鉄および鉄器生産技術をもった楽浪の専門技術者集団が残した遺跡とみられている。さらには、時期がやや下るが、楽浪の土木建築技術が風納土城とその内部の建物の築造に反映されているという研究もある。

参考文献

姜炯台ほか 1998「鉛同位元素比法による清堂洞遺跡出土青銅製帯鈎の産地推定」『考古学誌』9 韓国考古美術研究所

權五榮 2003「漢城期百済瓦の製作伝統と発展の画期」『百済研究』38 忠南大学校百済研究所

權五榮 2004「物質、技術、思想の流れからみた百済と楽浪の交渉」『漢城期百済の物流システムと対外交渉』韓神大学校学術院

金武重 2004「華城旗安里製鉄遺跡出土楽浪系土器について」『百済研究』40 忠南大学校百済研究所

金武重 2006「馬韓地域楽浪遺物の展開様相」『楽浪文化研究』東北亜歴史財団

金成南 2003「中部地方3～4世紀古墳群細部編年」『百済研究』33 忠南大学校百済研究所

金承玉 2000「湖南地域馬韓住居址の編年」『湖南考古学報』11 湖南考古学会

金承玉 2004「全北地域1～7世紀集落の分布と性格」『韓国上古史学報』44 韓国上古史学会

朴淳發 2004「漢城百済考古学の研究現況点検」『考古学』3-1 ソウル京畿考古学会

朴淳發 2005「土器相からみた湖南地域原三国時代編年」『湖南考古学報』21 湖南考古学会

徐賢珠 2000「湖南地域原三国時代貝塚の現況と形成背景」『湖南考古学報』11 湖南考古学会

宋滿榮 1999「中部地方原三国文化の編年的基礎」『韓国考古学報』41 韓国考古学会

宋滿榮 2003「中部地方原三国文化の展開過程と韓濊政治体の動向」『講座韓国古代史』10 韓国古代社会研究所

劉銀植 2006「豆満江流域初期鉄器文化と中部地方原三国文化」『崇実史学』19 崇実大学校史学会

劉銀植 2009「豆満江流域初期鉄器文化の変遷と年代」『韓国上古史学報』64 韓国上古史学会

殷和秀 1999「韓国出土卜骨に対する考察」『湖南考古学報』10 湖南考古学会

李民錫 2003「原始、古代の炉施設と住居構造との相関性研究—湖南地域を中心に—」

『古文化』62　韓国大学博物館協会
李清圭 1995『済州島考古学研究』学研文化社
李清圭・康昌和 1994「済州島出土漢代貨幣遺物の一例」『韓国上古史学報』17　韓国上古史学会
李熙濬 2000「三韓小国形成過程に対する考古学的接近の枠組み」『韓国考古学報』43　韓国考古学会
池建吉 1990「南海岸地方漢代貨幣」『昌山金正基博士華甲記念論叢』刊行委員会
崔秉鉉 1998「原三国土器の系統と性格」『韓国考古学報』38　韓国考古学会
崔秉鉉 2002「土器製作技術の発展と磁器の出現」『講座韓国古代史』6　韓国古代社会研究所
崔盛洛 1993『韓国原三国文化の研究』学研出版社
崔盛洛・金建洙 2002「鉄器時代貝塚の形成背景」『湖南考古学報』15　湖南考古学会
崔完奎 1996「周溝墓の特徴と諸問題」『古文化』49　韓国大学博物館協会

東南部地域

Ⅰ　概　観

原三国時代の嶺南地域は、瓦質土器、木棺墓と木槨墓、青銅儀器、鉄器などにおいて他地域と区分され、その内部では共通する様相を見せる。慶尚北道東海岸や内陸の一部地域では関連資料の発見がまれで、慶尚南道西部地域は湖南地域と共有する側面も一部あるが、おおむね原三国時代の嶺南地域は同一の文化圏をなしているといえる。こうした様相は辰・弁韓文化の共通性を示すものであるが、後に新羅と加耶の文化へと引き継がれながら、一部の要素は共有し、一部では互いに異なる特徴を発展させることになる。

嶺南地域における鉄器使用の開始については、紀元前２世紀にさかのぼらせる見解と、漢郡県設置後とみる立場に分かれる。いずれにせよ、紀元前１世紀以後、楽浪と辰・弁韓の鉄を媒介にした東北アジアの政治・経済的ネットワークが形成されたことで、考古資料にも多くの変化が現れたことは明らかである。すなわち初期鉄器時代以来の細形銅剣文化は、原三国時代に入って新たに変化し、群をなす木棺墓が流行して、三角形粘土帯土器と瓦質土器が使用されはじめる。また鉄鉱の開発と鉄器生産が本格化し、鉄製武器類と農工具類の使用が普遍化する。そして、楽浪および中国との交流を通じて、漢で製作された威信財が新たな象徴物として流入し、南海岸地域では倭系遺物も多数発見されている。

文献記録によると、原三国時代の嶺南地方における政治体は辰韓と弁韓に区分されるが、考古資料ではその差が明確でない。それにもかかわらず、特定の土器や鉄器の器種の有無、土器様式の差によって洛東江を境界にしてその東西を辰韓と弁韓に区分できるとする主張もある。また辰・弁韓の政治体との関連性を論じるのではないが、木槨墓の形態から東南海岸地域と北西内陸地域の差を論じたり、日常土器から東南海岸地域と慶尚南道西部地域の領域を区分したりする研究もある。

また、この時期の社会経済については、中心邑落である国邑といくつかの邑落が結集した地域政治体である国を基本とする社会であるという解釈がおおむね認められており、国形成の考古学的指標として青銅儀器の副葬や木棺墓群の形成をあげている。これとは異なり、支石墓社会にすでに国が形成されていたとみたり、王または都市の出現を主張したりする見解もある。また、支石墓社会と三韓社会の関係についても、連続的にみる場合もあれば、断続的に把握する学者もいる。

同一文化圏を形成していた嶺南地域のなかで、3世紀後半には慶州と金海を中心に墓制と副葬遺物の様相に地域性が現れ、古式陶質土器および北方系馬具と武具類の出現など、大きな変化が現れる。立地の優越性、独立副葬槨の存在、武具の個人集中化、殉葬の条件を備えた古墳の出現は、辰・弁韓から新羅・加耶への転換と関連して画期的な要素と指摘され、この頃から新羅と加耶の分化がはじまったものとみられる。三韓と三国時代をどのようにつなげるのかについては、両者の差を強調する前史論、継承性を強調する前期論が文献史学会で台頭していたが、上にみた考古学資料の変化には、三韓と三国の差異を強調する前史論と類似した側面がある。

Ⅱ　遺　跡

1　生活遺跡

原三国時代前期の住居跡は各所で発見されているが、平面形は方形もあるものの円形が多数を占める。面積は24㎡を超えない小型がほとんどである。泗川勒島遺跡と芳芝里《バンジリ》遺跡では、板石を組み合わせた祖形炕が竪穴住居内で確認されたが、嶺南地域では最も古い段階のものと推定される。

原三国後期になると方形系の住居跡が主となり、面積は40㎡を超える超大型住居跡が登場し、全般的に規模が拡大する。祖形炕が拡散して一般化するようになり、平面形はコ字形や曲線状をなすようになる。代表的な遺跡としては、慶州隍城洞《ファンソンドン》遺跡、慶山林堂《イムダン》、大邱時至《シジ》地区、梁山平山里《ピョンサンニ》遺跡などがある。

図133　泗川勒島遺跡

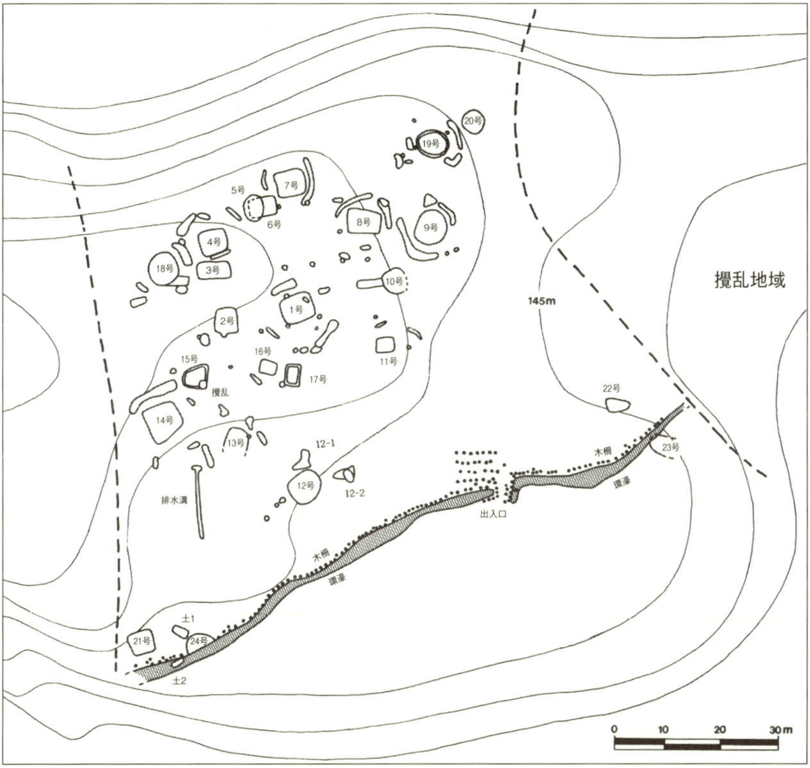

図134　梁山平山里遺跡遺構分布図

金海鳳凰台《ポンファンデ》や大成洞《テソンドン》、梁山平山里、昌原南山《ナムサン》などでは、低い丘陵上に環濠や木柵のような防御施設を備えた防御集落が増加する。

南海岸沿いに貝塚が発達するのもこの時期の特徴である。泗川勒島遺跡と芳芝里遺跡は、円形および三角形粘土帯土器を標識とする前期段階の遺跡で、その他は後期から三国時代にかけての遺跡である。貝塚は立地によって、平地に形成されたものと、海抜50m 以上の独立丘陵の頂上部や斜面に形成されたものに区分される。梁山多芳里《タバンニ》遺跡では、貝塚とともに木柵と環濠が発見されたため、丘陵頂上部に形成された貝塚は防御集落と関連する可能性が高い。

2　生産遺跡

鉄および鉄器生産遺跡は、製錬・熔解関連遺跡と鍛冶関連遺跡に分けられる。鍛冶遺跡からは炉跡と金床などの鍛冶作業関連遺物が発見される。慶州隍城洞遺跡では紀元後１世紀頃の住居跡において鍛冶作業が行われており、２～３世紀頃には鋳造から鍛冶に至る一連の工程が一箇所で大規模に行われていた。慶州隍城洞と月城垓字《ウォルソンヘジャ》周辺遺跡では簡単な構造の鍛冶炉が確認され、釜山東萊萊城《ネソン》遺跡の炉跡も鍛冶炉と推定されている。慶州隍城洞タ地区鍛冶炉で検出された鉄塊は、砂鉄で作られたものと確認された。２～３世紀頃の隍城洞溶解炉は住居区域から離れて現れたが、直径70cm前後の円錐形に復元され、送風管と鋳型が発見された。ここで発見された鉄素材は、鉄鉱石を利用して製錬したものと明らかにされ、技術の変化を想定可能にする。また紀元前後の時期に編年される茶戸里64号木棺墓で鉄鉱石が副葬されている点や、最近紀元前１世紀代の蔚山達川《タルチョン》鉄場遺跡が発掘されたことから、鉄鉱石の採鉱と利用が古くからおこなわれていたことが明らかになった。

製鉄に用いる燃料を生産したトンネル式炭窯は、蔚山検丹里《コムタンニ》で発見されて以来、嶺南地域の各地で調査された。そのなかには原三国時代にさかのぼるものもある可能性があるが、共伴遺物がないため正確な時期は把握できない。また、金海大成洞や泗川鳳渓里《ポンゲリ》などでは、土器生産と関連のあるものと推定される遺構が報告されたが、明確な定型性を備えた土器窯とみるのは難しい。

3　埋葬および祭祀遺跡

原三国時代の代表的な墓は、木棺墓と木槨墓である。木棺墓は長さ２m前後の墓壙を掘り、木で作った棺を安置する構造であり、棺には丸木を掘って作ったものと板材を組み合わせたものがある。昌原茶戸里《タホリ》１号墓では丸木の棺の下に位置する副葬坑すなわち腰坑の内部に、多様な副葬品を収めた竹籠が埋納されていた。木棺の外部と上に石をつめた積石木棺墓も、大邱八達洞《パルタルドン》と慶州朝陽洞《チョヤンドン》などで発掘された。木棺墓は墓の規模や立地の面で被葬者間に大差がなく、おおむね群をなして分布するが、単独で発見されることもある。木棺墓については、全体的な構造と腰坑の系統、墓壙内部と封土の位置関係、副葬品の配置様相と象徴的意味、編年など、様々な分野にわたる研究がなされてきた。

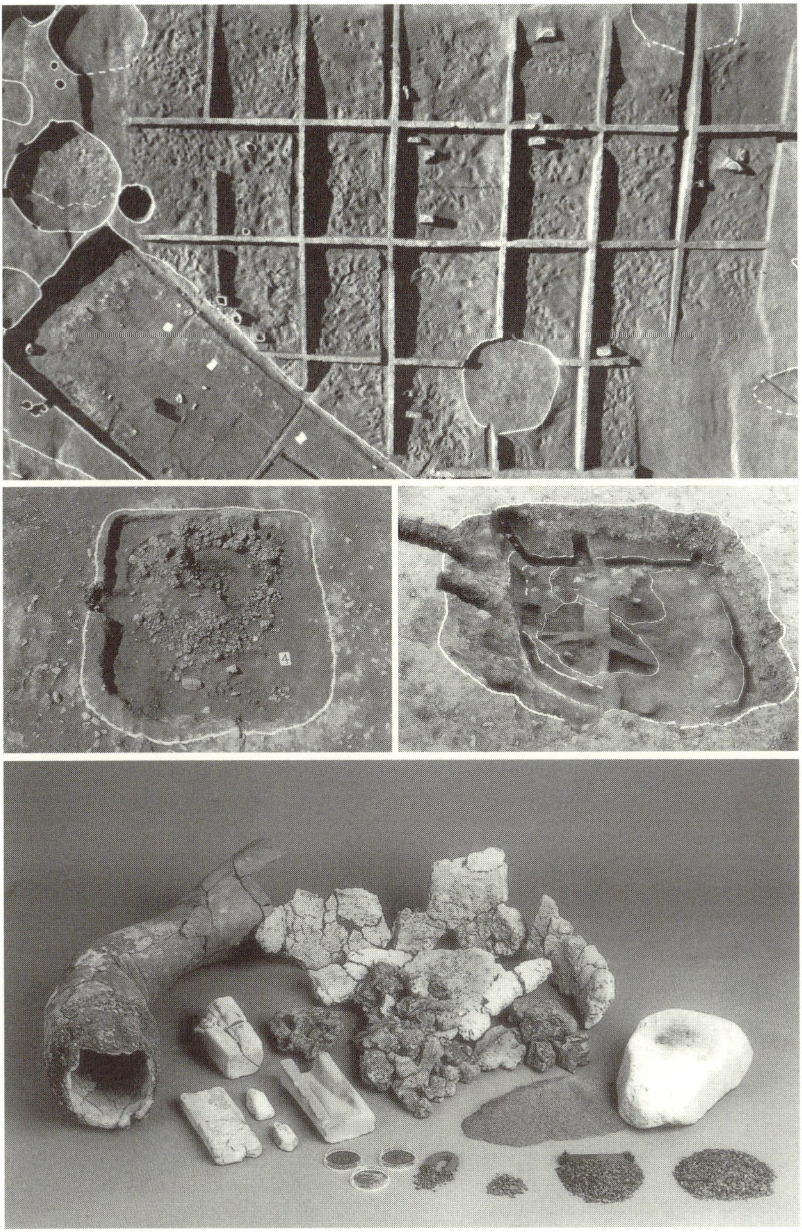

図135　蔚山達川鉄場の採掘痕跡（上）、慶州隍城洞 1-9 号（左中）、江辺路 5 号炉（右中）と製鉄関連遺物（下）

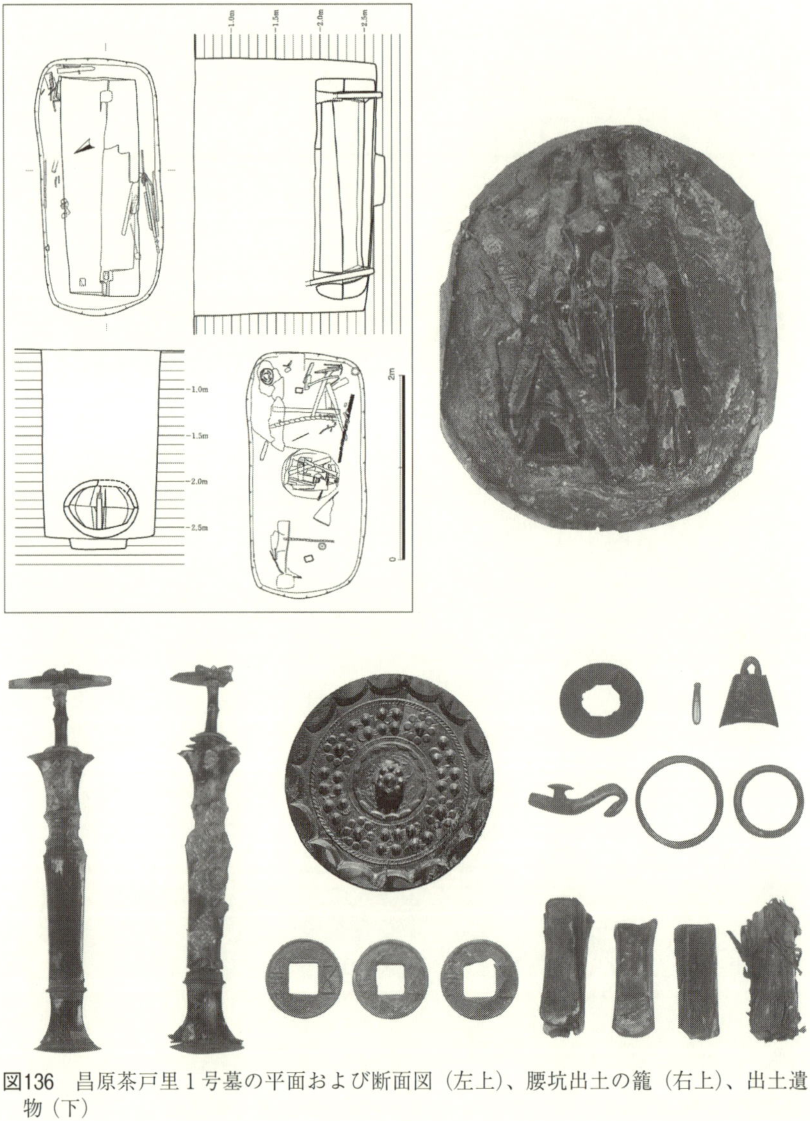

図136　昌原茶戸里1号墓の平面および断面図（左上）、腰坑出土の籠（右上）、出土遺物（下）

図137　墓各種：星州礼山里3-31号木棺墓（左上）、慶州舎羅里130号木棺墓（右上）、梁山新平タ号甕棺墓（左下）、蔚山下垈44号木槨墓（右下）

また、木槨墓の出現背景については、過去には後漢代のいわゆる桓霊之末の混乱と楽浪住民の移住についての文献記録と関連付けて解釈されていたが、嶺南地方における木槨墓の出現は2世紀中頃からであり、構造的にも楽浪木槨墓と差があることが指摘された。前時期の木棺墓を継承する側面があるという研究もあり、楽浪からは埋葬観念のみ影響を受けたという見解もある。

木槨墓は長さが3～10m程度で、木棺墓に比べて非常に大きい。木棺とともに副葬品を保護する木槨が設置され、木槨は主体部と副葬空間に区画されることもある。しかし棺のない場合も多く、木槨の床には葦のような草本類を編んで作った筵痕跡が発見されることもある。おおむね東南部地域で確認される例が多く、慶尚北道内陸と慶尚南道西部地域で確認された例はほとんどない。

木槨墓は規模が大きいだけでなく副葬品も多いが、特に鉄器と土器が顕著である。初期には土器を木槨の上部や木槨外側に副葬したが、時期が下ると被葬者の頭側や足元に副葬空間を準備して容器類を副葬する例が多くなる。規模の大きい木槨墓は丘陵稜線に造成され、小型墓とは立地の差が見られることもあり、木槨を焼いたり土器などを壊して副葬する毀器現象も見られる。木槨墓に関する研究としては、構造と変化過程、系統や楽浪との関連性の有無、木槨墓出現の社会的背景、社会階層区分について等がある。

また、乳児や小児用の墓として用いられた甕棺墓は、土器二個体を向き合わせて用いる場合が多く、遺物は貧弱であるが、時には副葬品をもつ場合もある。また、成人墓域と区分して甕棺墓のみ別途に造成される場合、共同墓域内に成人墓とは区域を異にして造成する場合、成人墓と混在する場合などがある。この他に一部の地域では、青銅器時代以来の土壙墓と石棺墓も継続して使用された。

墓以外の祭祀や儀礼行為と関係する遺物には、貝塚や住居跡で発見されるト骨と小さな模型土器がある。主に海岸沿いの丘陵頂上部の貝塚から発見されるこうした資料は、航海の安寧を祈念する儀礼や生活儀礼に関連するものと推定されている。固城東外洞《トンウェドン》遺跡では丘陵頂上部の土坑から鳥文青銅器が出土し、儀礼遺構と解釈されているが、こうした土坑は泗川勒島や金海鳳凰洞遺跡などでも確認されている。

Ⅲ　遺　物

1　金属器

嶺南地域では紀元前２世紀末以後、青銅器が独特な形態に発展する。そのなかには西南部地域の竿頭鈴と多鈕鏡の要素も一部現れるが、剣把頭飾、鞘装飾、複数の血溝をもつ銅剣、銅矛の環耳や突帯などは西北朝鮮地域の要素を受け入れたものである。そして、きわめて長い銅矛や文様のある銅戈、動物形の帯鉤、双頭管状銅器、有鉤銅器などはこの地域固有のものである。漢鏡を模倣した倣製鏡も製作されるが、嶺南地域の倣製鏡と類似したものが日本でも現れ、その製作地をめぐっては論争がある。他にも漢または楽浪の影響で青銅製

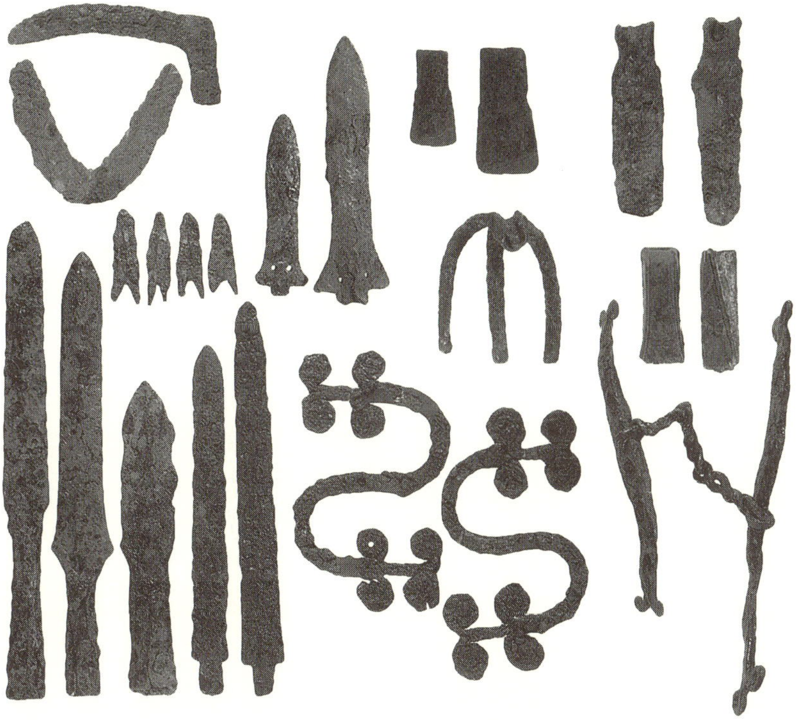

図138　各地出土鉄器類

の轡や笠形銅器などの車馬具も現れる。

鉄器には、武器と農工具類、馬具など多様な種類がある。最近出土した戦国または前漢初期様式の鋳造鉄斧（鍬）は、鉄器の流入時期についての論争を引き起こした。墓から主に発見される板状鉄斧は、斧や手斧のような木工具としても使

図139　慶州舎羅里130号木棺墓出土板状鉄斧

用されたが、鉄の中間素材や貨幣の機能も果たしていたものと見られている。

２世紀以前の鉄製武器は剣と矛がほとんどであり、戈と鏃も一部みられる。剣は短い茎をもつ短剣で、柄と鞘は銅剣と同じ形態である。木槨墓段階には長剣と環頭大刀が現れ、鉄鏃の種類と数が大きく増加する。矛と轡、剣、鑿形鉄器、曲刀、有棘利器などには蕨文装飾が加えられ、実用性よりは儀器的な性格が強い。この他に西北朝鮮地域に由来する青銅鍑、漢代の鉄鍑と類似する鋳造鉄釜が出土している。

２　土　器

本格的な鉄器の使用とともに登場した土器は、断面三角形粘土帯土器である。この土器は断面円形粘土帯土器の伝統に新たな要素が加わって現れたと解釈されることもあるが、主に嶺南と全羅道海岸地域に分布している。甑が新たに現れるなど多様な器種が登場し、前時期の円形粘土帯土器に比べて分布範囲が縮小するものの、おおむね嶺南地域の各所で発見されている。

瓦質土器は瓦のように質が柔らかいという意味でつけられた名称であり、色調はほとんどが灰色を帯びる。この用語は従来広く使われていた金海式土器という用語がもっていた問題点を指摘しつつ提起された。1980年代以後、原三国時代は瓦質土器、三国時代は陶質土器がそれぞれの時代を代表するという主張が提起され、瓦質土器の概念と用語の妥当性をめぐる論争へと発展した。瓦質土器は嶺南地域において新たな製陶技術によって作られた土器であり、胎土および成形と焼成をはじめとする一連の技術的属性において非常に特徴的なことは明らかである。この起源については、楽浪土器起源説と戦国時代土器起源説があるが、大きくは古朝鮮に伝わった燕の技術が、古朝鮮遺民の移住や楽浪との交流を通じて伝わったものとみられている。

瓦質土器は器形と製作技術により前期と後期の二時期に区分されるが、前期（古式）瓦質土器は三角形粘土帯土器よりやや遅れて現れた後、共に使用された。前期瓦質土器は打捺文丸底短頸壺、巾着形壺、組合式牛角形把手付壺、鉢等が代表的な器種である。このような瓦質土器の登場は、土器製作技術における重要な発展を意味する。

後期（新式）瓦質土器は紀元後２世紀中葉に木槨墓とともに登場する。これ

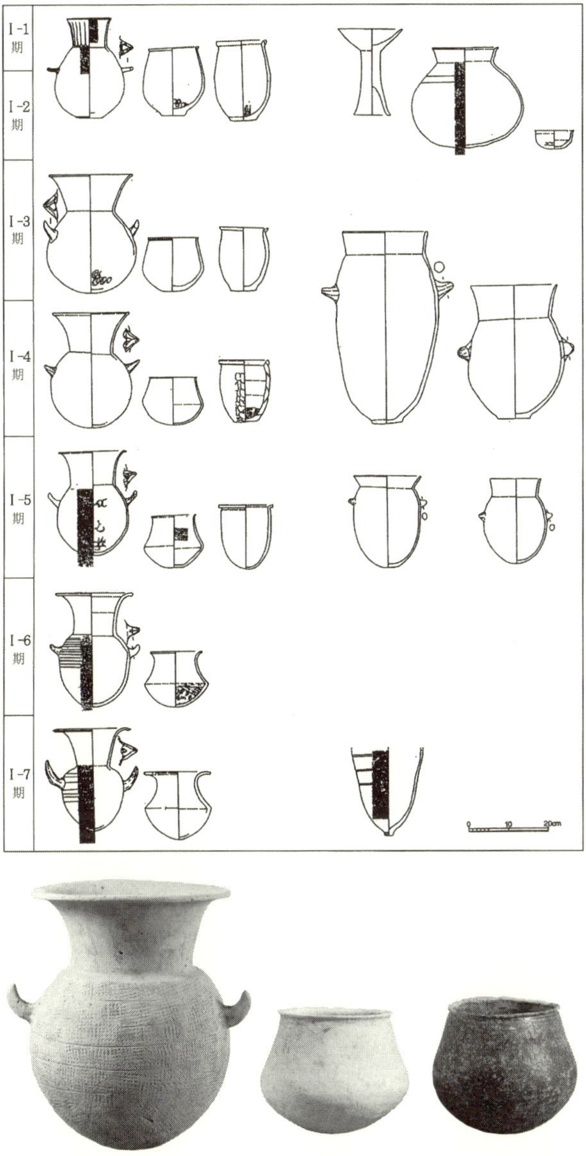

図140　前期瓦質土器の編年（李盛周 2005）と土器

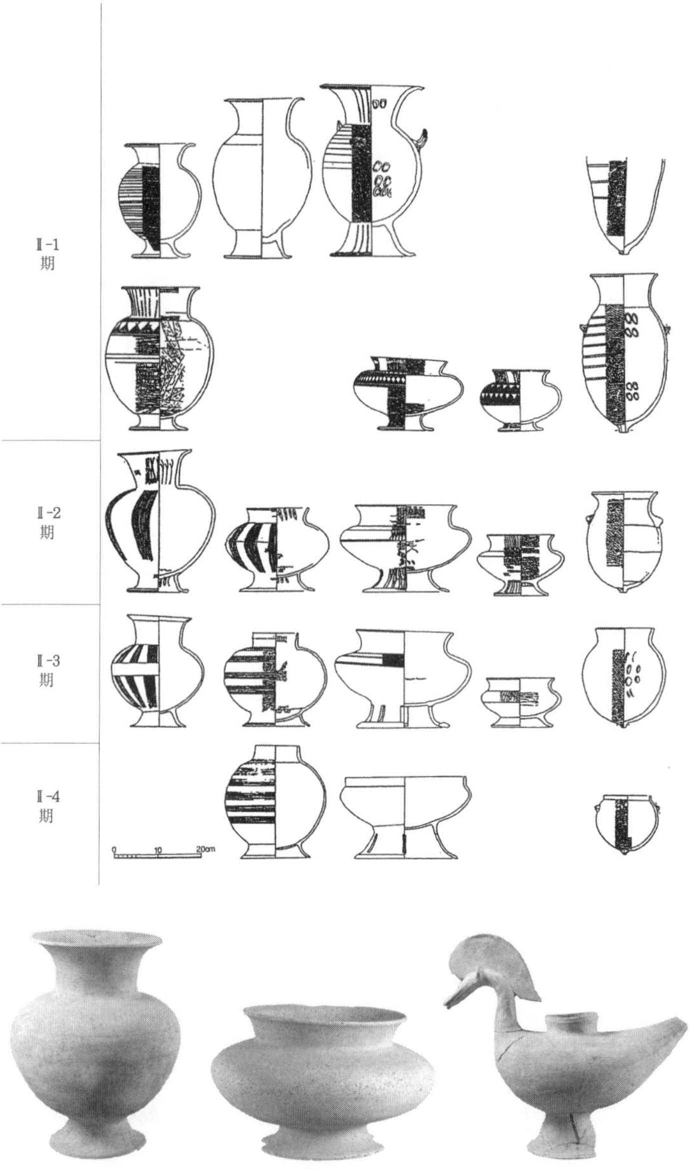

図141　後期瓦質土器の編年（李盛周 2005）と土器

らは、前期瓦質土器とは形態、器種、文様において異なる。墓からは炉形土器と台付壺が主に出土し、一部では鴨形の特徴的な土器が出土することもある。土器文様は集線文と暗文が特徴である。浦項–慶州–蔚山–金海を結ぶ東南海岸地域では、土器の地域的特徴が際立ち、慶尚北道内陸および慶尚南道西部地域と差を見せている。

墓出土の漢式鏡を通じて、木棺墓と前期瓦質土器は紀元前１世紀～紀元後２世紀前葉に、後期瓦質土器と木槨墓のはじまりは２世紀中頃に比定されている。

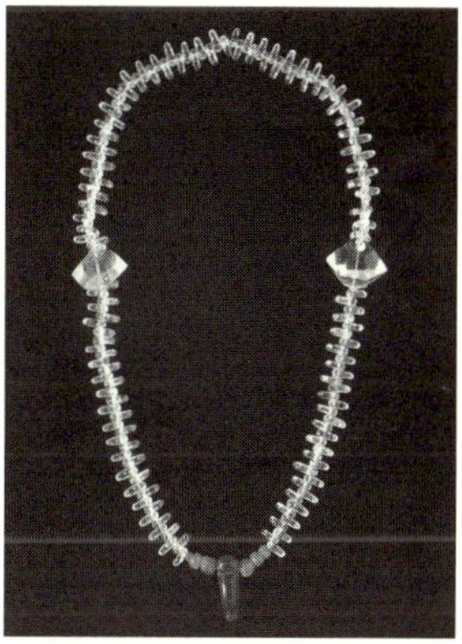

図142　金海良洞里332号木槨墓出土頸飾

3　玉　類

玉は主に装身具に用いられ、生産工具としての石器はほぼ消滅する。装身具はガラス、水晶、瑪瑙、天河石、琥珀などを材料とするが、木棺墓からは主にガラス玉と天河石製曲玉が出土する。２～３世紀頃の木槨墓からは水晶、ガラス、瑪瑙製切子玉と曲玉などが出土する。特に水晶および瑪瑙製切子玉は木槨墓とともに流行する新たなもので、楽浪や中国の切子玉と形態が類似する。中国と楽浪には見られない曲玉が特徴的であり、ガラスも鉛–バリウムガラスとカリガラスが両方現れる。

4　その他

墓や低湿地ではまれに木器と漆器が発見されるが、特に茶戸里遺跡では各種の木器、漆器、有機質遺物とともにクリ、カキ、ハトムギなどが発見された。勒島と梁山平山里遺跡ではや炭化イネ、オオムギ、コムギ、ダイズ、クリなどが出土した。林堂洞121号墓からは弦楽器の痕跡が発見されたが、これは光州新昌洞で出土したものと同一である。老《ノ》圃《ポ》洞《ドン》遺跡では、楯や、樹皮製の甲の一部と推定される鉄器痕跡が出土した。貝塚では鏃、鞘、錐、剣、卜骨などの骨角器が発見されている。卜骨は、シカやイノシシの肩甲骨に孔をあけて火にかけた例が多いが、泗川勒島遺跡でまとまって出土している。勒島では人骨が良

図143　泗川勒島遺跡出土イヌ骨と卜骨

図144　昌原茶戸里１号墓出土漆器類と筆

図145　外来遺物：青銅鍑と鼎（左）、漢鏡（中）、銅矛（右）

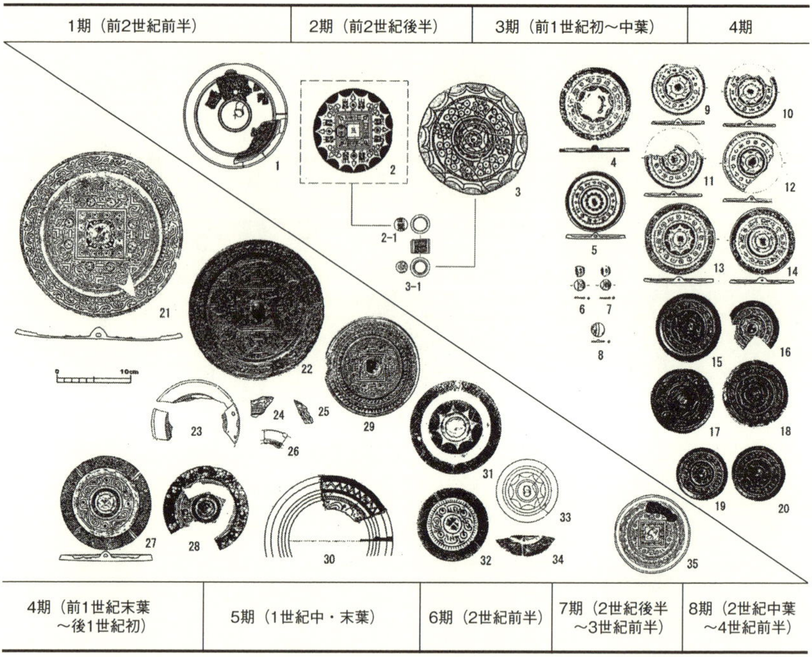

図146　漢鏡の時期区分

く残る墓が多数発掘されたが、そのなかには犬を殉葬したものもある。

5　外来遺物

原三国時代の嶺南地域は、韓半島西南部、楽浪、倭などの地域と活発な交流を展開した。鏡と銅銭、小銅鐸、印章、帯鉤、車馬具、日傘台装飾などの威信財を中心とする中国系あるいは楽浪関連遺物も、その例である。このうち前漢鏡は慶尚北道地域、後漢鏡は金海地域で多く発見されている。前漢前期の草葉文鏡や星雲文鏡の存在は、楽浪郡設置頃からの中国との交流関係を示すが、最も活発な交流関係をもっていたのは紀元前後であり、２世紀中葉以後には中国製遺物の量が減少する。

中国東北地域との交流を示す遺物としては、觸角式銅剣、鋳造鉄斧と銅鍑などがある。その他に永川漁隠洞《オウンドン》出土の動物形装飾品、銅泡、銅釧も北方系と把握されることもある。

倭系遺物は南海岸地域で主に見られるが、大邱飛山洞と晩村洞でも中広形銅戈が出土した。しかし、大邱出土の中広形銅戈はむしろ日本の中広形銅戈の源流である可能性もあり、金海地域では副葬品として広形と中広形の銅矛が出土する場合が多く、日本とは出土様相に差がある。南海岸地域では日本の弥生土器、あるいは弥生土器の影響を受けた土器が見られる。弥生中期の土器が中心であるが、前期と後期のものも一部確認されている。

参考文献

国立中央博物館 2008『葦原の中の国、茶戸里』〈特別展図録〉国立中央博物館

権志瑛 2006「木棺墓から木槨墓への転換様相に対する検討」『嶺南考古学』38　嶺南考古学会

金吉植 2006「辰・弁韓地域楽浪文物の流入様相とその背景」『楽浪文化研究』東北亜歴史財団

金羅英 2009「嶺南地方原三国時代の住居と集落」『嶺南地方原三国、三国時代の住居と集落』嶺南考古学会

徐拎男・李賢珠 1997「三韓・三国時代鉄器の儀器的性格に対する一考察」『伽耶考古学論叢』2　伽耶文化研究所

孫明助 1998「韓半島 中・南部地方鉄器生産遺跡の現況」『嶺南考古学』22　嶺南考古学会

申敬澈 1982「釜山・慶南出土瓦質系土器」『韓国考古学報』12　韓国考古学会

安在晧 1994「三韓時代後期瓦質土器の編年」『嶺南考古学』14　嶺南考古学会

安在晧 2000「昌原茶戸里遺跡の編年」『韓国古代史と考古学』学研文化社

呉光燮 2010「嶺南地方出土剣把頭付銅剣・鉄剣に対する小考」『嶺南考古学』53　嶺南考古学会

尹温植 2002「嶺南地方原三国時代土器 ‘様式’ 論の提起」『嶺南考古学』31　嶺南考古学会

李健茂 1992「茶戸里遺跡出土の筆について」『考古学誌』4　韓国考古美術研究所

李盛周 1998『新羅・伽耶社会の起源と成長』学研文化社

李盛周 2000「打捺文土器の展開と瓦質土器の発生」『韓国考古学報』42　韓国考古学会

李在賢 2004「嶺南地域出土三韓時期倣製鏡の文様と意味」『韓国考古学報』53　韓国考古学会

李在賢 2004「嶺南地域三角形粘土帯土器の性格」『新羅文化』23　東国大学校新羅文化研究所

李清圭 1997「嶺南地方青銅器文化の展開」『嶺南考古学』21　嶺南考古学会

李賢恵 1998『韓国古代の生産と交易』一潮閣
李熙濬 2000「三韓小国形成過程に対する考古学的接近の枠組み」『韓国考古学報』43 韓国考古学会
李熙濬 2004「初期鉄器時代・原三国時代再論」『韓国考古学報』52　韓国考古学会
鄭仁盛 2003「弁韓・伽耶の対外交渉」『伽耶考古学の新たな照明』釜山大学校韓国民族文化研究所編、慧眼
鄭仁盛 2008「瓦質土器楽浪影響説の検討」『嶺南考古学』47　嶺南考古学会
千末仙 1994「鉄製農具に対する考察―原三国・三国時代墳墓出土品を中心に」『嶺南考古学』15　嶺南考古学会
崔鍾圭 1982「陶質土器成立前夜の展開」『韓国考古学報』12　韓国考古学会
崔鍾圭 1995『三韓考古学研究』書景文化社

第7章

三国時代

時代概観

三国は、高句麗・百済・新羅の古代国家を指す。三国時代というときには、原三国段階の政体が古代国家の枠組みを整えはじめる３世紀の後半段階から、新羅によって三国の統一がなされる668年までの期間を指すが、これは韓国史において古代国家が本格的に発展した時期にあたり、韓民族の形成がはじまった時期ともいえる。

三国時代には、高句麗・百済・新羅だけでなく、夫餘や沃沮、東濊、加耶などの様々な勢力が共存した時期もあるが、最終的に高度な古代国家体制を完成させた政体は上の三国に限られるため、三国時代という用語が広く用いられている。

図147　集安広開土王碑

高句麗は鴨緑江流域の多くの政体が統合され出現した古代国家で、韓半島と満州一帯にかけて勢力を伸ばし、三国のなかでは最も早い時期に国家段階へと発展した。高句麗は桓仁・集安・平壌の順に都を移しており、その結果、数多くの山城と古墳がこの３地域に集中している。特に石材を積んで築造した石城と華麗な古墳壁画は、高句麗文化の真髄であるといえる。

百済は京畿・忠清・全羅地域にあった馬韓50余国の政体が離合集散と統合を繰り返しつつ、漢江下流域の伯済国を中核として出現した古代国家である。百済もソウ

図148　ソウル石村洞古墳群

図149　慶州皇南洞古墳群

図150　高霊池山洞古墳群

ル・公州・扶餘の順に遷都しており、その結果これらの地域に主要遺跡が集中的に分布している。ただし、栄山江流域と湖南東部地域に対する支配は遅く、かつての馬韓の地を完全に統合するのは６世紀に入ってからのことである。そのため、当該地域には百済中央とは若干異なる固有の文化が長く存続した。栄山江流域の大型甕棺古墳や前方後円形の古墳がその代表的な例である。

新羅は慶州の斯盧国が周辺の辰韓の諸政体を統合することで出現した古代国家で、４世紀頃には嶺南地方の小国のなかから頭角を現し、５世紀には積石木槨墳という独特な新羅古墳が全盛を迎える。金冠をはじめとする華麗な副葬品の技術水準は、三国のなかでも新羅のものが抜きん出ている。新羅は6世紀中葉頃に加耶地域を完全に併合し、高句麗・百済と覇を争う。この頃の新羅の成長は、古墳・山城などの考古資料に如実に反映されている。

加耶という呼称は、上記の高句麗・百済・新羅とは異なり、一つにまとまった国家を指す言葉ではなく、いくつもの政体の集合に用いられる通称である。小白山脈以南、洛東江西岸において成長した弁韓の諸政体のうち、金海の狗邪国、咸安の安邪国、高霊の半路国などがそれぞれ加耶の代表として数えられる金官加耶、阿羅加耶、大加耶へと成長する。この他にも陜川・固城・泗川・山清など慶南地域の盆地ごとに大小の国が成長したが、これらすべてを統合する政治権力は誕生しないまま、新羅によって併合される。加耶の文化は、高度な鉄器製作技術と土器製作技術において顕著であり、日本の古墳文化にも多くの影響を与えた。

高句麗

I　概　観

三国のなかで最初に古代国家を築いた高句麗は、文献記録によると紀元前37年に現在の中国東北地方にある桓仁の卒本で建国したとされ、建国直後から周辺勢力を統合して領域を拡大した。その後高句麗は集安の国内城と平壌に順次都を移した。国内城の時期の高句麗は、中国東北地方から韓半島におよぶ広い領土を占め、高句麗が世界の中心であるという観念をもつに至り、その王は太王と呼ばれた。427年、平壌に遷都した高句麗は、中国および西域との積極的な交易によって高い水準の文化大国へと発展する。しかし、6世紀中葉以降には貴族層の分裂と新羅の成長、隋唐の圧迫などによって混乱に陥り、668年に滅亡する。

700余年間にわたる高句麗の成長と発展の様子は、中国東北地方と韓半島中・北部地方に散在する遺跡・遺物にも見ることができる。特に4～5世紀の高句麗の古墳と城は、中国と雌雄を争った高句麗の姿を如実に物語っている。高句麗遺跡に対する考古学的調査は19世紀末にはじまり、中国東北地方から韓半島中・北部地方にかけて古墳や城郭、生活遺跡が確認されている。高句麗に関する考古学研究は、資料数の多い古墳とその副葬品を中心に行なわれてきた。中国東北地方に分布する高句麗の城郭や、漢江流域にある城塞（砦）遺跡なども調査されており、特に近年では大田月坪洞《ウォルピョンドン》、清原南城谷《ナムソンゴル》などにおいて高句麗全盛期の南の辺境に位置する遺跡も調査されている。

高句麗の歴史は、古墳の変遷をもとに三時期に区分することができる。高句麗勢力の出現期から3世紀末までは竪穴式埋葬施設をもつ積石塚が中心となる時期であり、政治的には国家の成立および発展期としてとらえることができる。3世紀末から4～5世紀の段階は横穴式石室をもつ石室積石塚および石室封土墳、壁画古墳が共存する時期で、中央集権的国家体制が整備され、対外的にも勢力を拡大する時期にあたる。6世紀以降は石室封土墳と四神図を主題とする壁画古墳が主に築造される時期であり、政治的には高句麗の衰退期にあたるといえる。

近年、中国では高句麗を中国史に取り入れようとする意図のもと、高句麗遺跡の調査研究が強力に推し進められているが、高句麗の考古資料に対するより客観的な研究が要求されるところである。

図151　桓仁五女山城（上）と集安丸都山城

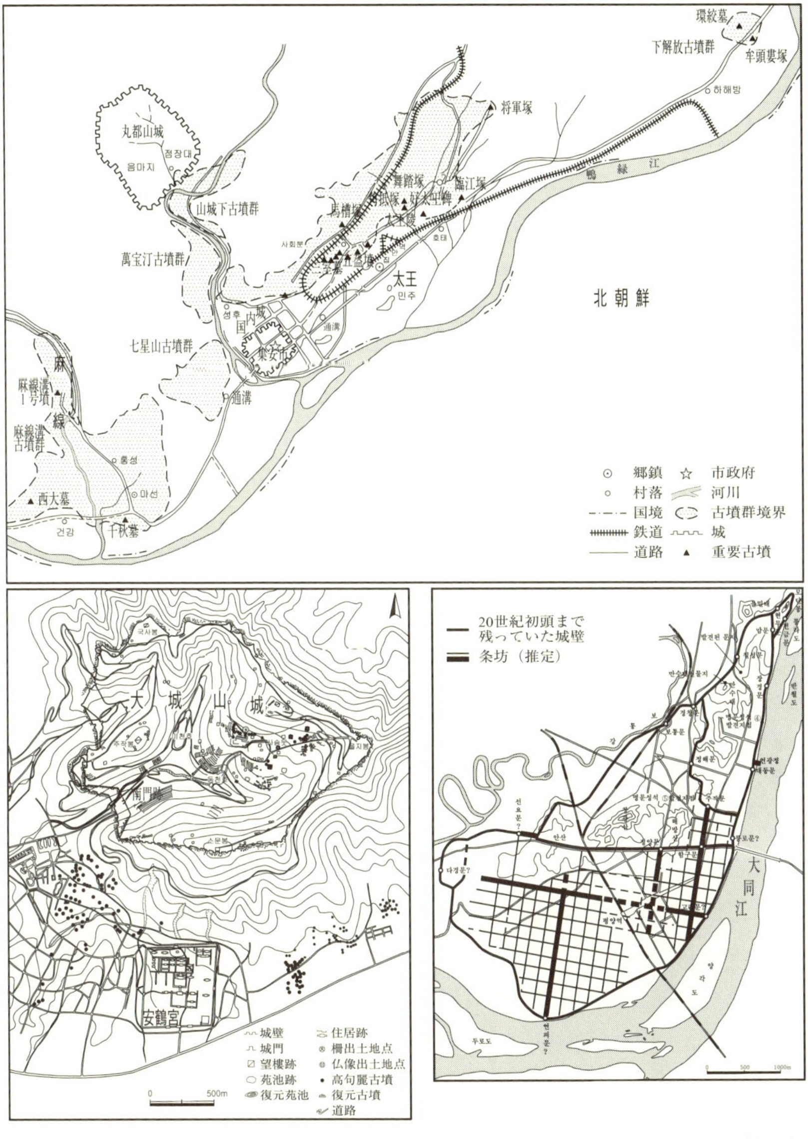

図152　集安丸都山城と国内城（上）、平壌大城山城と安鶴宮（左下）、平壌城（右下）

Ⅱ 遺 跡

1 都 城

高句麗は建国当初から平地城と山城が対になった都城体制を備えていた。初期の都の地である桓仁地域では、平地城の下古城子土城と山城の五女山城が、それぞれ文献に見られる高句麗の卒本城と紇升骨城にあてられている。下古城子土城はその位置が広開土王碑文と符合しない点があるため、喇哈城を卒本城とみる見解もあるが、喇哈城が高句麗初期の城郭であることを示す考古学的な根拠はいまだ確認されていない。

高句麗の二番目の都であった集安地域は、通溝盆地に位置する天恵の要地であり、平地城である国内城は紀元前後の頃から427年の平壌遷都時まで常時における高句麗の王城であった。国内城は周囲2.7km の石城で、城内では宮殿跡と推定される大規模建物跡などが調査されている。国内城から西北に2.5km 離れた山中に位置する山城子山城は、危急の際に王が移り住んだ高句麗の丸都山城に比定されており、城内で王宮跡とみられる一辺の長さ90m 余りの大型建物跡や、八角形建物跡などが確認されている。

平壌地域における高句麗の最初の都城遺跡は平地の安鶴宮《アナックン》城と背後の大城《デソン》山城で、これらを併せて平壌城と呼ばれた。安鶴宮は出土瓦の年代が下るため、平壌清岩里《チョンアムニ》土城が遷都直後の宮城であるとする見解もある。安鶴宮では、高さ12m に達する平面方形の土城の内部で、南北の中心軸に沿って南・中・北宮にあたる52基の建物跡や苑池が調査されている。大城山城は六つの峰を石城でつないだ包谷式山城で、周囲が約 7 km に達する。城内では塀に囲まれた建物跡や倉庫跡、貯水池跡などが調査されている。大城山城の南の安鶴宮周辺の平野地帯では、碁盤状に区画された道路網が確認され、安鶴宮の南門から真っ直ぐに大同江を渡る木橋遺構も検出されており、この一帯が条坊制で区画された居住地域であったと推定されている。

高句麗は陽原王 8 年（552）に現在の平壌市内に長安城を築造しはじめ、平原王28年（586）に都を移した。石城として築造された後期の平壌城は北城と内・外・中城からなる。内城には王宮があり、外城は条坊により区画され、貴族層の居住地となっていた。

2　城郭遺跡

高句麗はその全領域に城郭を築造し、城郭単位で統治を行なっており、諸地方には主に山城が築造された。城郭の築造方式としては、楔形の石材を用いて城壁を積み上げた石城、土と石を混ぜて築造した土石混築城、版築で構築した土城がある。平地城には土城および土石混築城があるが、山城の大部分は石城である。城を構成する施設としては城門と城壁、城壁上の胸壁や雉城（城壁の突出部）、城壁が折れ曲がる地点に建てた角楼などがあり、城の内部には将台や望楼、貯水池や井戸などが設置された。建物跡や兵営跡なども調査されている。城の周囲には濠を巡らせたり、塹壕を掘ったものもある。

高句麗の山城は栲栳峰式、または抱谷式といい、中央の窪地を囲む山の峰々を城壁でつなげた形式が多く、４世紀を境に前・後期に分けることができる。前期の城郭は桓仁・集安・新賓・通化地域に集中して分布し、交通路の遮断を目的とした遮断城としての役割と、軍事的な第一線の施設として都城の防衛を担った。この前期の城郭は、部分的に城壁を構築して絶壁と険しい尾根をつなげたものが多く、城壁は楔形石材を上方が内傾するように積んでいる。後期の城郭は拡大した高句麗の全領域にわたって分布しており、地形を利用して城門は平地や緩慢な傾斜地に造り、平時の居住城としての役割と緊急時の防御的機能を兼ね備えた構造にしている。大型山城は、内・外城で構成されていたり補助城をもつなど複合式のものが多く、戦時には住民を取り込んで住まわせるなど、地方支配の中心の治所として機能した。

一方、韓半島南部（韓国）地域の臨津江や漢江下流域、その間の楊州盆地一帯でも、70箇所を超える高句麗の城郭遺跡が調査されている。大部分は小規模な要塞であり、平地城であっても周囲１km に達しない小型のものである。漣川瓠蘆《ホロ》古塁（要塞）は、臨津江北岸の断崖に形成された三角形台地の一端に石築の城壁を築いたもので、発掘調査では「相鼓」の銘文がある高句麗の鼓や、蓮華文軒瓦などが出土した。ソウル九宜洞《クウィドン》要塞や紅蓮峰《ホンニョンボン》要塞では、煙道（オンドル）施設がある建物跡や貯水施設などが調査されており、鉄製武器や土器など多くの遺物が出土している。

図153　遼寧燈塔白岩山城（上）とソウル紅蓮峰第１保塁（下）

3　生活遺跡

代表的な高句麗の建物遺跡に集安東台子遺跡がある。国内城の東北500mの場所に位置する東台子遺跡では回廊でつながる４基の建物跡が検出されており、それらは布掘りや壺地業を施した上に礎石を置いた瓦葺建物遺構であることが確認されている。中心建物には中央が若干高くなった壇状施設があり、霊

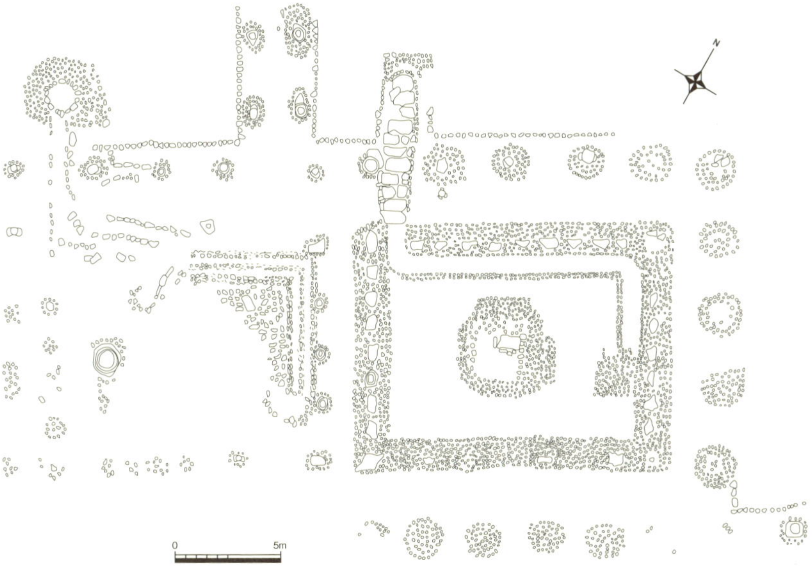

図154　集安東台子建物跡平面図

廟のような祭祀建物であったと推定されている。建物跡には１条ないし２条のL字状オンドルが設置されている。建物の規模や格式から、高句麗の国祠跡か王室の社稷、または宗廟の跡であった可能性が指摘されている。

集安県城北端の高台地上にある梨樹園子南遺跡にも花崗岩の礎石が並んでおり、大規模瓦葺建物が建てられていたことがわかる。ここでは軒瓦を含む多くの瓦や白玉耳杯、金銅製品などが出土しており、官庁ないし王侯貴族の邸宅であったと推定されている。

この他に、黄海南道新院郡峨洋里の長寿《チャンス》山城付近の土城内部では、中央の本殿と左右の脇殿からなる大型建物跡が調査されている。北朝鮮ではこれを長寿山城と併せて４世紀の高句麗の副都であった南平壌宮殿跡であると主張している。

高句麗の集落遺跡についてはまだ本格的な調査例がないが、慈江道時中郡魯《ノ》南里《ナムニ》や中江郡土城里《トソンニ》では、１条または２条のオンドルが設置された古い時期の竪穴式ないし地上式住居跡が調査されている。これらの遺跡の近くには積石塚からなる高句麗の古墳群が立地する。

4　古　墳

高句麗の古墳は積石塚と封土墳に大別される。積石塚は高句麗独自の墓形式で、高句麗前期の都であった桓仁と集安地域を中心に、鴨緑江の本流と支流に沿って分布しており、鴨緑江の南にあたる慈江道の将子江（旧禿魯江）流域にも早い時期の積石塚が分布している。封土墳は高句麗後期の墓形式で、集安と平壌地域を中心に分布する。積石塚および封土墳の外形と埋葬主体部の構造はそれぞれ様々な形に変化したが、大局的には積石塚の埋葬主体部は竪穴式から横穴式に変わり、封土墳には主に横穴式石室が築造された。石室封土墳の一部には、石室の壁面や天井に高句麗人の生活の様子などがわかる各種壁画が描かれた壁画古墳が含まれている。

1）積石塚

積石塚は地上に一定の高さまで石材を積み、埋葬主体部を設置してその周囲と上部にさらに石を積んで構築した墳墓で、石塚墓・石積墓などとも呼ばれる。埋葬主体部が積石の墳丘内にある点が、中国や韓半島三国時代の他地域の墳墓とは異なる高句麗積石塚の特色である。河岸の沖積台地に大規模古墳群を形成するもの、山裾に数基が並んで分布するものなどがあるが、時期が下る大型積石塚は通溝盆地周辺の山麓や鴨緑江周辺の独立丘陵上に単独で分布する。

高句麗積石塚の外形は基本的に方台形であるが、墳丘下段に壇をもたない無基壇式から大型石材を用いて１段の基壇を設けた基壇（方壇）式、そして基壇上の墳丘外面も階段状に構築した階段（階梯）式へと発展する。築造に用いた石材も河原石から割石、加工石へと変化し、古墳の規模も無基壇式・基壇式・階梯式の順に大型化していった。古い段階の無基壇式および基壇式積石塚の埋葬主体には竪穴式石槨が設けられたと考えられているが、石槨の壁面が明確に検出される例は稀であり、天井石も発見されない。したがって中国では石壙積石塚と呼ばれる。埋葬主体内部から木材に使用した鎹が発見される事例が多いことから、もとは木槨が設置されていたとみる説がある。発達した階梯式積石塚は一般に横穴式石室をもつ。太王陵の長方形平天井石室は内部に家形の石槨が構築された特異な例である。

図155　集安山城下古墳群

高句麗積石塚は一つの墳丘あたり１基の埋葬主体部が設置される単独墳が一般的であるが、一墳丘内に複数の槨が設置された多槨式の古墳や、２基あるいは数基の墳丘をつなげて造営した連接墳もある。また、無基壇式積石塚のなかには円墳もあり、早い時期の無基壇式および基壇式積石塚には前面に敷石施設があり全体の形状が前方後円形や前円後方形、前方後方形をなすものもある。敷石施設については、北朝鮮ではこれを祭壇と解釈して日本の前方後円墳の源流であると主張し、中国では墳墓の崩壊を防ぐための「墓舌」であるとする見解がある。

積石塚の起源については、過去に支石墓や遼東半島南端の琵琶形銅剣期の多棺式積石墓に求める説があったが、現在は千山山脈以東から鴨緑江上流域にかけての地域に分布する紀元前４～３世紀の積石墓に由来すると考えられている。鴨緑江上流にある長白の干溝子積石墓や集安五道嶺溝門積石墓などが代表例であり、これらは築造材料や構造、埋葬主体部の位置や埋葬方式などにおいて高句麗積石塚の初期形態と共通する。

『三国史記』には高句麗の建国が紀元前１世紀と記されているが、高句麗の積石塚は遅くとも紀元前２世紀初め頃から築造がはじまっており、紀元前後の頃には基壇式積石塚が出現し無基壇式積石塚と共存していた。積石塚に横穴式石室が採用されるのは３世紀末頃のことであり、４世紀には横穴式石室をもつ

図156　積石塚（1．集安下活龍８号墳、2．桓因高力墓子村 M15号墳、3．集安将軍塚）と石室封土墳（4．順川遼東城塚、5．順川天王地神塚、6．江西大墓)、集安太王陵墓室および家形石室復元図（下）

図157　集安将軍塚（上）と平壌真坡里古墳（下）

階梯式積石塚の流行がみられはじめる。

広開土王碑から東北に約１km 離れた位置にある将軍塚は、花崗岩の切石を積んだ７段の階梯式積石塚で、その４段目を床面にして平面方形の石室が設けられ、墳頂には周囲に欄干を立てた痕跡が残る。将軍塚は一辺の長さ34m、高さ13m に達し、第１段目の各辺には大型の支え石を３個ずつ立てかけており、後方に築造された陪塚２基も現存している。広開土王碑のすぐ南に位置する太王陵は、階段状の石積みが崩れているが、一辺の長さ60m を超える巨大な階梯式石室積石塚である。一辺が30m を超える超大型の積石塚には、この他に臨江塚・西大塚・千秋塚などがあるが、これらの墳丘上からは平瓦や軒瓦が出土しており、墳頂部には建造物があったと推定されている。これらは立地条件

表12　王陵比定古墳（姜賢淑による）

	西川王	美川王	故国原王	小獣林王	故国壌王	広開土王	長寿王	文咨王	陽原王	平原王	嬰陽王
在位期間	270～292	300～331	331～371	371～384	384～391	391～412	413～491	491～519	545～559	559～590	590～618
比定古墳	七星山211号	西大塚千秋塚	禹山下992号太王陵	臨江塚麻線溝2100号千秋塚	千秋塚太王陵	太王陵将軍塚	将軍塚伝東明王陵慶新里1号	土浦里大塚	湖南里四神塚	江西大墓	江西中墓

の上においても際立った場所に単独で築造されていることから、国内城の時期の王陵であったと考えられている。

高句麗積石塚の最終形態の特徴に、石室封土墳の影響を受け石室を地表面の位置まで下げて構築する点があり、この段階の積石塚の石室にも壁画が描かれていることがある。

2）封土墳と壁画古墳

封土墳は内部に地上式または半地下式の横穴式石室を築造し、その上に土を盛って石室を覆った高句麗後期の墓制で、墳丘と内部構造とを合わせた概念として石室封土墳と呼ばれる。集安地域を含む鴨緑江流域では河岸の沖積台地に積石塚と混在することもあり、平壌一帯のものを含め山裾の緩やかな傾斜面や独立丘陵上に主に分布する。石室封土墳の墳形は方形が一般的であるが、小型墳には半球形を呈するものもある。墳丘は盛土だけのものが多いが、封土基底部に石築の基壇部を巡らすものもあり、積石塚の影響を受けていることがわかる。

石室は割石積みのものと切石積みのものがあり、後期の壁画古墳のなかには表面を滑らかに磨いた板石で築造したものもある。羨道と一つの墓室からなる単室墓が最も多いが、壁画古墳のなかには玄室の手前に前室があるものや、前室や玄室に側室や側龕がある複室墓もある。3室を通路でつなげたもの、3基の単室墓を一墳丘内に築造したものなど特殊な形式も見られる。石室の天井形態は様々であり、小型墳には平天井のものが多いが、壁画古墳は穹窿状、持ち送り、階段式、抹角藻井などで天井を高く架構し、内部空間を広く確保している。その他にも、玄室内に柱を建てたもの、回廊を設置したものなどもあり、

図158　安岳3号墳の実測図と透視図

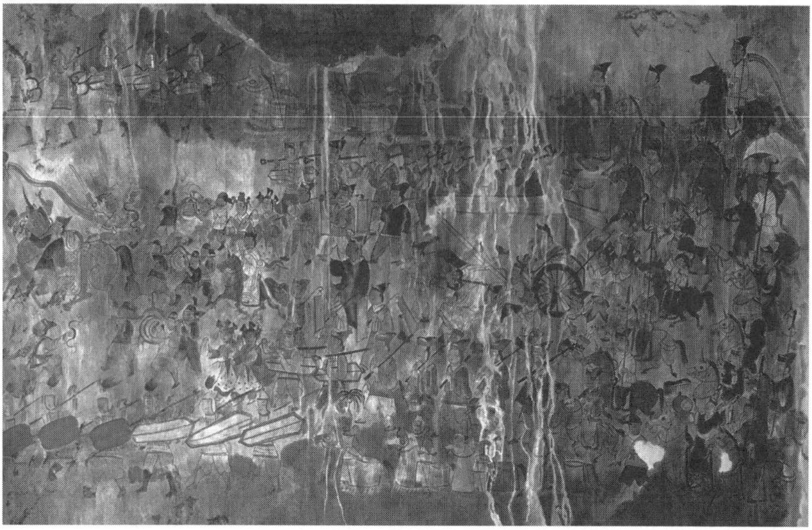

図159　安岳３号墳行列図

図160　大安徳興里古墳東壁透視図

石室の四隅に柱と組物を描くことで石室内部を木造建築の室内のように表現したものもある。

石室封土墳は中国から横穴式の埋葬法とともに受容されたと考えられ、高句麗では４～５世紀代に横穴式石室を埋葬主体とする階梯式積石塚と石室封土墳が共存している。

石室の壁面と天井を絵図で装飾した壁画古墳はこれまで総数113基が報告されているが、そのうち積石塚の石室に描かれたものは6基が知られ、残りの壁画古墳はすべて石室封土墳である。分布地域は、桓仁に1基、集安地域に36基、平壌一帯に76基があり、高句麗の最後の都であった平壌一帯に集中していることがわかる。

壁画古墳の石室天井には様々な文様とともに太陽と月、星宿などを描いて宇宙を表現しており、壁面壁画の主要テーマは生活風俗図、装飾文、四神図の順に変遷する。4～5世紀が中心となる生活風俗図では、墓主の肖像画と思われる図とともに生活のなかの様々な場面が描かれており、装飾文では「王」字形の図案や同心円文、蓮華文、亀甲文などで墓室内が飾られている。生活風俗図や装飾文を描いた壁画古墳は、一般的に割石や面をそろえた石材で築造した石室の壁面に漆喰を塗って壁画を描いている。石室の内部構造面でも、単室墓だけでなく様々な形の複室墓や特殊な構造の石室に生活風俗図が描かれている。四神図が壁画の主要テーマとなる6世紀以降には、壁画古墳は方形玄室に中央羨道が付いた単室墓に一元化され、壁画も水磨きした板石に直接描くようになる。

墓の内部を絵画で飾るのは中国漢代に流行した葬送芸術の一つで、高句麗の古墳壁画も基本的には中国の墓室壁画の影響を受けて現れたといえる。高句麗壁画古墳のうち、安岳3号墳、平壌駅前壁画墳、集安萬宝汀1368号墳、禹山下3319号墳など初期のものは主に集安・平壌一帯で発見されている。

黄海道安岳郡に位置する安岳《アナク》3号墳は、前室の東西に側室が付く初期の複室墓で、墓主夫婦の肖像画、厨房と厩の絵、大行列図などが描かれている。この古墳を美川王陵または故国原王陵とする説もあるが、墓主の肖像画がある西側室前壁に「永和十三年（357）」ではじまる前燕人の冬寿に関わる墨書墓誌があり、その築造背景がわかる。平安南道大安市の徳興里《トックンニ》古墳も玄室の手前に前室を設けた複室墓で、墓主が13郡太守から賀儀を受ける図と、幽州刺史を務めて永楽18年（408）に死亡した「〇〇鎮」の墨書墓誌がある。高句麗の遷都以前に平壌一帯に造られたこれら初期壁画古墳の存在は、高句麗壁画古墳の発生を考える上で重要な位置を占めている。

高句麗壁画古墳の成立に影響を与えたという点で、中国遼寧省遼陽地域の後

図161　江西大墓の玄武図（上）、龍岡双楹塚（下左）、平壌徳花里古墳（下右）の天井

漢末・魏晋代の壁画墳が取り上げられることがあるが、これらの資料と高句麗の壁画古墳は石室構造や壁画の画面構成、壁面処理の面において差がある。また、遼東城塚の構造は遼陽地域の壁画墳に類似し、安岳３号墳と共通する構造は遼東半島南端の大連営城子壁画古墳に求めることができる。一方、安岳３号墳や徳興里古墳に見られる墓主の肖像画の構図は遼寧省朝陽袁台子壁画墳に似

ており、徳興里古墳の天井図は甘粛省酒泉丁家閘５号墳と類似した構図をとっている。このように、壁画古墳を構成する一部の属性の類似点だけから高句麗壁画古墳の源流を中国の特定地域に求めることは困難な状況である。

確かに高句麗古墳壁画はそのはじまりにおいて中国の墓室壁画の影響を受けているが、中・後期の装飾文および四神図は高句麗の独特な要素であるといえる。高句麗における古墳壁画は、高句麗人によって再構築され、高句麗的特色を保ちつつ展開したといえよう。

5　寺院跡

前秦から高句麗に伝わった仏教は372年に公認され、375年には肖門寺と伊弗蘭寺が建てられたとされるが、その実態は明らかではない。平壌地域で調査された寺院跡には清岩里寺《チョンアムニサ》跡、上五里寺《サンオリサ》跡、元五里寺《ウォノリサ》跡などがあり、1970年代に発掘された定陵寺《ジョンヌンサ》跡は著名である。清岩里寺跡は文咨王７年（498）に建立された金剛寺に比定される寺院跡で、八角形木塔を中心に南に中門があり、東・西・北に金堂を配した一塔三金堂の伽藍配置となっている。上五里寺跡も同様の配置である。

定陵寺跡は伝東明王陵《トンミョンワンヌン》の手前に位置し、「寺」「定陵」などの銘文土器が出土しており、伝東明王陵に関連する陵寺と推定されているが、ここでもやはり八角形木塔の周囲に金堂が配され、その左右に回廊で区切られた建築空間がある。

Ⅲ　遺　物

1　装身具

装身具には金属製の冠や冠飾、耳飾、腕輪、帯金具、履などがある。

文献記録によると、高句麗では高官は幘を、下級官吏は折風を冠として使用していたとされる。折風は烏帽子形の冠帽で、鳥の羽根を挿していたという。舞踊塚、双楹塚、鎧馬塚などの古墳壁画には、人物図の頭部に鳥の羽根を挿した鳥羽冠の描写が見られる。

国立博物館所蔵の金銅製冠飾は、鳥の羽根を表現した３本の装飾と透彫があ

図162　伝東明王陵（上）と復元された定陵寺（下）

る山形装飾で構成されており、集安出土の金銅製冠飾は鳥の両翼の間に羽根を表した中央装飾を立て、下段に山形装飾をあしらったものである。このような事例から、高句麗では鳥や鳥の羽根を象徴した冠装飾が広く用いられていたことがわかる。太王陵では冠帽と推定される歩揺が付いた金銅装飾が出土し、平壌地域では丸い冠帯の上に草花文の透彫金銅板を立てた冠装飾が出土している。清岩里土城付近では数本の火焔形装飾が立てられた金銅冠が出土しているが、これらは仏像の宝冠であると考えられる。

耳飾には太環式と細環式の２種類があり、小環をつなぎ合わせた丸い中間飾と、心葉形垂飾や小型の錘形装飾が付くのが特徴である。集安麻線溝１号墳出

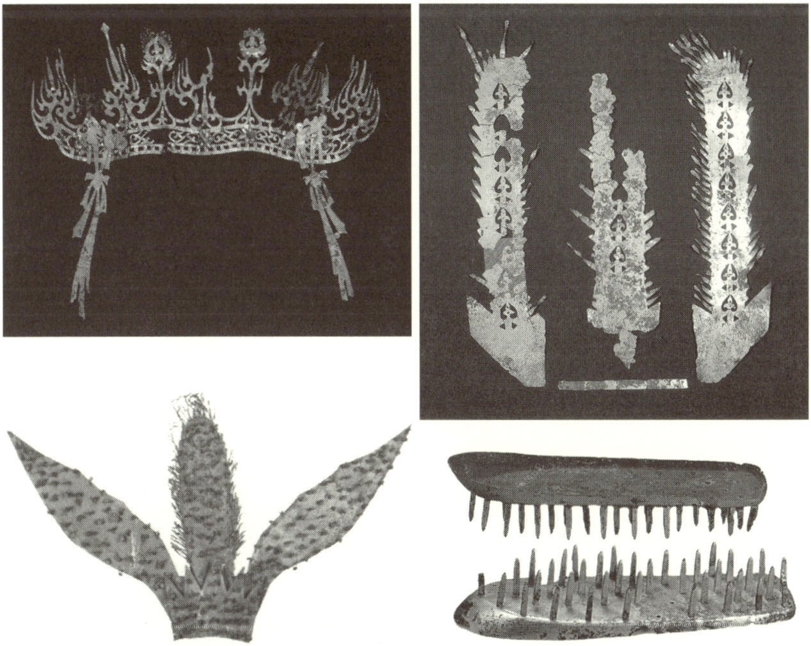

図163　金銅冠と履

土の太環式耳飾は慶州の皇南大塚《ファンナムデチョン》北墳から出土した耳飾に酷似しており、またソウルの陵洞、忠清北道の鎮川や清原でも高句麗の耳飾が出土している。

腕輪の発見例は多くないが、青銅製で外面に装飾がないものと刻み目が付いたものの２種類がある。腕輪は断面が円形または楕円形のものから方形または長方形のものへと変化する。深貴里75号石室封土墳から出土したものが最も古い型式であり、最も発達したタイプの腕輪が平壌晩達《マンダル》山麓15号墳から出土している。

帯金具は鉸具・銙・蛇尾で構成され、金銅製または銀製で透彫方形板に心葉形垂下飾が付いた銙を持つ晋式帯金具と、小環が付いた逆心葉形の銙をもつ帯金具に分類される。晋式帯金具は集安地域を中心に主に４世紀代の積石塚から出土する。禹山下3296号墳では腰に下げた腰佩も出土しているが、このようなものは中国の晋や三燕の晋式帯金具には見られない。逆心葉形の銙は生活遺跡でも出土し、晋式帯金具より遅くまで残る。

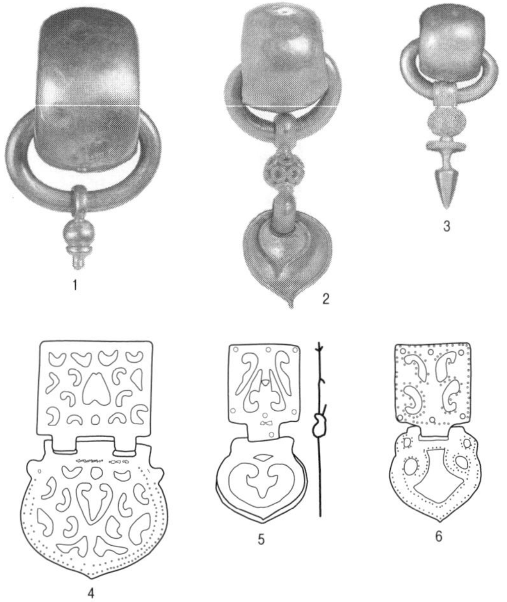

図164　耳飾と帯金具：1．慶州皇南大塚北墳、2．鎮川会竹里、3．ソウル陵洞、4．集安七星山96号墳、5．集安山城下725号墳、6．集安山城下330号墳

履は、集安地域の古墳から方頭の鋲が稠密に打ち込まれた金銅製の履底が複数点出土している。古墳壁画では甲冑武人が実際に履いており、また鉄鋲が付いた飾履の爪先・踵部分が出土していることから、すべてが葬送儀礼用ではなかったと思われる。

2　甲冑と武器

古墳壁画に描写された高句麗の武人は冑を被り甲を身にまとっているが、それらを見ると胴体はもちろん、首や腕、脚に至るまで甲冑で覆っている。馬も頭部に馬冑をつけ、馬甲を着装させている。ただし、高句麗の甲冑が完全な状態で出土した例はなく、実物の資料はきわめて少ない。高句麗の甲冑は小型の鉄板、すなわち小札を革紐で綴じた札甲が一般的である。多くの遺跡で様々な大きさの鉄製小札が出土しており、集安の積石塚では金銅製の小札も少数確認されている。冑も小札を綴じたもので、集安地域では方形小札で作った小札冑が、平壌地域では縦長の鉄板を綴じた竪矧板冑が主に壁画に描かれており、実物では撫順の高爾山城で湾曲竪矧板冑が出土している。

武器のなかで最も多く出土するのは様々な形態の鉄鏃である。方頭形鉄鏃は高句麗の特徴的な鏃で、早い段階から使われ続けた。集安麻線溝1号墳では胡簶金具も発見されている。鏃と共伴出土することが多い武器が槍の一種である鉄矛で、柄に挿し込む袋部の端部が燕の尾のように分かれた燕尾形の狭鋒鉄矛や、袋部に盤が付く鉄矛などがある。大刀は柄頭に円環が付いた素環頭大刀が

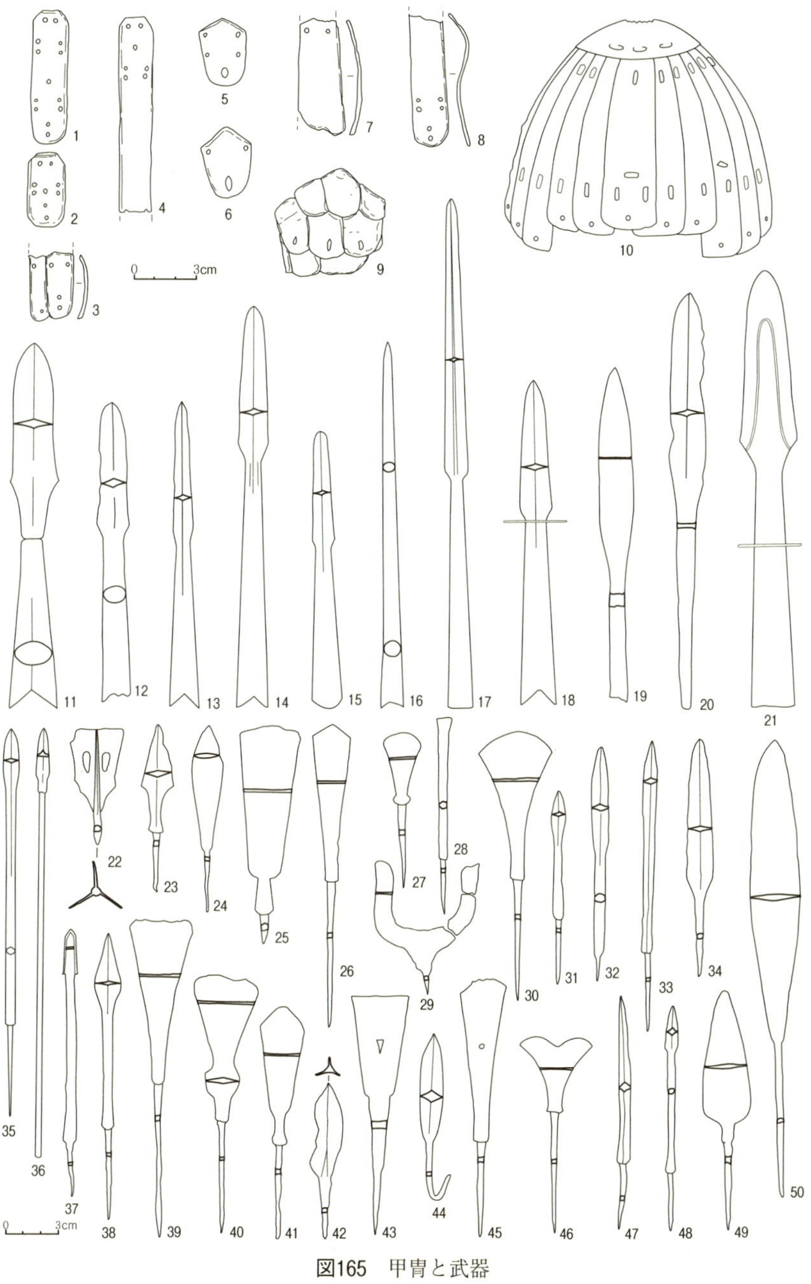
1
2
3
4
0 3cm
5
6
7
8
9
10
11
12
13
14
15
16
17
18
19
20
21
22
23
24
25
26
27
28
29
30
31
32
33
34
35
36
37
38
39
40
41
42
43
44
45
46
47
48
49
50
0 3cm

図165　甲冑と武器

図166　通溝12号墳武人図（上）、集安舞踊塚狩猟図（下）

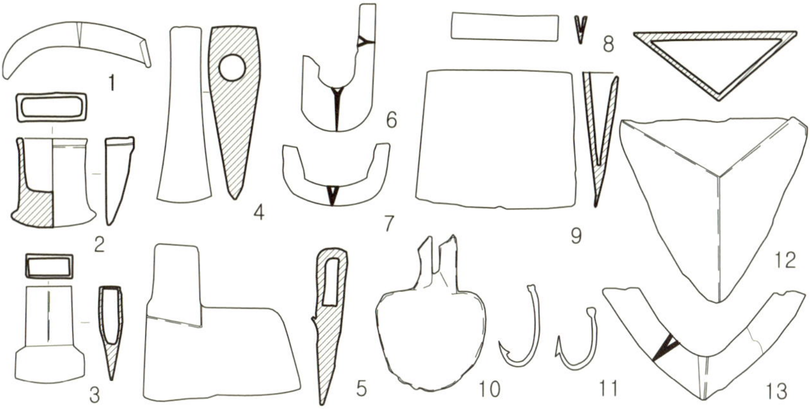

図167　各種農工具

一般的であるが、環頭のなかに三つ葉の装飾がある三葉環頭大刀も出土しており、銀で装飾された装飾大刀も含まれる。

3　農工具

高句麗は中国戦国時代の燕国の鋳造鉄器に続き、漢代の鍛造鉄器製作技術を取り入れ、早くから発達した製鉄技術を保有していた。生産道具である農工具は主に生活遺跡から出土するが、積石塚や石室封土墳から副葬品としても出土する。農具では古くから手鍬や鎌、漢代の農具に類似した直刃鋤先、U字形鋤先、鍛造鍬が使用され、４世紀頃には中国のものとは異なる三角形の犂、三叉鍬、刃の広い鍛造手鍬など高句麗的な特徴をもつ生産道具が見られるようになる。工具では、柄を挿し込む袋部が上向きになり手斧としても使用できる鋳造鉄斧や鍛造鉄斧、そして柄を挿し込む孔が横方向にあけられた横孔斧や鑿などが出土している。

桓仁の五女山城では、様々な鉄製武器や馬具とともに各種農工具も多く出土しており、そのなかには金鎚も含まれている。また、集安禹山下3283号墳からは釣針が漁網の錘とともに出土しており、国内城でも金鎚の出土が報告されている。

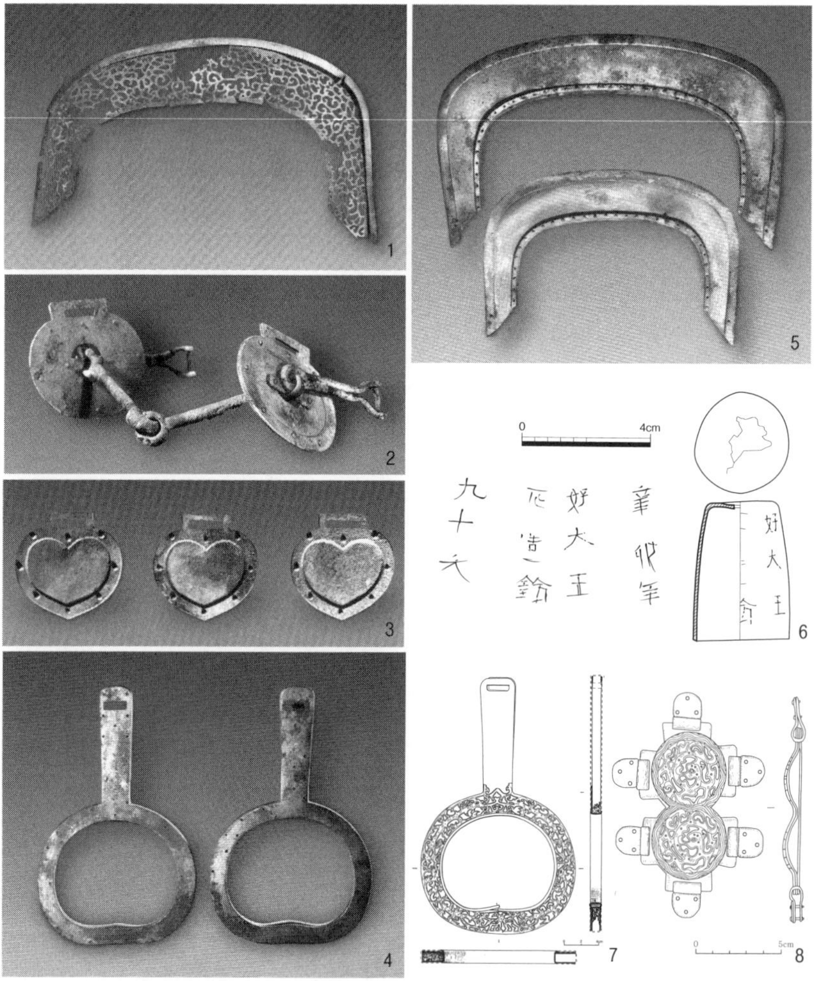

図168　集安出土各種馬具：1．萬宝汀78号墳、2～5．七星山96号墳、6～8．太王陵

4　馬　具

3世紀代の高力墓子19号墳と3世紀末に比定される萬宝汀42-2号墳から轡が出土しており、4世紀からは古墳への本格的な馬具副葬がはじまる。5世紀以降になると、覇王朝山城や峨嵯山《アチャサン》保塁などの遺跡でも馬具が出土するようになる。

高句麗の馬具としては轡、鐙、鞍、馬鈴・馬鐸、杏葉、雲珠などが出土している。轡はS字形鑣が付く棒状鏡板轡と金属板が付く板状鏡板轡があり、銜は2本の鉄棒を連結した二連式で、捩り合わせたものと捩っていないものがある。鏡板は巾着形・楕円形・楕円形の枠内に十字帯があるものなどがあり、鉄板で製作したものの他、鉄板の表面に金銅板を重ねて装飾効果をもたせたものなどがある。

鐙は踏込部分が楕円形の輪になった輪鐙で、木心に金銅板や鉄板を被せた木心鐙と、鉄製鐙がある。木心鐙は一般的に柄部が長く、太王陵の鐙は木心を金銅板で覆った上に龍文を透彫した金銅装飾を付けている。七星山96号墳と太王陵の鐙には輪部の踏込部分に突起はないが、これより遅い時期の木芯鐙には突起があり、機能面が考慮されているようである。鉄製鐙は、踏込を2条に分けて広げたもの、柄部がほとんどなくなり紐を通す穴だけが残るものなどへと変化する。

鞍は木製の部分が腐食し、鞍橋の前後の金属装飾の部分だけが主に積石塚から出土する。集安七星山96号墳出土品は木心に金銅板を被せており、万宝汀78号墳では龍文透彫金銅板を被せたものが出土している。

馬鐸は太王陵において下部が燕尾形のものと直基形のものの2種類が出ているが、そのうちの一つには「辛卯年好太王…」の銘文が彫られている。

飾り馬具には杏葉と雲珠がある。杏葉はすべて心葉形で、鉄板の上に金銅板や透彫金銅板を被せており、内部を十字形に区画したものもある。雲珠は半球形や花弁形の座金具の中心に歩揺を付けたもの、円筒形の棒を立て様々な形態の歩揺で飾ったものなどがある。その他にも、馬に着装した各種の帯に付けた装飾具や金具、帯が分岐・交差する部位に付けた辻金具などがある。辻金具は四脚のものと五脚のものがあるが、太王陵では円形座金具二つを連接した六脚の透彫金銅板装飾辻金具が出土している。

5　容　器

1）金属容器

集安禹山下68号墳では甑や釜、鼎、短い三足が付いた盤が共伴出土し、七星山96号墳では鼎や龍頭形把手が付いた鐎斗、大盒が出土している。これらはす

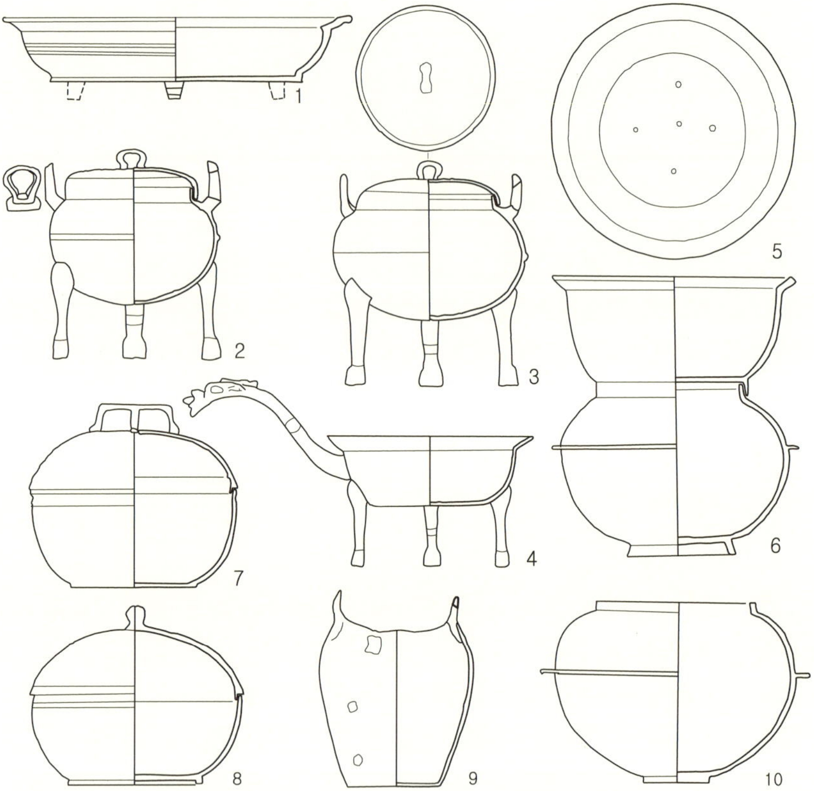

図169　集安出土青銅容器類：1・3・5・6．禹山下68号墳、2・4・7．七星山96号墳、8．集安県1中学校内、9．下解放村古墳、10. 果樹場積石塚

べて青銅製で、鼎や鐎斗は中国東晋代のものに類似する。釜や甑、盒は生活遺跡でも出土し、盒の蓋には十字形把手や宝珠形つまみが付いており、慶州の瑞鳳塚《ソボンチョン》や壺杅塚《ホウチョン》など新羅の古墳でも類似品が出土している。青銅容器のうち銅鍑は北方遊牧文化の系統の炊事道具の一つで、集安や臨江などの地で出土している。

図170　各種土器：１．ソウル夢村土城、２～４・７．ソウル九宜洞保塁、５．平壌晩達山１号墳、６．平壌松新洞出土

２）土　器

土器は精選された泥質粘土で作られ、主に平底である。四つの帯状把手と卵形の胴部が高句麗土器の特徴的な要素で、四耳長頸壺、四耳甕、四耳長頸甕、把手がない長頸壺が代表的な器種である。この他に深鉢や長胴壺・耳付壺・球形壺・直口壺・広口壺などの各種壺類、甕、甑、釜、碗、耳杯、盤、皿などがある。さらに円筒形三足器、虎子、煙筒、竈のような特殊な土製品も作られた。

土器の色調は灰色や黒色、または黄色が多く、表面を研磨して光沢を出したもの、暗文の効果を出したものなどもある。４世紀中葉以後、一部の器種には波状文が施され、壺・甕の肩部や皿・碗の底部に文字や符号を刻んだものが現れる。

高句麗土器は慈江道時中郡魯南里遺跡上層で発見された紀元前３～２世紀頃

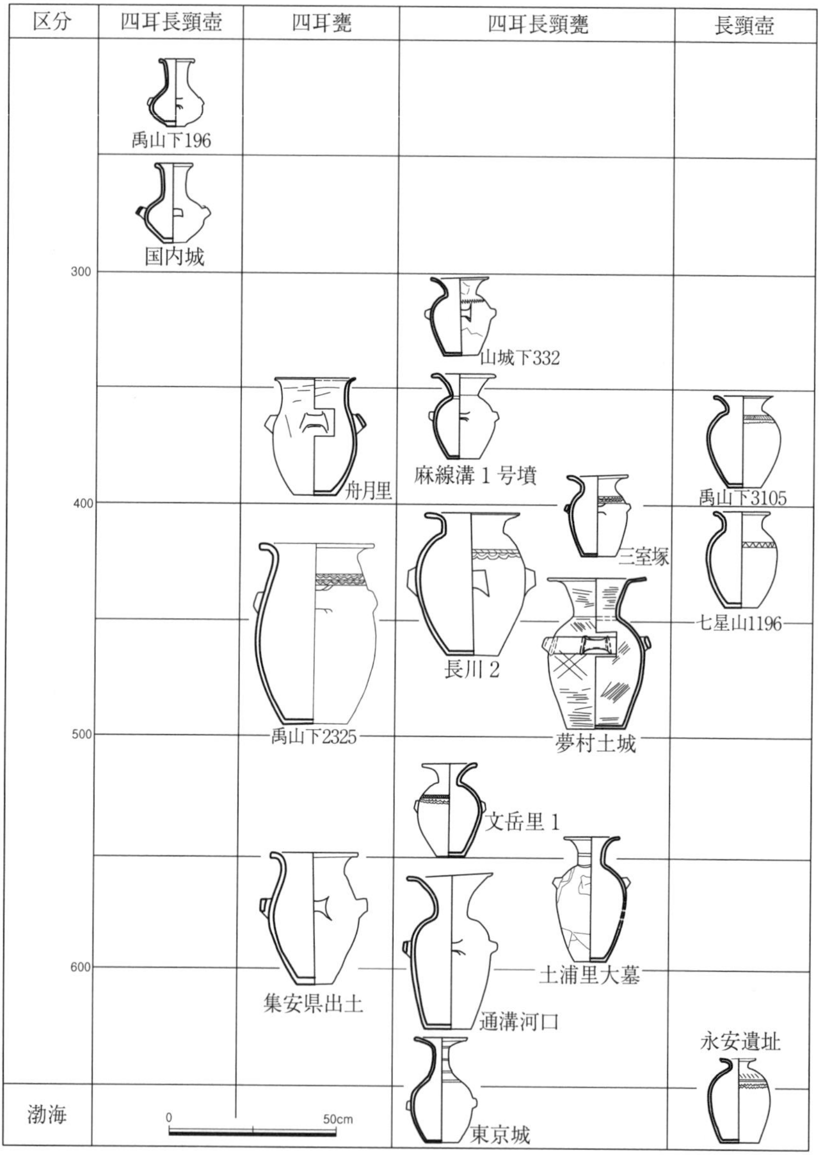

図171　土器編年（崔鍾澤2006）

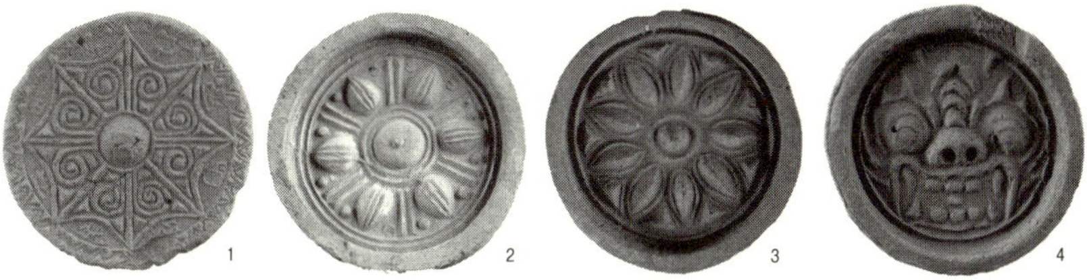

図172　集安出土各種瓦当：１．西大塚、２．将軍塚、３．国内城、４．丸都山城

の魯南里型土器が祖形と考えられ、胎土の泥質化、帯状把手、表面研磨手法など高句麗土器の諸特徴がこの時点で現れている点が注目される。高句麗土器の変遷過程が比較的顕著に表れているのは四耳甕や四耳長頸甕などの器種で、卵形の胴部が次第に細長くなり、頸部と口縁も長く伸び大きく外反する変化を見せる。

高句麗では低温で焼成した鉛釉系の施釉陶器も早くから製作されていた。釉の色は濁った濃緑色か黄褐色を帯びている。主に古墳から出土するため、副葬容器として製作されていた可能性がある。

集安禹山下3319号墳では４点の青磁が出土しているが、盤口瓶の器形と釉の色から、中国東晋代のものとみられる。共伴した巻雲文瓦当の乙卯年（355）と丁巳年（357）の干支銘から、４世紀中葉頃の年代が与えられている。

６　瓦と塼

早い時期の無基壇式積石塚の墳丘からも収拾されていることから、高句麗において瓦は古くから使用されていたとみられる。丸・平瓦は灰色や赤色を帯び、内側には布目があり、背面には縄蓆文や格子文のタタキが見られる。軒瓦は４世紀から広く用いられる。軒丸瓦には半円形と円形の２種類があり、巻雲文、蓮華文、忍冬文、鬼面文などが表現された。巻雲文軒丸瓦は集安の国内城や超大型階段式石室積石塚で収拾されているが、なかには中国東晋代の年号や干支銘をもつものがあり、年代決定の基準となっている。蓮華文軒瓦は千秋塚・太王陵など集安の古墳や平壌地域の古墳、山城、寺院跡などで広く出土する。特に、古墳や寺院跡から出土する高句麗の蓮華文軒瓦は、文様が２～３条の突線で区画され、六弁または八弁の蓮弁を配し、蓮弁中央に突線やＹ字形

図173　延嘉七年銘金銅如来立像

の線を表現する特徴がある。

平壌の金剛《クムガン》寺《サ》跡や定陵寺跡では多量の塼が出土しており、東台子遺跡の建物跡でも瓦とともに塼が出土している。塼は方形・長方形・三角形・扇形などの様々な形態があり、縄文・菱形文・蓮華文などの文様が施文されることもある。塼には銘文をもつものもあり、「千秋塚」や「太王陵」などは出土した塼の銘文から付けられた名称である。

7　仏　像

仏像には金銅仏と精選された粘土で作られた塑造仏がある。高句麗の金銅仏の代表は、539年と推定される「延嘉七年」銘のある金銅如来立像で、韓半島における銘文をもつ仏像では最古のものである。それぞれ563年と571年に比定される「癸未」銘金銅三尊仏と「辛卯」銘金銅三尊仏は、一つの光背に三尊仏が配された一光三尊式である。塑造仏としては、平壌の元五里寺跡で多くの破壊された仏像や菩薩像が出土している。高句麗の仏像は中国の南北朝時代の影

図174　金銅製冠帽形装飾

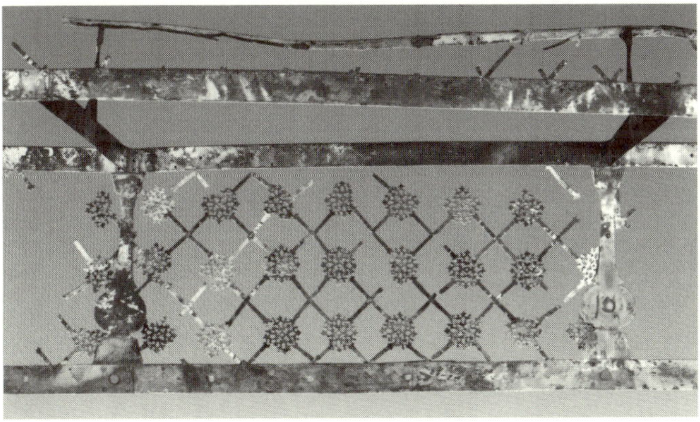

図175　金銅製帳幕装飾

響を受けており、顔が長く衣の裾が両側に大きく広がる様式的特徴をもつものである。

8　その他

1）金銅製冠帽形装飾

平安南道中和郡真《チン》坡《パ》里《リ》古墳から出土したものである。冠帽のように見える斜めの半楕円形金銅板で、中心の円のなかには太陽を象徴する三足烏、その上には1羽の鳳凰、下には2匹の龍を透彫している。裏面には玉虫の羽を貼り、そ

図176　安岳３号墳の厨房図（左）、甑と鉄釜（右上）、竈（右下）

の発光色が透彫文様の間に映えるようにしたものである。高句麗工芸美術の傑作で、墳墓に葬られた被葬者の枕の側面装飾と推定されている。

２）金銅製帳幕装飾

集安太王陵から出土した多くの金製および金銅製工芸品の一つで、いくつかの金銅帯を鋲で固定して長さ2.68m、幅35cm、高さ13.4cmの断面Ｌ字形の枠を設け、各面に斜格子文透彫を施した金銅板をはめたものである。側面の斜格子文の交差部分には一間置きに花形の透彫文様を配している。

３）カマド

カマドは古墳の副葬品として出土することもあり、土器の四耳長頸壺や金属製釜、盤などと共伴する。土製・施釉陶製・青銅製・鉄製など材質は様々であるが、形態は同一である。断面が四角形の長い本体の一方の側面に四角形の焚口、上面には丸い釜孔があり、反対側には煙突が作られている。焚口の位置が本体の側面にある点が中国や楽浪とは異なる高句麗のカマドの特徴である。

参考文献

姜賢淑　2001「古墳を通じてみた４・５世紀高句麗の集権体制」『韓国古代史研究』24

韓国古代史学会
姜賢淑 2005『高句麗と比較した中国韓・魏晋の壁画墳』知識産業社
高麗大学校博物館・ソウル特別市 2005『高麗大学校開校100周年記念博物館特別展—韓国古代の Global Pride 高句麗』高麗大学校博物館
權五榮 2006「中国遺物と壁画を通じてみた高句麗の冠」『考古資料に探る高句麗人の暮らしと文化』高句麗研究財団
權五榮 2009「高句麗横穴式石室墳の埋葬プロセス」『横穴式石室墳の受容と高句麗社会の変化』東北亜歴史財団
金龍星 2005「高句麗積石塚の墳制と墓制に対する新たな認識」『北方史論叢』3　高句麗研究財団
金在弘 2005「高句麗農業生産力の発展—鉄製農機具の分析を中心に」『北方史論叢』8　高句麗研究財団
リグァンヒ 2005『高句麗遺物研究』科学百科事典出版社
白種伍 2006『高句麗瓦の成立と王権』周留城
成正鏞 2006「高句麗の甲冑文化」『考古資料に探る高句麗人の暮らしと文化』高句麗研究財団
ソンスホ 2001『高句麗古墳研究』社会科学出版社
ソンヨンジョン 1995『高句麗史』1・2・3　社会科学出版社
宋桂鉉 2005「桓仁と集安の高句麗甲冑」『北方史論叢』3　高句麗研究財団
余昊奎 1999『高句麗の城Ⅰ—鴨緑江中上流篇』国防軍事研究所
余昊奎 1999『高句麗の城Ⅱ—遼河下流域篇』国防軍事研究所
魏存成（辛勇旻訳）1994『高句麗考古』湖巖美術館
李東熙 2009「高句麗積石塚から横穴式石室墓への転換」『横穴式石室墳の受容と高句麗社会の変化』東北亜歴史財団
全虎兌 2000『高句麗古墳壁画研究』四季
鄭燦永 1973「紀元4世紀までの高句麗墓制に関する研究」『考古民俗論文輯』社会科学出版社
趙胤宰 2009「中国漢魏晋時期の横穴式古墳の拡散と高句麗古墳との影響関係」『横穴式石室墳の受容と高句麗社会の変化』東北亜歴史財団
崔鍾澤 2006「南韓地域高句麗土器の編年研究」『先史と古代』24　韓国古代学会

百　済

Ⅰ　概　観

『三国史記』によると、百済は紀元前18年に高句麗より南下した温祚と沸流が漢江流域に定着して建てた「十済」を土台に成長した国で、温祚王27年（西暦９）には馬韓を併合したとされる。しかし、百済が馬韓の中心勢力であった目支国を併合して古代国家段階に至ったのは西暦３世紀頃のことであり、歴史学ではその時期を古爾王代（234～286）とみるのが通説である。

韓国考古学における古代国家成立の指標としては、王城の築造、特定土器様式の成立、古墳の出現、威信財の製作と下賜、遠距離対外交易圏の確立などが挙げられているが、このうち核心となるのは王城の築造であると考えられる。百済においては、その諸般物証が３世紀半ば～後半代に現れたとみられる。

３世紀後半に百済の領域は京畿道一円に拡大し、４世紀半ば～後半には忠清道一円に百済様式の土器が広がる。また百済の中央から地方勢力に下賜されたとみられる金銅冠・金銅飾履・帯金具などの着装型威信財や中国産陶磁器などが共伴出土しており、この頃に当該地域が百済の地方として編成されたと解釈されている。しかし、金工品を扱う立場からは、この地域の百済への編成が若干古くなる可能性も提起されている。ただし、漢城期百済の威信財が全羅南道の高興でも出土しており、当時の百済中央と在地首長の間の関係は画一的なものではなかったと思われる。５世紀代には錦江南岸の全羅北道地方も百済に編入されたとみられる。

475年、高句麗の長寿王の南方侵攻によって蓋鹵王が殺害され、都城の陥落に伴って百済は熊津（公州）へと遷都して再興を図る。漢城陥落後、高句麗は忠清北道清原地域まで進出し、南城谷山城などを築いて百済に圧力をかけた。錦江以北の地域に対する支配力が弱まった百済は、勢力拡大の目を南に転じ、栄山江流域に対する支配力の強化を試みる。大型墳丘内に石室が築造された羅州伏岩里《ポガムニ》３号墳や前方後円形古墳の出現は、その間の政治的状況を物語るものとして解釈されている。

武寧王代に回復した国力を背景に、百済は聖王16年（538）に泗沘（扶餘）へと計画的遷都を断行する。この時期に中央と地方の制度を整備し地方に対する直接支配を貫徹するに至るが、都である泗沘地域のものと同形の陵山里型石室が６世紀中葉以降に栄山江流域まで波及したことはその結実といえる。しかし三国の激しい対立のなかで高句麗・新羅との抗争を続けてきた百済は、660年に羅唐連合軍の侵攻によって滅亡することになる。

このように、漢江下流域に興った百済は熊津・泗沘と遷都を繰り返した。考古学研究においても都の位置を基準に百済時代を漢城期・熊津期・泗沘期と時期区分しており、百済の遷都は単なる都城の移動以上の大きな意味をもっているといえる。

Ⅱ　遺　跡

1　都　城

文献では、百済ははじめ漢江の北側に都を定め、その後南の河南慰礼城に遷都したと伝える。しかし、現在漢城《ハンソン》期の都城遺跡としては漢江南岸において風《プン》納土城《ナプトソン》と夢村土城《モンチョントソン》が確認されているのみである。調査の結果からは、風納土城が漢城期の核心的都城と考えられるが、475年における長寿王の百済の都城への侵攻記事では南城と北城があったことを記しており、それによると風納土城と夢村土城がセットとなる都城体制であったと思われる。

風納土城は漢江のほとりの沖積台地上に版築工法によって築かれており、城壁の全長約3.5km、基底部の最大幅43mで、現存する高さは11mに達する。全体の面積が約84万㎡に及ぶ城内には、儀礼用建物や祭祀遺構、大型竪穴住居跡など、城壁築造以降に造られた各種遺構の他、築城以前に築かれた三重環濠も確認されている。この環濠により、百済が城を築造する以前からこの地域を根拠地に勢力を拡大させていたことがわかる。

夢村土城は風納土城の南にあり、版築と盛土を混用して低い丘陵をつなげて

図177　ソウル風納土城（上）と夢村土城（下）

城壁を造っている。城壁の長さは2.3km、城壁内部面積は21万㎡で、城内では建物跡や版築基壇、竪穴住居跡、貯蔵穴などが確認されている。

475年に遷都した熊津《ウンジン》城は、錦江支流の済民川周辺の狭隘な空間を占め、錦江に面して公山城《コンサンソン》が、その西方に王陵区域である宋山《ソンサン》里《ニ》古墳群がある。宋山里古墳群の北の錦江に面した丘陵では、武寧王をはじめとする王族の殯の場であった可能性が指摘されている艇止山《ジョンジサン》遺跡が位置しており、大型壁柱建物跡がみつかっている。王宮の位置については、公山城の内部説と外部説がある。内部説で王宮跡と考えられている建物跡は規模や時期に問題があるが、公山城外部でも王宮跡はまだ確認されていない。熊津城に羅城が存在した可能性はほとんどないが、周辺の山城が羅城としての役割を果たしたという見方もある。

国力を回復した百済は、熊津城が狭小で都城としての条件を備えていないことから、聖王16年（538）に泗沘《サビ》へと遷都することになる。泗沘都城の最大の特徴は都城を囲む羅城であるが、その築城時期については遷都以前とみる見解と以後とみる見解がある。都城内では幅約９ｍと約４ｍの道路遺構が発掘されている。都城内部はこの道路を基準に南北113.1m、東西95.5m程度の大区画が設定され、その内部をさらに小区画に分けていたとみられる。このような基盤施設や扶蘇《プソ》山城出土「大通」銘瓦、威徳王13年（566）の東羅城の外側における陵寺の造営などからみると、都城空間は遷都以前に綿密に計画されており、羅城もやはり遷都以前に築造されていた可能性が高い。近年における調査の結果、西羅城と南羅城が存在した可能性はほぼなくなったため、泗沘羅城は扶蘇山城から東側にのびる北羅城0.9kmと東羅城5.4kmを合わせた総6.3kmのみが築造されたとみられている。羅城を築造する際には、低地帯では風納土城でも用いられた敷葉工法が採用されている。全体として城壁内部は盛土して土塁を造り、その表面に裏込め石を入れながら石積みを施すことで城壁を堅固にした。完成時の羅城は石積み城壁に見えたと思われ、『新増東国輿地勝覧』でも羅城について、石築の周囲が１万3006尺で、両端が白馬江に達し、形態は半月のようであると描写している。

泗沘都城の景観は、背後に非常時に王城の役目を果たした扶蘇山城が置かれ、その前面に王宮・官庁・寺院・市場などが配されていたと考えられる。都城は上・下・前・中・後の五部と五巷に分かれており、扶蘇山城から南に向かって中・前・後部が、東に上部、西に下部があったとする見方がある。

益山王宮《ワングン》里《ニ》遺跡では武王の代に王宮があったことが明らかになりつつあり、南北約490m、東西約240mの石積み城壁の内部で建物跡など各種施設が調査されている。特に大型建物跡は扶餘官北里《クァンブンニ》で確認された大型建物跡と規模や築造方法が同一であり、王宮の中心建物であったと推定されている。また、王宮里

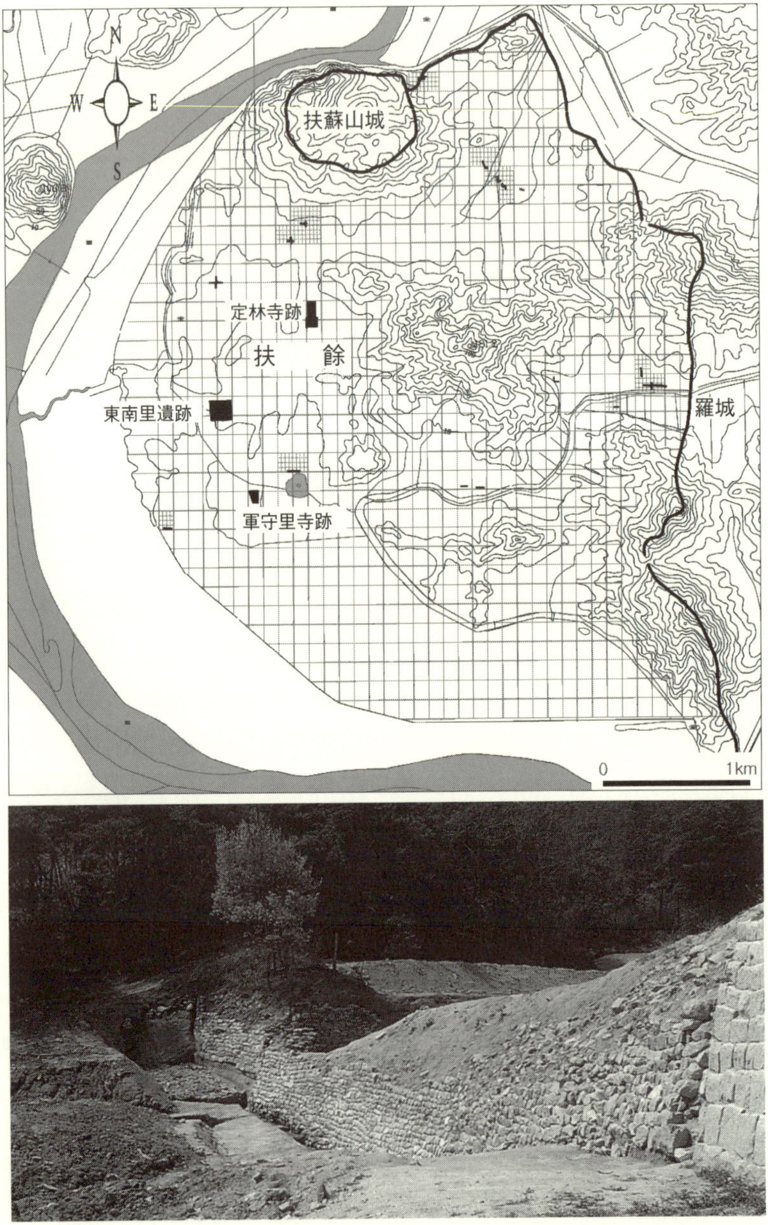

図178　扶餘泗沘羅城内部の空間区画推定図（上）と東羅城の城壁（下）

図179　扶餘官北里の大型建物跡

遺跡ではトイレ遺構も調査されている。

2　城郭遺跡

百済の漢城期には都城の他にも早い時期から地方に土城が築造されたとみられている。華城吉城《キルソン》里《ニ》土城などがその一例で、ほぼ平地に近い低丘陵に立置する。近隣には漢城期の古墳群があり、漢城百済に編入された地方勢力の拠点地域に土城が築造されていたことを物語る。

百済の山城には、その建築材料によって木柵・土城・石城の別があり、木柵や土城も石城とともに後期まで存在した。山の頂上部を鉢巻を巻くように城壁で囲んだ鉢巻式山城が百済の山城の主流であった。

漢城期後半には交通の主要ルートに沿って北東に抱川古毛里山城と半月山城、北西に坡州烏頭《オドゥ》山城と月籠《ウォルロン》山城、南東に利川雪峰《ソルボン》山城と雪城《ソルソン》山城、忠州薔薇《チャンミ》山城などが築造された。これらの山城に見られる石積み城壁については、漢城百済築造説と６世紀後半の新羅築造説が対立しているが、城内からは百済土器が出土しており、百済の漢城期から防御施設が存在していたことは明らかである。また、出土する百済土器は地域様式ではなく三足器、高坏、直口短頸

図180　坡州月籠山城全景（上）と大田月坪山城の木槨庫（下）

壺など中央で盛行したものであるため、これらの山城は百済中央勢力によって築造され、中央から派遣された人物が居住していたと考えられている。

熊津期には、現在の公州市一円に公山城を中心として同心円状に山城を配置し、都城である熊津城を防衛したとみられる。これらの山城は標高150m 前後の低い丘陵に築かれており、おおむね城壁全体の総延長が500m に満たない石城である。

泗沘期の百済は都城の外郭と国境地帯、国境と都城を結ぶ交通の要衝に山城を築いた。この時期、地方統治組織として方・郡・城体制が確立しており、それに対応する様々なクラスの城が築造されていたとみられる。泗沘期の山城は熊津期の山城に比べ高地に立地しており、規模の面においても大型化したものが多い。

百済の山城の施設としては、城壁や城門、城壁に付属する様々な防御施設の他に、城内の貯水施設や城壁に設けられた排水口、陥し穴などが調査されている。貯水施設では、石積みの護岸による貯水池の他に、土坑を掘り泥土で裏込めをして設置した木槨庫が大田の月坪洞《ウォルピョンドン》山城をはじめ錦山の栢嶺《ペンニョン》山城、麗水の鼓楽《コラク》山城などいくつかの百済の山城で確認されているが、これらは集水ないし貯蔵施設として使用されたと考えられる。

百済滅亡後、百済の遺民によって山城の築城技術が日本に伝えられ、九州地方をはじめとする日本列島の各所に百済式山城が築造された。日本ではこれを朝鮮式山城と呼んでいる。

3　生活遺跡

百済の集落遺跡に対する調査例は多くないが、100基を超える竪穴住居跡が密集する大集落と10余基以下の小集落が共存し、湖南地方では原三国時代から三国時代まで持続する集落遺跡で数百基の竪穴住居跡が調査されることもある。集落の立地としては、川辺の沖積台地や低丘陵地帯が好まれた。天安の龍院里《ヨンウォンニ》遺跡、瑞山の富長里《ブジャンニ》遺跡や堰岩里《ヨナムニ》遺跡などのように集落と古墳群が至近に位置し、セットで調査された遺跡もある。龍院里遺跡においては、120基を超える竪穴住居跡からなる集落が海抜200m 前後の高地帯に位置し、それより低い海抜110m ほどの丘陵に150基余りからなる墳墓群が形成されていた。また、集落近くで水田や畑の遺跡が調査された例もある。

竪穴住居跡の平面形態は地域によって差が見られる。ソウル江南の風納土城や夢村土城では、出入口が居住空間から離れた平面六角形の竪穴住居跡が調査されているが、これは原三国時代における中部地方の出入口付長方形平面の「呂」字形住居跡から発展したものである。このような住居跡は抱川自作里《ジャジャンニ》や龍仁水枝《スジ》など臨津江・漢江流域の多くの地域で確認されている。六角形住居跡では、壁の内側に直径15～20cm 以上の柱穴が密に並んでおり、壁に沿って板材が検出された例もある。遺跡によっては、抱川自作里2号住居跡の事例のよ

図181　抱川自作里遺跡全景と２号住居跡の１条煙道

うに面積が70～80㎡を超える大型の六角形住居跡を含むものもある。これらの住居跡は、内部から出土する遺物からも集落の代表者や地域首長が居住した場と判断される。漢城期の都城遺跡と一部の集落遺跡の大型住居跡からは瓦が出土することもあるが、屋根全体に瓦を葺いていた痕跡はまだ確認されていない。

京畿道西部地域と湖西・湖南の西部平野地帯では、平面が長方形または方形の竪穴住居跡が主に調査されており、中央に四つの柱穴がある４柱式住居が特徴的である。それに対し、小白山脈に近い忠清南道南部地域の一部と湖南東部地域では、平面が楕円形または円形の竪穴住居跡が主に見つかっている。

このような百済の竪穴住居跡には、内部から外部へ直線状にのびる煙道や住

図182　瑞山堰岩里遺跡ナ地区全景

居の壁面に沿って巡る曲線状の煙道、または住居の壁面にカマドが設置された例が多い。カマドに関連して、焚口に取り付けた土製カマド焚口枠の発見例もある。集落遺跡では、竪穴住居跡の他にも、柱を立てて倉庫や建物を造った高床式家屋の柱穴や多数の貯蔵穴なども調査されている。

熊津期の公州艇止山遺跡で調査された壁柱建物跡は、同じものが泗沘都城や益山・順天など各地で確認されており、その機能についての検討と、出現時期が漢城期までさかのぼる可能性に対する検討が必要となる。壁柱建物とは、柱を密に立て並べ、柱自体が壁の役割を果たすように造られたもので、大壁建物とも呼ばれる。中央に大型壁柱建物を置き、その周囲を木柵などで囲んだ艇止山遺跡は、武寧王をはじめとする王族の殯の場であった可能性がある。一方、日本の奈良県や滋賀県一帯でも壁柱建物跡が多数発見されており、これらの地方と百済との関係を物語っている。

4　生産遺跡

農業生産遺跡としては畠、水田、水利施設などが調査されている。河南渼沙《ミサ》

図183　公州艇止山遺跡

里《リ》や華城石隅里《ソグリ》モクシル遺跡などでは集落遺跡とともに畝・畝間からなる畠遺構が調査されているが、百済の畠は集落の立地と同様に丘陵や沖積台地に位置しており、まれに低湿地で発見されることもある。水田遺構は華城石隅里モクシル遺跡、扶餘佳塔里《カタムニ》遺跡など数箇所で小区画水田、階段式水田など様々な形態が確認されており、扶餘九鳳里《クボンニ》・蘆花里《ノファリ》遺跡では青銅器時代の4×3mの小区画水田から百済時代の23×7mの大きさの水田へと拡大した様子が見られる。華城松山洞《ソンサンドン》遺跡では、天安長山里《チャンサンニ》の原三国時代の遺構のように、緩やかな傾斜をもつ谷の小河川を堰き止めて階段式の水田を造成しており、その両側に設置した人工水路も確認されている。

百済の水利施設としては金堤の碧骨堤《ピョッコルジェ》がよく知られる。現在約3kmに達する堤防が残る碧骨堤は、文献に記録された初築の時期こそ疑わしいが、ソウルの風納土城や扶餘の泗沘羅城で確認された敷葉工法などの土木技術が適用されており、水利施設による農業生産力の飛躍的な増大を物語っている。

鉄生産遺跡は鎮川の石帳里《ソクチャンニ》や忠州の漆琴洞《チルグムドン》、清原の五松《オソン》などで調査されている。これらの鉄生産遺跡はいずれも低丘陵地帯の傾斜面に立地するという共通

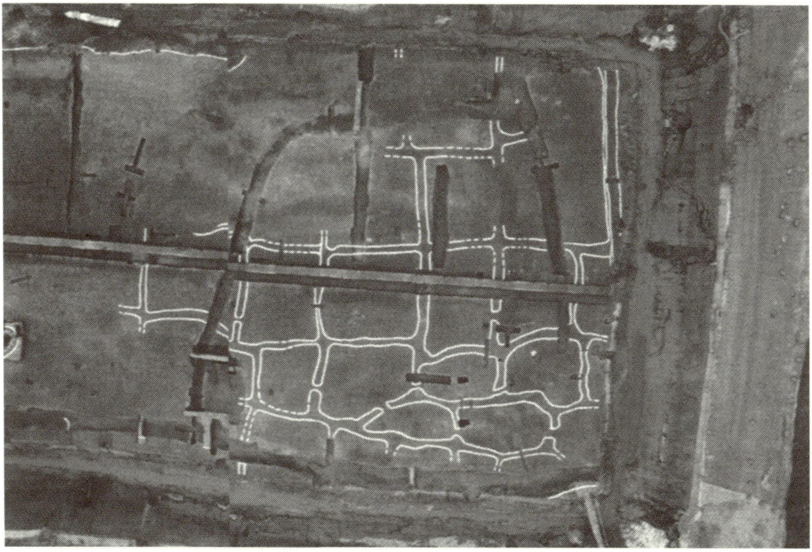

図184　扶餘西羅城遺跡外の水田

点があり、特に鎮川石帳里遺跡では原三国時代から百済初期にあたる製錬炉・鎔解炉・製鋼炉・鍛冶炉がそろって確認され、当時の鉄生産の実態を示している。原三国時代から急増する、多数の側口が設けられたトンネル式の炭窯も、鉄生産遺跡の近隣において確認される例が多く、鉄などの手工業生産の発達と深く関わると考えられている。

いまだ熊津期以前のものは調査されていないが、泗沘期における金・銀・銅などの非鉄金属やガラス工房遺跡として、扶餘官北里遺跡や益山王宮里遺跡など王宮隣接地域の遺跡、扶餘陵寺《ヌンサ》跡や益山弥勒寺《ミルクサ》跡などの寺院遺跡において一部が調査されており、坩堝や生産品が出土している。

土器生産遺跡は、鎮川山水里《サンスリ》遺跡、青陽鶴岩里《ハガムニ》遺跡、益山新龍里《シンニョンニ》遺跡などをはじめ、各地で調査されている。鎮川山水里の百済土器窯は、近隣にある原三国時代の三龍里《サムニョンニ》土器窯から発展したもので、当該地域における原三国時代土器から百済土器への変遷過程を如実に示している。窯はいずれも山の斜面に設置された傾斜をもつ登窯で、大型のものと小型のものがあり、小型のものは半地下式であるが、大型のものは焚口から地下へ穴を掘った地下式である。焼成室

図185　鎮川石帳里Ａ－４号製錬炉と送風管

の平面は長楕円形で、焚口から垂直に落ちこむ燃焼部をもつ点が特徴である。益山の新龍里土器窯も焼成室の床面が傾斜した長楕円形の窯であるが、焚口と燃焼部が水平につながる点において山水里窯とは異なる構造である。

瓦生産遺跡は、扶餘の亭岩里《ジョンアムニ》窯跡群および青陽の汪津里《ワンジンニ》窯跡群がその代表である。瓦窯は燃焼室と焼成室の間に高い段が設けられる点が特徴的で、焼成室は傾斜がほとんどない平面長方形のものと、床面が傾斜した平面長楕円形のものがある。長楕円形焼成室の窯には、床面が階段式になっている事例もある。瓦窯遺跡は扶餘一円に集中しており、泗沘都城内で収拾された瓦のなかに五部の名称が刻まれているものが多いことから、各「部」が生産施設を個別に管理していた可能性がうかがわれる。一方、大田の月坪洞遺跡や鎮安の月渓里《ウォルゲリ》遺跡など、都城から遠く離れた地方でも小規模の瓦窯跡が確認されており、当時の瓦の生産と需給が地域単位で行われていた可能性を示している。

なお、公州宋山里の塼築墳に用いられた塼を生産した場所として扶餘の井洞里《ジョンドンニ》窯跡が知られているが、まだ本格的な調査は実施されていない。

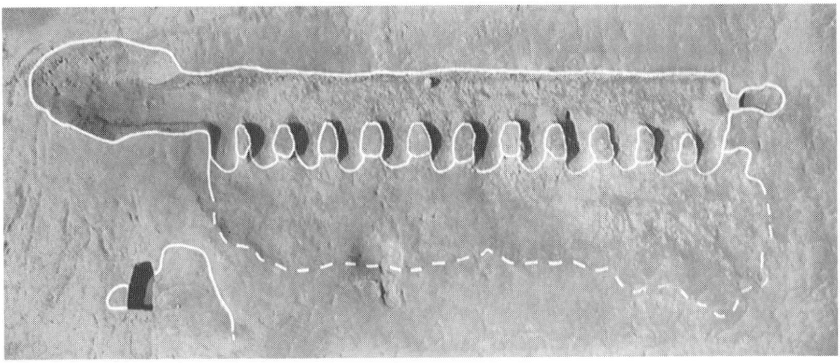

図186　華城盤松里2号炭窯

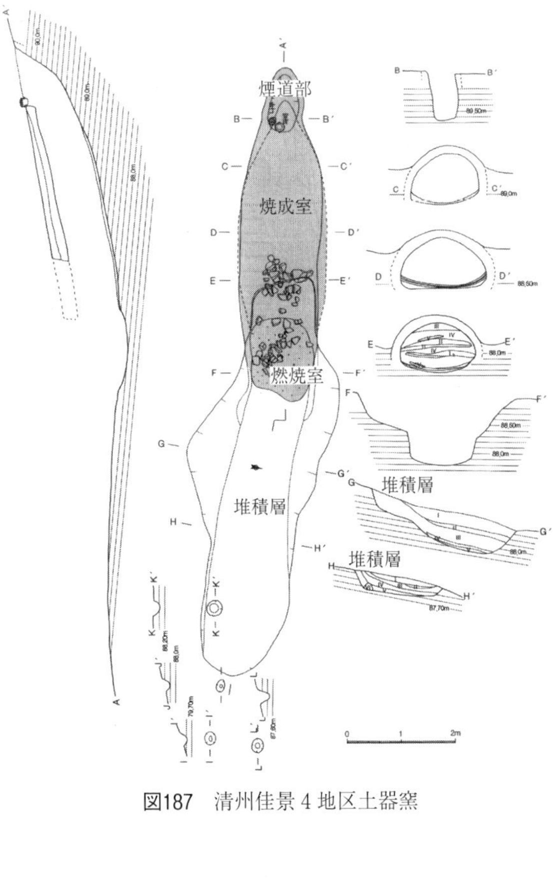

図187　清州佳景4地区土器窯

図188　扶餘亭岩里瓦窯

5　古　墳

1）漢城期

漢城期の中央勢力の古墳群は、都城遺跡である風納土城と夢村土城に隣接したソウル江南の石村洞《ソクチョンドン》・可楽洞《カラクドン》一円にある。日本の植民地時代のはじめまでここには89基の古墳が残っていたが、そのほとんどがなくなり、現在はきわめて少数のみが存在する。調査された墓形式には土壙墓、葺石封土墳、基壇式積石塚などがある。

土壙墓は地上には何の痕跡も残さないが、地下に土壙を掘り木棺を安置した墓で、３世紀頃から５世紀まで造営されたと考えられる。

葺石封土墳は盛土による封墳の内部に木棺や甕棺など複数の埋葬施設を設置した古墳で、可楽洞１・２号墳、石村洞破壊墳などが調査されている。平面が隅丸方形に近い墳丘は直径15～38m、高さ２m 前後であり、その表面には中心部を除いて薄い葺石が施され、埋葬主体の形式から木棺封土墳と呼ばれることもある。地上に造られた墳丘のなかに複数の埋葬施設があることから、西海岸地方や栄山江流域において発達した墳丘墓と同系統の墓制とみる見解もあるが、この点に関してはさらに慎重に判断する必要がある。葺石封土墳は３世紀中・後葉頃から築造されはじめており、百済の中央においてはじめて地上に大型の墳丘を築いた古墳で、さらに初期型式の漢城期百済様式土器が出土していることから、その出現は百済の国家形成の考古学的根拠の一つと解釈されている。

基壇式積石塚は割石を積んで外形を方台形の階段式に築造した古墳で、現在は石村洞３号墳と４号墳が残る。石村洞３号墳は一辺の長さが55m、高さが4.3m 以上で、内部と外部をともに割石で築造したものである。現在は３段までが残っているが、それより上部は崩れており、全体の段数と埋葬施設の構造はわかっていない。その規模は集安の太王陵や将軍塚に匹敵するものであり、百済の近肖古王陵と推定されている。これより小規模の石村洞４号墳は、外部は割石で３段の階段式に積んでいるが、内部に土を充填している点において異なっており、墳丘中央には平面方形の玄室に羨道が付いた両袖式石室状の施設があった。このように、百済の基壇式積石塚のなかには、墳丘全体を割石で積んだものと外部に割石を積み内部に土をつめたものがあり、埋葬施設の本来の形態は不明であるが、その後半には横穴式石室が採用されたと考えられる。

基壇式積石塚は、漢城期百済の最高支配者層が熊津遷都の直前まで築造していた墓制で、百済の建国勢力が高句麗から南下したとする『三国史記』の内容とも一致する部分である。しかしその出現時期に関しては３世紀半ばとする説と４世紀半ばとする説があり、いずれにしても文献上の百済の建国勢力の南下とは時期的にかなり差があるため、その出現の過程についてより合理的な解釈が必要である。

漢城期の地方では、原三国時代の清堂洞《チョンダンドン》型周溝土壙墓や寛倉里《クァンチャンニ》型周溝墓、すなわち墳丘墓が継続するなかで様々な変化が起きた。清堂洞型周溝土壙墓は中西部地方で主に調査されているが、最近では京畿南部地域の各所でも発見されており、百済様式の土器が副葬される段階になると周溝がなくなり、土壙内に木棺（槨）を納めた埋葬主体だけが残るという変化を見せる。また、土壙内に河原石または割石で四壁を積み大型の蓋石を被せた竪穴式石槨墓に変化する場合もあるが、このような百済古墳のあり方には遺跡や地域によって差が見られる。烏山水清洞《スチョンドン》遺跡では百済漢城期に入っても埋葬主体部である土壙の周囲に周溝が引き続き存在し、漢城期最大の土壙墓群である清州新鳳洞《シンボンドン》遺跡では竪穴式石槨墓は築造されず、一貫して周溝をもたない土壙木棺（槨）墓が造営され

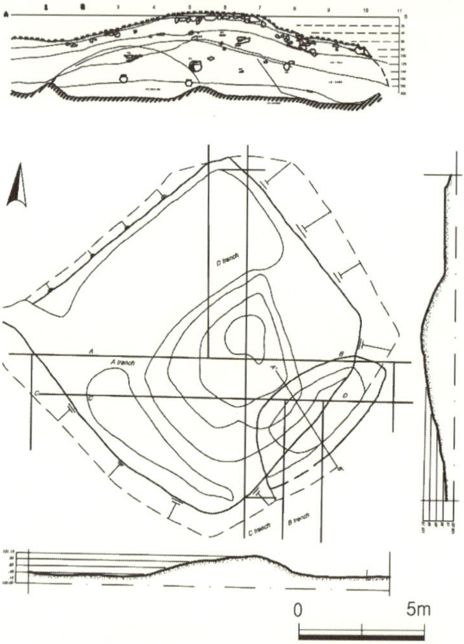

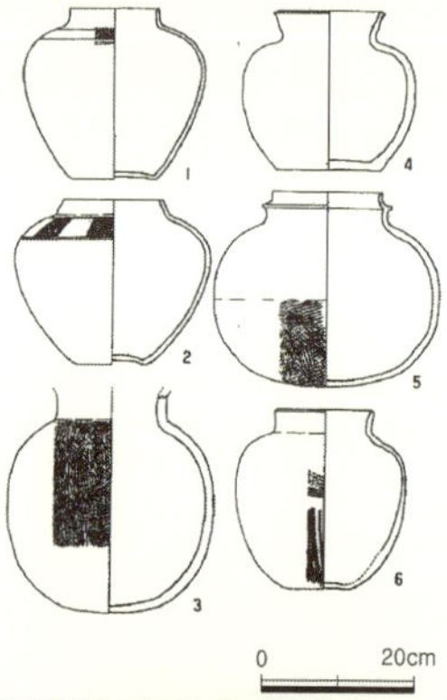

図189　ソウル石村洞４号墳（上)、ソウル可楽洞２号墳と出土遺物（中)、天安龍院里９号墳（下）

た。一方、華城馬霞里《マハリ》遺跡では土壙墓から竪穴式石槨墓へと変遷しており、天安龍院里遺跡では一般成員の墓が土壙墓であるのに対し、首長級の墓には竪穴式石槨墓が独立して築造されている。

西海岸地域では寛倉里型周溝墓、すなわち墳丘墓の伝統のなかで平面方形の周溝をめぐらせ盛土して木棺を納めた古墳が築造されたが、墳丘の規模は次第に大型化してその形態がさらに明瞭になり、追加埋葬によって墳丘が水平方向ないし垂直方向に拡張されていった。瑞山機池里《キジリ》遺跡および富長里遺跡、完州上雲里《サンウンニ》遺跡で漢城期百済の遺物が出土する墳丘墓が調査されている。

百済漢城期の横穴式石室墳も各所で調査されている。ソウル牛眠洞《ウミョンドン》をはじめ、河南広岩洞《クァンアムドン》遺跡、城南板橋洞《パンギョドン》遺跡、華城馬霞里遺跡、原州法泉里《ポプチョンニ》遺跡、中西部地方の燕岐松院里《ソンウォンニ》遺跡、公州水村里《スチョンニ》遺跡、清原主城里《チュソンニ》遺跡などの例があり、最も早い時期にあたる華城馬霞里遺跡の石室の例を見ると、その出現時期は4世紀後半までさかのぼる。これらの玄室の平面形態は方形および長方形であり、羨道は両袖式・左片袖式・右片袖式など地域によってその構造が多様で定型化していないが、その理由は横穴式石室が特定の勢力によって受容された後に拡散したものではなく、地方首長レベルでそれぞれ独自に採用されたためであると解釈されている。公州水村里遺跡で独立した首長級墳墓区域内に土壙墓・石槨墓・石室墳が順次築造されている点、華城馬霞里遺跡で石室墳が石槨墓より高い場所に独立して存在している点などは、それぞれ異なる横穴式石室の受容過程を物語っていると思われる。

ただし、これらの石室は、地表面に土壙を掘って半地下式に設置され、石材に扁平な割石を用いるという共通点をもつ。また、燕岐松院里遺跡の方形石室や城南板橋洞遺跡の長方形石室は玄室の平面が胴張りであり、韓半島西北地方の塼室墓に通じる築造技法であるため、両地域の関係が注目されている。

百済漢城期の横穴式石室墳は都城遺跡と至近の距離にあるソウル牛眠洞遺跡や河南市廣岩洞遺跡でも確認されているため、ソウル江南の百済中央勢力の古墳群でも採用されていた可能性がある。しかしソウル江南の芳荑洞《パンイドン》で調査された横穴式石室は、その位置がやはり漢城期の都城遺跡に近いため、かつて百済の古墳であるとされたこともあったが、これらは百済の石室とは築造手法が異なり、副葬品も6世紀後半以降の新羅土器であったため、新羅が漢江流域に進

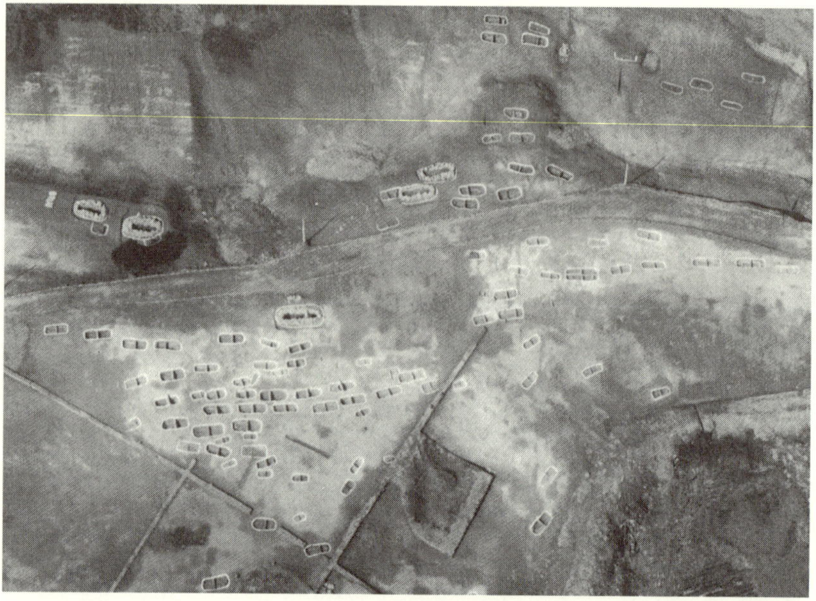

図190　天安龍院里古墳群

図191　瑞山機池里古墳群

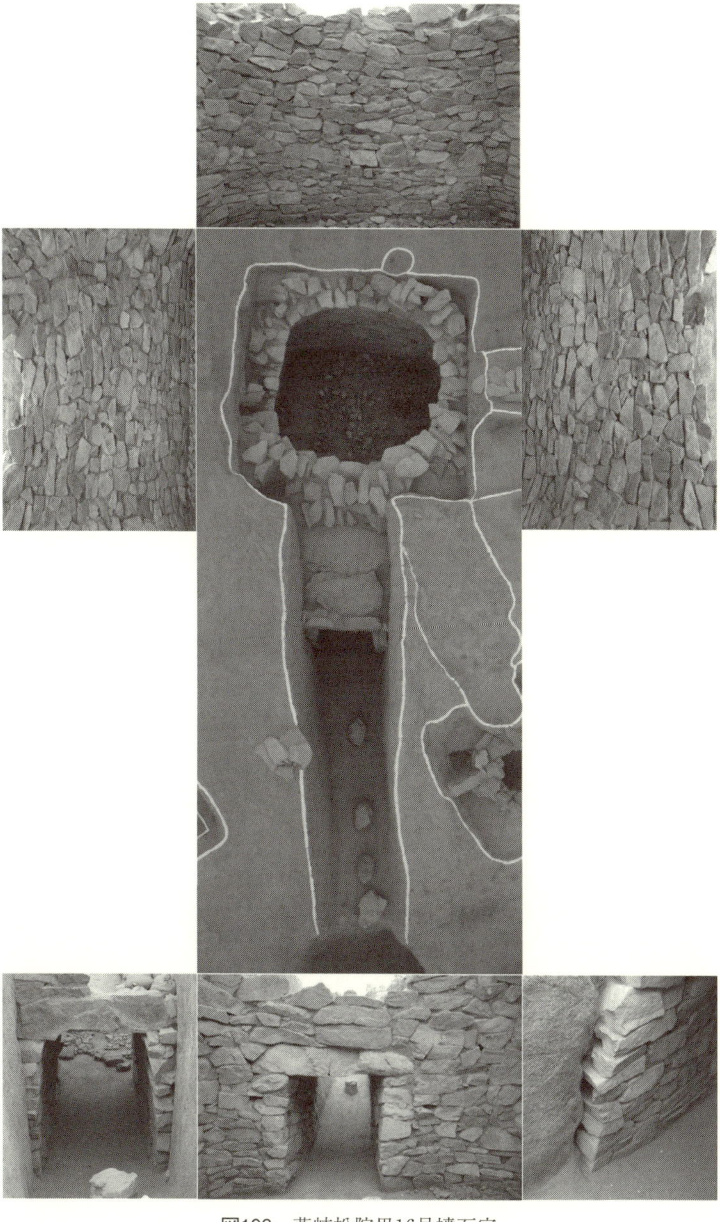

図192　燕岐松院里16号墳石室

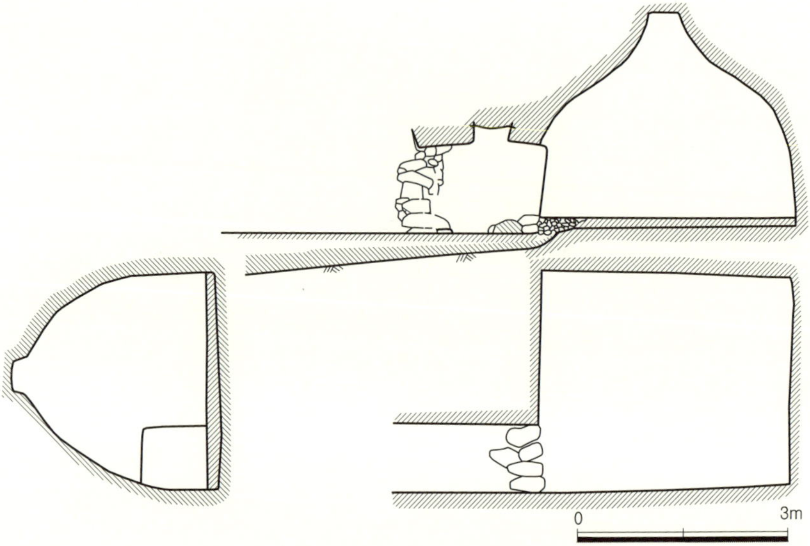

図193　宋山里型石室：公州宋山里４号墳

出した後に築造した新羅の古墳であると思われる。

２）熊津・泗沘期

熊津遷都後の百済の墓制はおおむね横穴式石室墳に統一されつつあったが、石槨墓・瓦棺墓・壺棺墓・塼槨墓・火葬墓なども採用されていた。熊津期の王陵がある公州宋山里古墳群では、羨道が左片袖式で玄室平面が方形の穹窿状天井をもつ横穴式石室墳が築造されている。これを宋山里型石室と呼び、漢城期の石室の多様な構造が熊津期に入って宋山里型石室として定型化したことを示している。一方、公州金鶴洞《クムハクドン》遺跡や論山表井里《ピョジョンニ》遺跡では平面が長方形の横穴式石室も調査されている。宋山里型石室の分布範囲はさほど広くなく、主に公州一円と錦江下流域で確認されているが、錦江以南の湖南地方でも調査例が増えている。

公州宋山里古墳群に位置する武寧王陵《ムリョンワンヌン》と宋山里６号墳は、文様塼を積んで壮麗な玄室と羨道を構築した塼築墳で、平面長方形の玄室はトンネル形の構造になっており、短い羨道が前壁の中央に付く。この宋山里の塼築墳は中国南朝の

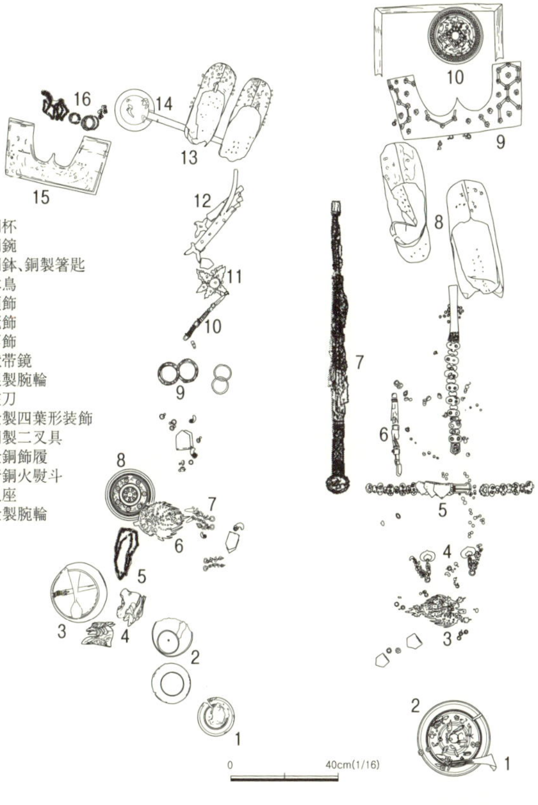

王妃
1　銅杯
2　銅鋺
3　銅鉢、銅製箸匙
4　木鳥
5　頸飾
6　冠飾
7　耳飾
8　獣帯鏡
9　銀製腕輪
10　粧刀
11　金製四葉形装飾
12　銅製二叉具
13　金銅飾履
14　青銅火熨斗
15　足座
16　金製腕輪

王
1　髪飾り
2　宜子孫獣帯鏡
3　冠飾
4　耳飾
5　帯金具
6　粧刀
7　環頭大刀
8　金銅飾履
9　足座
10　方格規矩神獣鏡

図194　公州武寧王陵の玄室と遺物配置図

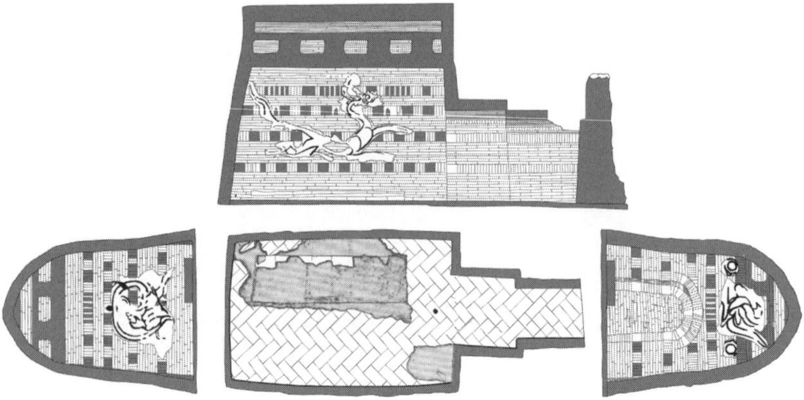

図195　公州宋山里６号墳

図196　扶餘陵山里古墳群

古墳に倣ったものであり、中国とのつながりを通じた王室の地位の対内外的誇示に関連するものと考えられる。宋山里６号墳は壁に粘土を塗って四神図を描いた壁画古墳である。

武寧王陵などの塼築墳は百済の墓制に大きな影響を与え、それによって泗沘期の石室はほぼ両袖式で玄室平面が長方形のものへと変化した。扶餘の陵山《ヌンサン》里《ニ》古墳群は泗沘期の王陵区であり、そこでは板石で構築した平面長方形の石室が造営されており、天井の形式はトンネル形から平斜式、すなわち石室断面が六

図197　陵山里型石室：青陽長承里Ａ－28号墳（左）、扶餘塩倉里Ⅲ－60号墳（右）

角形のものへと変化し、さらに平天井のものへと変わった。平天井の石室をもつ陵山里１号墳は、壁面に蓮華文などを描いた壁画古墳である。このような百済後期の石室を陵山里型石室と呼んでいるが、このタイプの石室をもつ古墳は錦江流域はもちろん栄山江流域でも築造されており、その分布範囲が泗沘期百済の全領域へと拡大していたことがわかる。陵山里型石室の出現とともに古墳の石室が規格化され、さらに中央と地方の間に等級の差が表されるようになったが、これは造墓に一定の規制が働いていたことを示すもので、これを百済の官位制、ひいては律令制と結び付けて解釈する説もある。

一方、熊津・泗沘期にも竪穴式石槨墓があり、さらに羨道がなく石槨の一方の短壁全面または一部を出入口とした横口式石槨墓も築造された。また、公州丹《タン》芝《ジ》里《リ》遺跡では山の斜面に穴を掘って造った横穴墓が多数確認されたが、これらは日本の九州地方と関係する墓制で、百済へ渡った倭人かその子孫の墓と考えられている。

6　信仰遺跡

１）寺院跡

文献では、仏教は枕流王元年（384）に百済に伝来し、翌年には漢山に寺を建てたとするが、この時期の仏教関連の発掘資料はまだ確認されていない。近年風納土城で蓮華文軒丸瓦が出土しており、これが仏教の伝来と関連するものか注目を集めている。蓮華文は漢城期の遺物のなかでは公州水村里３号石槨墓

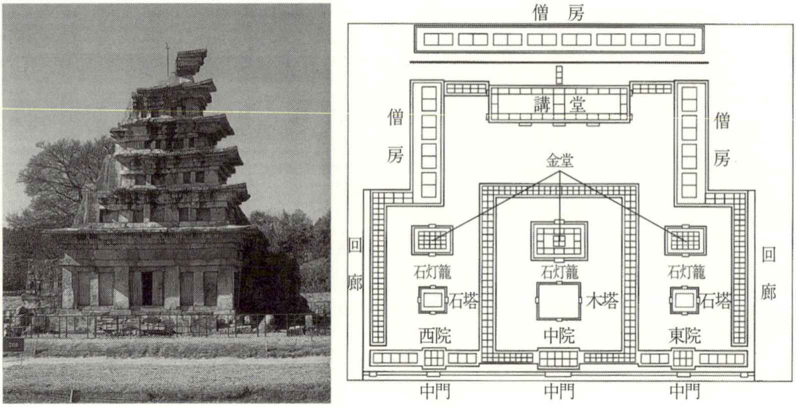

図198　益山弥勒寺跡石塔と伽藍配置図

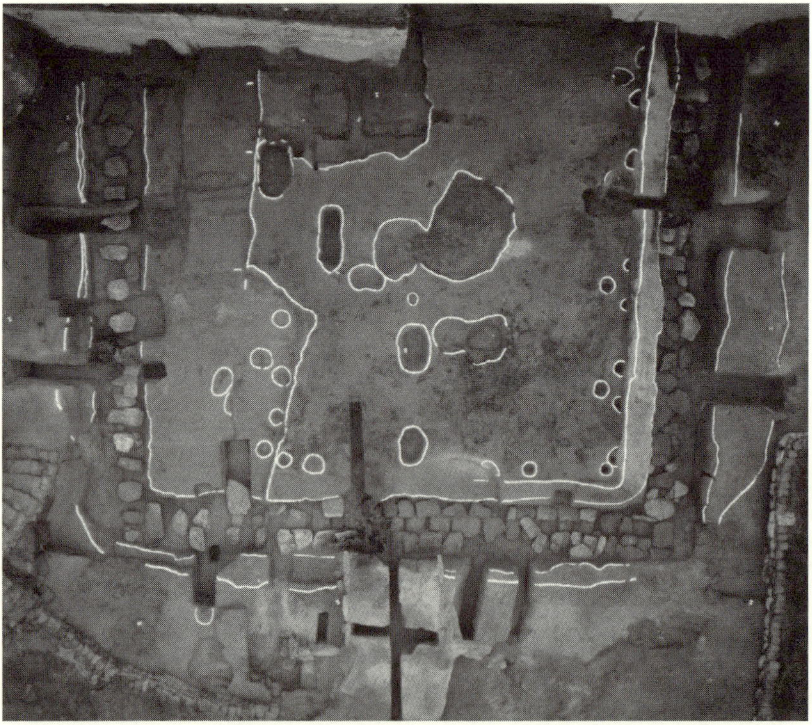

図199　ソウル風納土城慶堂地区祭祀遺跡

出土の金銅製飾履の履底や原州法泉里4号墳出土の青銅製の蓋にもあるが、これらが仏教に関連するものか、あるいは単純な装飾図案なのかは不明である。

現在までに調査された百済の寺院跡はすべて泗沘期のものである。扶餘では龍井里寺《ヨンジョンニサ》跡、定林寺《ジョンニムサ》跡、金剛寺《クムガンサ》跡、軍守里寺《グンスリサ》跡、王興寺《ワンフンサ》跡、陵寺跡などが発掘されている。また益山の弥勒寺跡、統一新羅の寺院跡である保寧聖住寺《ソンジュサ》跡下層の烏含寺跡など、泗沘期の都城内外の主要地域に多くの百済寺院が建っていたことがわかる。

百済の寺院の伽藍配置は中門・塔・金堂・講堂が南北に配され、講堂と中門が回廊でつながる南北一列式の単塔伽藍が基本であり、益山弥勒寺跡はその伽藍単位を三つ並べて配置した三院伽藍となっている。塔ははじめ木塔が建てられ、その後木塔の用材を石材に変えた弥勒寺式の石塔を経て、定林寺跡五重石塔のような百済式石塔へと発展した。木塔跡や金堂跡などの主要建物の基礎は、地下に広い土坑を掘り粘土を交互につき固めて築いた掘込版築基壇となっている。基壇の外面は架構式石築基壇のほか、瓦を積んで化粧した瓦積基壇が多く確認されている。

2）祭祀遺跡

記録によると、百済では温祚王元年に始祖廟である東明王廟が建てられ、その38年（22）には大きな壇を築いて天地への祭祀を行なったという。また泗沘期には始祖仇台廟を建てて1年に4度祭祀を執り行なったとされる。百済漢城期の祭祀遺跡としては、風納土城の慶堂連立敷地44号建物跡が注目される。この建物は出入口施設が付いた平面「呂」字形の大型建物跡で、きわめて精巧に造られている。建物の縁に沿って幅1.5〜1.8m、深さ1.2mの溝を掘り、その底に板石と炭を敷いており、外部と隔離して出入りを統制していたとみられる。おそらく神殿のような特殊な建物だったのであろう。

風納土城慶堂連立敷地の9号・101号竪穴遺構は、その内部から馬骨や故意に打ち壊した土器、玉類などが多量に出土しており、祭祀遺構と考えられている。都城内部において発見されていることからも、国家祭祀に関わる遺構である可能性が高い。

一方、日本の植民地時代に調査され、寺院跡として知られていた扶餘の東南《トンナム》里《ニ》遺跡は、1990年代の再調査によって塔跡が存在しないことが明らかになって

図200　扶安竹幕洞遺跡と出土土器

おり、寺院ではなく別の信仰遺跡であった可能性を検討する必要がある。

これらの他に、扶安竹幕洞《チュンマクドン》遺跡では海神への祭祀遺跡が調査され、扶餘論《ノン》峙《ティ》の山の中腹において調査された遺跡は山神への祭祀遺跡とも推定されている。

Ⅲ　遺　物

1　装身具

装身具をはじめとする金工品は富の源であり、かつ支配権を象徴する道具であったと思われ、百済においては漢城期の後半から様々な製品が現れる。その背景には楽浪系工人の確保や中国南部との持続的な交流が大きな役割を果たしたと考えられる。金工品の製作のためには金の産地を確保することが重要であり、現在では忠清北道の清州・永同・沃川、慶尚北道の尚州地域などが砂金の集中地帯として知られている。金工品が増加する時期と、これらの地域に百済や新羅が進出する時期が一致するのは、偶然ではないであろう。

漢城期の金銅冠帽は半円形の烏帽子形で、上部に長い筒状の棒を立て半球形装飾を付ける特徴がある。冠帽を構成する金銅板には透彫・打出・蹴彫など多様な技法で龍文や鳳凰文などの文様を施しており、小型の歩揺を付けたものもある。このような金銅冠帽は帯金具や飾履などとともに着装型威信財として服飾の一部を構成していたと思われる。公州水村里古墳など中西部地域で5点、全羅南道地域で1点、玉田《オクジョン》M23号墳など加耶地域で2点が出土しており、日本の九州の江田船山古墳でも出土している。

百済においても冠の両側面に鳥の羽根を挿していたという記録があるが、関連資料はまだ確認されていない。公州の武寧王陵では王と王妃の金製冠飾がそれぞれ一対ずつ出土している。王と王妃の冠飾は細部には違いがあるが、忍冬文と蓮華文をモチーフにし、全体として火焔形を呈しており、王妃の冠飾は瓶から蓮華が咲く「蓮華化生」を透彫で表現している。

泗沘期には幹に一段ないし二段の枝が付く銀板を折って作った銀製冠飾が扶餘、南原、羅州など各地で出土しており、百済の官人が着用したという「銀花」にあたると考えられている。翼を開いた燕形の鉄芯とセットになって用いられたとみられる。

頭部の装飾品として、この他に城南板橋洞の漢城期の横穴式石室墳から銀製の髪飾りが出土し、武寧王陵では鳥が翼を広げた形で3条に分かれた金製の髪飾りが王の遺体の部分で確認されている。

百済の耳飾は細環式のみが確認されており、漢城期のものは金糸で心葉形垂飾を直接下げたものや小型の金製球形中間飾と心葉形垂飾を付けたものがある。武寧王陵ではそれぞれ2条の長い垂下飾が付いた王と王妃の金製耳飾が一対ずつ出土している。中間飾には長い円筒形装飾や歩揺が付いた小環連接玉が、垂下飾には心葉形金板や金製帽を被せた翡翠製勾玉、砲弾形や四翼装飾が

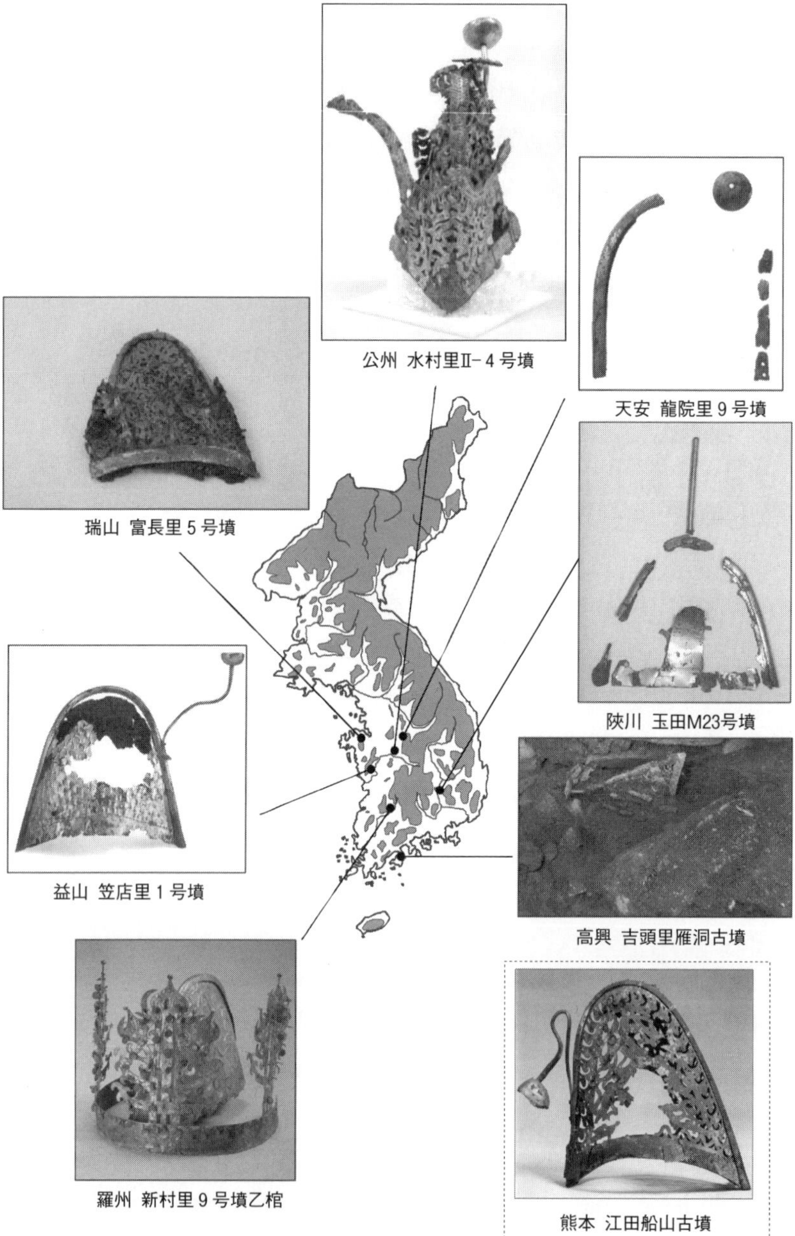

図201　百済系金銅冠帽分布図

表13　地方首長墓出土の威信財

種類 ＼ 遺跡	遺構	金銅製品				中国陶磁器	馬具			武器					農工具	玉	その他
		冠	飾履	耳飾	帯具		轡	鐙	その他	環頭大刀	木柄刀	鉄矛	鉄鏃	胡籙			
烏山水清洞25号墳	木棺					青磁盤口壺	○	○		○		○	○	○			
瑞山富長里5号墳丘墓	木槨	○		○						○		○ 盤付			刀子、斧、鎌	勾玉 ○	鉄製鐎斗、黒色磨研土器
瑞山富長里6号墳丘墓			○	○		青磁四耳壺				○					斧	○	
瑞山富長里8号墳丘墓			○	○						○		○			刀子、斧	○	
天安龍院里9号墳	石槨	○				黒釉鶏首壺	○	○	剣菱形杏葉	○		○	○	○			黒色磨研土器
公州水村里1号墳	木槨	○	○	○	○ 銀製	青磁四耳壺、蓋	○	○		○					サルポ		漆器
公州水村里3号墳	石槨		○				○	壺鐙		○		○					
公州水村里4号墳	石室	○	○		○	黒釉磁器（鶏首壺、小瓶、壺）、青磁壺碗	○	輪鐙							サルポ	ガラス管玉、玉	
原州法泉里1号墳	石室		○	○			○	○	雲珠	鉄剣		○	○	○			青銅鐎斗
原州法泉里2号墳						羊形青磁											砥石
益山笠店里86-1号墳	石室	○	○	○		青磁四耳壺	○	鉄製輪鐙	○ 銀製								
羅州新村里9号墳乙棺	甕棺	○	○							金銅、銀装	○	三叉戟	○		銀装刀子、斧	○	弓
高興雁洞古墳	石槨	○	○														短甲
羅州伏岩里3号墳	石室		○														
高敞鳳徳里1号墳	石室		○	○		青磁盤口壺	○	○		○		○	○	○	鍛冶具	○	須恵器

図202　公州武寧王陵出土金製冠飾と扶餘陵山里古墳・論山六谷里古墳・羅州伏岩里３号墳出土銀製冠飾

付いたものがあり、漢城期の耳飾に比べ格段に装飾性に富んでいる。泗沘期には金球中間式と連結金具を一体に作り、心葉形垂下飾を下げた耳飾が用いられた。

頸飾は大小様々な玉に糸を通したものが一般的であるが、武寧王陵では石炭のように黒く堅固な炭化木に金板を被せた玉で作った頸飾や、断面六角形の金製の棒を７節または９節つなげたシンプルで洗練された金製頸飾が出土している。腕輪は武寧王陵では外面が鋸状になった金または銀の棒を円形に曲げて作ったものや、外面に龍文を刻み内面に「庚子年に多利が製作した」という内容の銘文を刻んだ銀製腕輪が出土している。

漢城期には中国晋代の帯金具が搬入され、ソウルの夢村土城や風納土城、華城の社倉里《サチャンニ》遺跡などで関連遺物が出土している。近頃認知されはじめた漢城期百済の帯金具では、方形または心葉形銙板に獅噛文を施したものが特徴的である。武寧王陵で出土した王の帯金具は銀製楕円形板を連結したもので、やはり楕円形板をつなげた１条の大型腰佩が下がる。腰佩の上下には、ヒキガエルが透彫された五角形金板と、白虎と朱雀が彫られた長方形銀板が付く。

百済の金銅製飾履は、金銅製の鋲が打たれた底板の上に左右側板を中心線でつなぎ合わせるという共通点がある。左右側板に施した文様は凸字形透彫文

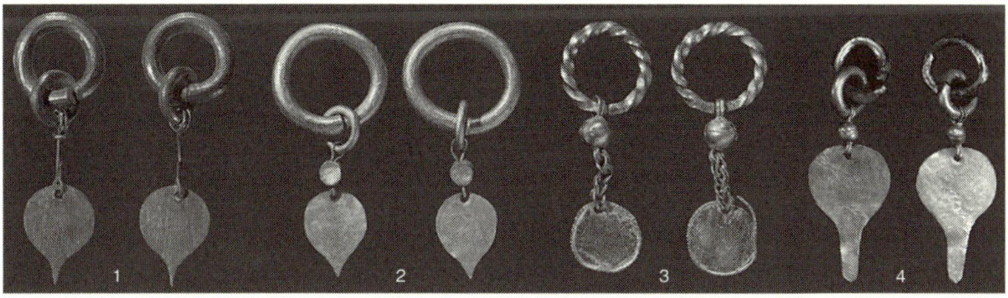

図203　各種耳飾：１．原州法泉里１号墳、２．天安龍院里９号墳、３．天安龍院里44号墳、４．清原主城里２号墳

様・斜格子文・亀甲文の順に変化したとみられ、武寧王陵では亀甲文の中に鳳凰文の透彫がある金銅製飾履が出土している。

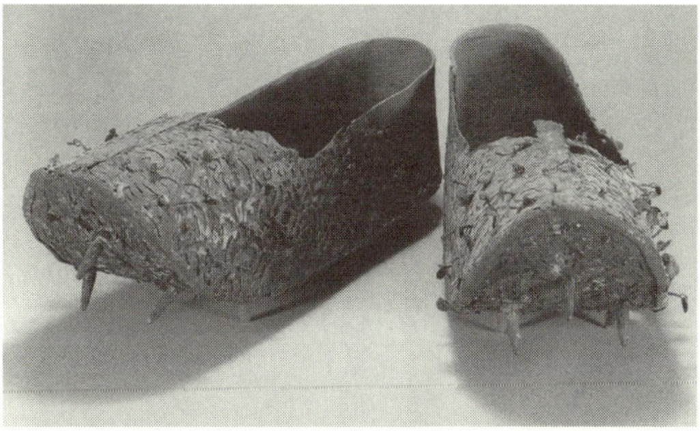

図204　公州武寧王陵の王妃金銅飾履

2　甲冑と武器

ソウルの夢村土城では骨製小札が、清州の鳳鳴洞《ポンミョンドン》遺跡をはじめとする多くの遺跡では鉄製小札が出土しており、百済の甲冑は札甲が主であったことがわかる。しかし製作技法を復元するには残存数が少なく、また冑の実体も明らかでない。清州新鳳洞 B–1号土壙墓や安城望夷《マンイ》山城では三角板鋲留短甲が出土しており、百済でも短甲が使用されていた例がある。

漢城期以来、百済の武器は鉄矛と弓矢が中心であった。槍の一種である鉄矛は、原三国時代以来、全体が長く袋部の端部が直線の直基形が用いられ、４世紀以降には長さが20cm 前後と非常に短く基部が燕尾形のものが普及した。その他にも袋部断面が多角形のものや鍔付のもの、三叉矛なども稀に発見される。

鏃は、３世紀代に茎部がない無茎鏃と茎部がある様々な形態の有茎鏃が現れる。長さは10cm 前後と短い。４世紀後半代には逆刺が付いた鏃や刀子形鏃など新しい形態が出現し、全長が長くなり、貫通力と殺傷力が高いものが出てく

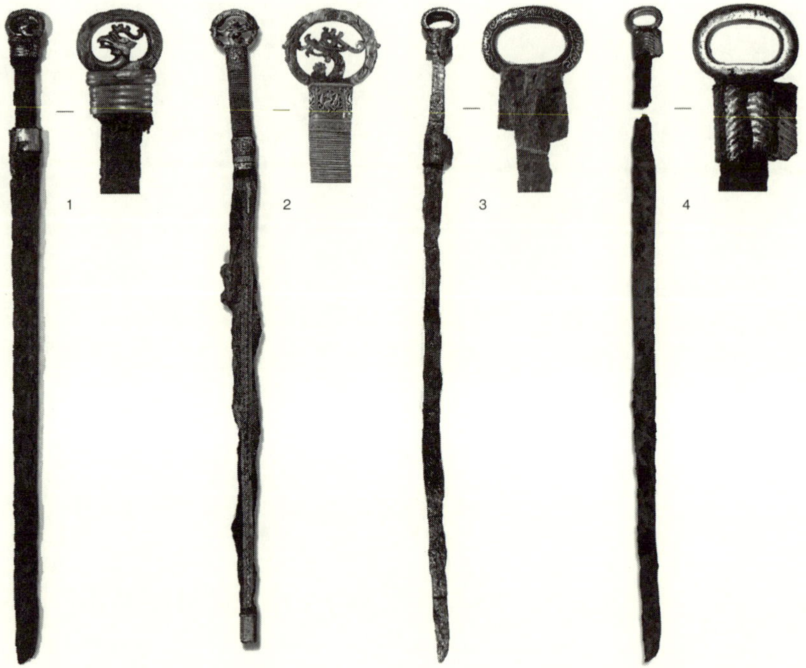

図205　各種環頭大刀：1．天安龍院里1号墳、2．公州武寧王陵、3．天安花城里A－1号墳、4．論山茅村里

る。矢筒（胡籙）は天安龍院里9号墳や烏山水清洞遺跡などで出土している。

武器としての刀は、柄頭に円環が付いた素環頭大刀や、環がなく柄を木で作った木柄大刀が広く用いられたが、4世紀中・後半からは大刀の柄と鞘を金・銀・金銅などの金属と各種文様で飾った装飾大刀が発達し、所有者の身分を表象するものとして機能した。百済の装飾大刀を代表するのは環頭を龍文や鳳凰文で飾った龍鳳文環頭大刀や、環頭や柄頭に銀糸を嵌入し様々な文様を施した象嵌環頭大刀で、漢城期から発達し、その製作技法は加耶・日本にも伝えられた。熊津期以降には刀の柄頭に金や銀の角張った筒を被せた圭頭大刀も使用される。

日本の奈良県天理市石上神宮に所蔵されている七支刀は、百済で製作され日本に伝えられたとされているもので、中心の本体部分と6本の枝部分がすべて

図206　土器の内部から発見された各種農工具：龍仁水枝遺跡

両刃となった特異な剣である。

3　農工具

農工具では、従来からの斧・鎌・鑿・刀子などの鉄器以外に、4世紀以降の農業生産力の発展に伴って韓国特有の農具であるサルポ（鏟）が出現し、U字形鋤先も使われた。公州水村里遺跡や錦山水《ス》塘《ダン》里《ニ》遺跡などには鉄柄のサルポが副葬されていたが、これはおそらく水田農耕を掌握した地域首長の権威を象徴した遺物であろう。その他に鋳造鉄斧、鍛造鉄斧、有肩鉄斧などの多様な工具類が各地の墳墓に副葬された。清州の新鳳洞古墳群などでは鉄製農工具を縮小模倣したミニチュア鉄器も出土しており、同様の鉄器が多く出土する大加耶との関係がうかがわれる。

木製農具では、扶餘宮《クン》南《ナム》池《チ》や順天剣《コム》丹《ダン》山城で長柄が付いた鋤が出土している。

4　馬　具

近年の調査で、忠州の金陵洞78-1号土壙墓で中国東北地方の吉林省楡樹老

図207　木製鋤：1・2．扶餘宮南池、3．順天剣丹山城

河深遺跡などの北方系馬具と関連が深い古式轡が3世紀代の土器と共伴しており、馬韓・百済地域における馬具の使用時期とその系統に対する検討が改めて必要になっている。

百済の馬具では轡と鐙が多く知られているが、その他は出土例が少ない。轡は棒状鏡板付轡、金属板が付いた板状鏡板付轡、楕円形の鉄枠のなかに十字形の帯がある素環鏡板付轡、銜の先に丸い鉄環が一つ付いた円環鏡板轡に区分される。そのなかで最も一般的なのは棒状鏡板付轡で、前出の金陵洞遺跡の轡は一本の鉄棒をS字形

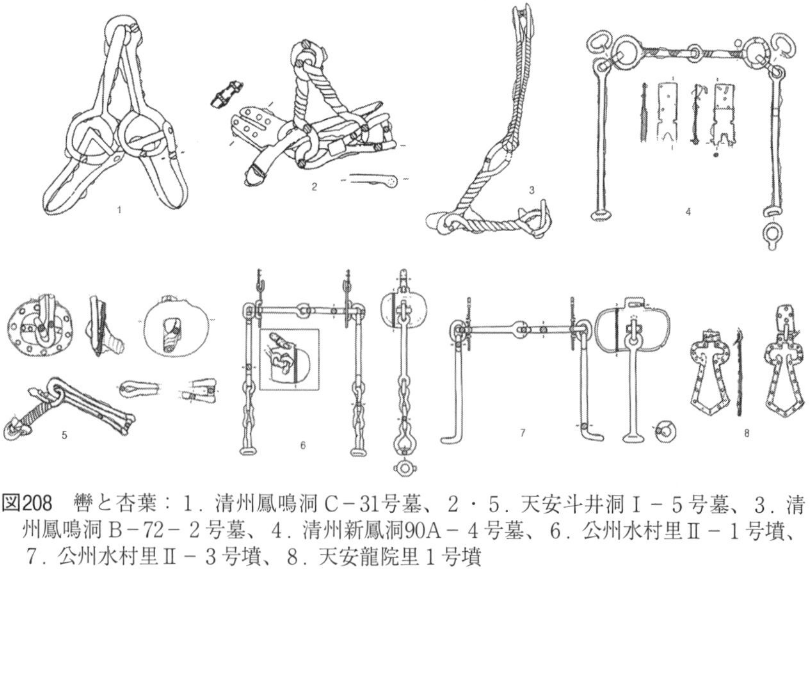

図208　轡と杏葉：1．清州鳳鳴洞C－31号墓、2・5．天安斗井洞Ⅰ－5号墓、3．清州鳳鳴洞B－72－2号墓、4．清州新鳳洞90A－4号墓、6．公州水村里Ⅱ－1号墳、7．公州水村里Ⅱ－3号墳、8．天安龍院里1号墳

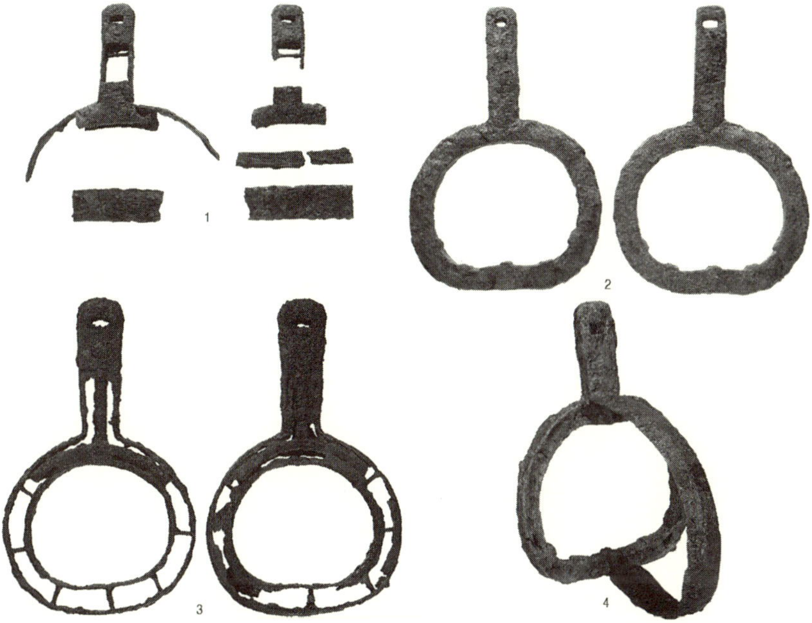

図209　鐙：1．公州水村里Ⅱ－5号墳、2．天安龍院里9号墳、3．公州水村里Ⅱ－4号墳、4．公州水村里Ⅱ－3号墳

に曲げて鍛接した二連式銜の先にＳ字状プロペラ形の古式の鏡板を挿したものである。4世紀代に下る棒状鏡板付轡には、製作技法が金陵洞遺跡例と同じものもあるが、銜が3本を捩り合わせる技法で作られ、轡と手綱をつなぐ引手の先がスコップの柄状になったものがある。天安斗井洞《トゥジョンドン》遺跡や清州鳳鳴洞遺跡などの土壙墓で出土しており、百済地域に初期馬具が定着する古段階の様相を示している。以後4世紀末～5世紀初めからは、一本の鉄棒で銜を作り、銜の先に遊環と呼ばれる小環を挟んでやはり一本の鉄棒で長い引手をつないだ百済の棒状鏡板付轡として定型化する。遊環は百済の轡を特徴付ける要素で、清州新鳳洞古墳群の馬具はこのような新段階の様相を代表するものである。

板状鏡板轡では鏡板が楕円形のものとｆ字形のものがある。公州水村里や天安龍院里の古墳から出土した轡の楕円形鏡板は、下端の中央部分がやや内側に湾曲する特徴がある。ｆ字形鏡板は加耶や日本で主に出土するが、百済地域では公州宋山里古墳群や扶餘からの出土品が伝わる。

百済の鐙は、踏込が楕円形の輪状になった輪鐙と袋状になった壺鐙がある。輪鐙では、鉄板で全体を覆った木心鐙や鉄製鐙の出土例もあるが、百済では柄部の孔の周囲や柄部と輪部の連結部分など構造的に脆弱な部分のみを鉄板で補強した木心鉄板張鐙が広く用いられた。木心鉄板張鐙のなかには百済の鐙の特徴である柄部の断面が五角形になっているものがある。壺鐙は加耶や日本で出土例が多いが、公州水村里遺跡で5世紀前半にあたる古い時期のものが出土し、その起源について再考が迫られている。

鞍は状態が良好な出土例がないが、天安龍院里や公州水村里などの古墳で木製の鞍橋に取り付けた鞍金具や前輪と後輪の鞍橋金具が出土し、その基本構造がわかるようになった。

装飾具では天安の龍院里古墳群で小型の剣菱形杏葉が出土しており、加耶や日本で流行したこの種の杏葉の起源に一石を投じている。この他に帯が交差する部分に取り付けた三脚の辻金具などの出土例がある。

百済の馬具は主に地方の古墳から出土する実用的なものが多いが、一方で益山笠店里《イプジョムニ》の横穴式石室墳から出土した鉄板に銀を被せた轡や杏葉、熊津期頃から出現するｆ字形鏡板のような装飾的要素が強い馬具も共存したようである。

5　容　器

1）金属容器

風納土城および原州法泉里古墳群で龍頭形把手が付いた中国東晋代の青銅鐎斗が出土している。同じく原州法泉里古墳群から出土した青銅製の蓮華文の蓋は、新羅の古墳である慶州金冠塚出土の忍冬文把手が付いた青銅鐎壺の蓮華模様の蓋を想起させる。

武寧王陵では銅鋺と盞、銅製酒鉢と皿、銅托銀盞、銅製の箸と匙、青銅火熨斗などが出土した。5点の盞はすべて大きさや形態が同一で、高台が付き、外面には蓮華が花開いた文様、内面には蓮華の花弁の間を魚が泳ぐ場面を刻んでいる。銅托銀盞は身と蓋が銀、承盤が銅で作られており、蓮華や三山、鳳凰をはじめとする瑞獣など、器面全体に壮麗な文様が彫られている。この銅托銀盞は百済・加耶地域において出土する緑釉托盞や土製托盞、日本各地で発見されている銅製托盞（銅鋺）のモデルになったと考えられる。

扶餘王興寺木塔跡では「丁酉年（577）」銘がある青銅製合子のなかに金製と銀製の舎利壺が納められたものが出土した。益山弥勒寺跡西塔では内外容器からなる金製舎利壺が、己亥年（639）に舎利を奉安したとする内容を金板に刻んだ金製舎利奉安記をはじめとする多彩な荘厳具とともに出土した。扶餘陵寺跡出土の金銅大香炉は中国の博山香炉から発展したもので、一匹の龍が香炉の蓋と身を支えている。身は蓮の花弁を表し、蓋は各種文様が彫られた山形の装

図210　公州武寧王陵出土の銅鋺（左）と銅托銀盞（右）

図211　扶餘王興寺跡出土の舎利具

飾で覆われ、頂上部には鳳凰が立つ。百済美術の高い水準をうかがわせる傑作である。

2）土　器

百済土器は、二重口縁壺形土器や両耳付壺形土器など原三国時代の汎馬韓様式土器とは異なる三足器などの新器種、および黒色磨研土器のような新技法の出現とともに漢江流域において成立した新しい様式の土器群である。漢城期に出現した百済土器の主要器種には、有蓋式ないし無蓋式の高坏、坏形と盤形の三足器、直口短頸壺、直口広肩壺、卵形壺、器台などがある。これらは一般的に精選された泥質の胎土で作られ、一部は表面を黒色に研磨している。百済土器の成立期に現れるこの黒色磨研技法について、かつては高句麗土器との関連が想定されたこともあったが、漆器の質感を土器に表現したとする新しい解釈に説得力があるように思われる。この他にも、漢城期の百済土器では前段階にも見られた各種短頸壺類、甑、深鉢形土器、長卵形土器なども引き続き製作されており、深鉢形土器や長卵形土器は日常生活用の煮沸容器として砂が多く混入した粗い胎土で作られている。

漢城期における百済土器の成立は３世紀中・後半頃とみられており、４世紀半ば頃を基点に漢城Ⅰ期とⅡ期に区分する見方がある。

熊津・泗沘期の百済土器では、高坏、三足器、直口壺、器台など漢城期の器種も継承されるが、銅鋺などの金属器の影響により低い高台が付いた台付碗などの器種や長頸瓶、硯などの新器種も出現する。また便器形土器や虎子などの特殊容器も作られた。さらに、泗沘期には高句麗土器の影響で低温焼成の黒灰色軟質の皿や鍔付土器、煙筒なども生産された。

百済でも武寧王陵の銅托銀盞を模倣した緑釉托盞などの鉛釉系の緑釉陶器が一部製作されている。色調は濃い緑褐色で、発色はきわめて不透明である。

一方で、西晋代の銭文陶器をはじめ、東晋の青磁など中国産陶磁器の輸入が活発に行なわれており、これまで百済地域では200点近い中国産陶磁器が出土している。時期別に見ると漢城期のものが圧倒的に多く、中央では生活遺跡からの出土量が多いのに対し地方では主に古墳から出土しており、中央において遠距離交易権を独占して再分配していた可能性が高い。武寧王陵の時代以降、泗沘期には扶餘および益山の王宮跡など生活遺跡のみから出土しており、その

図212　各種黒色磨研土器：１．華城石隅里モクシル遺跡、２・６．ソウル石村洞86積石遺構、３．ソウル可楽洞２号墳、４・５．天安龍院里９号墳、７．ソウル風納土城慶堂地区

図213　ソウル風納土城出土の各種土器

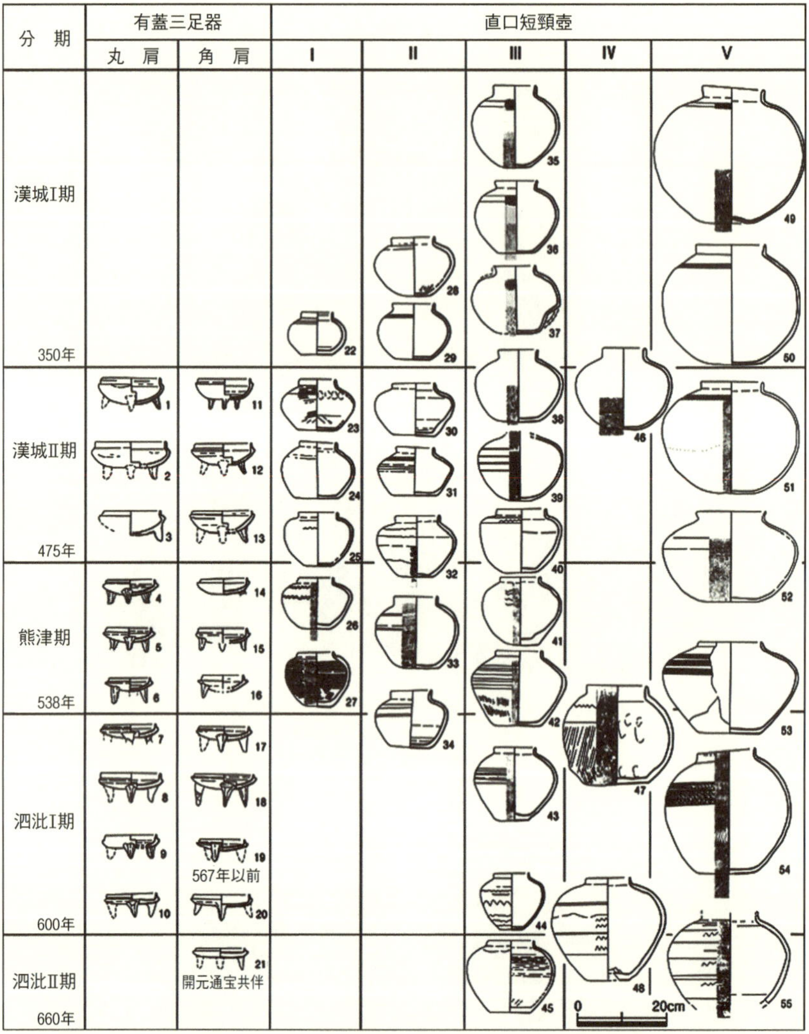

図214　三足器と直口短頸壺の編年（朴淳發2003）

図215　公州水村里古墳群出土の中国陶磁器

数も漢城期に比べはるかに少ない。その理由は、中国の磁器をモデルとした鉛釉陶器などが製作されはじめ、また熊津期以来、高級器物に対する百済人の所有欲が、装飾的な金属器へと移っていったためと考えられる。中国産の陶磁器は百済を中心とした韓・中・日の遺跡の交差編年に大きく寄与する資料であるといえる。

6　瓦と塼

百済の瓦ははじめ楽浪の影響によって成立した。風納土城や夢村土城など中央の都城遺跡や古墳群だけでなく、抱川自作里遺跡、華城花山《ファサン》古墳群など地方の生活遺跡や古墳群でも出土しており、すでに漢城期から建物だけでなく墳墓にも広く用いられていたことがうかがえる。漢城期には平瓦・丸瓦・軒丸瓦が製作されており、泥質の胎土で作られた灰色軟質のものが多い。平・丸瓦は製作型となる桶を使わず土器製作と同じ方式で成形されるものもあるが、粘土帯を桶に巻きつけて成形する桶巻作りが主に用いられた。桶は複数の木板を紐でつなげて作った桶状模骨が主に使用されたが、丸太の内部を刳り貫いた円筒瓦桶を用いた例もある。厚さ１cm 前後と薄いのが漢城期の瓦の特徴であり、内面には桶に被せた麻布の布目が残るが、磨り消したものもある。背側には成形時につけられた条線文・格子文・縄蓆文などのタタキ目がある。丸瓦は有段式と無段式の両者がある。軒丸瓦は円形で、無文のものもあるが草花文や銭文の

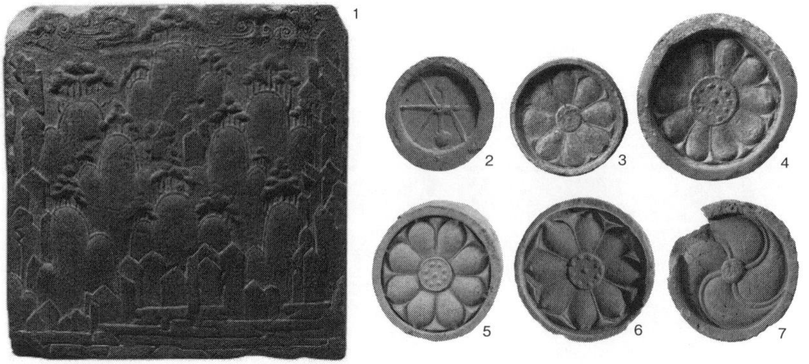

図216　塼と瓦当：1．扶餘外里寺跡、2．ソウル風納土城ナ－7号住居跡、3・4．公州公山城、5．扶餘陵寺跡、6・7．扶餘旧衙里

ものが多い。風納土城では蓮華文と獣面文の軒丸瓦が出土しており、漢城期にすでに中国との交流を通じて仏教文化とともにこれらの要素が受容されていたことが判明している。

熊津期以降、平・丸瓦の製作は桶に粘土板を貼り付けて成形する方法が主に行なわれ、模骨の製作にもきわめて多様な技法が見られるようになる。桶巻きで成形された円筒に分割線を入れる方法としては、桶に長い棒や刻み目を付ける方式が用いられ、切断面を複数回にわたってきれいに削り整えているのが特徴である。

熊津・泗沘期の軒丸瓦は６弁または８弁の蓮華文瓦当に定型化されたが、巴文の瓦当も作られた。泗沘期には軒平瓦が出現した可能性もあり、蓮華文垂木先瓦や鬼面文椽木軒瓦も用いられた。益山の弥勒寺跡では緑釉蓮華文垂木先瓦が出土している。この他に屋根の降り棟や隅棟の先を飾る棟瓦、大棟の両端にのせた鴟尾も発見されている。泗沘期の扶餘・公州・益山などの瓦葺建物跡では、陰刻・陽刻で各種銘文（文字）が刻印された瓦がしばしば出土しており、これらを印刻瓦と呼んでいる。錦山の栢嶺山城、井邑の古阜山城など地方の山城では、山城の名称や百済の行政区域に関連する文字瓦が出土している。

百済における塼は漢城期から使われており、ソウルの風納土城や石村洞古墳群などで文様のない方形の塼が出土している。公州宋山里６号墳や武寧王陵は、蓮華文や五銖銭文が彫られた塼で築造された古墳である。

扶餘では中空で表面に蓮華文や忍冬文を配した箱形塼が諸遺跡で発見されており、同様のものがその製作地と考えられる扶餘亭岩里窯跡でも出土している。百済の塼としては扶餘外里《ウェリ》の百済時代建物跡で出土した方形文様塼が秀逸である。これらは鬼面文・蟠龍文・鳳凰文・蓮華文など８種の文様が陽刻された塼で、そのうち２種の山景文塼には一幅の山水画のような情景が刻まれている。

７　仏　像

百済地域で出土した最古の仏像はソウルの纛島（トゥクソム）出土の金銅如来座像で、中国の４世紀代の仏像様式によっている。しかし、一般的に百済の仏像は主に泗沘期の遺跡で出土する。瑞山の普願寺《ポウォンサ》跡から出土した金銅如来立像、扶餘の軍守里寺跡から出土した金銅菩薩立像などが百済の古い時期の金銅仏として知られている。扶餘の扶蘇山城で出土した円形の金銅頭光は洗練された透彫技法によって文様を施しており、百済の金銅仏光背の華麗な姿をとどめている。

蝋石製の仏像も扶餘の複数の遺跡で出土している。軍守里寺跡出土の如来座像は纛島出土の金銅仏と同じ姿勢の仏像である。

塑造仏は扶餘の定林寺跡や陵寺跡、益山の帝釈寺《ジェソクサ》跡などで破片が出土しているが、特に定林寺跡から出土した100余片にのぼる塑造のなかには籠冠を被った女性像の頭部が多く、中国洛陽の永寧寺跡で出土した北魏の像に類似品が見られる。忠清南道青陽の窯跡からは分割焼成された大型の土製台座７片が出土しており、大型塑造仏が製作さ

図217　扶餘扶蘇山城出土の金銅頭光

図218　扶餘双北里遺跡出土の木簡

れていたことも判明している。

8　その他

1）木　簡

扶餘の官北里遺跡・陵寺跡・宮南池などの諸遺跡では、木を短冊状に削り必要な文章を筆で書いた文書木簡が出土している。近年の調査では全羅南道羅州など地方の遺跡でも出土している。百済の木簡は大部分が行政文書や帳簿作成に関連した国家の記録物で、寺院・行政区域・度量衡の名称などが記されたものも出土しており、文献史料が少ない百済史研究に大いに役立っている。

2）木　履

扶餘陵寺跡で出土している。木の板から履底と前後２枚の歯を削り出した板状の木履で、日本の下駄と同じ形態である。底板の前後は丸く、前方の中央と中央部の両側に紐を通すための穴をあけている。

3）草　鞋

扶餘宮南池や官北里遺跡、羅州伏岩里遺跡などで出土している。履底と足に結ぶ紐からなり、今日のサンダルに近い形態で、韓国の現代のものとは異なり古代日本の草鞋に似る。宮南池と官北里から出土した草鞋の材料はガマあるいはガマに似た種であることが判明している。

公州武寧王陵出土の主要遺物

墓誌石　　武寧王陵の羨道入口近くに置かれていた横41.5cm、縦35cm、厚さ５cmの２枚の石板で、それぞれ表には王と王妃の墓誌を、裏には土地神から墓として使用する土地を買い入れたことを記した観念的な売買記録である買地券を刻み、上面に一つなぎ

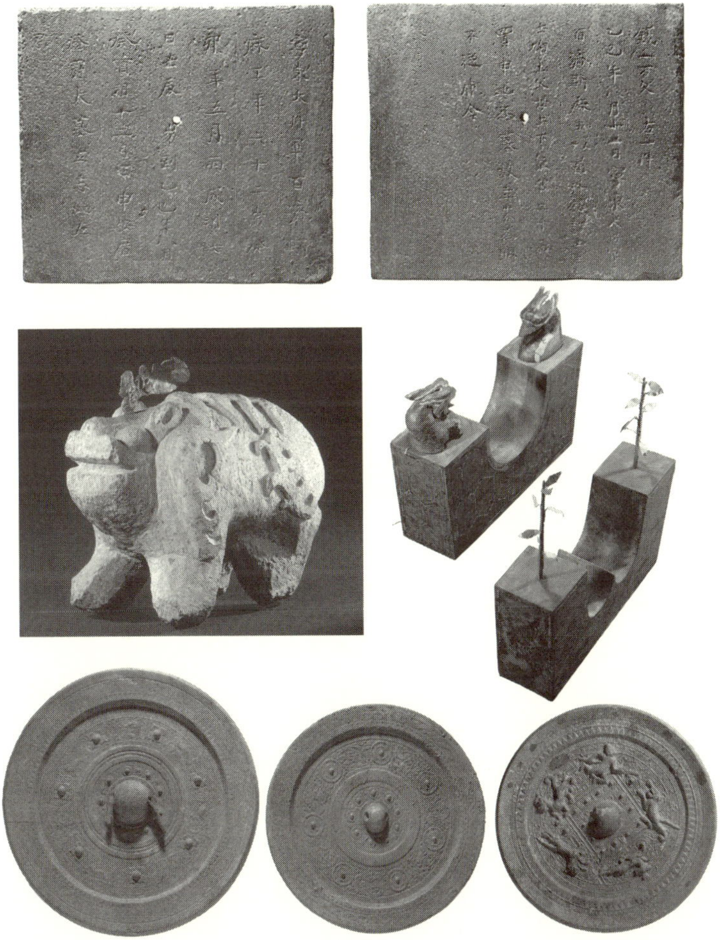

図219　武寧王陵出土の主な遺物：墓誌石（上）、鎮墓獣（中左）、頭枕と足座（中右）、青銅鏡（下）

の鉄製五銖銭が置かれていた。王の墓誌は「寧東大将軍百済斯麻王…」ではじまることから被葬者が百済の武寧王であることがわかる。三国時代の王陵で墓誌が出土したのは現在まで武寧王陵が唯一の例である。

鎮墓獣　武寧王陵の羨道に置かれていた。墓への侵入者や悪霊を防ぐとされる想像上の動物で、中国の墓葬観念によるものである。石製で全体的に豚のような姿であるが、鹿角形の鉄角が挿し込まれている。

頭枕と足座　武寧王陵から出土した日本産高野槙製の王・王妃の木棺内部には、頭枕と足座が置かれていた。すべて木製で、王の頭枕と足座は帯状の金板を貼って亀甲文を作り、金板が交差する部分と亀甲文内部には六弁の金花を配している。王妃の頭枕は表面を金箔で亀甲形に区画し、亀甲文の内部に飛天・魚龍・蓮華・忍冬などを描き、両端上部には木彫に金箔で装飾した一対の鳳凰を向かい合わせに載せている。王妃の足座には亀甲形の区画を設けずに華麗な絵画が描かれていたがすでに消えており、両端の上部には鉄製の幹に金製の葉が付いた一対の樹状装飾が立てられている。

青銅鏡　武寧王陵からは３面の銅鏡が出土している。王の側からは宜子孫獣帯鏡と方格規矩神獣鏡が、王妃の側からは獣帯鏡が出土した。鏡の副葬が多い日本の古墳とは異なり、韓国の三国時代の王陵から鏡が３面出土するのは異例である。王の頭部付近から出土した宜子孫獣帯鏡と同型の鏡が日本で３面も発見されており、その関係が注目される。百済地域ではこれ以外に扶安の竹幕洞と公州公山城の祭祀遺跡で仿製鏡が確認されている。

参考文献

權五榮 1988「４世紀百済の地方統治方式一例—東晋青磁の流入経緯を中心に」『韓国史論』18　ソウル大学校国史学科

權五榮 2005『武寧王陵—古代東アジア文明交流史の光』 トルペゲ

金吉植 1994「三国時代鉄矛の変遷—百済系鉄矛の認識」『百済研究』24　忠南大学校百済研究所

金武重 2004「百済漢城期地域土器編年—京畿西南部地域を中心に—」『考古学』 3-1　ソウル京畿考古学会

金承玉 2003「全北地域１～７世紀集落の分布と性格」『韓国上古史学報』44　韓国上古史学会

金成南 2001「中部地方３～４世紀古墳群細部編年」『百済研究』33　忠南大学校百済研究所

柳基正 2003「鎮川三龍里・山水里窯土器の流通に関する研究（下）」『崇實史学』16　崇實大学校史学会

柳昌煥 2004「百済馬具に対する基礎的研究」『百済研究』40　忠南大学校百済研究所

朴淳發 2000「泗沘都城の構造について」『百済研究』31　忠南大学校百済研究所

朴淳發 2001『漢城百済の誕生』書景文化社

山本孝文 2006『三国時代律令の考古学的研究』書景文化社

成正鏞 1998「錦江流域４～５世紀墳墓および土器の様相と変遷」『百済研究』28　忠南大学校百済研究所

成正鏞 2001「４～５世紀百済の地方支配」『韓国古代史研究』24　韓国古代史学会

申熙權 2007「都城の出現と百済の形成」『国家形成の考古学』社会評論
尹武炳 1992『百済考古学研究』忠南大学校百済研究所
李南珪 2002「漢城百済期鉄器文化の特性―ソウル・京畿地域の農工具を中心に」『百済研究』36　忠南大学校百済研究所
李南奭 2002『百済墓制の研究』書景文化社
李東熙 2007「百済の全南東部地域進出の考古学的研究」『韓国考古学報』64　韓国考古学会
李漢祥 2000「百済耳飾に対する基礎的研究」『湖西考古学』3　湖西考古学会
李漢祥 2009『装身具賜与体制から見た百済の地方支配』書景文化社
林永珍 1993「百済初期漢城時代古墳に関する研究」『韓国考古学報』30　韓国考古学会
崔孟植 2006『三国時代平瓦研究』周留城出版社
崔秉鉉 1997「ソウル江南地域石室墳の性格―新羅地方石室墳研究(1)」『崇實史学』10　崇實大学校史学会
崔完奎 1997「全北地方百済横穴式石室墳」『湖南考古学報』6　湖南考古学会
韓神大学校学術院 2008『百済生産技術の発達と流通体系拡大の政治社会的含意』学研文化社

栄山江流域

Ⅰ 概 観

栄山江流域は原三国時代の馬韓地域のなかで最も遅くまで百済に併合されなかった地域で、漢江流域において百済が国家段階に至った3世紀後半頃から、この地域に対する直接支配が貫徹される6世紀中葉直前まで、百済の中央勢力とは全く異なる文化を保っていた。その様子は特に古墳文化において顕著である。原三国時代に西海岸に沿って盛行した方形周溝墓、すなわち小型の低墳丘に木棺を埋設した墳丘墓は、三国時代に至って様々な形態の古墳、特に巨大な高塚にまで発展し、埋葬施設も甕棺へと変化する。U字形専用甕棺を埋葬した大型甕棺古墳は、この地域の三国時代を代表する遺跡として早くから知られている。

文献の内容をもとにしたかつての研究では、栄山江流域は4世紀後半には百済の領域に編成されていたとみられていた。しかし、栄山江流域は墳丘墓系統の古墳が本格的に展開した地域であり、さらにその伝統が最も遅くまで残存していたことが明らかで、この状況が百済の中央とは区別される強力な在地土着勢力が存在した物証として解釈されるに至っている。一方で、その在地勢力が百済とどのような関係を結んでいたのかが議論の焦点となっている。百済に間接的に支配され、その影響下にあったとする見解がある一方、6世紀前葉まで百済とは異なる独自の政体が存在したと主張する説もある。また、日本の古墳時代の特徴的な古墳である前方後円墳と同一形態の前方後円形古墳や、構造が日本の九州地方のものに似る横穴式石室がこの地域にも分布することが明らかになっており、そのような倭系文物の出現をめぐる当時の国際関係が学界における論争の対象となっている。特に前方後円形古墳の被葬者については、栄山江流域在地勢力説、倭人説、倭系百済官僚説など、諸説が紛々としている。

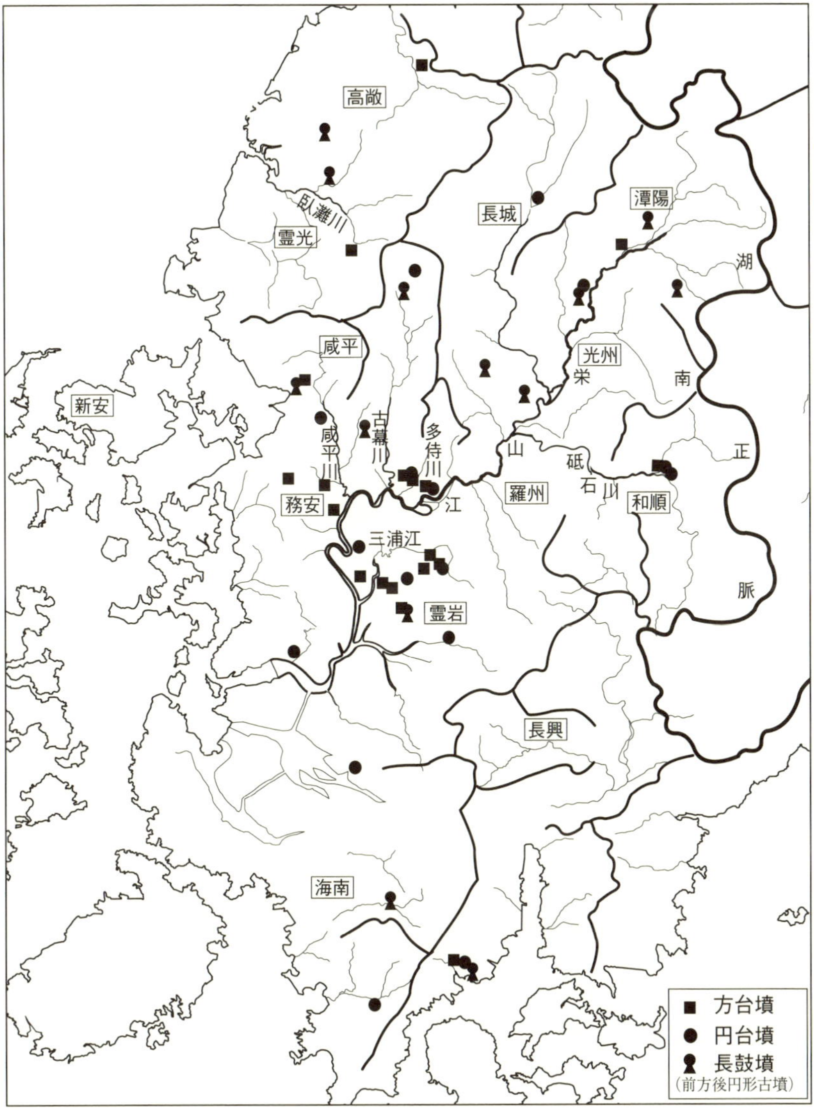

図220　栄山江流域の高塚分布図

三国時代の栄山江流域文化圏は、栄山江の本流と支流を含む湖南正脈西側の全羅南道西部地域が中心となるが、北は全羅北道高敞地域まで、南は海南半島までを含む。そのうち甕棺古墳の中心地は栄山江下流域にあたる霊岩の始終面と羅州の潘南面一帯で、この地域には方台形の甕棺古墳が多く、典型的な前方後円形古墳は見られない。伏岩里古墳群がある羅州の多侍面や和順などの栄山江中流域も同様である。前方後円形古墳は甕棺古墳の中心地を外郭から囲むように高敞・潭陽・光州・咸平・海南などの地に分布しており、地域的な差が見られる。

本地域において百済の中央と同一の古墳文化が展開するのは6世紀中葉以降であり、その頃からは小型の半球形封土のなかに陵山里型石室が築造されるようになり、墳丘墓の伝統も衰退していく。この現象は、本地域に百済の直接的支配が貫徹されていったことを物語る物証と解釈されている。

Ⅱ　遺　跡

1　生活遺跡

栄山江流域における集落遺跡はおおむね河川の近くに位置する低丘陵からその下部に続く沖積地に立地しており、数百基の竪穴住居跡が密集分布する大型の集落も調査されている。咸平中浪《チュンナン》遺跡では200基余り、光州山亭洞《サンジョンドン》遺跡では340基余りの住居跡が調査され、潭陽台木里遺跡では1000基以上の住居跡が発掘されており、一部青銅器時代のものも含まれるが、大部分が3～5世紀代のものであるという。

集落遺跡のなかには光州河南洞《ハナムドン》遺跡や潭陽台木里《テモンニ》遺跡などのように集落近くに墳墓群が存在し同時に調査された例もある。務安良将里《ヤンジャンニ》遺跡では集落間に位置する低湿地で農耕に関連する水利施設が調査され、農具をはじめとする多数の木製遺物が出土している。また、光州山亭洞遺跡のように集落遺跡において土器窯が発見される事例もある。

竪穴住居跡は平面プランが方形で四隅付近に柱穴が配置された4四柱式住居跡が一般的である。住居内部には一方の壁面にカマドが敷設され、カマドの焚口部分に付けたU字形土製品が出土した例もある。住居壁面に沿って内側に

図221　集落遺跡：光州河南洞遺跡（上）、潭陽台木里遺跡（下）

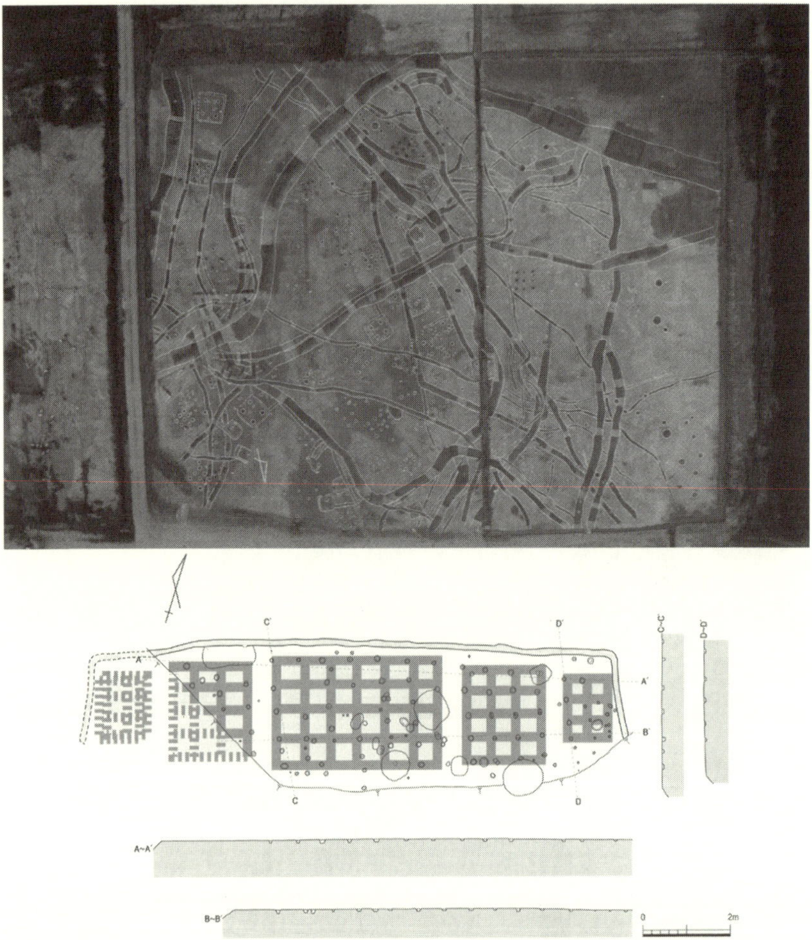

図222　光州東林洞遺跡と65号建物跡群

壁溝があるものもあるが、潭陽の城山《ソンサン》里《ニ》遺跡、海南の新今《シングム》遺跡などでは排水・防水用に住居の外周に溝をめぐらせた事例も調査されている。

一方、羅州伏岩里郎洞《ナンドン》遺跡や務安良将里遺跡では一辺の長さ10mほどの大型方形住居跡が確認されており、地域首長ないし有力者に関連する施設と推定されている。光州東林洞《トンニムドン》遺跡は栄山江の支流である光州川の川辺に位置する大規模生活遺跡で、竪穴住居跡約100基とともに、例外的に64基もの地上式建物跡が確認されている。竪穴住居での生活が不可能な洪水の季節には、生活空間を地上式の建物に移していたものと考えられている。この遺跡の中心部には、中心の大型建物の左右に中・小型建物２軒ずつを対称に配し周囲に溝をめぐらせた地上式建物群があり、地域首長に関連した施設、あるいは祭祀など特殊な目的のための空間であったと推定されている。光州山亭洞遺跡では、外郭に溝をめぐらせた方形地上式建物跡が調査され、溝の内部からは祭祀関連遺物が出土している。

図223　光州孝泉２地区窯群（上）と13号窯（下左）、羅州五良洞19号窯（下右）

2　生産遺跡

羅州五良洞《オリャンドン》土器窯群は、栄山江流域に特徴的な大型甕棺を専門的に製作した大規模生産団地である。窯は地盤を掘り下げて燃焼室と焼成室に段を設けずに造った細長い平面プランをもつ地下式登窯で、燃焼室前方に平面円形の窯前部が設置されるのが特徴である。甕棺とともに蓋坏なども製作されていた。羅州唐加《タンガ》遺跡では土器窯と工房跡が同時に調査されている。地下式の土器窯は焼成室の床面が階段式で、深く長い溝が窯外から燃焼室まで至る構造が特徴的である。壺・高坏・蓋坏・三足器などを製作しており、百済土器の影響が強くなった時期のものである。

3　古　墳

栄山江流域では原三国時代の墳丘墓から発展した様々な形態の古墳が造営された。これらの古墳では、墳丘周囲に周溝をめぐらし、墳丘先行で築造した後に埋葬施設を設けるという伝統的築造方式が続いている。外形と内部主体は多様に変化したが、平面梯形の低墳丘が築造された梯形墳期と、様々な形態の大型高墳丘が築造された高塚期に大きく分けることができる。

原三国時代の栄山江流域では、墳丘中央に木棺を安置した方形墳丘墓が３世

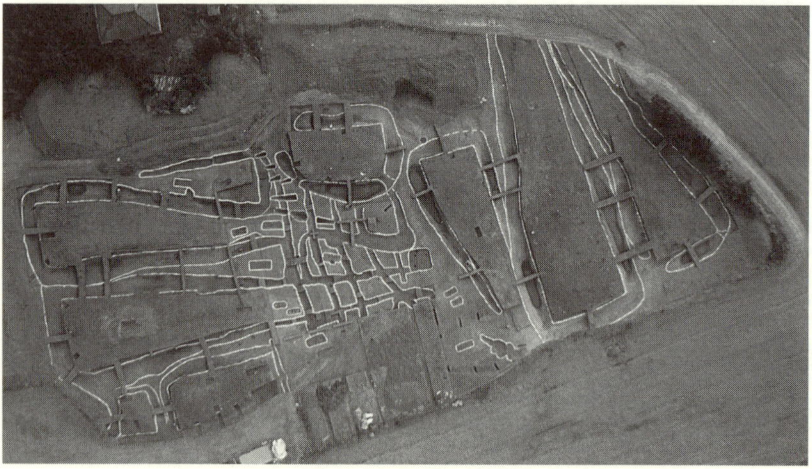

図224　咸平萬家村古墳群

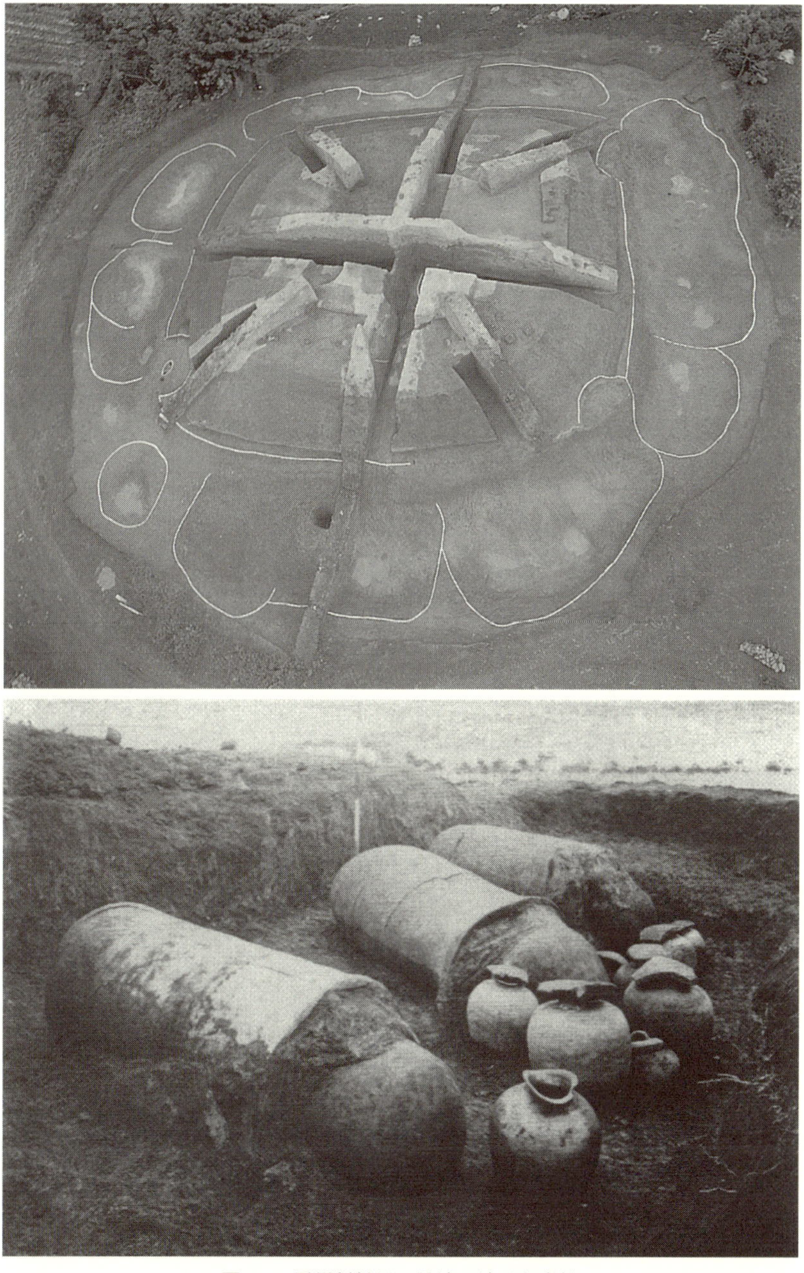

図225　羅州新村里９号墳の墳丘と甕棺

紀後半頃から梯形墳丘墓へと変化し、埋葬主体部も中央部の木棺の他に墳裾や周溝に甕棺が追加されるようになる。咸平の萬家村《マンガチョン》古墳群では、梯形墳丘を連続して水平方向に拡張していった状況が確認できる。以降、墳丘はさらに長大な梯形になり、墳丘内には複数の木棺や甕棺が納められ、次第に木棺から甕棺が中心の墓制へと変化して甕棺古墳が成立する。この段階の甕棺古墳は霊岩始終面地域が分布の中心となっており、前段階の時期に比べて墳丘がやや高くなっている。

高塚期にあたる5世紀後半から6世紀前半の時期まで、栄山江流域の古墳はさらに複雑な展開を見せる。甕棺古墳はその中心地が羅州潘南面《バンナムミョン》一帯へと移行して墳丘が高塚化し、紫微山周辺の新村里《シンチョンニ》・徳山里《トクサンニ》・大安里《デアンニ》・興徳里《フンドンニ》などに直径45m、高さ9.2mにまで達する大型墳が築造された。事実上、高塚が存在しない百済の中央とは全く異なる状況であるといえる。墳丘形態は方台形や円台形など多様であるが、墳丘の上方に複数の甕棺を埋葬する一墳丘内多葬の伝統は維持されていた。古墳の周囲をめぐる周溝からは多くの遺物が出土しており、羅州伏岩里2号墳の周溝では多量の土器とともにウシ・ウマ・イヌの骨なども確認されている。古墳の築造工程ないし後世における祭祀に関連する遺物であろう。埋葬主体部に用いられた甕棺は、胴部と口頸部が明確に区分できる初期型式のものから、次第に頸部が不明確になり、長い胴部をもつU字形甕棺へと変化する。これら甕棺古墳からは在地化した栄山江流域様式の土器が主に出土する。

副葬品として金銅冠と金銅飾履が出土した羅州新村里9号墳では、一旦完成した古墳を再び垂直方向に拡張したため、甕棺が墳丘内の上下層に埋葬されており、日本の古墳に見られる埴輪のように墳丘周囲に円筒形土器を立て並べていた状況が確認されている。

また、この時期には墳丘の外形が前方後円形を呈する大型古墳が甕棺古墳の分布中心地の外郭地域に築造されており、なかでも海南方山里長鼓山古墳は全長が70m以上に達する古墳である。現在までに十余基の前方後円形古墳が確認されており、発掘調査を通じて多くは後円部に横穴式石室が築造され、墳丘周囲に円筒形土器を並べていることが確認されている。これら前方後円形古墳の石室の平面プランは長方形のものが多く、割石積の壁面の最下段に大型の腰

図226　光州月桂洞2号墳周溝の遺物出土状況

石を設けているものや、羨道と玄室の間に玄門施設を備えているものなどが見られる。このような特徴をもつ石室は、前方後円形古墳だけでなく海南の月松里造山《ウォルソンニジョサン》古墳などの円墳でも確認されており、これらを月松里型石室または栄山江式石室と呼ぶこともある。栄山江流域におけるこれら初期石室は、百済中央の古墳の構造とは異なる点が多く、日本の九州地方の系統であるともいわれる。

羅州伏岩里3号墳は先に築造されていた2～3基の梯形墳丘墓の上にさらに方台形の高塚墳丘を造り上げ、その中心部に初期型の横穴式石室を構築した古墳である。方台形の墳丘内部には他にも数多くの甕棺や各種石室が追加築造されており、栄山江流域の古墳の変遷過程をそのまま反映したものとなっている。中心の石室内部にも甕棺が埋納され、また方台形墳丘内にも直接甕棺が追葬されていることから、栄山江流域では甕棺古墳と初期の石室墳が共存していたことが明らかになった。

さらに、この古墳の内部には6世紀中葉から陵山里型石室が築造されはじめており、栄山江流域において百済中央の墓制が導入される過程も見て取ること

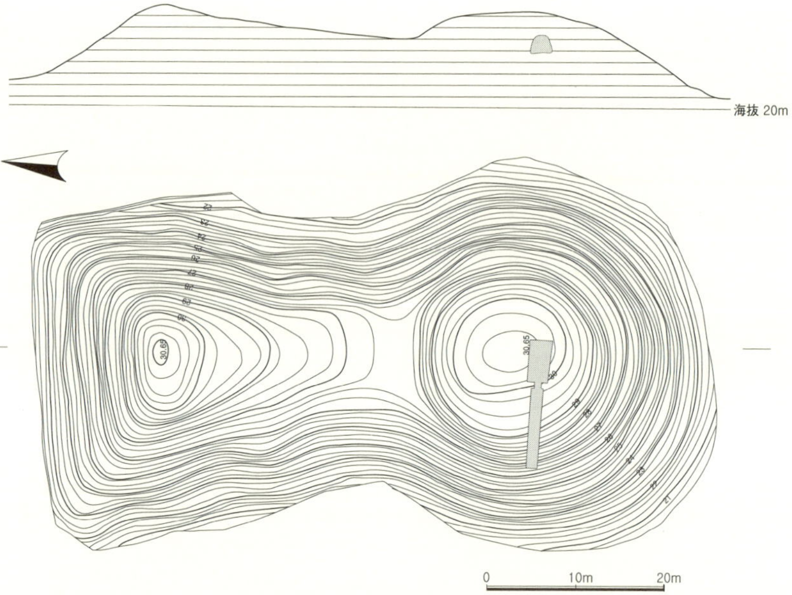

図227　海南方山里長鼓山古墳

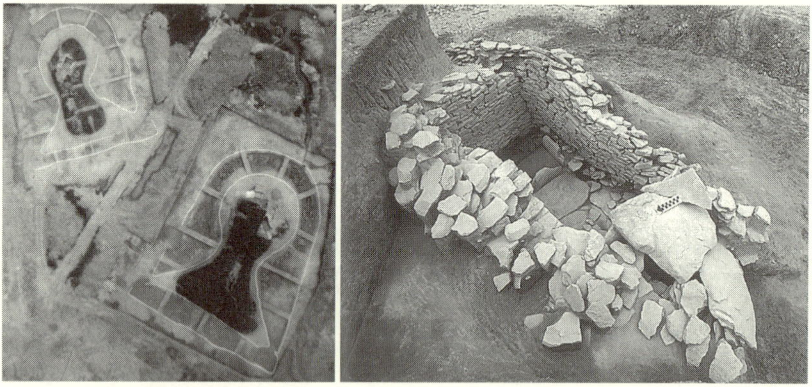

図228　光州月桂洞１・２号墳（左）と１号墳の石室（右）

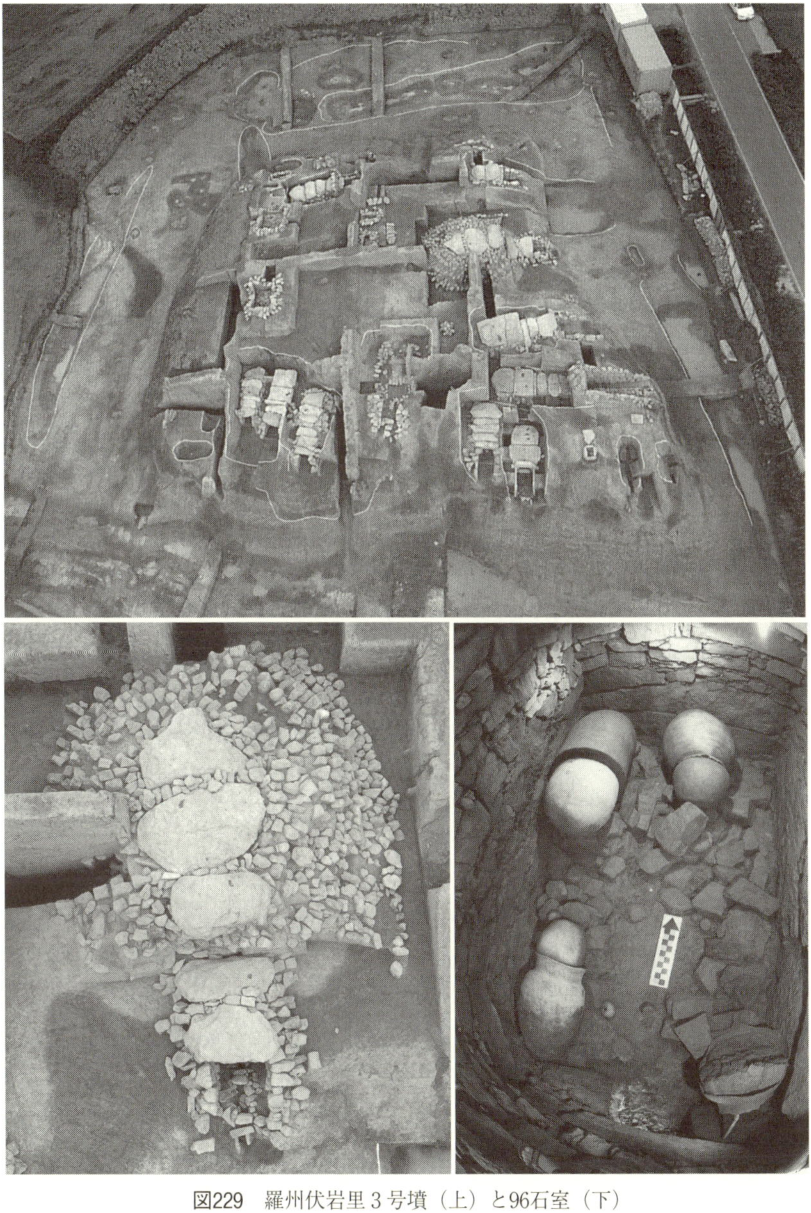

図229　羅州伏岩里３号墳（上）と96石室（下）

ができる。このように陵山里型石室は墳丘墓の系統をもつ古墳の埋葬施設としても造られる一方、長城の鶴星《ハクソン》里《ニ》遺跡や咸平の石渓《ソッゲ》里《リ》遺跡などのように小型の半球形封土に伴うものも多くなる。この地域において次第に墳丘墓築造の伝統が失われていく様子がわかる。陵山里型石室からは泗沘期の百済土器とともに銀花冠飾など百済中央勢力の威信財も出土しており、栄山江流域が百済の直接的支配体制の下に組み込まれた状況を物語っている。

栄山江流域東方の高興半島に位置する雁洞《アンドン》古墳は、竪穴式石槨が築造された円形の墳丘墓系統の高塚で、百済漢城期の金銅冠が出土したことで注目されている。三国時代の全羅南道東部地域は栄山江流域とは様相が異なり、泗沘期に至って百済古墳の築造がはじまる以前には、順天雲坪里《ウンピョンニ》古墳などの例のように加耶の古墳が造営されていた。

Ⅲ　遺　物

1　装身具

甕棺古墳である羅州新村里９号墳の乙棺からは金銅冠・金銅冠帽・耳飾・銅釧などの装身具や様々な形態の柄をもつ装飾大刀が出土し注目をあびている。金銅冠は冠帯の上部に３本の草花形立飾を立てたもので、百済の中央ではこのタイプの冠が出土した例はなく、様式的には高霊出土の加耶の金冠に類似する。金銅冠帽は半円形の鳥帽子形で、忍冬文が施されている。金銅飾履は斜格子の区画の内部に花文を配したもので、益山笠店里古墳の出土品に類似する。

その他に、前方後円形古墳である咸平新徳《シンドク》１号墳でも金銅冠片が収拾されており、伏岩里３号墳の横穴式石室では表面の六角形区画の内部に花文を配し魚佩を付けた金銅飾履が出土している。銅釧は大安里９号墳などにも出土例がある。

2　甲冑と武器

甲冑では、長城晩《マン》舞《ム》里《リ》古墳で三角板革綴短甲が、海南内洞《ネドン》里《ニ》外島《ウェド》１号墳で横矧板鋲留短甲が出土し、光州双岩洞《サムアムドン》古墳および前方後円形古墳の咸平新徳１号墳と海南方山《パンサン》里《ニ》古墳で挂甲片が出土している。

図230　羅州新村里９号墳（上）と伏岩里３号墳（下）の金属遺物

武器では鉄矛や鏃、刀類が出土している。鉄矛は袋部の断面が円形のものと八角形のものがあり、羅州新村里９号墳では三叉槍も出土した。鉄鏃は墳墓から複数個が縛られた状態で出土することもある。逆刺がある幅広の鏃が比較的多く、柳葉形や刀子形の鏃身に長い茎が付いた長茎鏃も多数存在する。羅州伏岩里３号墳の石室では刀子形長茎鏃のみが数十点発見されている。

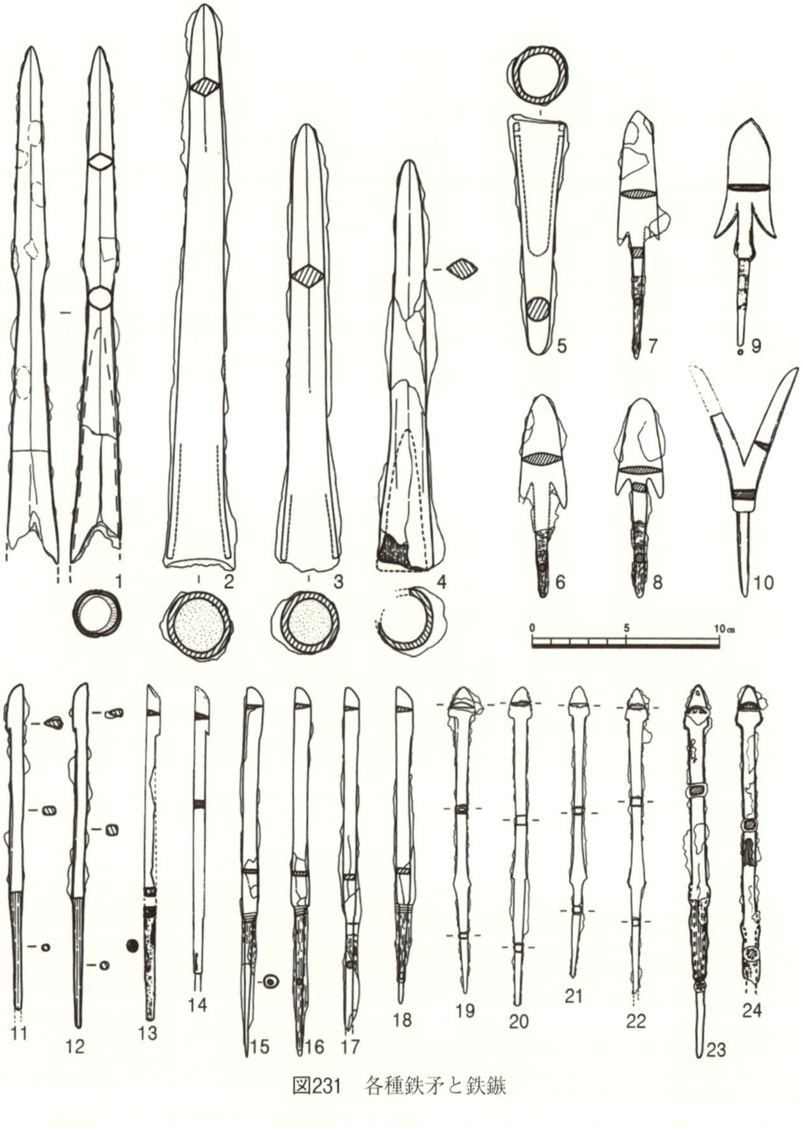

図231　各種鉄矛と鉄鏃

刀類は現在までに40点余りが出土しており、鞘や柄を金や銀で装飾した装飾大刀も多く発見されている。羅州新村里9号墳では三葉文環頭大刀と単鳳文環頭大刀各2振が出土し、羅州伏岩里3号墳では圭頭大刀と三つのC字形環を合わせた環頭に獅噛文が配された獅噛三累環頭大刀が出土している。前方後円形古墳の咸平新徳1号墳では、鉄棒を縒り合わせて作った半円形環を柄頭に付けたいわゆる捩り環頭大刀が出土したが、このタイプの環頭大刀は主に日本で出土している。

甕棺古墳からはこの他に農工具としての鋳造鉄斧や鍛造鉄斧、U字形鍬先や鎌、槌なども出土しており、羅州新村里9号墳では鉄製鋸が発見されている。

3　馬　具

馬具は主に横穴式石室墳から出土する。海南月松里造山古墳にはf字形鏡板付轡や剣菱形杏葉、鉄製輪鐙などが、咸平新徳1号墳には鑣轡や木心鉄板張鐙、銀装飾がある辻金具などが副葬されていた。羅州伏岩里3号墳では壺鐙や心葉形杏葉が出土している。壺鐙は潭陽大峙里《デチリ》遺跡でも出土例がある。

4　土　器

栄山江流域でも木棺埋葬が中心となる梯形墳期までは二重口縁壺、両耳付壺などの原三国時代以来の汎馬韓様式土器が使用されていたが、甕棺古墳が成立

図232　光州双岩洞古墳（左）と月桂洞1号墳（右）出土土器

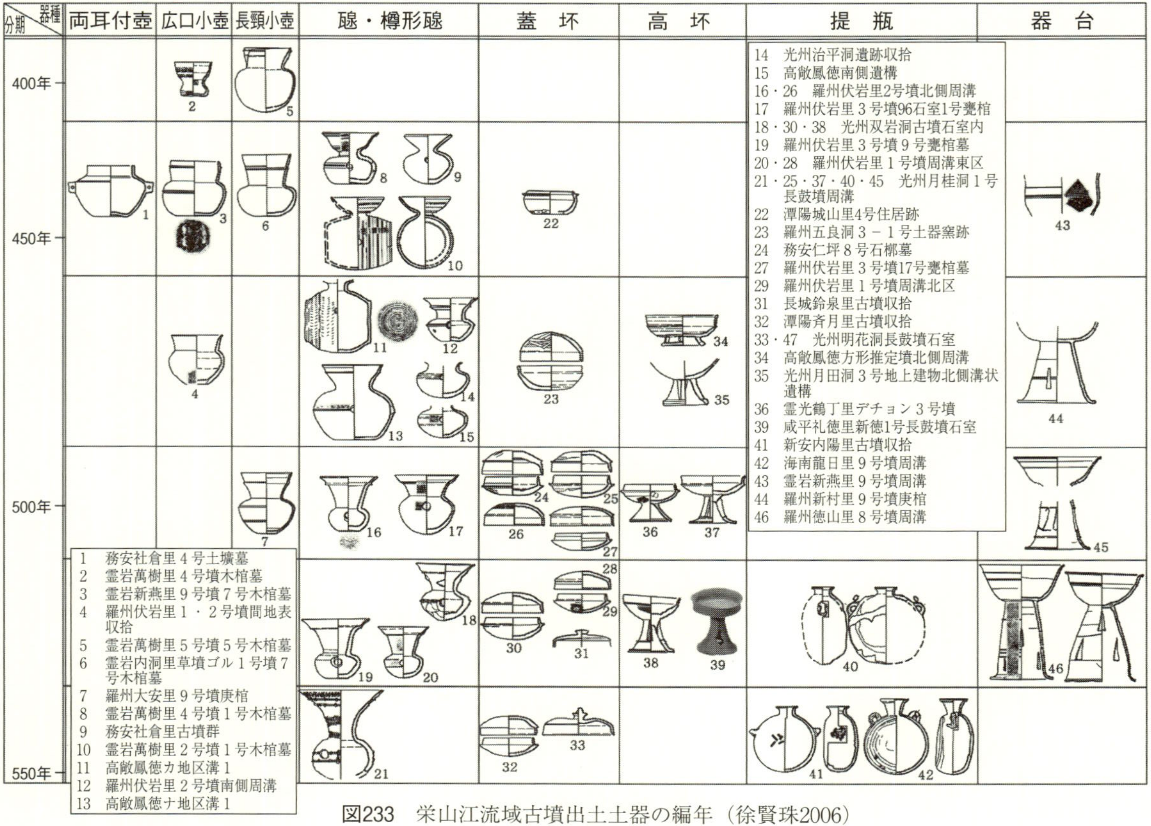

図233　栄山江流域古墳出土土器の編年（徐賢珠2006）

する４世紀後半からは広口小壺、長頸小壺などが出現し変化を見せはじめる。以降、栄山江流域様式と呼ばれる在地様式の土器が成立し、高塚の甕棺古墳や前方後円形古墳が築造される時期にわたって広く用いられた。栄山江流域様式土器を代表する器種としては有孔広口小壺（䠙）や有孔横瓶（樽形䠙）などがあげられ、この他に蓋坏・高坏・提瓶・器台などがある。これらの土器の成立には漢城期の百済土器、小加耶を中心とした加耶土器、そして日本の古墳時代の須恵器などの影響があったと考えられている。

また、日本の古墳における埴輪のように古墳墳丘の周囲に立て並べた円筒形土器が、甕棺古墳である羅州新村里９号墳や光州月桂洞《ウォルゲドン》の前方後円形古墳など諸古墳において確認されている。これらは墳丘樹立土器または墳周土器とも呼ばれ、底部まで作られ壺形土器に近いものと、上下に貫通した筒形のものに区分される。壺形のものが先行して使用され、後に筒形のものが出現して広く普及したとみられる。円筒形土器は当地で生産され独自に変化したものであるが、本来は日本の古墳における埴輪をモデルにしたもので、光州月桂洞の前方後円形古墳の墳丘からはやはり日本の古墳において見られるものと同様の木製埴輪も出土している。

このように栄山江流域では特色ある地方土器文化が形成されていたが、６世紀中葉に百済中央の陵山里型石室が築造されはじめてから衰退し、泗沘期の百済土器様式へと統合されていった。

5　その他

栄山江流域は他地域に比べ銅鏡の出土が多く、海南月松里造山古墳、光州双岩洞古墳、潭陽斉月里《ジェウォルリ》古墳において倭系遺物とみられる小型倣製鏡の珠文鏡が３面、変形六獣鏡が１面出土している。

参考文献

姜鳳龍 1999「栄山江流域‘甕棺古墳’の台頭とその歴史的意味」『韓国史論』41・42　ソウル大学校国史学科

国立羅州文化財研究所 2007『栄山江流域古代文化の成立と発展』学研文化社

權五榮 2005「考古資料から見た百済と倭の関係」『韓日関係史研究論集』２　景仁文化

社
金洛中 2000「5～6世紀栄山江流域政治体の性格」『百済研究』32　忠南大学校百済研究所
金洛中 2009『栄山江流域古墳研究』学研文化社
朴淳發 2000「百済の南遷と栄山江流域政治体の再編」『韓国の前方後円墳』忠南大学校出版部
朴仲煥 1997「光州・全南地域長鼓形古墳の墳丘について」『湖南考古学報』21　湖南考古学会
朴天秀 2006「栄山江流域の前方後円墳を通して見た5～6世紀の韓半島と日本列島」『百済研究』43　忠南大学校百済研究所
徐賢珠 2003「三国時代竈枠に対する考察」『韓国考古学報』50　韓国考古学会
徐賢珠 2006『栄山江流域古墳土器研究』学研文化社
成洛俊 1983「栄山江流域の甕棺墓研究」『百済文化』15　公州師範大学百済文化研究所
成洛俊 1996「栄山江流域甕棺古墳の文化的性格」『百済研究』26　忠南大学校百済研究所
申敬澈 2000「古代の洛東江、栄山江、そして倭」『韓国の前方後円墳』忠南大学校出版部
禹在柄 2002「栄山江流域前方後円墳出土円筒形土器に関する試論」『百済研究』31　忠南大学校百済研究所
李暎澈 2004「甕棺古墳社会地域政治体の構造と変化」『湖南考古学報』20　湖南考古学会
李正鎬 1999「栄山江流域の古墳変遷過程とその背景」『栄山江流域の古代社会』学研文化社
林永珍 2002「栄山江流域の墳丘墓とその展開」『湖南考古学報』16　湖南考古学会
林永珍 2003「韓国墳周土器の起源と変遷」『湖南考古学報』17　湖南考古学会
全羅南道編 2000『栄山江流域古代社会の新照明』湖南考古学会
朱甫暾 2000「百済の栄山江流域支配方式と前方後円墳被葬者の性格」『韓国の前方後円墳』忠南大学校出版部
酒井清治 2004「5・6世紀の土器から見た羅州勢力」『百済研究』39　忠南大学校百済研究所
崔盛洛 2002「三国の成立と発展期の栄山江流域」『韓国上古史学報』37　韓国上古史学会
崔完奎 2000「湖南地域の墳墓類型と展開」『湖南考古学報』11　湖南考古学会
洪潽植 2005「栄山江流域古墳の性格と推移」『湖南考古学報』21　湖南考古学会

新　羅

Ⅰ　概　観

辰韓十二国のうち慶州の斯盧国を母体として成長した新羅は、『三国史記』によれば紀元前57年に建国され、１世紀から周辺の小国を順次征服し、３世紀半ばには洛東江以東の嶺南地方の統合を一段落させたとされている。ただし、実際には慶州と同質の考古資料の分布範囲が周辺地域へと広がりはじめるのは３世紀後半からで、原三国時代後期の嶺南地方に出現した木槨墓が慶州では新羅式木槨墓と呼ばれる細長方形の同穴主副槨式木槨墓へと発展し、蔚山・浦項など周辺地域へ拡散した。

新羅の最高支配者が「麻立干」と呼ばれはじめた４世紀後半、慶州には新羅特有の高塚墳である積石木槨墳が出現し、金冠や金製帯金具をはじめとする各種金工品や、洛東江以西の加耶土器とは区別される新羅土器が副葬されはじめた。このような慶州の高塚文化は５世紀に入って洛東江西岸を除いた伽倻山以南の全嶺南地方と東海岸の江陵地方まで急速に広がっていった。考古資料に見られるこのような変化は、辰韓の斯盧国から国家としての新羅への転換と、麻立干期の新羅の地方支配の様子を物語る物証として解釈されている。

新羅は６世紀前半に律令を頒布するなど中央集権体制を整えて地方に対する直接支配を拡大していき、また仏教が公認されて慶州には寺院が建てられ、高塚文化が衰退して墓制は石室封土墳へと変化し、新羅後期の古墳文化が成立していった。蓄積された国力を土台に洛東江以西の加耶地域への侵攻をはじめた新羅は、６世紀中葉には竹嶺を越えて漢江下流域および東海岸の元山湾まで進出し、韓半島中部地方を掌握して、562年の大加耶の併合を最後に加耶勢力の統合を成し遂げる。新羅が進出した地域には数多くの新羅の城郭が新たに築造され、短脚高坏や付加口縁長頸壺に代表される新羅の後期古墳文化が移植された。

漢江流域を領有して豊富な物資を掌握し中国と直接交渉できる交通路を確保した新羅は、以後の熾烈な三国抗争期を経て7世紀後半に百済と高句麗を順次滅ぼして三国を統一し、韓民族の民族文化を形成する途を開いた。

Ⅱ　遺　跡

1　都　城

文献記録によると、新羅最初の王城は始祖である赫居世の時代に築かれた金城であるとされるが、その詳細は不明である。慶州の月城《ウォルソン》は三国時代に築造され、統一新羅末まで続いた新羅の王城遺跡で、『三国史記』は新羅の婆娑尼師今の時期の101年に築造されたと伝える。しかし、月城周囲をめぐる垓字（濠）と一部城壁の基底部に対する調査の結果、月城の城壁の下層で3世紀後半から出現する新羅・加耶の早期様式土器が出ており、月城の築造時期を3世紀以前までさかのぼらせるのは困難であると考えられている。

月城一帯はもとより低い丘陵地帯であり、土城が築造される以前の古くから人々が暮らしていたが、この地に城壁が築造されたのは積石木槨墳に副葬されるような新羅土器が出現する直前の4世紀頃であったと推定される。月城には、南川が自然の濠の役目を果たす南側を除き、東・西・北側に5世紀後半頃に貯水池式の濠を設けたことが明らかになっている。月城内部の地下に対する物理探査の結果、宮闕をはじめとする多くの建物があったことが確認されたが、未だ発掘調査が実施されておらず、これらが実際にはどの時期の建物であるのか、三国時代にどのような建物が配置されていたのかなどはわかっていない。

新羅が中央集権化を果たした6世紀以後、新羅の宮闕体制は変化し、月城にある大宮の他に梁宮と沙梁宮が存在したとされるが、考古学的には明らかになっていない。

慶州一円では地表面において新羅時代の都市区画の痕跡が観察されており、早くから新羅都城の都市計画に対する研究も進められ、都城関連遺跡の発掘調査も進展している。文献には慈悲麻立干12年（469）に都の坊里名を定めたこ

図234　慶州月城と市街地

とが記録されており、現在までの調査結果によれば遅くとも６世紀中葉～後半から月城北辺の皇龍寺《ファンニョンサ》跡一帯で里坊制が施行されはじめ、順次周辺地域へと拡大していったと判断されている。皇龍寺およびその東に隣接する王京遺跡の調査結果によると、一坊は東西172.5m、南北167.5m の広さで、坊の四方には砂利を層状につき固めて敷設した直線道路がめぐり、その内部に塀で囲まれた住居区域がある。道路は６世紀中葉～後半の初築以後、数次にわたって修築されているが、坊の規模や基本構造は三国時代の初築以降は大きな変化がなく、統一新羅期を経て高麗時代まで存続したことが明らかにされている。

慶州には、防御施設として都城を囲んだ羅城は設置されておらず、代わりに周辺の要衝に城郭を配して外敵の侵入を防いだ。

2　城郭遺跡

慶州月城の南には都堂山《トダンサン》土城と南山《ナムサン》土城、東には明活山《ミョンファルサン》土城などが至近の距離に位置している。これらは王城である月城を防御するために５世紀以前に築造された土城と考えられている。さらにやや外郭地域では西の乾川に鵲城、北

図235　報恩三年山城とその城壁

の江東に良洞里《ヤンドンニ》土城、南の梁山下北面に蓴池里《スンジリ》土城がある。蓴池里土城の発掘では、４m 幅２列で１m 間隔に支柱となる木柱を打ち込み、その間隙および内外に土を層状に固め上げる築造手法が確認されている。

６世紀以後には東の明活《ミョンファル》山城、西の仙桃山の西兄《ソヒョン》山城、南の南山の南山新城《ナムサンシンソン》や内南面茸長里の高墟城《コホソン》など慶州盆地を囲む山々に石築城を築いて王都を防御しており、明活山城と南山新城では作城碑の出土により築造年代が明らかになっている。

新羅は本来の領域である洛東江東岸の嶺南地方はもちろん、小白山脈を越えた地域にも、慈悲麻立干13年（470）に築造した忠清北道報恩の三年《サムニョン》山城をはじめ、6世紀以降に新たに進出した洛東江西岸の旧加耶地域、漢江流域や東海岸の元山湾一帯などに数多くの山城を築造した。特に京畿道の漢江以北の地方には坡州の烏頭《オドゥ》山城、楊州の大母《デモ》山城など新羅の山城の数が多く、臨津江と漢灘江の南岸ではさらに密な分布が見られるが、これらはその北岸の高句麗系城郭と対峙しており、三国統一の時期までの新羅と高句麗の境界線を表わしているようである。これら新羅の山城のなかには、単なる軍事目的のものだけでなく、6世紀以降の新羅の地方統治制度である州郡制における行政の中心地に築造されたもの、また主要交通路を防衛するために築造されたものなどが含まれていたと考えられる。

新羅の山城には包谷式以外に鉢巻式のものが多い。大部分が石築城で、城壁の基底部を補強するために下段部分に石積みを重ねて築造した基壇補築が特徴的である。また、山城内部の水を城外に出すために、底面が階段状になった台形ないし五角形の排水口を城壁の外部に突出させて造り付け、水が城壁から離れて落ちるようにしている点も、新羅の山城に見られる手法である。

山城の内部では倉庫などの建物跡をはじめ、池や石積みの護岸をもつ集水施設、井戸などが調査されており、小白山脈の鳥嶺および鶏立嶺に隣接する聞慶の姑母《コモ》山城では、百済の山城において多く調査されている大型の木槨庫が発見された。咸安の城山《ソンサン》山城の貯水池では、阿羅加耶が滅亡した後の新羅による築城時に動員された諸地域の人名が記録された木簡など、数多くの木簡が出土している。また、河南の二聖《イソン》山城でも木簡が出土しており、祭祀に関連すると推定される八角形建物跡などの多角形建物も複数調査されている。

3　生活遺跡

王城であった慶州月城の北側では、掘立柱式の地上式建物跡20基余りが月城の集水池型の濠とともに存在したことが明らかになっている。また、同地点では集水池型の濠が廃棄された後に建てられた、回廊のように長い礎石建ちの建物跡が多数調査されている。これらのなかには建立の年代が統一新羅時代以降に下るものもあるが、月城の城壁に平行して建てられた鶏林東側の建物跡は集

図236　機張佳洞遺跡

水池型の濠が廃棄される６世紀半ば頃に築造されたことが明らかになっている。その位置から、これらは王城に付属する官衙などの公共建物だったと推定される。

慶州で調査された代表的な集落遺跡である隍城洞《ファンソンドン》遺跡は、鉄生産に関連する特殊な機能をもつ集落で、原三国時代前期には平面円形の住居跡群のなかに鉄工房があったが、後期になると住居跡が方形に変わって居住区域と生産区域が分離し、さらに居住区域が移動して三国時代初期まで存続したことがわかっている。この隍城洞遺跡の居住区域近くには墳墓群も存在する。

新羅の地方における集落遺跡の調査はいまだ多くないが、慶山の林堂洞《イムダンドン》遺跡、大邱の時至《シジ》地区遺跡、星州の壮学里《ジャンハンニ》遺跡などでは50基以上の竪穴住居跡が調査され、浦項の虎洞《ホドン》遺跡では原三国時代から三国時代にかけて造営された住居跡280余基、機張の佳洞《カドン》遺跡では三国時代の住居跡150基が調査されている。

新羅の集落遺跡は、はじめは丘陵の頂上部や斜面、丘陵末端部、沖積台地の平野部など様々な場所に立置していたが、後期になると河川周辺の自然堤防や扇状地のような広い平地へと移動していった。大邱時至地区および漆谷《チルゴク》地区遺跡では居住区域に隣接して生産区域と墳墓区域があり、居住区域から近い位置には城郭が立地していることが明らかになっており、このような空間配置が集落の一般的な形態であったとみる見解もある。

竪穴住居跡の平面形態は原三国時代後期には円形系と方形系がともに存在したが、次第に方形系のものが主流になる。住居跡の規模は中・小型が一般的であるが、三国時代の初期には50㎡を超える大型のものが含まれることもある。竪穴の壁の下部に柱穴がめぐる壁柱式が多く、炊事および暖房施設として住居の壁面にカマドを設置したり、壁面と離れた位置で内から外へ煙道がのびる形態、あるいは壁面に沿ってめぐる直線状の形態をもつ煙道施設が後期に多く設置されるようになっていった。集落遺跡では竪穴住居跡の他に高床式建物の柱穴も確認される。大邱時至地区遺跡などでは道路や井戸の遺構なども見つかっている。

4　生産遺跡

農耕生産遺跡のうち畠遺構は大邱東川洞《トンチョンドン》遺跡・西辺洞《ソビョンドン》遺跡などで調査されており、水田遺構では蔚山鉢里《パルリ》遺跡や屈火《クルファ》遺跡などで階段式の水田が、大邱西辺洞遺跡では階段式水田と小区画水田が確認された。大邱東川洞遺跡では堤防、木と石を利用して築造した堰（洑）、水路などの水利施設も発掘されている。

原三国時代前期から鉄器を製作していた隍城洞遺跡では、原三国時代後期から三国時代初期までの鎔解炉・製鋼炉・鍛冶炉などは確認されているが、製錬炉は発見されていない。一方、密陽の沙村《サチョン》遺跡や梁山の勿禁《ムルグム》遺跡では製錬炉のみが調査されている。これは鉄を生産する製錬工程と製鋼および鉄器を製作する工程が分業化されていたことを意味すると思われる。蔚山達川鉄場は鉄鉱石の産地として有名で、慶州隍城洞遺跡で製作された鉄器も達川鉄場の鉄鉱石を製錬した鉄を使用したと考えられている。

また鉄生産に関連して、白炭を生産したと考えられるトンネル式の炭窯が慶州蓀谷洞《ソンゴクドン》・勿川里《ムルチョンニ》遺跡や月山里《ウォルサンニ》遺跡で多数発掘されている。

新羅土器の生産遺跡も慶州を中心に各所で確認されている。慶州花山里《ファサンニ》遺跡では新羅・加耶の早期様式土器から新羅前期様式土器への変化過程を示す土器

図237　蔚山鉢里遺跡の水田遺構

窯が調査された。窯は丘陵の傾斜面に造営した登窯であるが、窯体の幅は狭く燃焼室と焼成室の区別が明確でなく、忠清北道鎮川の百済土器窯とは系統が異なる。昌寧余草里《ヨチョリ》で調査されたいわゆる古式陶質土器の窯の流れをくんでいるとみられる。

慶州蓀谷洞・勿川里遺跡は５～６世紀に新羅の王朝が関与していたとみられる大規模新羅土器生産団地で、数十基に上る土器窯が発掘された。窯は丘陵の傾斜面に造営された登窯で、地下式のものも見られるが大部分が半地下式である。窯体はやはり幅が狭くて細長く燃焼室と焼成室の区別がない形式であるが、６世紀に下ると幅が広くなり焚口の両壁を河原石で構築するようになる特徴が見られる。窯より高い丘陵の尾根上において、轆轤の軸穴が検出された土器製作工房跡と、成形された土器を乾燥させておいた場所と考えられる高床式建物跡が多数発見されている。また、大邱の旭水洞《ウクスドン》遺跡、慶山の玉山洞《オクサンドン》遺跡でも多くの土器窯および工房跡が発掘された。

瓦窯は慶州蓀谷洞・勿川里遺跡や慶州内南の花谷里《ファゴンニ》遺跡などで調査されている。すべて半地下式の登窯で、土器窯より焼成室の傾斜面が急であるが、階段状の施設はない。

5　古　墳

新羅は高句麗や百済とは異なり遷都をしていない。慶州が一貫して都であったため、最高支配階層が造営した主要な古墳は現在の慶州一円に分布する。慶州に築造された新羅の古墳を主な墓形式によって分類・編年すると、新羅式木槨墓、積石木槨墳、石室封土墳の順に変化している。主な墓制の存続時期をもとに、慶州と地方の新羅古墳を概観すると次のようになる。

新羅式木槨墓とは、細長い単独土壙のなかに、被葬者を納めた主槨と、被葬者の足側に副葬品を埋納する副槨を同時に設置した長方形の同穴主副槨式の木槨墓で、3世紀後半頃から築造されはじめている。慶州の九政洞《クジョンドン》遺跡ではじめて発見された後、慶州竹東里《チュクトンニ》遺跡や隍城洞遺跡でも調査されており、九政洞型木槨墓または慶州式木槨墓などとも呼ばれていた。新羅式木槨墓は原三国時代後期に嶺南地方で築造されていた長方形木槨墓から発展したものであるが、金海の大成洞《デソンドン》古墳群や東萊の福泉洞《ボクチョンドン》古墳群など主槨と副槨が別の土壙に設置された異穴主副槨式木槨墓とは異なる構造で、環頭大刀や鉄矛をはじめとする多種多様な武器類および鉄製甲冑などが副葬され、殉葬の痕跡が確認されるなど、斯盧国段階の墳墓とは異質である。

このような新羅式木槨墓は、慶州近隣の浦項玉城里《オクソンニ》古墳群、蔚山中山里《チュンサンニ》遺跡や良東遺跡を起点に慶山林堂洞古墳群、大邱西辺洞古墳群などへとその分布範囲が広まっており、新羅の政治勢力範囲拡大の物的証拠と考えられている。

新羅式木槨墓は地表上に築造の痕跡が残らず、地下遺構だけが確認されることが多い。本来は木槨の上部に低い封土を盛っていたが、この段階ではまだ地上に巨大な封土をもつ高塚へと発展することはなかった。ただし、慶州隍城洞遺跡、蔚山中山里遺跡では掘り方土壙と木槨の間を土ではなく石で裏込めした積石式または四方積石式とされる木槨墓が調査されており、新羅の積石木槨墳の出現との関連から注目されている。

一方、慶州九於里《クオリ》遺跡では主槨と副槨が別に設けられた大型の異穴主副槨式木槨墓も発見されており、この段階にすでに新羅の最高支配集団が独自の墓形式をもっていたとも考えられる。

図238　慶州蓀谷洞新羅土器窯群（上）、密陽沙村製鉄遺跡と送風管（下）

積石木槨墳は埋葬主体部である木槨の周囲と上部に河原石を積んで積石部を形成し、その上にさらに盛土し、封土の周囲に河原石で外護列石をめぐらせた古墳である。皇南大塚・金冠塚《クムグァンチョン》・天馬塚《チョンマチョン》などの大型墳は木槨や積石部などすべての構造が地上に築造されているが、その他の中・小型墳は地下に土壙を掘って木槨を設置し、積石部は土壙と木槨の間およびその上部に構築されている。積石木槨墳の基本形は円墳であるが、円墳２基を主に南北方向に連接させて築造した夫婦合葬の瓢形双墳もあり、中・小型墳では外護列石を連結させて古墳を追加築造したり、一重の外護列石の内部に複数の墓槨を設けた例もある。このような型式の差は古墳の規模や副葬遺物の水準の差とも一定の関連があるこ

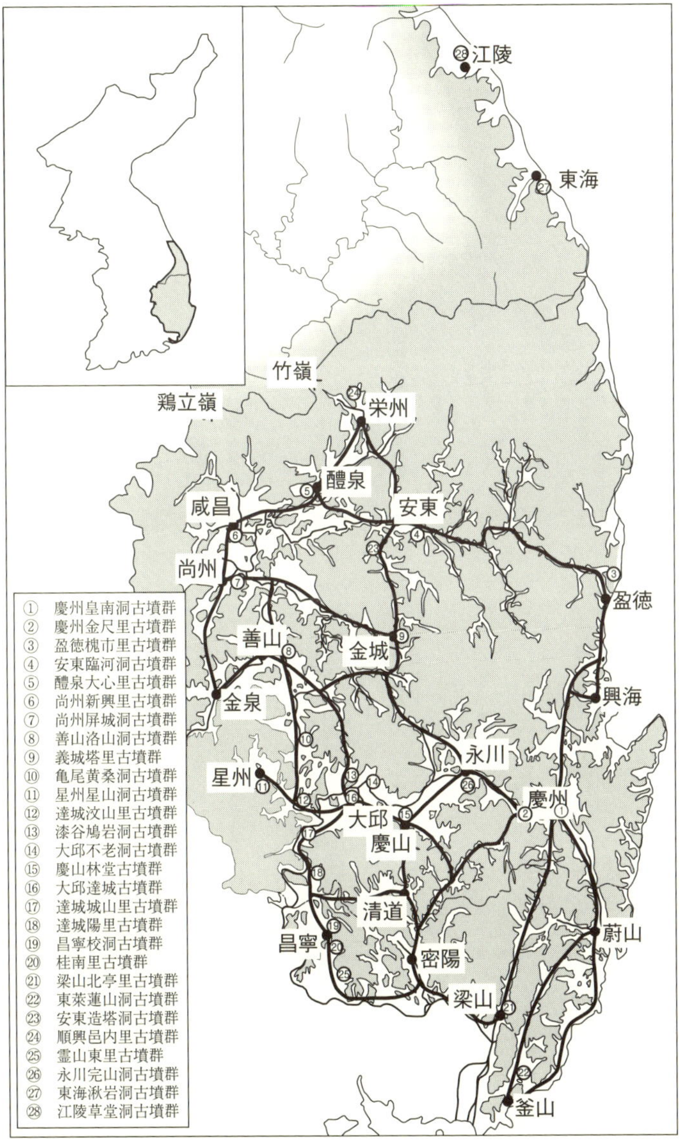
江陵
東海
竹嶺
鶏立嶺
栄州
醴泉
咸昌
安東
尚州
盈徳
善山
金城
金泉
興海
永川
星州
慶州
大邱
慶山
清道
蔚山
昌寧
密陽
梁山
釜山
① 慶州皇南洞古墳群
② 慶州金尺里古墳群
③ 盈徳槐市里古墳群
④ 安東臨河洞古墳群
⑤ 醴泉大心里古墳群
⑥ 尚州新興里古墳群
⑦ 尚州屛城洞古墳群
⑧ 善山洛山洞古墳群
⑨ 義城塔里古墳群
⑩ 亀尾黄桑洞古墳群
⑪ 星州星山洞古墳群
⑫ 達城汶山里古墳群
⑬ 漆谷鳩岩洞古墳群
⑭ 大邱不老洞古墳群
⑮ 慶山林堂古墳群
⑯ 大邱達城古墳群
⑰ 達城城山里古墳群
⑱ 達城陽里古墳群
⑲ 昌寧校洞古墳群
⑳ 桂南里古墳群
㉑ 梁山北亭里古墳群
㉒ 東萊蓮山洞古墳群
㉓ 安東造塔洞古墳群
㉔ 順興邑内里古墳群
㉕ 霊山東里古墳群
㉖ 永川完山洞古墳群
㉗ 東海湫岩洞古墳群
㉘ 江陵草堂洞古墳群

図239　新羅の主要古墳群と交通路（李熙濬1998を改変）

図240　新羅式木槨墓：慶州九政洞古墳（左）、慶山造永洞古墳（右）

とから、被葬者の社会的地位に相関するものとみられている。積石木槨墳の被葬者は大体において頭位を東に向けており、墓槨の形態は多様で、被葬者が安置された主槨と足側の副槨からなる主副槨式から、副槨が省略された単独槨式へと変化したとみられる。

慶州における積石木槨墳の出現は新羅における高塚文化の本格化を表しており、瓢形双墳である皇南大塚は南北の長さが120mで高さが22mに達する。また単独円墳の中にも直径が80m、高さが20mに達する大型墳が存在する。積石木槨墳の副葬品としては金冠や金製耳飾をはじめとする各種金工品や騎乗用馬具、鉄製武器などが大量に出土しており、墳丘の規模だけでなく出土遺物においても他の時期や他地方の古墳より卓越していることがわかる。積石木槨墳は慶州市内の平地部において大古墳群を形成しており、慶州以外の地域に分布するものもあるが典型といえるものはきわめて少なく、三国時代の新羅の最高支配階層が排他的に採用していた墓制であるといえよう。

積石木槨墳の起源については、従来楽浪の木槨墓と先史時代の支石墓の積石部が、あるいは原三国時代における嶺南地方の木槨墓と高句麗の積石塚が結び

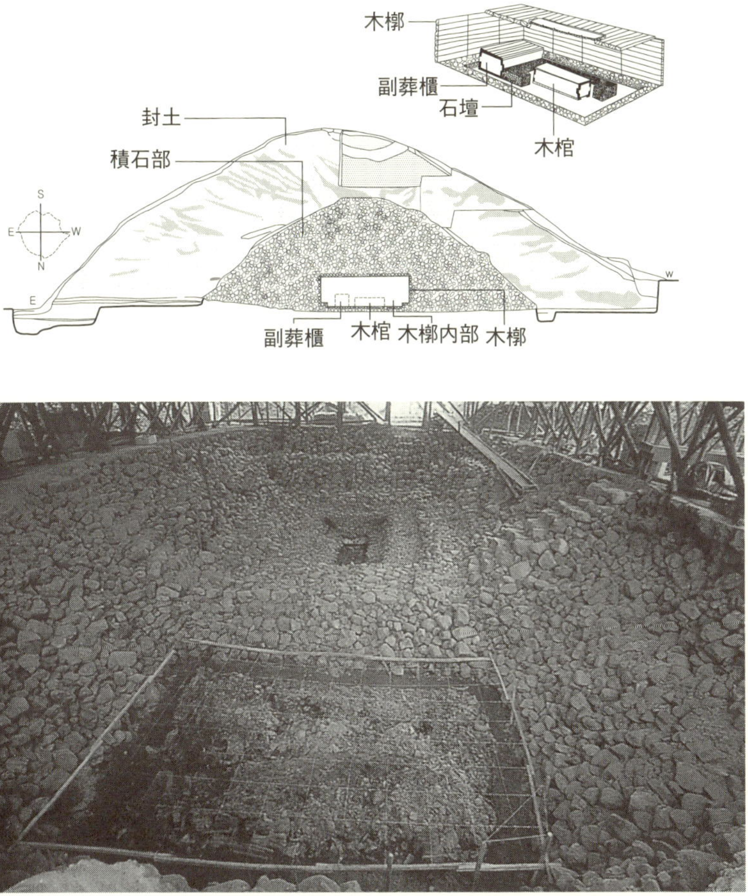

図241　慶州天馬塚の内部構造（上）と皇南大塚南墳の主副槨（下）

付いて発生したとみる内部発生説と、北方アジアから新たに伝来したとみる外部流入説があったが、近年では前段階の木槨墓からの自生説が幾分有力になっている。

積石木槨墳の築造時期と主要古墳の編年については種々見解の違いがあるが、築造時期は概ね新羅の最高支配者が「麻立干」と呼ばれていた4世紀後半から6世紀前葉までに限定されており、積石木槨墳は「麻立干期の新羅墓制」であるといえる。さらに皇南大塚・瑞鳳塚・金冠塚・天馬塚・金鈴塚《クムニョンチョン》など主要

図242　慶州皇南大塚（調査前）

古墳の築造順序、すなわち相対編年についても見解の統一が図られつつある。しかし、最も早い時期の積石木槨墳として周知されている皇南洞109号墳３・４槨、および発掘された大型墳のなかで最古であり他の古墳の編年にも多大な影響を与えている皇南大塚の年代については、いまだ見解差の溝が埋まらない状況である。積石木槨墳の時期の慶州には竪穴式石槨墓や甕棺墓も造られたが、積石木槨墳より低位の存在であった。

積石木槨墳段階における慶州の高塚文化は各地へ急速に波及し、嶺南地方の各所に高塚が密集する大古墳群が形成された。嶺南地方各地の高塚の埋葬主体は原三国時代後期以来の木槨から竪穴式石槨へと転換し、そのうち特に伽倻山以南、洛東江以西の加耶圏域を除いた全嶺南地方および東海岸地方では続いて横口式石槨が発生して同時に築造されているが、地域により石槨の使用石材や技法、または副槨の配置など細部において差が見られる。このように埋葬主体部を中心とした墓制や古墳の構造においては慶州と地方および地方ごとに差があったが、冠帽・帯金具などの服飾品をはじめ馬具、土器など副葬品においては地方も慶州の高塚文化に同化している。一方で慶州と地方の間の位相の差は鮮明になり、洛東江以東の嶺南地方と東海岸地方の古墳は新羅の地方古墳としてのアイデンティティを明確にしていった。

文献では智証王３年（502）に新羅で殉葬を禁じたとしている。実際に皇南大塚南墳など慶州の古い時期の積石木槨墳で殉葬が確認された例があるが、殉葬はむしろ地方の古墳において多く確認されている。慶山の林堂洞古墳群では

表14　慶州地域の古墳編年案

	伊藤秋男(1972)	藤井和夫(1979)	崔秉鉉(1992、2000)	李熙濬(1998)	金龍星(1998)	李漢祥(2004)
300–350			月城路カ30 月城路カ29 月城路カ８ 月城路カ５、６	月城路カ８ 月城路カ29 月城路カ５、６	月城路カ30 月城路カ31 月城路カ29 月城路カ８	
350–400	皇南109号(３·４) 皇吾14号		皇南109号(３·４) 月城路カ13 味鄒王陵５区１ 味鄒王陵５区６ 皇南110号 98号南墳	月城路カ13 皇南109号(３·４) 味鄒王陵５区１、６ 皇南110号 月城路ナ13	月城路カ５、６ 月城路カ13 皇南109号(３·４)	皇南109号(３·４)
400–450		皇南109号(３·４) 味鄒王陵５区６ 皇吾14号 皇南110号	98号北墳 瑞鳳塚	98号南墳（奈勿） 月城路ナ12	月城路ナ13 味鄒王陵５区１ 味鄒王陵５区６	皇吾14（1） 皇南110号 98号南墳
450–500	瑞鳳塚、金鈴塚 金冠塚 皇南109号(１·２) 皇南83号	98号南墳 皇南109号(１·２) 82号東槨 金冠塚、飾履塚	金冠塚 天馬塚 金鈴塚 飾履塚、銀鈴塚	月城路カ４ 月城路タ５	皇南110号 98号南墳（訥祇） 北墳、金冠塚 天馬塚	98号北墳 金冠塚、瑞鳳塚 飾履塚
500–550	壺杅塚	82号西槨 天馬塚、金鈴塚 壺杅塚	壺杅塚 普門里夫婦塚(積石) 普門里夫婦塚(石室)	壺杅塚	金鈴塚 壺杅塚 普門里夫婦塚	金鈴塚 天馬塚 銀鈴塚、壺杅塚 普門里夫婦塚(積石) 普門里夫婦塚(石室)
550–600	普門里夫婦塚	普門里夫婦塚	忠孝里１−３号墳 隍城洞石室墳			

一つの槨内に主被葬者とは頭位を違えて殉葬人骨が残っている古墳が多く調査されており、近年発掘された昌寧の松峴洞《ソンヒョンドン》古墳群でも多くの殉葬者が発見され、そのなかの十代の女性の生前の姿が復元されている。

６世紀前半、慶州では積石木槨墳の築造が途絶え、横穴式石室を内部主体とする石室封土墳の造営がはじまり新羅の古墳は大きな変動の時期を迎える。新羅における横穴式石室墳は、積石木槨墳の時期の後半に一部の地方ですでに築造されはじめていたが、この時期に至って慶州の新羅最高支配者層が横穴式石室を突然受容したようである。慶州におけるこのような墓制の変化は、律令の頒布、仏教の公認など６世紀前半に断行された新羅の中央集権体制確立とも関

図243　星州星山洞59号墳

図244　梁山夫婦塚横口部（内部より）

表15　主要発掘古墳群

古墳群	主要墓制	主軸年代	出土遺物
慶州王宮古墳群（皇南、皇吾、隍城、路東、路西）	積石木槨	4世紀中～	金冠、金冠飾、金耳飾、金垂飾、金頸飾、金銙帯、金釧、金指環、金銅飾履、金装大刀、ガラス器、金銀器
慶州安渓里古墳群	積石木槨	4世紀後？～	金耳飾、金垂飾、勾玉付頸飾、銀装大刀、ガラス坏
東莱福泉洞（蓮山洞）古墳群	木槨、積石木槨 竪穴式石槨	4世紀（大型墓）、 5世紀中～	金銅冠、金耳飾、勾玉付頸飾、銀装大刀
梁山北亭里古墳群	横口式石槨	5世紀後？～	金銅冠、銀冠飾、金耳飾、勾玉付頸飾、金釧、銀指環、金銅飾履、銀装大刀、青銅鐎斗、鉄斧
昌寧桂城里古墳群	竪穴式石槨	5世紀前～	金銅冠、金銅冠飾、金耳飾、金垂飾、勾玉付頸飾、銀銙帯、銀釧、大刀
昌寧校洞古墳群	横口式石槨	5世紀中～	金銅冠、金耳飾、金垂飾、勾玉付頸飾、銀銙帯、金装大刀、青銅容器、鉄斧
花園城山古墳群	竪穴式石槨	5世紀中～	銀冠飾、金耳飾、金銅銙帯、大刀
大邱達城古墳群	竪穴式石槨 横口式石槨	5世紀中～	金銅冠、金銅冠飾、金耳飾、金垂飾、勾玉付頸飾、銀銙帯、金銅飾履、金銅装大刀、銀高坏、青銅合子
慶山林堂古墳群	積石木槨 岩壙木槨	4世紀中・後～	金銅冠、金銅冠飾、金耳飾、金垂飾、勾玉付頸飾、銀銙帯、金銅釧、金指環、金銅飾履、金装大刀、青銅容器、鉄斧
大邱不老洞古墳群	竪穴式石槨	5世紀中～	
大邱鳩岩洞古墳群	竪穴式石槨	5世紀中～	金銅冠、金銅銙帯
大邱汶山里古墳群	竪穴式石槨	5世紀中・後～	金銅冠、銀冠飾、金銅耳飾、金銅銙帯、金銅指環、銀装大刀、青銅合子
星州星山洞古墳群	竪穴式石槨	5世紀中？～	金銅冠、銀冠飾、金耳飾、金垂飾、銀銙帯、銀釧、銀指環、銀装大刀
亀尾黄桑洞古墳群	竪穴式石槨	5世紀中？～	金銅冠、金銅冠飾、金銅耳飾、頸飾、銀銙帯、金銅飾履
善山洛山洞古墳群	横口式石槨	5世紀中？～	
尚州屏城洞古墳群	横口式石槨	5世紀中？～	金銅耳飾、頸飾
尚州新興里古墳群	横口式石槨	5世紀中？～	金耳飾、勾玉付頸飾、銀銙帯
義城塔里古墳群	積石木槨 変形積石木槨	5世紀前？～	金銅冠、金銅冠飾、金耳飾、金垂飾、勾玉付頸飾、銀銙帯、銀装大刀、鉄斧
安東造塔洞古墳群	横口式石槨	5世紀後～	金耳飾、銀銙帯
栄州邑内里古墳群	横穴式石室	6世紀？～	
盈徳槐市里古墳群	積石木槨	5世紀中？～	勾玉付頸飾、垂飾用中空球

図245　慶州芳内里16号墳（嶺南文化財研究院）

連するとみられる。このときから古墳の主な築造場所は山腹へと移動し、規模が縮小して副葬品もきわめて簡素になり、薄葬化された後期古墳文化へと変貌していった。ただし、積石木槨墳の時期の王陵が平地の古墳群中に埋没していたのに対し、この時期以降の王陵は山裾に独立区域を形成しており、このような立地の差が成長した王権の姿を象徴しているようにも思われる。

慶州における新羅の横穴式石室墳は主に山の尾根に沿って立地している。石室は粗く整えられた大型の石材を用いて地表面に築造されており、百済の石室墳とは異なった様相を見せる。石室の平面プランは長方形と方形があり、長方形のものは平天井、方形のものは穹窿状天井が一般的である。羨道の位置は両袖式、右片袖式、左片袖式があり、右片袖式のものがやや多いのが特徴である。石室内部には高い屍床を設け、木棺を用いずに石枕と石製足座に被葬者を直接安置した事例が多く見られる。古い時期の石室墳には短脚高坏と付加口縁長頸壺がセットになった特徴的な後期様式の新羅土器が副葬され、後に印花文が押印された有蓋盒と細頸瓶の組成へと変わっていった。一方で、仏教の公認により、新羅の後期には有蓋盒などの土器に骨を納めて埋葬した火葬墓も現れた。

このような新羅後期の古墳文化は各地へと急速に広がっていき、洛東江以東の新羅の旧領域内はもちろん、特に加耶地域の併合と漢江下流域および元山湾に至る東海岸地方への進出により、新羅が新たに獲得した地域には数多くの新

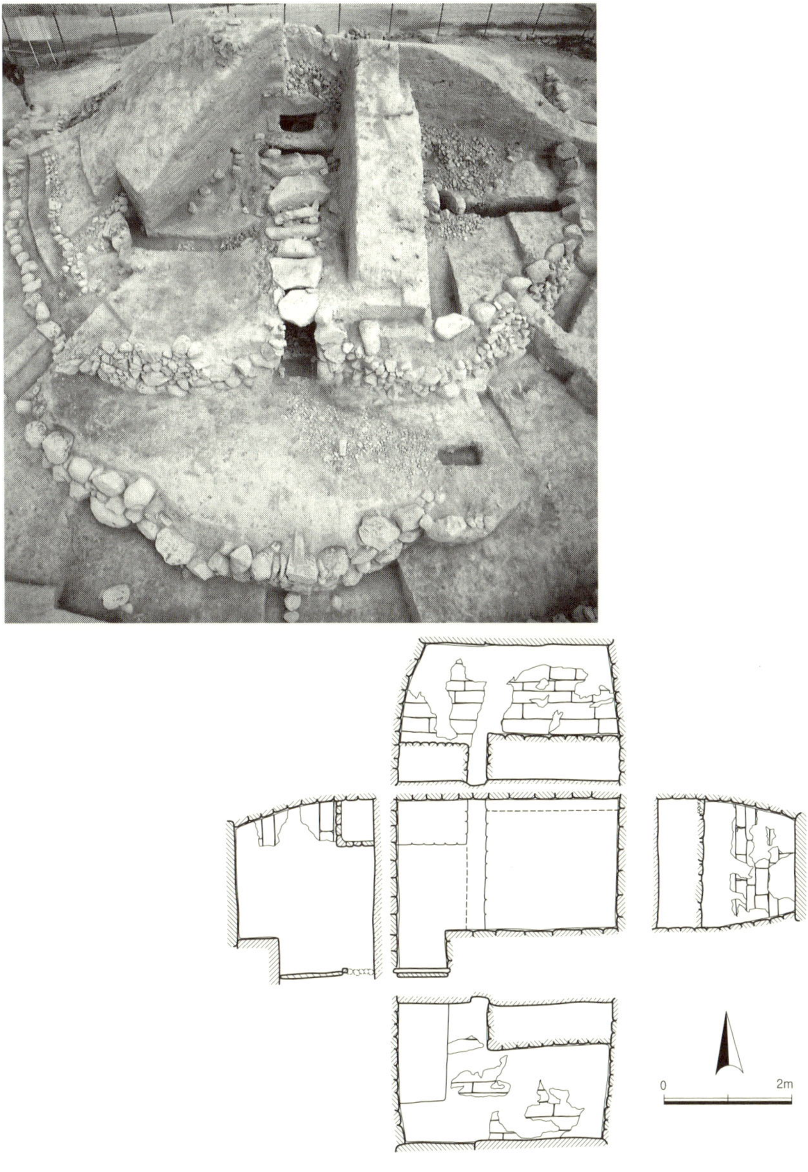

図246　石室封土墳：迎日冷水里古墳（上）、栄州邑内里古墳（下）

羅古墳群が造営された。これら地方の古墳群には横口式石槨墳および横穴式石室墳が主に築造されたが、新羅後期最大の地方古墳群といえる忠州の楼岩里《ヌアムニ》古墳群では主に横穴式石室墳が、京畿道最大の新羅古墳群である驪州の梅龍里《メリョンニ》古墳群では横口式石槨墳が多く確認されており、古墳群ごとに差があったことがわかる。一部の地方の石室墳では棺釘や棺座金具が発見されるなど、被葬者の埋葬に木棺を使用した例が多く確認されており、慶州の古墳とは異なっている。地方における新羅の古墳群は短脚高坏の段階を過ぎると急速にその数が減り、古墳の規模もきわめて矮小になるなど、古墳文化が衰退していく様相を見せる。

一方、新羅の地方古墳のうち迎日の冷水里《ネンスリ》古墳では、長方形の主室に付く羨道に副葬品埋納のための小規模な副室を「ト」字形に設けた石室墳が調査されている。また栄州順興の邑内里《ウムネリ》と台庄里《テジャンニ》の古墳群では壁画石室墳がそれぞれ1基ずつ見つかっており、ともに高句麗古墳壁画の影響を強く受けているが、台庄里壁画古墳には新羅の官等の外位にあたる「述干」を授けられた「於宿」という被葬者の名が書かれていた。これらは新羅における横穴式石室の出現過程を考える上で注目すべき存在である。

6　信仰遺跡

1）寺院跡

新羅に仏教が伝えられたのは5世紀初頭より前のことであったが、それが公認されたのは法興王14年（527）であり、同王22年（535）に創建された興輪寺が新羅最初の寺院であったとされる。これまでに発掘調査が実施された三国時代の新羅の寺院跡には慶州の皇龍寺跡と芬皇寺《ブナンサ》跡がある。

文献記録によると、皇龍寺は真興王14年（553）、月城の東に新宮を造営しようとした際に黄龍が出現したことから寺院に造り変えたとされ、著名な皇龍寺九重木塔は善徳王14年（645）に建てられたと伝えられる。皇龍寺跡の発掘では、建物の基本配置が大きく異なる一次伽藍と二次伽藍が確認された。一次伽藍は回廊と長い建物で囲まれた中心区域を横に三分した形式で、寺院というよりは宮殿の配置に近く、二次伽藍は九重木塔北側の正金堂の東西に東金堂と西金堂が一列に配置された一塔三金堂式であり、九重木塔が建てられる頃にこの

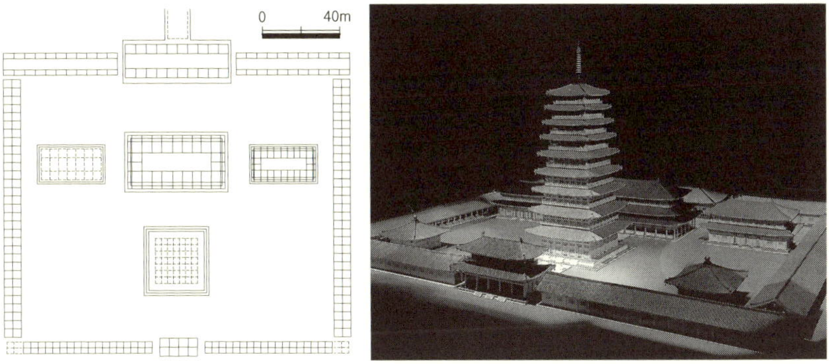

図247　慶州皇龍寺の伽藍配置図（左）と復元模型（右）

ような配置になったと判断される。

芬皇寺は善徳王３年（634）に創建された寺院で、発掘の結果、現存する模塼石塔の北側に三金堂が「品」字形に配置されていたことがわかった。このような例から新羅の伽藍配置は高句麗の寺院に見られる一塔三金堂式配置の影響を大きく受けていたことがわかるが、皇龍寺二次伽藍に比べ、芬皇寺の伽藍配置の方がより高句麗式に近いといえる。

２）祭祀遺跡

記録によれば、新羅では第２代南海王の３年（６）に始祖である赫居世の廟を建て祭祀を執り行ない、第21代炤知王の９年（487）に始祖の降誕地である奈乙に神宮を建て祭祀をはじめたという。また、朝鮮時代以来、新羅の始祖である赫居世の出生地と伝えられてきた蘿井《ナジョン》遺跡を発掘調査した結果、塀で囲まれた統一新羅期の八角形建物跡が発見され、その下層において中心に太い柱を立てて周囲に環濠と木柵をめぐらせた初期鉄器時代以来の遺構と、環濠を埋めて円形の礎石建物を建てた三国時代の遺構が検出され、この地に古くから重要な祭祀遺跡があったことが明らかになっている。

Ⅲ　遺　物

１　装身具

新羅古墳では冠・冠帽・冠飾・耳飾・頸飾・胸飾・釧・指環・帯金具・飾履

などの装身具が出土する。大型古墳ではこれらすべてが発見されるのに対し、小型古墳ではこのうちの何種類かに限られることが多い。装身具は一般的に被葬者が着装した状態で発見され、被葬者が男性の場合は環頭大刀を佩用する。これらの装身具は材質と共伴品により被葬者の地位を表すとされている。

新羅の服飾のなかで最も代表的なものは金冠で、冠帯の上に３～４段の山字形の枝を配した樹木形装飾と、鹿角状の装飾を立てたものである。冠帯や立飾には歩揺や勾玉を下げ、華麗に飾っている。慶州の皇南大塚北墳・瑞鳳塚・金冠塚・天馬塚・金鈴塚からこのような金冠が出土しており、同じく慶州の校洞《キョドン》古墳では枝が１段のみの樹木形装飾が付いた初期型式の金冠が出土している。金冠と同形の金銅冠も多く作られており、慶州において金冠を出土する古墳から共伴出土する以外に、より下位の古墳、および地方の首長級古墳などでも出土している。このような樹木形や鹿角状の装飾をあしらった冠は、シベリアのシャーマンの冠など北方アジアのものに由来すると考えられている。

この他の新羅の冠には、縁を鋏で細かく糸状に切り、それを縒って鳥の翼ないし羽毛を象徴させた装飾を冠帯の上に立てた鳥羽冠がある。このような冠は金銅板や銀板で製作されており、高句麗に由来をもつと考えられているが、出土例は多くない。

冠帽は上部が丸い烏帽子形で、やはり金・金銅・銀で製作されている。金冠塚と天馬塚から出土した金製冠帽は、様々な透彫文で装飾された金板数枚をつなげて作っている。また白樺の樹皮を縫って作った白樺樹皮製冠帽も出土しており、上部が丸い烏帽子形と上部が直線的な梯形の二つの種類がある。

冠飾は冠帽の前面に立てた立飾で、金板・金銅板・銀板を切り抜き翼を広げて飛ぶ鳥の形や蝶形に作ったものである。金冠塚と天馬塚では透彫文金板で製作したものが出土しており、金銅板で作った例もあるが、銀板を用いたものが特に多く確認されている。

耳飾は多くの新羅古墳で出土しており、その型式が時期を敏感に反映して変化することから、古墳の編年に有効活用されている。新羅の耳飾は新羅人の美的感覚と最高潮に達した金属工芸の技術水準を端的に表す遺物といえる。耳環の太さにより太環式と細環式に分けられ、さらに耳環に付いた中間飾と垂下飾により様々な型式に細分される。太環式は小環を組み合わせて作った球形装飾

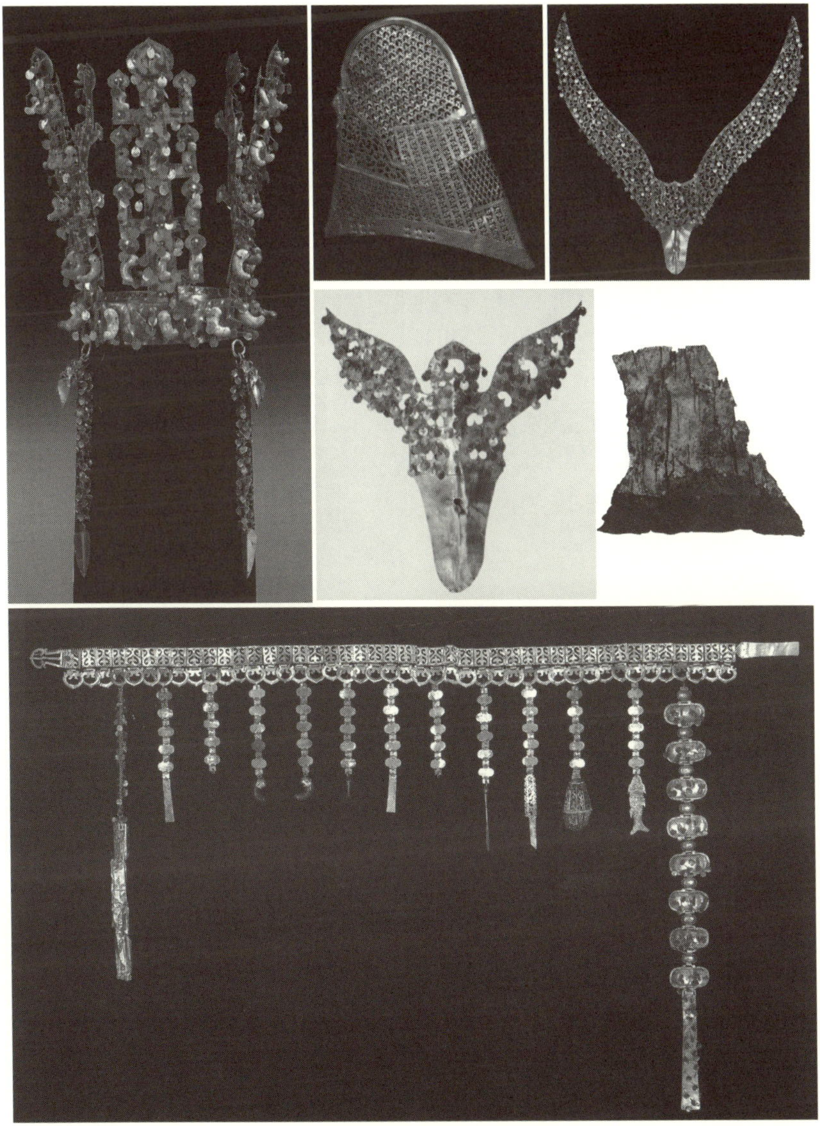

図248　慶州天馬塚出土の装身具

図249　地方古墳の金銅冠：大邱飛山洞37号墳（左）と丹陽下里遺跡（右）出土品

や半球形装飾を上下に配した中間飾と心葉形垂下飾を付けたものが一般的であるが、時期が下ると中間飾に多くの歩揺を下げ、太環に鏤金細工技法で金糸と金粒を付け花文など様々な文様を施して華麗に飾ったものが現れた。細環式もはじめは太環式と同様の中間飾と垂下飾が付されたが、続いて中間飾が小環を組み合わせた六面体や、小環や金板で作った円筒形・長鼓形・球形など多様なものに変わり、垂下飾も心葉形の他にペン先形・錘形のものが現れ、太環式より多様な形態へと発展した。

頸飾は藍色のガラス玉に紐を通し先端に翡翠勾玉を下げたものが一般的であるが、数本の金糸を縒って作った金鎖や、金球を紐に通し金製勾玉や翡翠勾玉を付けた頸飾もある。高位の大型古墳では、頸飾の他に大小多くのガラス玉や金球を何条にもつなぎ合わせて直方体の金製装飾を中間にはさんで固定させ、先端に翡翠勾玉を付け、肩部から胸部・腹部まで下がるようにした胸飾も出土している。頸飾や胸飾に使われた玉には、様々な色のガラス玉の他に水晶製切子玉、琥珀・瑪瑙製の棗玉・管玉・勾玉などがあり、大きな藍色ガラス玉の表

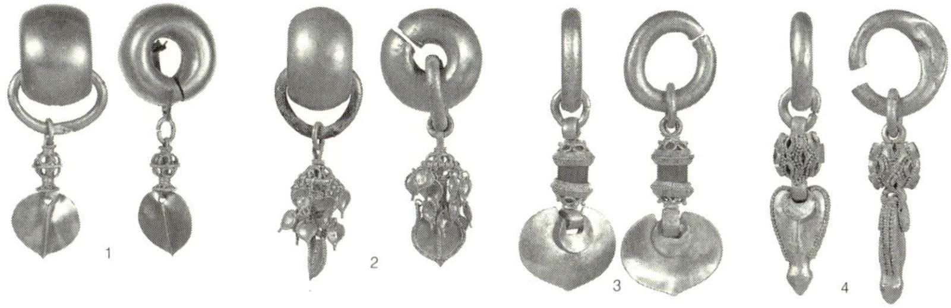

図250　慶州の古墳出土の太環式耳飾と細環式耳飾：１．皇南大塚北墳、２．皇吾洞100－７号墳、３．路西洞138号墳、４．皇吾洞100－２号墳

面に別の色で文様を施したトンボ玉もある。慶州味《ミ》鄒《チュ》王陵地区の古墳から出土した頸飾に用いられた大型のガラス玉のなかには、西域人の顔が嵌入されている。

釧は、特別な装飾がなく断面円形の金棒を丸く曲げて作ったものから、外側に蛇腹のような突起を刻んだり丸い突起を稠密に施して装飾したものへと変化する。丸い突起のなかにガラスを嵌め込んで装飾したものもある。慶州路《ノ》西《ソ》洞《ドン》古墳群で出土した金製釧は、断面が四角形で、両側面に尾を噛む龍の姿が刻まれている。

指環には無文の金板を曲げて作った単純なものもあるが、表面に菱形文を配したもの、刻み目を入れたもの、鏤金細工技法で花弁文様を作り玉を嵌め込んで華麗に飾ったものなどもある。

新羅の帯金具も鉸具・銙板・鉈尾で構成されており、これに魚佩・砥石・薬筒・毛抜き・勾玉・刀子などが付いた腰佩を下げた。銙板は革帯や絹帯に付けた方形板とその下に下げた心葉形垂飾からなり、方形板は三葉文を透彫したものが一般的であるが、それよりサイズが大きく龍文の透かしをもつものもある。三葉文の透かしを持つ銙板はさらに多様な型式に分けられる。金冠が出土する慶州の古墳では金製帯金具と腰佩が金冠とセットで出土し、それより低位の古墳では金銅製や銀製の帯金具が、地方の首長級古墳では銀製の帯金具が金銅冠とセットで出土する。５世紀に流行したこれらの帯金具に代わり、６世紀になると銙板は小型の方形板か、小環が付いた逆心葉形銙板、いわゆる楼岩里型帯金具が用いられた。

新羅の金銅飾履は、凸字形の透彫文がある足の甲側とかかと側の板２枚を底板上の中間部分で結合させたものが基本形である。一般的に履底には長い金銅製のスパイクを打ち込んでおり、底板と上板を歩揺で飾ったものもある。また慶州の飾履塚《シンニチョン》では、底板と上板すべての縁に火花文様を透彫し、内側の六角形亀甲文区画のなかに蓮華・鬼面・鳳凰・怪獣など様々な文様を透彫した壮麗な金銅飾履が出土している。上板が左右側板を中心線において結合したものである点など、新羅では異質である。これと類似した金銅飾履は全羅北道高敞の鳳《ポン》徳《ドン》里《ニ》古墳で出土している。

2　甲冑と武器

甲冑は短甲と挂甲の両者が存在する。新羅地域における短甲は、長い鉄板を縦に鋲でつなげて作った竪矧板鋲留短甲のみが確認されており、慶州九政洞と蔚山中山里の新羅式木槨墓から出土したものが韓国で最古の型式である。札板甲である挂甲も早くから使われており、多くの古墳で甲の各部位に用いられた小札が出土している。近年、慶州の皇吾洞《ファンオドン》古墳では付属甲をすべて備えた完全な挂甲一領と馬甲一領が共伴出土した。付属甲では、首を覆う頸甲、腕を覆う臂甲、脛を覆う脛甲などが単独で古墳から出土する例もあり、皇南大塚・金冠塚などでは金銅製および銀製脛甲が出土している。

冑についても、新羅地域では長い鉄板を縦方向に革紐で綴じた竪矧板冑のみが出土する。鉄板が湾曲しない竪矧板冑とＳ字状に湾曲する湾曲竪矧板冑の両者が存在するが、湾曲竪矧板冑が多い。

武器では、様々な型式の鉄鏃・鉄矛・環頭大刀などが用いられた。鏃は鏃身に茎が付いたものや、鏃身と茎の間に頸部がある有茎式のものが主に使われ、鏃身は逆刺形・柳葉形・蛇頭形・刀子形など多様な形態のものが出土する。特に方頭鉄鏃に由来する鑿頭形鉄鏃や三翼形鉄鏃は高句麗系のもので、新羅の鏃に高句麗の影響が多く入っていることを物語っている。慶州の月城路《ウォルソンノ》古墳群、慶山の林堂洞・造永洞《ジョヨンドン》古墳、東萊の福泉洞古墳群などでは金銅板で装飾された胡籙が、慶州の壺杅塚では木に黒漆を塗って鬼面を表現した木心漆面胡籙が出土している。

新羅式木槨墓の段階には墓槨の床面に数十点の鉄矛を敷いて被葬者の権力を表現した事例もある。この時期には袋部が直基形で身の断面が凸レンズ形の長

図251　慶州皇吾洞 C10号墳の馬甲と挂甲

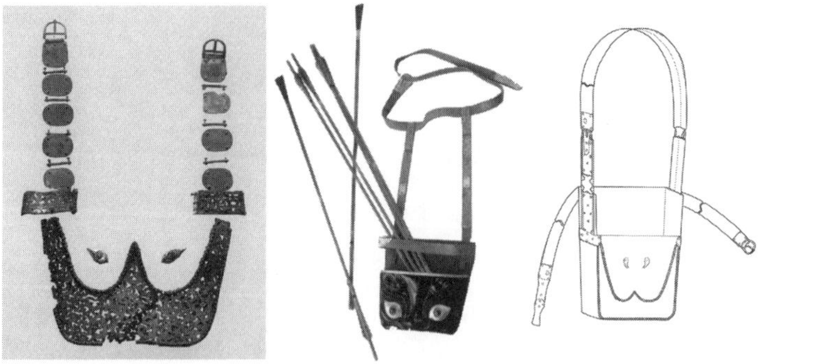

図252　胡簶：慶山林堂洞７Ｂ号墳出土品（左)、慶州壺杅塚出土品の復元品（中)、東萊福泉洞21・22号墳出土品の復元図（右・崔鍾圭案)

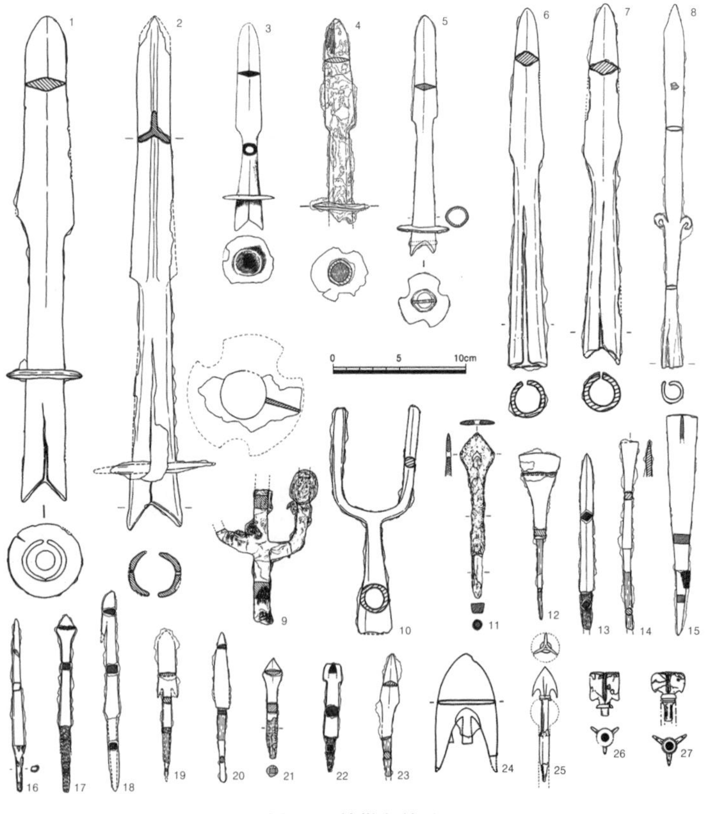

図253　鉄鏃と鉄矛

身の鉄矛が多く、なかでも身と袋部の中間の両側に渦巻形の装飾を施した蕨手文鉄矛は新羅地域でのみ出土する特徴的なものである。積石木槨墳段階の鉄矛は全体の長さがやや短くなり、袋部が燕尾形に、身の断面は菱形に変わる。袋部外面に鍔が付いたものや身が三翼形になったもの、三叉矛などが多く出土することから、新羅の鉄矛も高句麗の影響を受けていたことがわかる。

図254　各種環頭大刀：１．東萊福泉洞10・11号墳、２．義城鶴尾里１号墳、３．慶州皇南大塚南墳、４．慶州天馬塚

新羅の環頭大刀には柄頭にＣ字形の環三つをつなげた三累環環頭大刀、環頭の内側に三葉形の装飾がある三葉文環頭大刀、装飾がない素環頭大刀があるが、このうち三累環環頭大刀と三葉文環頭大刀は鞘を金・銀板および金銅板で飾った装飾大刀である。新羅古墳の被葬者が佩用した環頭大刀には位階差があり、金冠や金製帯金具が出土する古墳では主に三累環環頭大刀が出土し、三葉文環頭大刀はそれより低い地位の被葬者が佩用したようである。また、少数ではあるが百済や加耶の古墳で多く出土する龍鳳文環頭大刀も新羅古墳において確認されており、いずれも外来系遺物と判断されている。一方、慶州の鶏林路《ケリムノ》古墳群では、鏤金細工技法を用いて鞘と柄に金板と金粒で枠を設け紅瑪瑙を嵌入した、西域系の遺物と考えられる特異な形態の装飾宝剣が出土している。

この他に、長い鉄板の両側に切れ目を入れ鈎状の突起を一段ないし数段にわたって作り下部に袋部を設けた有刺利器がある。これらの多くは高位の大型墳に副葬されており埋葬儀礼に用いられた武器形儀器であると考えられている。

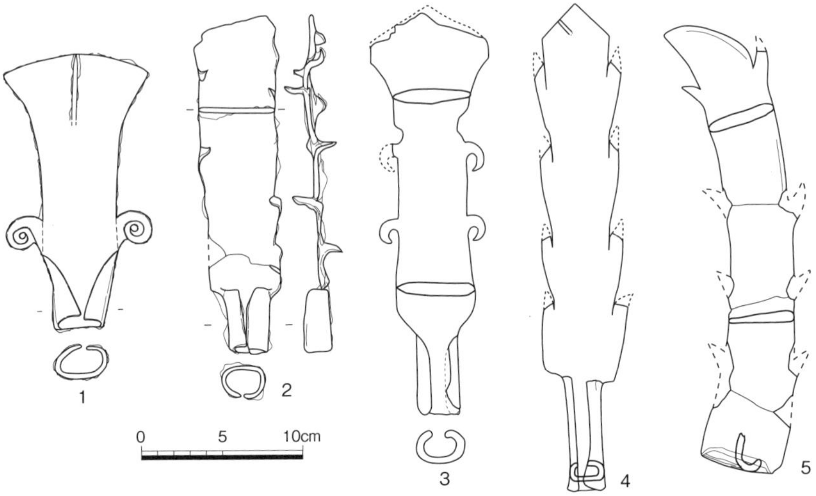

図255　慶州出土の各種有刺利器：１．九政洞２号墳、２．味鄒王陵７区３号墳、３．皇南洞110号墳、４．皇吾洞82号墳東塚、５．金鈴塚

3　農工具

新羅古墳には鍛造によって別の鉄製道具を作るための素材である鉄鋌や、断面四角形の長い鉄棒を多数副葬した例が多い。皇南大塚南墳副槨には鉄鋌100枚ないし200枚を一単位、鉄棒10枚または20枚を一単位としたものが、何セットも副葬されていた。

鉄器の鍛冶具では鉄鉗・槌・鏨・鉄床などが古墳から出土するが、これらがすべて共伴出土するのは小型墳からである。高位の古墳には鉄鉗のみ、あるいは鉄鉗と槌のみが副葬されることがあるが、これは工人に対する支配を象徴的に表現していると解釈されている。

農具では土を耕したりならしたりするＵ字形鋤先や三叉鍬、水田の取水・排水を調節するサルポ（鏟）、除草具としての手鍬、収穫具の鎌などが使われており、主に古墳の副葬品として出土する。手鍬は形態がサルポによく似るが、方形の刃部の上にサルポより短い袋部があり、Ｌ字形のやや長い柄を挿して使用した。４世紀以降に出現するサルポと手鍬はそれぞれ水田農耕の増大と旱田除草農法への試みを物語る資料とされ、サルポは中・大型古墳から、手鍬は中・小型墳および生活遺跡から主に出土している。この他に断面梯形の鋳造

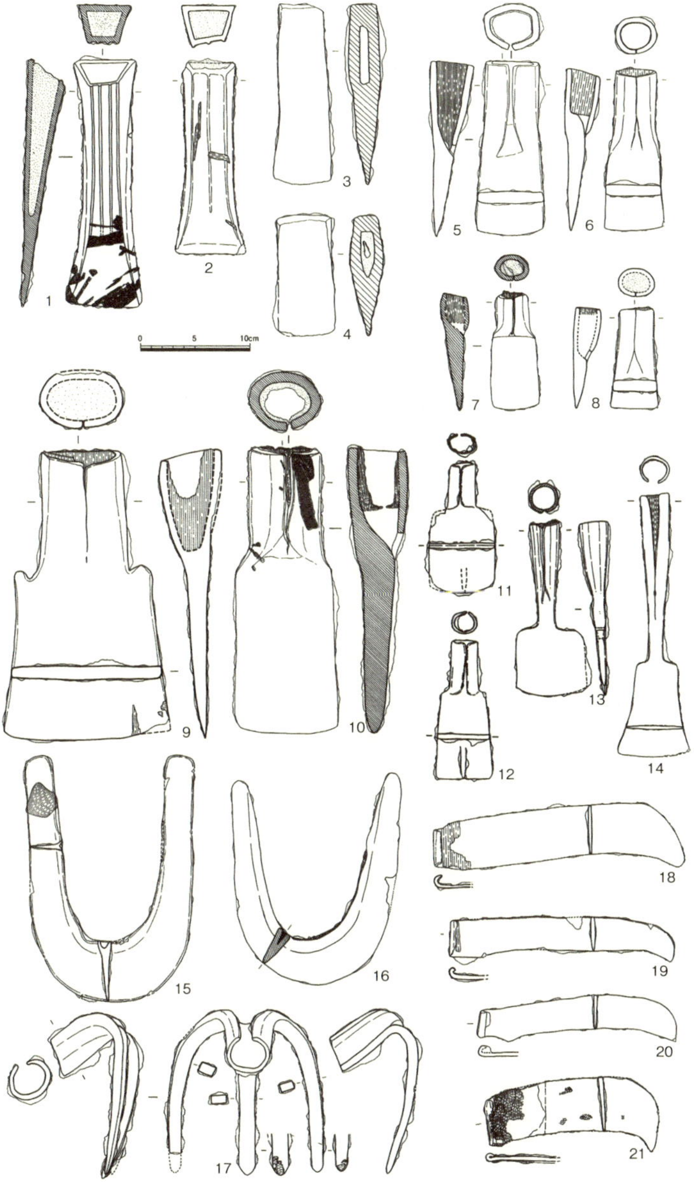

図256　各種鉄製農工具

鉄斧も農耕において鍬として使われたとみる見解が多い。

工具類では袋部が上を向いた鍛造鉄斧や有肩鉄斧、柄を挿し込む穴が横方向にあけられた横孔斧、鑿、刀子などが出土しているが、このうち鍛造鉄斧を農具の鍬とみる見解もあり、有肩鉄斧は手斧として使われたとみられている。

4　馬　具

慶州の積石木槨墳をはじめとする新羅の古墳では、最も低位階にあたる小型墳以外は大部分馬具が副葬された。慶州金鈴塚出土の騎馬人物像土器には、新羅の馬装、すなわち各種馬具の装着状況がよく示されている。

新羅における轡は金属板でできた板状鏡板をもつ轡が早くから使われ、その他に棒状鏡板付轡、素環鏡板付轡、円環鏡板轡なども確認される。銜はすべて二連銜で、月城路カ-13号墳出土轡など古式のものはそれぞれ鉄棒を曲げて2条にしたうえで捩り合わせているが、5世紀以降の新式のものは捩らず1条の鉄棒となっている。引手も古式のものは端部がスコップの柄状の2条式であるが、新式のものは1条式で端部を方形ないし円形の環状に作っており、円環を外側に曲げているのが新羅の轡の特徴である。新羅の鑣轡に鑣自体が残っている例はほとんどなく、これは大部分が有機物で作られたためと考えられる。板状鏡板は心葉形と楕円形が多く、なかには忍冬文や十字形の帯を貼り付け金銅板や銀板を被せたもの、透彫文が彫られた金銅板を被せたものなど、装飾性の高いものも多く出土している。素環鏡板は楕円形の鉄枠のなかに銜が連結するト字形ないしX字形の帯があるもので、新羅の古墳ではト字形よりX字形のものが多く出土する。円環鏡板は銜の両端に鉄環を一つずつ連結したもので、新羅古墳では梁山《ヤンサン》夫《プ》婦《プ》塚《チョン》で出土している。

新羅の鐙はすべて柄部の下に楕円形の輪部がある輪鐙で、木心に鉄板や金銅板を被せた木心鐙と青銅製や鉄製の金属製鐙がある。木心鉄板張鐙には柄部と輪部全体に鉄板を被せたものと輪部の表・裏面の一部には鉄板を被せていないものがある。木心金銅板鐙は全体が金銅板で覆われており、なかには龍文などの透彫文金銅板を被せたものもある。木心鐙には柄部が短く幅が広いものと柄部が長く幅が狭いものがあり、輪部の表・裏面の一部に鉄板を被せていないものは前者に多い。金属製鐙は大部分が鉄製で木心鐙より後出するが、両者とも

図257　慶州金鈴塚出土の騎馬人物像土器

に時期が下ると踏込部分の幅を広くしたり、踏込を2条ないし3条にして足がかかりやすくしている。青銅製の鐙は皇南大塚南墳で鋳造品が出土している。

鞍は、騎手が座る居木およびその前後に立てた前輪・後輪からなる鞍橋、馬の背に敷いた鞍褥までが天馬塚で出土しており、新羅の鞍の構造を知ることができる。鞍橋は木製で、前輪と後輪に鉄製の縁金具を被せたもの、表面を鉄板・銀板・金銅板で飾ったものなどがあり、龍文などの様々な透彫文を施した銀板や金銅板で華麗に装飾されたものも多く出土している。新羅の鞍橋の前輪・後輪には大部分に居木の先端を覆う磯金具があり、居木が鞍橋の前輪・後輪の外へ突き出ない構造となっているが、これは居木が突出するタイプと考えられる高句麗の古い時期の鞍橋とは異なる構造である。

鞍の下に下げる障泥は、竹を薄く削って敷物状に編み、その上に透彫を施した金銅板を被せた竹心金銅板障泥が天馬塚と金鈴塚から出土しており、さらに天馬塚では白樺の樹皮に天馬図を描いた彩色天馬図障泥も共伴出土した。

鐸鈴として馬鐸と馬鈴がある。馬鐸は青銅製の鐘形品で大小のサイズがあり、大型品は斜格子文で装飾されている。馬鈴は青銅鈴で、単独鈴の他に三環鈴と四環鈴が確認されている。

飾金具には杏葉と雲珠がある。胸繋・尻繋に下げた杏葉には心葉形のものと扁円魚尾形のものがある。心葉形には鉄製のものと鉄地銀張および金銅張のものがあり、なかには十字帯や忍冬文を施したものもあり、新羅・加耶両地域で

図258　慶州天馬塚出土の天馬図障泥

出土する。扁円魚尾形のものは上は楕円形、下は魚の尾鰭の形になっており、鉄地金銅張のものと金銅製のものがある。新羅地域でのみ出土する杏葉で、新羅の馬具の特徴を示している。この他にも、紀元後500年を前後する時期には、鐘形などの新型式の杏葉も出現する。尻繋の上に取り付けて飾った雲珠は、半球形ないし花弁形座金具の上に歩揺付きの立柱があるものが一般的である。

この他に各種帯に付けた装飾や鉸具などがあり、帯が何条かに分かれたり交差する部分に付ける辻金具も多数出土している。辻金具の形状は環形・方形・半球形で、鉄製および鉄地銀板張や金銅張のもの、金銅製の枠内に貝を嵌め込んだものなどがある。辻金具には３～５個の脚が付く。

新羅の馬具の特徴は金銅張や銀張、または透彫文を施した金銅板や銀板で飾った壮麗な装飾馬具が多い点である。皇南大塚南墳で出土した馬具のなかの一組は、鞍をはじめすべての付属品が龍文透かしを施した金銅板で装飾されている。さらに金銅板の下には玉虫の羽を敷き、その澄んだ光が透彫文の間から

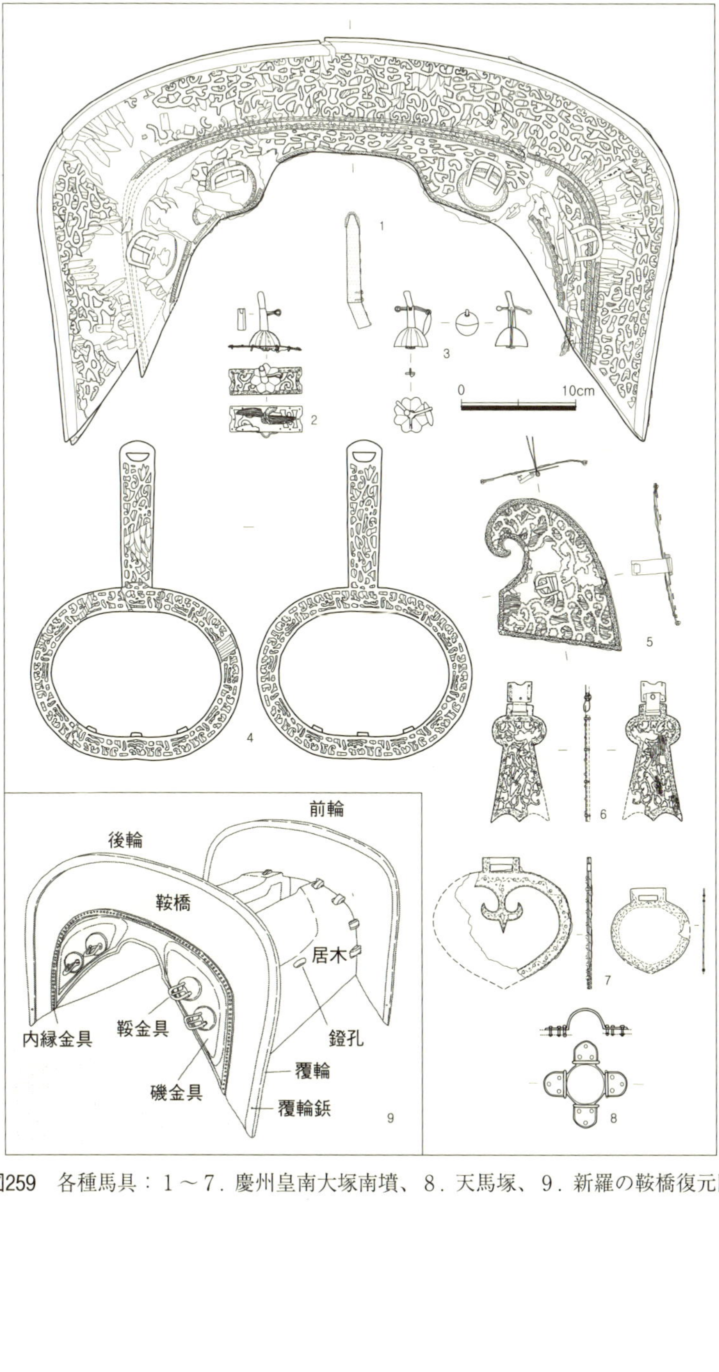

図259　各種馬具：１～７．慶州皇南大塚南墳、８．天馬塚、９．新羅の鞍橋復元図

映えるように工夫されている、まさに絢爛の極致といえる遺物である。

図260　慶州皇南大塚北墳出土の銀杯と金製高杯

5　容　器

1）　金属容器

皇南大塚南北墳・金冠塚・天馬塚など高位の慶州の古墳では金・銀・金銅製の鋺、高杯、合子、金銅製角杯、青銅製鼎、鐎斗、大盒、熨斗など様々な金属容器が出土しており、地方の首長級古墳でも一・二点の青銅容器が出土する。三脚ないし無脚の鉄釜はそれより低階層の古墳まで広く副葬されている。

小型金属容器では、皇南大塚北墳において亀甲形区画内に様々な動物文を打ち出した銀杯が出土しているが、この遺物は文様の内容や表現方法から西域美術との深い関連性がうかがえる。飾履塚から出土した銅鋺は、内面の４方向に文様が異なる蓮華文を刻み、底部にも文様がある。

新羅の古墳から出土する青銅鐎斗は羊頭形の注口をもつものが多いが、金冠塚では蓮華文の蓋があり龍が忍冬の葉をくわえた形の長い把手が付いたものが出土しており、飾履塚では龍頭形の把手が付いた鐎斗が出ている。金冠塚の鐎斗に類似した青銅製蓮華文蓋は百済の古墳である原州の法泉里古墳群からも出土しており、飾履塚の鐎斗は中国東晋代のものである。

青銅大盒は蓋に十字形の把手や宝珠形つまみが付いており、同形の銀製大盒も存在する。瑞鳳塚から出土した十字形把手付銀製大盒には、高句麗の年号と考えられる「延寿元年」辛卯年に製作したという銘文があり、さらに壺杅塚では外底に鋳出された「乙卯年國岡上廣開土地好太王壷杅十」の銘文により415年に高句麗の広開土大王を記念して作ったことがわかる、宝珠形つまみをもつ青銅製合子が出土している。これらの資料からは青銅製および銀製合子の系統がわかるだけでなく、新羅古墳の編年においても重要な根拠資料となっている。

図261　青銅製容器：１・３．慶州金冠塚出土の鐎斗と四耳壺、２．慶州瑞鳳塚出土の鼎

この他に皇南大塚では蓋付の青銅壺、甑、三足盤が発見されており、金冠塚では高句麗土器の四耳長頸甕と同形の青銅製四耳壺が出土している。

図262　慶州壺杅塚出土の青銅壺杅

２）　ガラス容器

ガラス容器は金冠や金製帯金具を身に着けた被葬者が埋葬された慶州の最高位の古墳から出土しており、その他に慶州月城路カ-13号墳、慶州安《アン》渓《ゲ》里《リ》４号墳からも発見されている。加耶古墳の陝川玉田Ｍ１号墳でも１例あるが、おそらく慶州からの移入品であろう。透明なガラス杯と、透明ガラスに波状文や網目文あるいは点文で装飾した杯や台脚付の杯が多く、濃い青色の碗や亀甲文を配した杯もある。その他にも皇南大塚南墳では注口が鳳凰の頭の形をした把手付鳳首形瓶が出土し、皇南大塚北墳では透明ガラスに濃い褐色の

図263　慶州の古墳出土の各種ガラス容器：皇南大塚南北墳（上・左下）、安渓里古墳（中下）、金鈴塚（右下）

マーブル模様で飾った脚付杯が出土している。これらのガラス容器は地中海沿岸で流行したローマングラスの系統であるとされる。また、皇南大塚北墳ではササン朝ペルシャの系統と考えられるカットグラスの杯も出土している。

3）漆　器

漆器も慶州の最高位の古墳とその下位階層の古墳から出土している。器形は杯、耳杯、高杯、碗、小盒、饌盒、角杯、鳥形杯、鴨形杯などがある。竹を薄く削って籠状に編んだ竹心に漆を塗った薄い籃胎漆器と、木器に漆を塗ったやや厚めの木胎漆器があり、大体において器の外面を黒色に、内面を赤色に塗っている。蓋がある器では、蓋に銀板や金銅板の花弁形の座とともに環状つまみを取り付けたものがある。漆器の外面に黒地に赤色で様々な絵を描いたものが多く、波文や三角形の火焔文、蓮華文、鳳凰や鳥、牛・馬・豚などの各種動物が描かれており、新羅絵画の研究対象にもなっている。

4）土　器

新羅土器は精選された泥質胎土で作られ、窖窯（登窯）で1000度以上の高温で焼かれたもので、叩けば金属音が出るほど焼きしまった青灰色の硬質土器が中心となる。おおむね新羅古墳の変遷とともに様式が変化する。新羅式木槨墓

図264　漆器：１．慶州皇南大塚南墳、２・３．慶州天馬塚

が築造されはじめる３世紀後半から、嶺南地方では青灰色硬質土器の数が急激に増え、多くの新しい器種が出現する。これらは古式陶質土器とも呼ばれ、次の段階に現れる本格的な新羅土器・加耶土器の実質的な開始段階にあたることから、新羅と加耶の早期様式の土器であるといえる。主要な器種には丸底短頸壺、両耳付壺、高坏、炉形器台、小型筒形器台、コップ形土器などがある。この新羅・加耶早期様式土器には、金海・釜山地域の外折口縁高坏や咸安をはじめとする他の嶺南地方の筒形高坏といったような地域差があるため、それぞれ地域様式として設定するべきであるという主張もあるが、全体として嶺南地方全域において共通性が高いため、共通様式のなかにおける地域色として理解するべきとの見方が有力である。

慶州で積石木槨墳が築造されはじめる４世紀後半から、嶺南地方の土器は洛東江を挟んでその以東様式と以西様式に分化する。これらをすべて含めて広義の新羅土器とすることもあるが、一般的に洛東江以東様式を新羅前期様式土器、以西様式を加耶（様式）土器と区分している。新羅前期様式土器も青灰色硬質土器が中心で、主要な器種には台脚に大きな透孔を２段交互に穿孔した二段透孔高坏や丸底ないし台付の長頸壺がある。これらは時期による細かい形態変化がみとめられるため、新羅古墳の編年資料としても多く利用されている。高坏は早い時期の大型品から次第に小型化し、長頸壺は頸部が長くなるとともに肩部の稜線が明確な扁球形から球形へと変化する。この他にも各種高坏や蓋坏、大小の短頸壺、鉢形および筒形器台、大甕などがあり、さらに灰色軟質の甑、赤褐色軟質の深鉢形土器なども見られる。

新羅前期様式土器は各種施文具で線刻した幾何学文が特徴であるが、後期になると文様の種類も単純化し施文の面積も縮小して無文化へとむかう傾向が見られる。また高坏や長頸壺に歩揺を付けて装飾したり様々なポーズの人物や各

図265　新羅土器（左）と加耶土器（右）

表16　新羅土器と加耶土器

	新羅様式土器	加耶様式土器
高　坏	1．身と蓋が深く立ち上がりが高い傾向があり、無蓋式のものも多い。 2．脚の形態が直線的な台形を呈し、透孔は長方形で、上下の透孔が交互に配されている。 3．蓋のつまみはボタン形のものもあるが、脚形が主流をなす。 4．文様はヘラで刻んだ幾何学文が多い。	1．蓋と身の両者が平たい。 2．脚がラッパ状に開き、透孔は細長い長方形で、上下の透孔が一列に配されている。 3．蓋のつまみはボタン形に限られる。 4．文様は点線文が多い。
長頸壺	1．頸部と肩部の接合部が角をなす。 2．高台を拡大したような脚を持つものが多い。 3．文様は各種器具で刻んだ幾何学文で、小像を貼りつけたものもある。	1．頸部と肩部が曲線的に接合され、胴部が丸い。 2．脚がないものが多く、台座や高い器台の上にのせられる。 3．文様は頸部にめぐる波状文に限られる。

種動物の小像（土偶）で飾った装飾土器、鴨・馬・舟・草鞋など特定のものを模倣して作った形象土器などもある。

新羅前期様式土器は洛東江以東地方はもちろん、新羅古墳が分布する星州以北の洛東江以西地方および東海岸地方でも出土する。加耶土器に比べると全体的に統一性が強いが、形態の上で若干の地域色があり、慶州様式・昌寧様式・星州様式・義城様式などの地域様式を設定することもある。

慶州で横穴式石室墳が築造される6世紀中葉頃を境に新羅土器には再び様式

図266　新羅土器変遷図（金龍星2009）

図267　新羅土器の地域様式：大邱漆谷（左上）、義城（右上）、星州（左下）、昌寧（右下）

図268　土偶（小像）装飾土器

変化が起こりはじめ、新羅後期様式土器が成立していく。新羅後期様式土器は、文様を刻んだ印章のような施文具を押印して器面を飾った土器が特徴であり、印花文土器とも呼ばれている。有蓋碗・細頸瓶・火葬骨壺などが主要な器種としてあげられる。ただし後期様式の初期は様式変化の過渡期にあたっており、前期様式につながる短脚高坏と付加口縁長頸壺が盛行した時期で、文様においても前期様式以来の線刻の円文類と三角文の組み合わせが流行したが、これらの文様はやがて押印したものへと転換していく。新しい器種が定着していくなかで水滴文など新たな文様が発生し、7世紀になると印花文が本格的に流行しはじめる。この新羅後期様式土器、すなわち印花文土器は統一新羅に入って全盛期をむかえる。

新羅でも三国時代の末には鉛釉系の緑釉陶器が製作されはじめる。搬入品としては、皇南大塚北墳において中国東晋代の黒褐釉磁器の小瓶1点が出土している。

図269　地方の新羅後期土器：龍仁宝亭里タ－23号墳

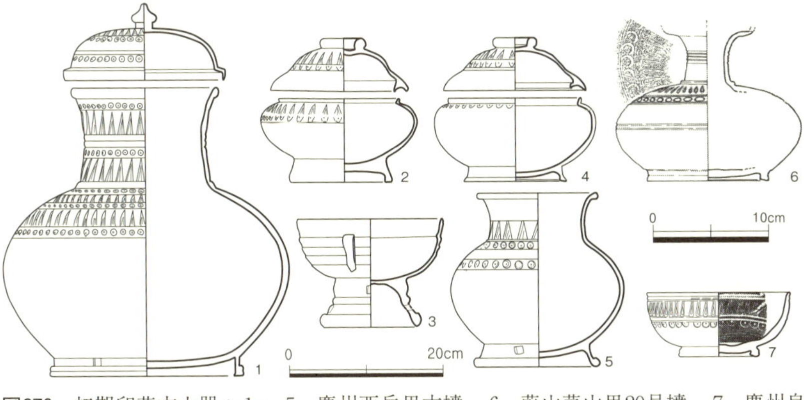

図270　初期印花文土器：1～5．慶州西岳里古墳、6．蔚山華山里20号墳、7．慶州皇龍寺跡

6　瓦　塼

新羅において瓦は6世紀に近くなって使われはじめたと考えられており、慶州の月城垓字、皇龍寺跡、芬皇寺跡などで新羅初期の瓦が出土している。平瓦・丸瓦の製作は、製作するための型である桶に粘土帯を貼り付けて成形する桶巻作りによる。慶州では複数の縦長木片を紐で縛って作った竹状模骨を使用した例もあるが、主に丸木の内部を内刳りした円筒桶を使っている点が新羅の瓦の特徴である。平瓦の内面には桶に被せた布目が見られ、瓦の背側には平行

図271　各種瓦：軒丸瓦（慶州月城）、鬼瓦と鴟尾（慶州皇龍寺跡）

線文・格子文・縄文のタタキ目があるが、高句麗・百済の瓦に比べると縄目文が少なく、平行線文が中心となっている。丸瓦には有段式（玉縁式）と無段式（行基式）の両者が存在する。

軒瓦では、6世紀前半から高句麗と百済の影響で高句麗系蓮華文軒丸瓦と百済系蓮華文軒丸瓦が製作されはじめ、6世紀後半になって新羅型蓮華文軒丸瓦が成立する。7世紀中葉頃には鬼面文軒丸瓦も現れ、皇龍寺跡に用いられている。月城垓字では古式蓮華文軒丸瓦とともに大型土器の口縁部のような形の始原形の軒平瓦が発見されているが、文様は彫られていない。

その他の特殊な瓦として、皇龍寺跡で蓮華文が彫られた鬼瓦や大棟の端にのせた鴟尾などの装飾瓦が出土している。鴟尾は高さが1.8mを超える超大型のもので、人面文と蓮華文で装飾されている。

新羅でも６世紀以降に建物の床面に敷く塼が製作・使用された。慶州多《タ》慶《ギョン》窯跡では無文塼とともに蓮華文塼が出土している。

図272　慶州皇龍寺跡出土の青銅鏡

7　仏　像

高句麗と百済における受容時期より150年近く後にようやく仏教を公認した新羅では、仏像彫刻も遅れて成立した。石仏や磨崖仏の他に、遺跡で出土するものとしては金銅仏がある。慶州の皇龍寺跡で出土した金銅製仏頭は、６世紀中葉頃に該当する三山冠を頂いた思惟像の仏頭と推定されている。ソウル三陽洞《サミャンドン》出土の金銅観音菩薩立像は、化仏が彫られた三面宝冠を頭にのせた７世紀頃の独尊観音で、高句麗のものとする説もある。この他に栄州の宿水寺《スクスサ》跡で出土した金銅如来立像のな

図273　咸安城山山城出土の木器（上）と木簡（下）

かには7世紀の新羅の仏像が含まれている。

8　その他

1）　青銅鏡

新羅古墳からの鏡の出土はきわめて稀であるが、慶州の皇南大塚南墳では文様帯に8羽の鳥が配された青銅博局鏡1点が出土している。博局鏡はTLV鏡、または方格規矩鏡とも呼ばれるものである。皇南大塚北墳では縁に同心円を陰刻しその内部に連弧文を配した鉄鏡が出土し、金鈴塚では倭鏡の珠文鏡1点が出土している。

この他に、文献記録に645年に建てられたことが伝えられる皇龍寺九重木塔跡の心礎下層からは、無文鏡、光を形象化した日光文鏡、中国の隋鏡である四神鏡の3点の青銅鏡が発見された。

2）咸安城山山城の木簡と木器

新羅が阿羅加耶を統合した後に築かれた咸安城山山城の東門跡脇の貯水池では、数多くの木簡と木器が出土した。230点余りに上る出土木簡は松の枝を削って作られたもので、大部分が荷物の内容物を記録して下げたものと考えられている。当時の地名・人名・官等名・穀物名が記されており、新羅史研究に大きく寄与している。

これらとともに城山山城では農具の馬鍬やえぶり、槌、目盛が刻まれた木尺、各種工具の木柄など多くの木器が出土している。

参考文献

郭鍾喆 2002「我国の先史～古代田畑遺構」『韓国農耕文化の形成』韓国考古学会
金洛中 1988「新羅月城の性格と変遷」『韓国上古史学報』27　韓国上古史学会
金度憲 2008「先史・古代の農具組成と生産力の変化―嶺南地域を中心に」『嶺南考古学』47　嶺南考古学会
金斗喆 1992「新羅と加耶の馬具」『韓国古代史論叢』3　韓国古代史研究所
金龍星 1998『新羅の高塚と地域集団』春秋閣
金龍星 2003「皇南大塚南墳の年代と被葬者の検討」『韓国上古史学報』42　韓国上古史学会
金昌億 2000「三国時代集落の空間配置類型」『慶北大学校考古人類学科20周年記念論叢』

慶北大学校考古人類学科
朴鍾益 2005「城郭遺跡を通じて見た新羅の漢江流域進出」『畿甸考古』５　畿甸文化財研究院
申昌秀 2002「新羅の王京」『講座韓国古代史』７　駕洛国史蹟開発研究院
禹炳喆 2006「新羅および加耶式鉄鏃の成立と拡散」『韓国考古学報』58　韓国考古学会
禹炳喆 2008「鉄鏃と鉄矛から見た新羅、加耶そして倭」『嶺南考古学』47　嶺南考古学会
李蘭暎・金斗喆 1999『韓国の馬具』韓国馬事会馬事博物館
李相俊 2003「慶州蓀谷洞・勿川里窯跡を通じて見た新羅土器焼成技術」『文化財』36　国立文化財研究所
李善姫 2009「月城垓字出土古式軒丸瓦の製作技法と編年研究」『韓国考古学報』70　韓国考古学会
李盛周 1998『新羅・加耶社会の起源と成長』学研文化社
李盛周 2009「新羅・加耶土器様式の生成」『韓国考古学報』72　韓国考古学会
李仁淑 1993『韓国の古代ガラス』図書出版窓門
李漢祥 1995「５～６世紀新羅の辺境支配方式―装身具分析を中心に」『韓国史論』38　ソウル大学校国史学科
李漢祥 2004『黄金の国新羅』キムヨン社
李熙濬 2002「４～５世紀新羅古墳被葬者の服飾品着装定型」『韓国考古学報』47　韓国考古学会
李熙濬 2007『新羅考古学研究』社会評論
張京淑 2000「文献と考古資料に見られる韓国の古代甲冑」『嶺南考古学』27　嶺南考古学会
千末仙 1994「古代農具に対する考察」『嶺南考古学』15　嶺南考古学会
崔秉鉉 1992『新羅古墳研究』一志社
崔秉鉉 2001「新羅初期石室墳の様相―新羅の地方石室墳研究(2)」『韓国考古学報』44　韓国考古学会
崔鍾圭 1983「中期古墳の性格に対する若干の考察」『釜大史学』７　釜山大学校史学会
洪潽植 2003『新羅後期古墳文化研究』春秋閣

加　耶

I　概　観

加耶とは、三国時代において洛東江西側の嶺南地方に存在した諸政体の通称である。原三国時代の三韓のうち、この地で成長した弁韓の小国群は、百済に統合された馬韓、新羅に統合された辰韓とは異なり、一つのまとまりをもった国家として成立しないまま十余りの政体に分かれて存在し、6世紀中葉には新羅に併合された。

なかでも金海の金官加耶（狗邪国・駕洛国）、咸安の阿羅加耶（安邪国・安羅国）、固城の小加耶（古自国）、高霊の大加耶（加羅国）などが代表的な存在であり、これら諸加耶の政治的発展段階について様々な見解が提示されている。4世紀以前には金官加耶を中心に、5世紀以降には大加耶を中心に連盟体を形成していたとする単一連盟論、築造方法や墓槨（室）の配置状態などが共通する古墳および土器様式の分布から、加耶には統一された政治・文化体が存在せず、金官加耶・大加耶・阿羅加耶・小加耶などの主導の下に地域別に独自の連盟体が形成されていたとする地域連盟論、そして5世紀後半以降に大加耶が古代国家へと発展したとする古代国家論などがある。

原三国時代の弁韓から三国時代の加耶への転換を最も顕著に表す考古資料が、3世紀後半から金海の大成洞《デソンドン》古墳群に造営されはじめた大型の木槨墓である。金官加耶の王墓であることが明らかなこの大型木槨墓群は、基本的には原三国時代後期の木槨墓から発展したものである。ただし、遺物の大量副葬と殉葬が行なわれた単独または主副槨分離式の大型木槨墓である点において前段階とは著しい格差があり、慶州を中心とした新羅の同穴主副槨式木槨墓ともしばしば比較される。

加耶の諸政体のなかで最も早く台頭したのは洛東江下流に位置する金官加耶

で、古金海湾を中心に背後の進永地域まで勢力圏を形成したと考えられている。また3世紀後半以降のいわゆる古式陶質土器は、嶺南地方全域にわたって様式的共通性が強いが、唯一、金海・釜山地域では外折口縁高坏を特徴とする地域色をもっている。釜山の東萊福泉洞《ボクチョンドン》古墳群を築造した勢力も、金海の金官加耶と政治的関わりをもっていたと推定されている。金官加耶は、新羅と連合した高句麗軍の南征（紀元400年）によって急速に衰退し、以後かろうじて命脈を保っていたようである。

嶺南地方の三国時代の土器は4世紀後半から洛東江を挟んで洛東江以東様式の新羅土器と以西様式の加耶土器に分化しはじめ、5世紀以降になると加耶土器は咸安様式、晋州・固城様式、高霊様式の大きく三つの地域様式に区分できるようになり、これらを副葬した高塚が各地に造営される。この加耶土器地域様式の分布圏は、共通した特徴をもつ古墳の分布状況と併せて、それぞれ阿羅加耶・小加耶・大加耶の勢力範囲として解釈されている。

阿羅加耶は南江下流の咸安盆地を中心に成長し、南海岸の鎮東湾にかけて勢力圏を形成した。阿羅加耶の代表的な遺跡である咸安の道項里《ドハンニ》・末山里《マルサンニ》古墳群では、南北に長くのびた丘陵の尾根に沿って50基余りの高塚が造営されており、その周辺では高塚造営期以前の木棺墓や木槨墓も調査されている。王墓級の高塚が一定区域に集中せず複数の小丘陵に分散配置されており、阿羅加耶の政治的発展の状態をうかがわせる分布となっている。

小加耶は固城半島を中心に成長し、南海に面した泗川地域や、晋州をはじめ山清・陜川南部を含む南江中流域にかけて勢力圏を形成したとみられる。しかし6世紀に入ると晋州・固城様式土器の分布圏は固城・泗川一帯に限定され、勢力の弱体化を思わせるようになる。小加耶の中心遺跡は固城の松鶴洞《ソンハクドン》古墳群であるが、固城内山里《ネサンニ》古墳群や山清中村里《チュンチョンニ》古墳群もこれに匹敵しており、小加耶内部の勢力関係を象徴している。

大加耶は高霊に興り、勢力を拡大して5世紀後半以降の全盛期には南は黄江水系の陜川および南江水路の山清、西は小白山脈東側の居昌・咸陽および河東はもちろん、さらに西の錦江上流にある鎮安・長水、蟾津江の対岸の任実・南原・順天・麗水など湖南東部地域にわたる大圏域を形成したとみられる。大加耶の中心遺跡である高霊の池山洞《チサンドン》古墳群では、高塚をはじめとする数百基の古

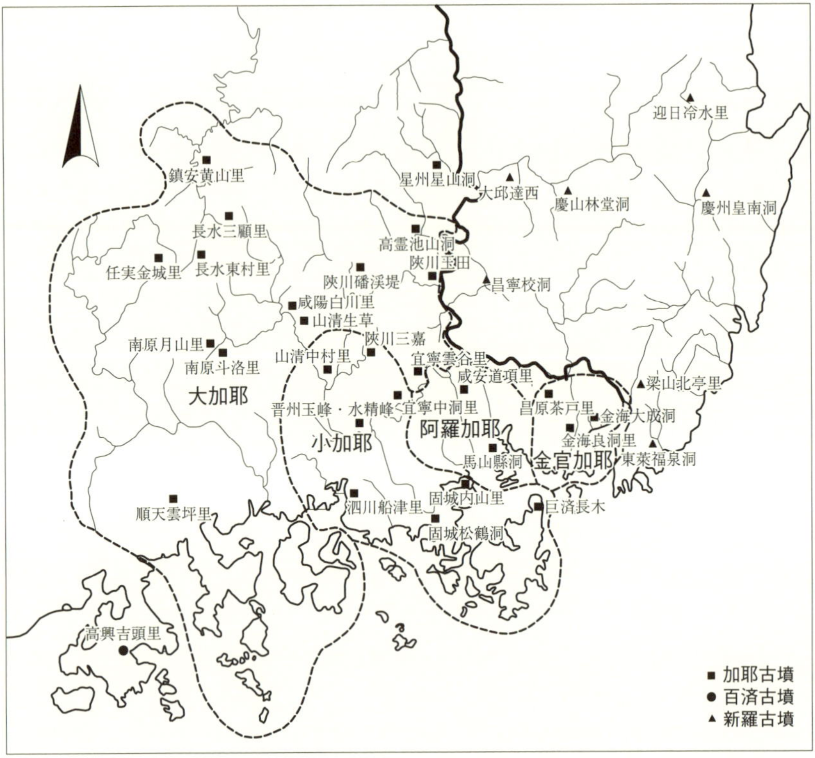

図274　5世紀後半の加耶各国の圏域（朴天秀案）

墳が造営されており、特に古墳群が位置する主山の頂上部付近の尾根上には累代の王墓区域が形成され、他地域の加耶古墳とは比較にならないほどの大型墳が並んでいる。

大加耶圏域の古墳では、高霊様式土器だけでなく、耳飾をはじめとする大加耶式の威信財が出土することがある。また「大王」「下部」の銘文が刻まれた土器も発見され、高霊盆地周辺はもちろん、南の宜寧・陜川地域を含む洛東江中流域にも大加耶式の山城が築造されている。これらの状況は、大加耶が5世紀後半以降に古代国家に成長したことを示す物証ととらえられている。しかし、大加耶は滅亡に至るまで、古墳に高霊様式土器を副葬した地域の全体を直接支配することはできなかったと考えられる。

文献には、532年に金官加耶が新羅に服属したことが記されている。考古資料からみても新羅はその頃に南江流域をはじめとする加耶の中心部への進出をはじめており、562年の大加耶の征服をもって加耶勢力はすべて新羅に統合されたようである。

Ⅱ　遺　跡

1　生活遺跡

金海の大成洞古墳群に隣接する鳳凰土城《ポンファントソン》は、原三国時代の環濠集落から４世紀以降に平地城に造り替えられた遺跡で、多くの労働力を動員して築造された土城の構造と規模から、百済の風納土城や新羅の月城などと同様、金官加耶の王城であったと推定されている。土城は夾築城壁に石を張った構造で、遺跡からは卜骨・馬骨・鉄滓・日本列島産の土師器などが多数出土しており、王城内に祭祀場や工房、市場の存在が想定されている。

また、金海地域では王城である鳳凰土城を中心に官洞里《クァンドンニ》遺跡のような港湾集落、餘来里《ヨレリ》遺跡のような製鉄集落が道路網を通して有機的に結び付いていたとみられる。官洞里遺跡は古金海湾の海沿いに位置しており、幹線と支線からなる道路網をはじめ、掘立柱の平地式建物跡100余棟、船着場から舟に渡す桟橋と考えられる遺構などが調査された。餘来里遺跡では数多くの製鉄関連竪穴遺構、地上式建物跡、儀礼用とみられる八角建物跡が石敷の道路遺構とともに発掘されている。

高霊池山洞古墳群に隣接した丘陵には大加耶の王宮が造営され、それをとり囲む山城による防御網が形成されていた。王宮跡で調査された大型建物は、全体の平面形は把握できなかったものの、２基の大型竈が設置されており、出土遺物から６世紀初め頃の王宮に付属した建物と推定される。王宮跡と近隣の池山洞集落遺跡および大加耶圏域内の集落遺跡を分類すると、王宮などの大型建物が存在する国邑、長さが８ｍほどの竪穴住居跡が含まれる集落、長さ３～４ｍほどの竪穴住居跡で構成された集落に分けられ、集落間の階層化をうかがうことができる。

加耶地域における一般の集落遺跡は丘陵部と平地部の両方で見つかるが、丘

図275　金海鳳凰台遺跡：全景（上）、鳳凰土城外壁（中）、土城断面図（下）

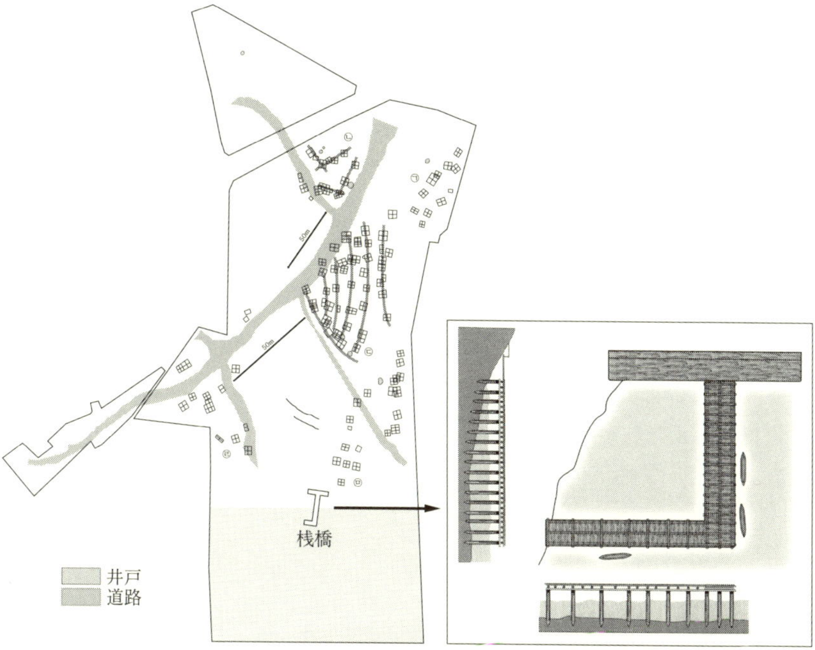

図276　金海官洞里遺跡と栈橋の復元図

陵斜面に位置する例が最も多い。大規模集落遺跡は主に河川の自然堤防上の平地に分布する事例が多く、山清の召南里《ソナムニ》では３～４世紀代の住居跡160基余り、晋州の平居洞《ピョンゴドン》では３～５世紀の住居跡300基余りが調査されている。平居洞遺跡では竪穴住居跡が分布する区域の外郭に高床倉庫群が位置し、その外側に大規模な水田と畑の遺構が存在する。

嶺南西部内陸地域の竪穴住居跡は平面円形系の楕円形住居跡が一般的である。丘陵に造られた住居の壁には壁溝がめぐらされた例が多いが、平地の住居では見られない。炊事および暖房施設には１条煙道のオンドル施設やカマドを設置しており、特に平地の住居跡に１条煙道のオンドルが設けられた例が多い。嶺南西部地域の１条煙道のオンドルは、原三国時代の板石組合式のものから、三国時代には粘土造りのものに変わり、楕円形住居の壁に沿って1/4～1/3周ほどめぐるのが特徴である。

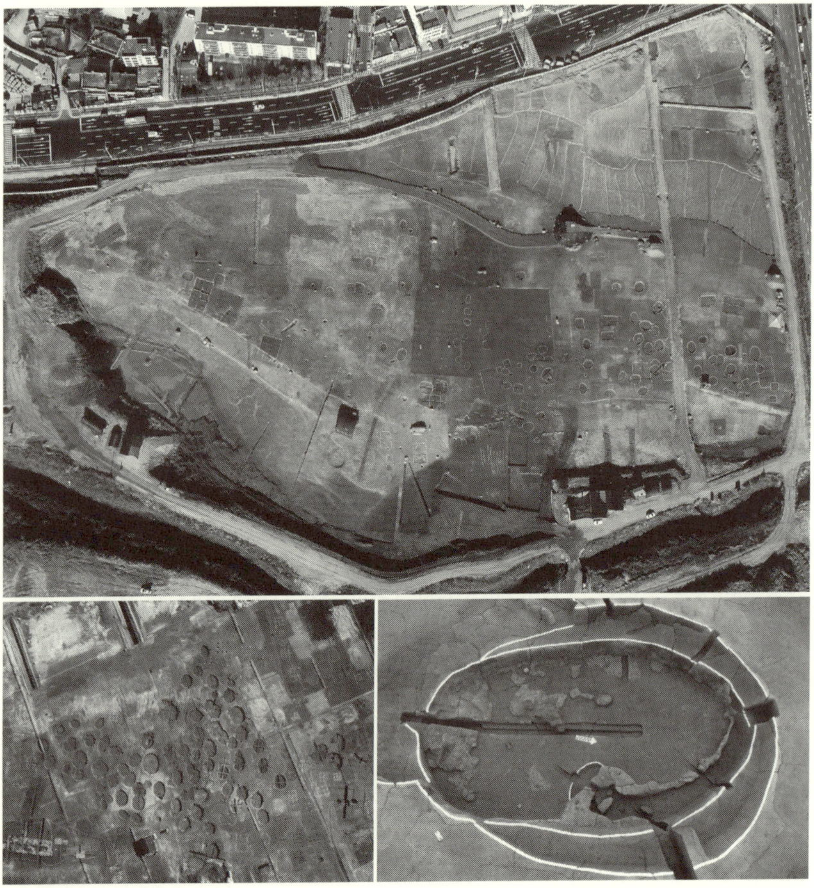

図277　晋州平居洞遺跡全景（上）と住居跡群（下左）、１条煙道の住居跡（下右）

2　城郭遺跡

大加耶王宮の背後城である高霊の主山《チュサン》城と、阿羅加耶王宮の背後城である咸安の蓬山《ボンサン》山城は、外城と内城を備えた二重城であるが、大部分の加耶の城郭は小型の鉢巻式山城である。築造技法は外郭の隅部などで部分的に石積が確認されるものの、大体において土石混合築成および削土法によっており、部分的な石積がある城壁も多くは片築城壁である。

大加耶の山城は、洛東江西岸の防御線に沿って東岸の新羅の山城と対峙しており、高霊から宜寧まで互いに眺望できる位置に密に連繫する形で築造されている。また内陸にもそれぞれを眺望できる位置に城郭が造営され、二重の防御体系を構成している。

3　生産遺跡

加耶地域では谷間、扇状地、河川氾濫原など多様な地形を水田として利用している。昌原盤渓洞《バンゲドン》遺跡では水田と畠を繰り返し造り替えながら農耕を行なっていた遺構が検出されており、晋州大坪里《デピョンニ》遺跡では畝状の起伏がある畠遺構が調査されている。

金海餘来里の集落遺跡では、製錬炉は明らかでないが、鉄鉱石・鞴の羽口・鉄滓・鉄製品などが出土しており、共伴出土した土器から５世紀代に製鉄が行なわれていたとみられている。昌原の城山《ソンサン》貝塚では鍛冶炉と鉄滓が、固城の東《トン》外洞《ウェドン》貝塚では羽口と鉄滓が、金海の鳳凰台《ポンファンデ》と府院洞《プウォンドン》遺跡、鎮海の龍院《ヨンウォン》遺跡、山清の玉山《オクサン》里《ニ》遺跡では鉄滓が出土しており、各地で鉄器の鍛冶が行なわれていたことを物語っている。鉄生産に必要な白炭を作ったトンネル式の炭窯も金海花亭《ファジョン》遺跡など主に金海地域で調査されている。

土器窯では４世紀代のいわゆる古式陶質土器、すなわち新羅・加耶早期様式土器を生産した咸安の苗沙里《ミョサリ》遺跡と于巨里《ウゴリ》遺跡が調査されている。窯は焼成室の幅が狭い細長い形態の登窯で、燃焼室と焼成室の間には仕切りがなく、床面がつながった構造をもっている。このような古式陶質土器の窯は昌寧余草里遺跡でも調査されている。一方で、５世紀以降の加耶土器を生産した遺跡はまだ確認されていない。

4　古　墳

加耶古墳は埋葬主体を基準に木槨墓・竪穴式石槨墳・横穴式石室墳に分けられる。３世紀後半に至り金海の大成洞古墳群には立地や規模、副葬遺物の埋納などの面において以前の時期とは明らかに異なる大型木槨墓が出現する。丘陵に単独で立地する大型木槨墓の大成洞29号墳では、副槨はまだ独立していないがはじめて殉葬が確認され、被葬者の足側に土器を大量埋納する副葬空間が設けられた。これより遅れて築造された大成洞13号墳では、被葬者の足側に主槨

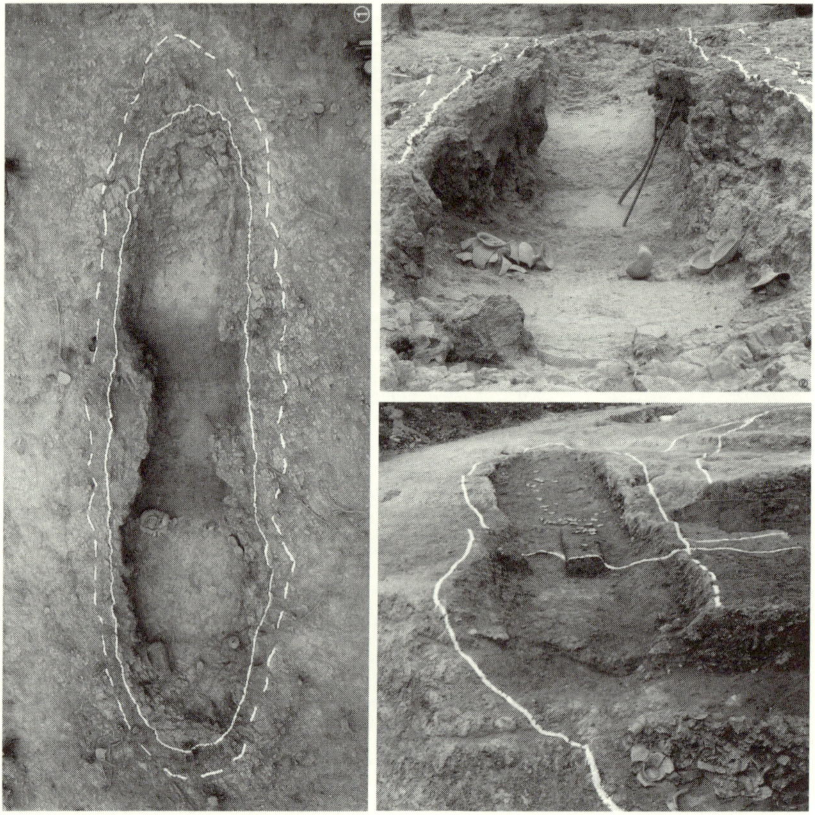

図278　土器窯：咸安于巨里２号窯（左・右上）と苗沙里２号窯（右下）

とは別途土壙を掘って副槨とした異穴主副槨式木槨墓へと発展している。この金海大成洞古墳群の大型木槨墓群は基本的に原三国時代後期から嶺南地方で築造されていた長方形木槨墓から発展したもので、金官加耶の王墓であったと考えられる。大型の異穴主副槨式木槨墓は東萊の福泉洞古墳群でも築造されている。まだ高い封土を持たず地上に古墳の痕跡は残されていないが、本来は木槨上に低い封土が築かれていたものと思われる。加耶の時代の木槨墓は高霊の快《クェ》賓洞《ビンドン》遺跡、陜川の玉田《オクジョン》古墳群、咸安の道項里・末山里古墳群においても調査されており、これらのうち５世紀以降の大型木槨墓は巨大な封土が盛られた高塚

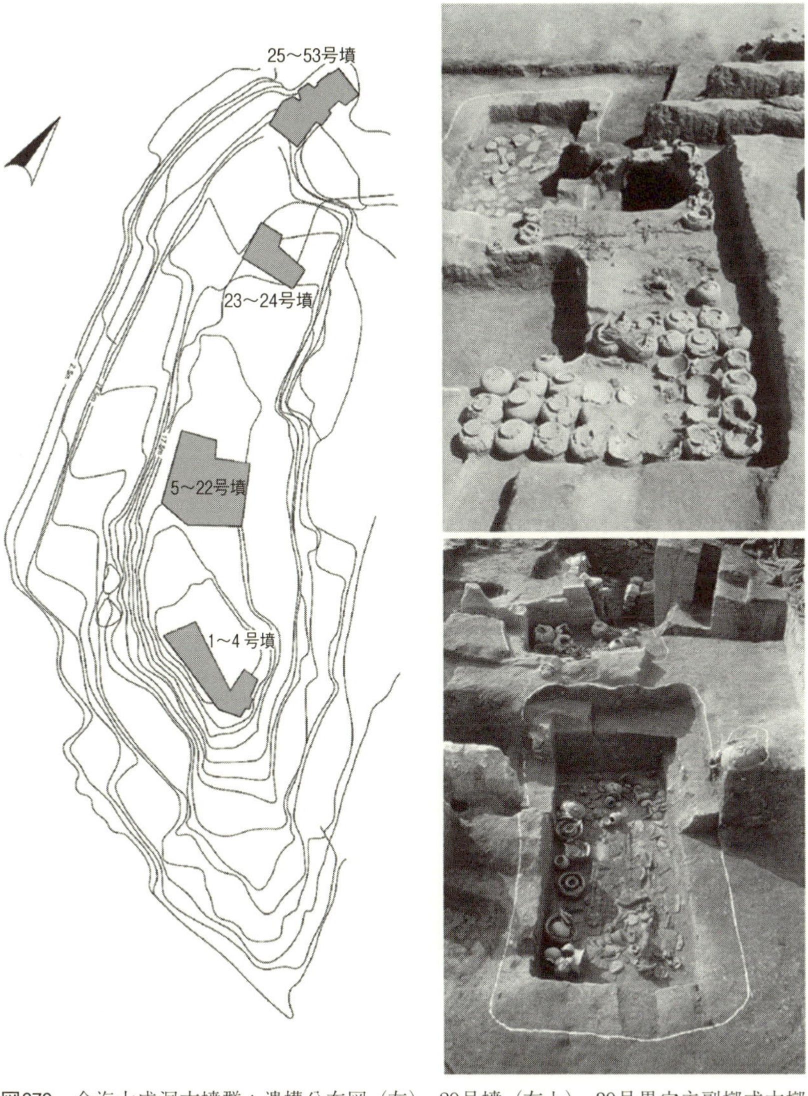

図279　金海大成洞古墳群：遺構分布図（左）、29号墳（右上）、39号異穴主副槨式木槨墓（右下）

図280　東萊福泉洞54号墳

となっている。

加耶古墳の埋葬主体は4世紀後半から竪穴式石槨へと変化しはじめ、5世紀以後には高塚へと発展する。以来、洛東江以西の加耶諸地域では竪穴式石槨を内部主体にもつ高塚群が造営された。ただし、竪穴式石槨墳への転換の時期には地域ごとに差があり、木槨墓の伝統が長く続く咸安地域では5世紀中葉、陜川玉田古墳群では5世紀末近くになって石槨墳が築造されている。竪穴式石槨は大部分が四壁を割石で構築し、板石で天井を覆う構造であるが、地域によっては早い時期の竪穴式石槨の内部に木槨が設置されている例もある。加耶古墳の竪穴式石槨は長さと幅の比が4：1以上の細長いものが一般的であるが、これは新羅の中心に近い洛東江以東地域の長方形石槨とは異なる加耶古墳の特徴といえる。

加耶古墳の中心となる墓制は上述の竪穴式石槨墳であるが、6世紀になると加耶地域にも局地的に横穴式石室墳が築造される。加耶の横穴式石室は二つの類型に分けられる。一つは高霊の古衙里《コアリ》型石室で、片袖式で穹窿状天井をもつ百済の宋山里型石室を祖形とするものである。陜川の苧浦里《チョポリ》D1-1号墳や玉田M11号墳、南原の斗洛里《トゥランニ》2号墳などに類例があり、主に大加耶圏において見つかっている。高霊古衙里壁画古墳は、公州宋山里の百済の塼築墳と同様、玄室の奥壁と前壁が垂直に立ち上がるトンネル式の石室であり、天井に蓮華文様が描かれた加耶地域では唯一の壁画古墳である。もう一つは晋州の水精峰《スジョンボン》・玉峰《オクボン》型石室で、在地の細長方形竪穴式石槨に横穴式石室の要素を取り入れ、一

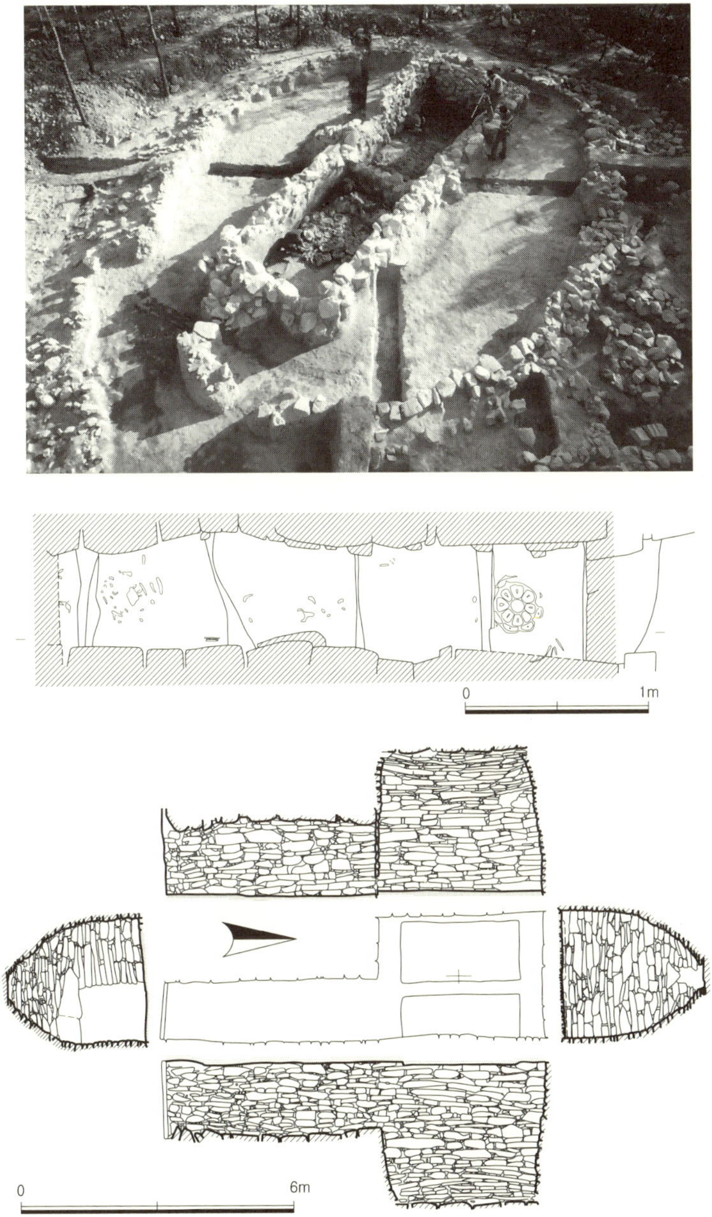

図281　陜川玉田Ｍ３号墳（上）と高霊古衙里壁画古墳（下）

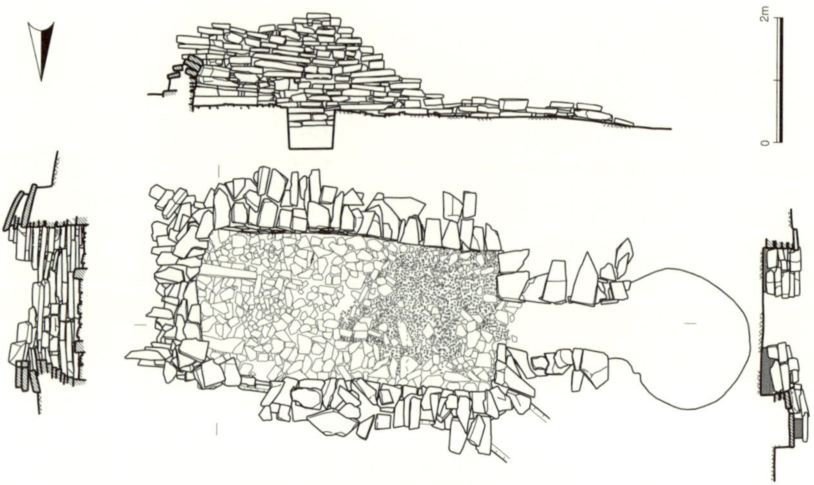

図282　固城内山里34号墳の主室

方の短壁の中央に羨道を設けたものである。固城の松鶴洞古墳群や内山里古墳群、咸安の道項里古墳群、宜寧の中洞里《チュンドンニ》古墳群など、小加耶圏および阿羅加耶圏において確認されている。

加耶の古墳は築造方法や墓槨の配置において地域色が見られる。高霊池山洞古墳群や咸安道項里・末山里古墳群の高塚はすべて地面に土壙を掘って墓槨を設置し、その上を封土で覆う封土墳である。ただし墓槨の配置と構造には両地域の間で差が見られる。咸安道項里・末山里古墳群では一封土一墓槨が基本で別途副槨はなく、石槨の壁面に天井石を支えるための木材を架構した痕跡が壁龕のように残る点が特徴としてあげられる。殉葬者は被葬者と同じ槨内に埋葬されている。高霊池山洞古墳群では、一封土中に石槨１基のみが構築される事例もあるが、主槨の後方や横に副槨が設けられた例が多く、この主副槨を中心にその周囲に殉葬槨が円を描いて配されるものが多い。殉葬は殉葬槨だけでなく中心の主槨と副槨でも行なわれている。

松鶴洞古墳群や内山里古墳群などの固城地域の高塚では、地上にまず墳丘を築造し、その後に墳丘の一部を再び掘り下げて石槨（室）を設けている。つまり高霊や咸安地域の封土墳とは異なる墳丘墓の性格を帯びており、韓半島では

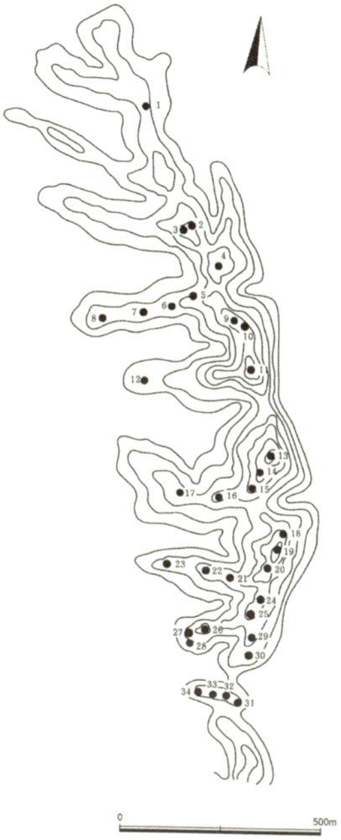

図283　咸安道項里・末山里古墳群：遺構分布図（上左）、〔文〕10号墳木槨（上右）、〔文〕15号墳石槨（下）

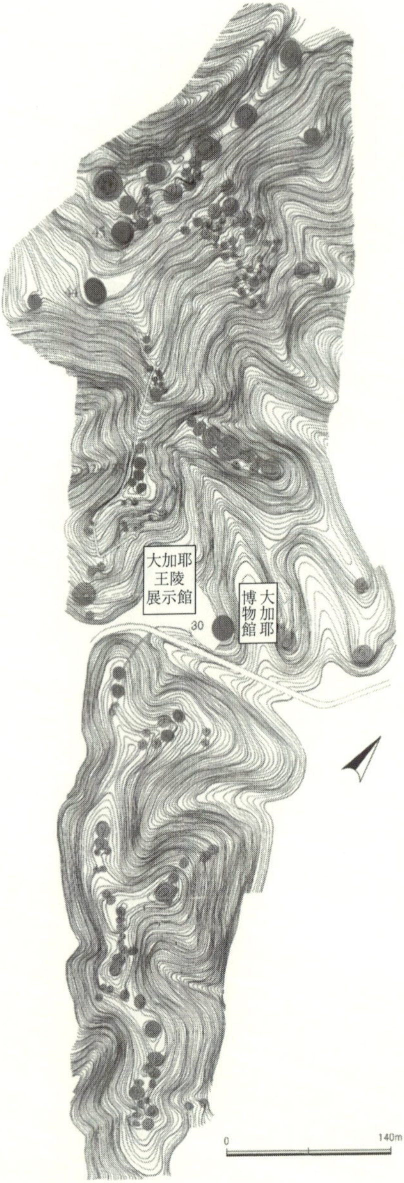

図284　高霊池山洞古墳群の分布図

栄山江流域の古墳に通じる築造方式である。石槨（室）の配置においても他地域とは差があり、中央の大型石槨（室）の周囲に中・小型の石槨が配される形が一般的であるが、中・小型石槨は殉葬槨ではなくそれぞれ異なる時期に追葬されたもので、古墳は家族墓的な性格をもっているといえる。

固城の松鶴洞１号墳Ｂ号石室、宜寧の景山里《キョンサンニ》１号墳・雲谷里《ウンゴンニ》１号墳、泗川の船津里《ソンジンニ》古墳、巨済の長木《チャンモク》古墳などでは、玄門部に門柱石が設置されたもの、玄室壁の下段に腰石と呼ばれる長大石があるもの、石室内に石屋形状の施設があるもの、奥壁に石棚を設けたものなどがあり、その構造から日本列島系の石室と考えられている。

Ⅲ　遺　物

1　装身具

加耶の冠で代表的なものは高霊池山洞32号墳出土の金銅冠で、冠帯の上に１本の草花形大型装飾を立てたものである。草花形装飾は上部に宝珠形装飾が付いた半楕円形板で、その中間の両側に樹枝形

図285　高霊池山洞75号墳（上）、44号墳平面図（下左）、Ⅱ－４号墳石槨（下右）

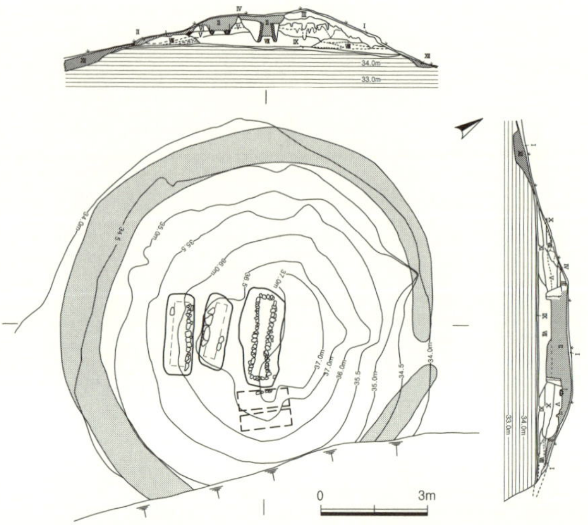

図286　固城栗垈里２号墳の平面図と断面図

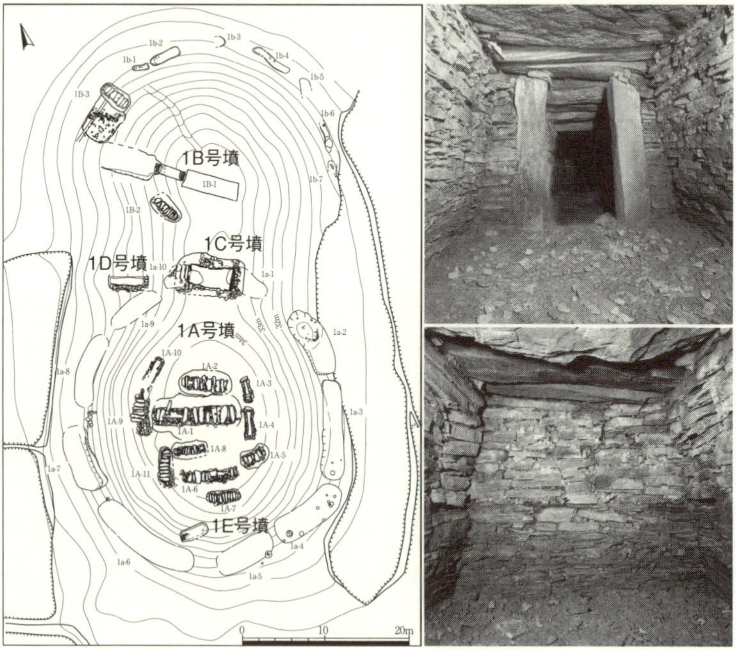

図287　固城松鶴洞１号墳の平面図（左）と１B 号石室内部（右）

表17　加耶古墳の相対編年案（朴天秀案）

	阿羅加耶	金官加耶		小加耶	大加耶	
		金海	釜山		高霊	陜川
Ⅰ	道項里〔文〕35号	大成洞29号				
Ⅱ	道項里〔慶〕33号	大成洞59号		晋州武村里２区 13号		
Ⅲ	宜寧礼屯里26号	亀旨路１号	福泉洞38号	晋州武村里２区 124号		
Ⅳ	篁沙里45号	大成洞13、18号	福泉洞60号主槨	晋州武村里２区 23、26号	盤雲洞	玉田54号
Ⅴ	篁沙里44号	亀旨路６号	福泉洞54号	松鶴洞１Ｅ号	盤雲洞	玉田27号
Ⅵ	篁沙里36号	亀旨路15号	福泉洞57号	晋州武村里２区 24号	快賓洞12号	
Ⅶ	末山里〔慶〕10号	大成洞１号	福泉洞31、32号	山清玉山里２号	快賓洞１号	玉田68号
Ⅷ	梧谷里３号	七山洞20号	福泉洞21、22号	山清玉山里29号		玉田23号
Ⅸ	道項里〔文〕36号	七山洞33号 加達５号	福泉洞10、11号	晋州雨水里18号	池山洞35号	玉田35号
Ⅹ	道項里〔慶〕13号	礼安里36号	福泉洞〔東〕１号	晋州武村里２区 85号	池山洞30号	玉田31号
Ⅺ	道項里８号	礼安里35号	福泉洞4、15号	晋州武村里３区 82号	池山洞32号	玉田Ｍ２、 Ｍ１号
Ⅻ	道項里15号	礼安里71号	鶴巣台２区１号	晋州武村里３区 145号	池山洞(嶺大) １号	玉田Ｍ３号
ⅩⅢ	道項里〔文〕51号	礼安里39号	林石１、２号	蓮塘里23号 松鶴洞ⅠＡ－１号	池山洞44号	玉田Ｍ４号
ⅩⅣ	道項里岩刻画古 墳	茶戸里Ｂ１号		蓮塘里18号 松鶴洞ⅠＢ－１号 （１次）	池山洞45号	
ⅩⅤ	道項里〔文〕47号	茶戸里 B27号		蓮塘里18号 松鶴洞ⅠＢ－１号 （２次）		玉田Ｍ６号
ⅩⅥ					古衙里壁画古墳	玉田 M11号

の装飾を左右対称に取り付けている。高霊池山洞30号墳では冠帯の上に宝珠形装飾３本を立てた簡易な型式の小型金銅冠が出土している。冠帯の中央に宝珠形装飾を、その左右に双葉状装飾を対称に立てた小倉コレクションの金冠や、冠帯の上に草花形装飾４本を立てた湖巌美術館所蔵の金冠も大加耶の古墳から出土したものと推定される。この他に陜川玉田Ｍ６号墳では３段の山字形の枝がある樹木形装飾３本を立てた新羅冠の型式の金銅冠が出土している。

冠帽では陜川玉田 M23号墳で鳥帽子形の本体の上部に長い管が付いた金銅

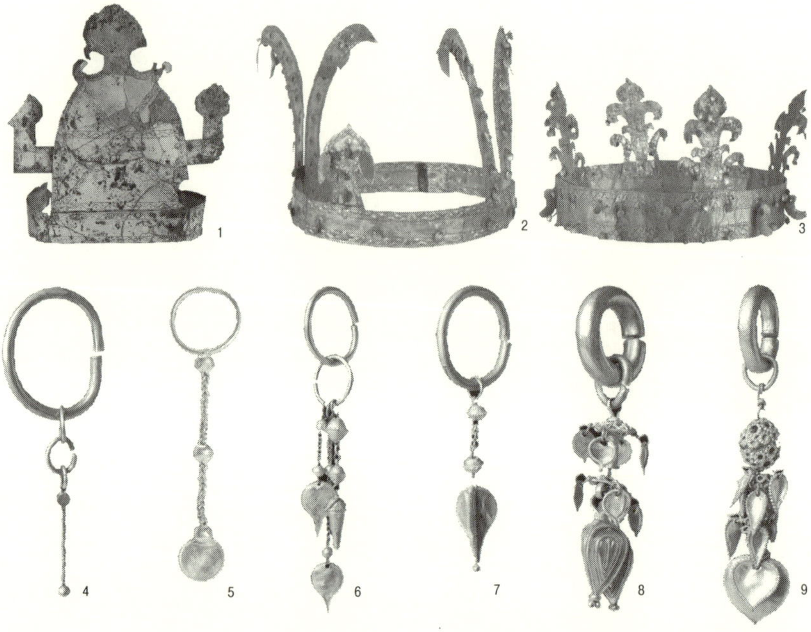

図288　金・金銅製冠（上）と耳飾（下）：1．高霊池山洞32号墳、2．小倉コレクション、3．湖巖美術館、4．陜川玉田23号墳、5．咸安道項里〔慶〕11号墳、6．陜川玉田28号墳、7．陜川玉田91号墳、8．陜川玉田 M 6 号墳、9．陜川玉田 M11号墳

冠が出土している。漢城期の百済冠の型式であり、百済から入手したものと考えられる。

加耶地域の耳飾は主に高霊様式土器が副葬される古墳から出土しており、大加耶様式といえる特徴的なものが見られる。当地の耳飾は細環式のみであり、細環の下に金鎖を下げ、心葉形ないし中空球体の垂下飾を付けただけの単純な形態もあるが、細環の直下に中空球体の中間飾を付け、その下に金鎖と垂下飾を下げるものが基本形となっている。さらに中空球体の中間飾に小型装飾を何条も下げ、中間飾の下にも多くの装飾を付けたものや、細環の下に何条もの装飾を下げたものなど、様々な型式が見られる。また垂下飾にも三翼形・円錘形・山梔子形など様々な形態の特徴的なものがある。これらはもともと百済の耳飾の影響を受けて製作されたと考えられ、徐々に大加耶独自の耳飾へと発展したようである。高霊の池山洞古墳群を中心に、陜川の玉田・磻渓堤《バンゲジェ》古墳群、咸陽の白川里《ペクチョンニ》古墳群、長水の鳳捿里《ポンソリ》古墳群、谷城の芳松里《パンソンニ》古墳群、順天の雲坪里古墳群など大加耶圏域を中心に分布し、5世紀中葉以降には日本列島にも多くもたらされた。この他に玉田古墳群では百済系および新羅系の耳飾も出土している。

頸飾はガラス玉と翡翠の勾玉を紐に通して作られ、3～4世紀には金官加耶圏で主に副葬されたが、以後大加耶圏に集中する。この他に、耳飾の部品に似た小型の金製円筒形装飾を用いた頸飾も玉田72号墳に出土例がある。

釧は陜川玉田M2号墳で金製のものが、晋州中央洞《チュンアンドン》古墳や玉田82号墳で銀製のものが、玉田28号墳で銅製のものが出ている。新羅の釧に比べ細身であるが、外面に突起を作り出す点は共通する。

帯金具では、陜川玉田M1号墳で双葉文透彫銙板が、高霊池山洞主山旧39号墳では獅噛文打出銙板を持つ金銅製帯金具が出土しており、玉田M11号墳でも鉸具と蛇尾が見つかっている。

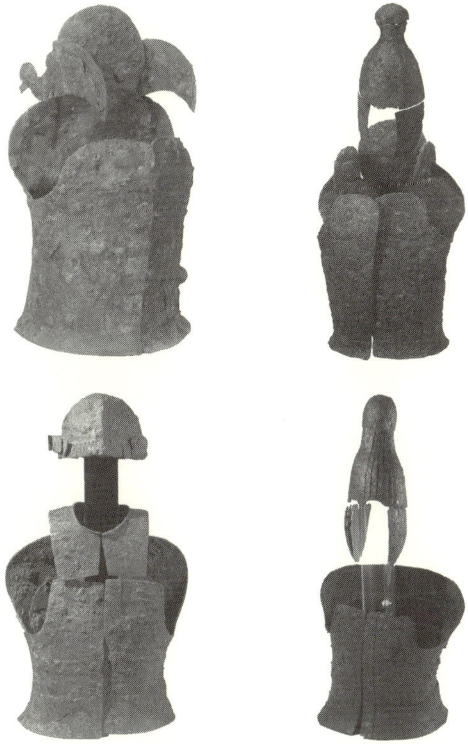

図289　甲冑：東莱福泉洞86号墳（左上）、金海良洞里78号墳（右上）、高霊池山洞32号墳（左下）、陜川玉田28号墳（右下）

2　甲冑と武器

甲は縦長の鉄板を革紐で綴じて作った竪矧板革綴短甲が早くから使われ、金海の良洞里《ヤンドンニ》古墳群や大成洞古墳群および東莱福泉洞古墳群の3～4世紀の古墳に副葬された。5世紀以降には実用的な札甲が広く用いられるようになり、短甲はあ

図290　咸安馬甲塚の馬甲出土状況（左）とその細部（保存処理後・右上）、陜川玉田Ｍ３号墳の馬冑（右下）

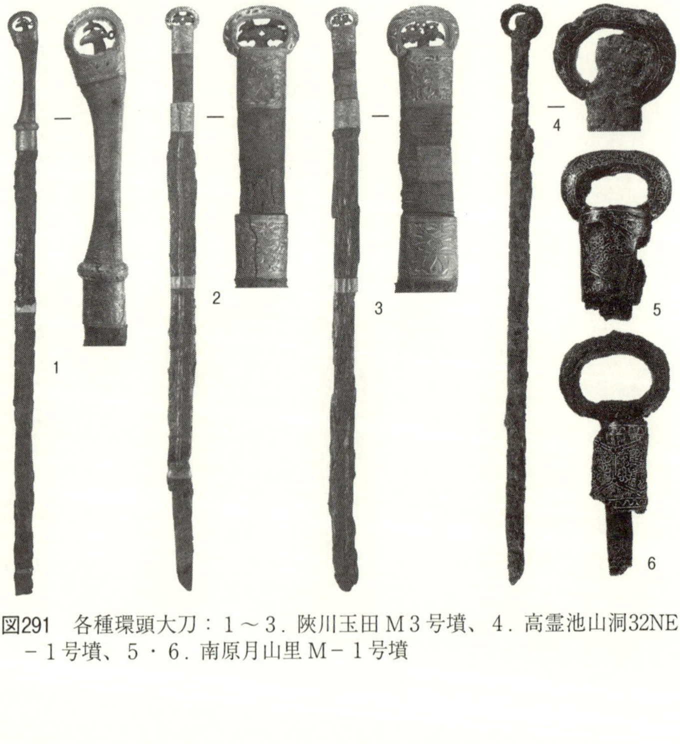

図291　各種環頭大刀：１～３．陜川玉田Ｍ３号墳、４．高霊池山洞32NE－１号墳、５・６．南原月山里Ｍ－１号墳

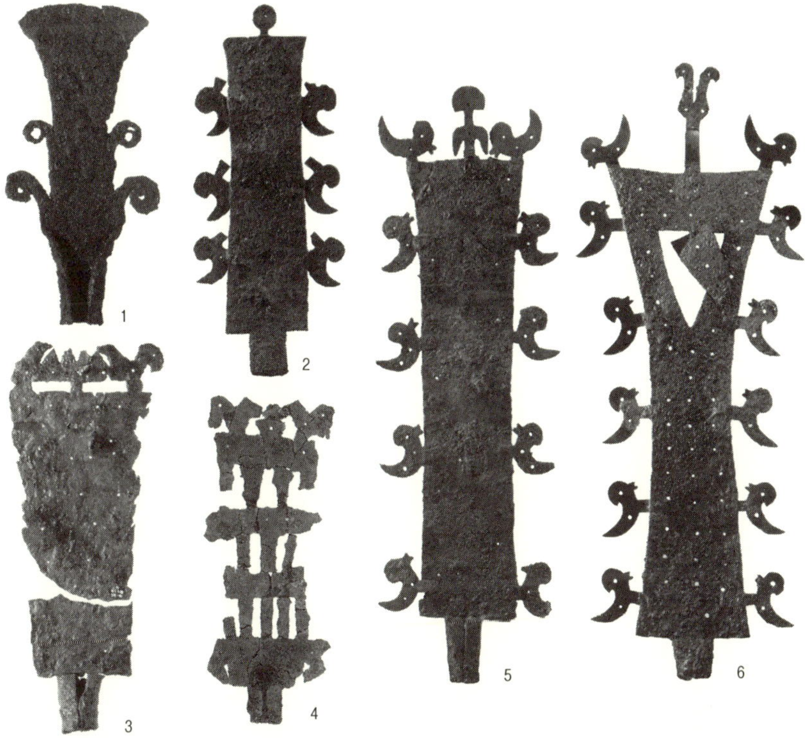

図292　各種有刺利器：１．高霊快賓里１号木槨墓、２．咸安道項里３号墳、３．陜川玉田５号墳、４．陜川玉田７号墳、５．咸安道項里10号墳、６．咸安道項里13号墳

まり製作されなかったが、新羅古墳とは異なり加耶古墳には短甲が引き続き副葬された。そのなかには帯金の間に三角形の鉄板を革紐や鋲で留めた三角板革綴短甲および三角板鋲留短甲、帯金の間に横長の鉄板を鋲で留めた横矧板鋲留短甲などがある。これらはその型式と分布から日本列島系と判断されている。

冑も竪矧冑と小札冑が主に出土する。眉庇付冑・衝角付冑の出土例もあり、日本列島系と考えられている。

馬甲は咸安の道項里・末山里古墳群の馬甲塚《マガプチョン》で韓半島ではじめて実物が出土し、以後陜川玉田Ｍ１号墳などの諸遺跡で出土している。馬冑も金海大成洞古墳群、咸安道項里古墳群、陜川玉田古墳群など各地の古墳で出土している。嶺南地方の馬冑は出現期には新羅・加耶両地域の型式が混在するが、５世紀後半には上板が一枚で庇の形態が花形の陜川玉田Ｍ３号墳出土品のような大加耶型と、上板が二分割された東萊福泉洞10・11号墳出土品の系統の新羅型に分かれる。

武器では加耶古墳からは鏃・鉄矛・環頭大刀などが出土する。鏃は有茎式が主であり、鏃身の型式は様々である。金官加耶の古墳では幅が広い菱形鉄鏃が主に大型墳に副葬され、阿羅加耶の古墳では柳葉形・片刃式などの実戦用鉄鏃が主に副葬されているが、方頭鏃の出土例もある。大加耶では５世紀中葉になって広形系の逆刺鉄鏃が出現する。一方、金海大成洞古墳群では骨鏃や碧玉製の鏃も出土しているが、これらは日本列島系と考えられる。

胡籙は、本体の前面を飾った金具や、胡籙を下げた帯の金銅製装飾金具だけが出土している。本体の装飾金具には山字形のものと台輪形のものがあり、前者は高句麗・新羅系、後者は百済系として分類されている。

鉄矛は、袋部が直基形から燕尾形に変わった際の古い時期のものが金海地域を中心に分布する。袋部断面が多角形のものと袋部の端部を銀板で覆って装飾したものが主に大加耶圏域に分布しており、特に後者は武寧王陵や池山洞44号墳などに副葬されていたことから、威信財的な鉄矛であったと考えられる。

環頭大刀は環頭に装飾がない鉄製の素環頭大刀が一般的だが、上位階層の古墳では環頭に銀糸を嵌入した鉄製銀象嵌環頭大刀、龍文や鳳凰文の装飾がある金装ないし金銅装龍鳳文環頭大刀などの装飾大刀が出土する。これらの装飾大刀は、製作技法や文様から百済の影響により出現したとみられているが、５世紀後半になると玉田Ｍ３号墳出土品のように大加耶において独自に製作された龍鳳文環頭大刀が現れる。高句麗の装飾大刀が流入した新羅に対し、大加耶では百済の装飾大刀を受容しており、当時の国際情勢を反映した状況となっている。

有刺利器は武器形の儀器と考えられており、加耶地域では咸安と陜川玉田地域のほか、金海の良洞里古墳群にも出土例がある。咸安地域では鳥形の刺を作り付けた特徴的なものが出土している。

3　農工具

鉄器製作の素材である鉄鋌は金海の大成洞古墳群および東萊の福泉洞古墳群

図293　鉄鋌（左）と鍛冶具（右）

図294　ミニチュア農工具：タビ形（上・高霊池山洞〔嶺〕１地区18号墳）、鍬形（下・高霊本館洞36号墳）

で集中副葬されていた。加耶古墳の鉄鋌は地域によってその形態に若干の差がある。金官加耶の鉄鋌は両端が直線的で左右対称をなしており、阿羅加耶の鉄鋌は両端が幾分内湾している点が特徴である。大加耶の鉄鋌は両端が直線的であるが、正確な左右対称をなさない。鉄鋌は５世紀初頭以降、金官加耶地域では徐々に副葬されなくなり、咸安地域において副葬量が増える。５世紀後半からはサイズが縮小し、次第に副葬されなくなる。咸安や陜川玉田地域では不定形の棒状鉄器が出土するが、これらも鉄器製作のための素材と考えられる。

鉄器製作に使用された鍛冶具では鉄鉗・鉄鎚・砥石が金海・馬山・昌原・陜川玉田地域の古墳で出土しており、その副葬様相は新羅地域と同様である。

鉄製農具ではＵ字形鋤先や三叉鍬、サルポ（鏟）、Ｌ字形の柄が付く手鍬、鎌などが出土しており、特に晋州玉峰７号墳では嶺南地方で唯一の鉄製犂先が見つかっている。断面梯形の鋳造鉄斧、鍛造鉄斧や有肩鉄斧、刀子などの農工具も確認されている。

一方、大加耶圏域では、刃がなく実際に使用するには小さ過ぎる独特なミニチュアの農工具が古墳に副葬される。

4 馬具

加耶馬具の轡も二連銜であり、古式のものはそれぞれ2本を捩り合わせているが、新式のものは捩りがない1本の鉄棒からなる。引手は古式のものは先端がスコップの柄状になった2条式で、新式のものは1条である。銜と引手の間に遊環をはめ、引手の先端に瓢形の引手壺を付けたものが多いが、この特徴は新羅とは異なり百済の馬具に共通する。加耶の轡も鏡板を基準に棒状鏡板付轡、板状鏡板付轡、素環鏡板付轡、円環鏡板轡などに分けられ、板状鏡板では心葉形はなく楕円形が大部分で、特に下端の中央部が内側にカーブした内湾楕円形が多いのが特徴である。さらにf字形鏡板も出土する。素環鏡板は楕円形の鉄枠の内側に、銜を連結するための十字形ないしT字形の帯があるもので、加耶地域では十字形よりT字形のものが多い。

鐙は木心輪鐙が最も多く出土するが、時期が下る古墳では鉄製鐙と木心壺鐙も発見されている。木心鐙は柄部と輪部の特定部位だけを鉄板で補強したものが多いが、時期が下ると全体を鉄板で覆ったものも出てくる。遅い時期のものは足掛けが容易で滑りにくいように踏込部を広くしたり突起を付けたものが多い。高霊・陜川地域では柄部の断面が五角形の木心鐙が出土するが、このようなタイプのものは百済の鐙にも見られる。

鞍は鞍橋の前輪・後輪の縁を覆った覆輪が主に発見されるが、陜川玉田M3号墳では亀甲文が施された金銅装鞍橋の前輪と後輪が出土した。この他に金海大成洞1号墳、高霊池山洞45号墳、咸安道項里38号墳および39号墳などで鞍橋の前輪・後輪を装飾した金銅板ないし鉄板の一部が出ている。

装飾具では心葉形杏葉や剣菱形杏葉が出土している。心葉形は新羅のものと共通するが、剣菱形は百済古墳出土品に類例がある。新羅において特徴的な扁円魚尾形杏葉は、加耶地域では咸安および陜川玉田地域のみで出土していたが、後に高霊の池山洞73号墳および75号墳でも出土し、その分布が拡大してい

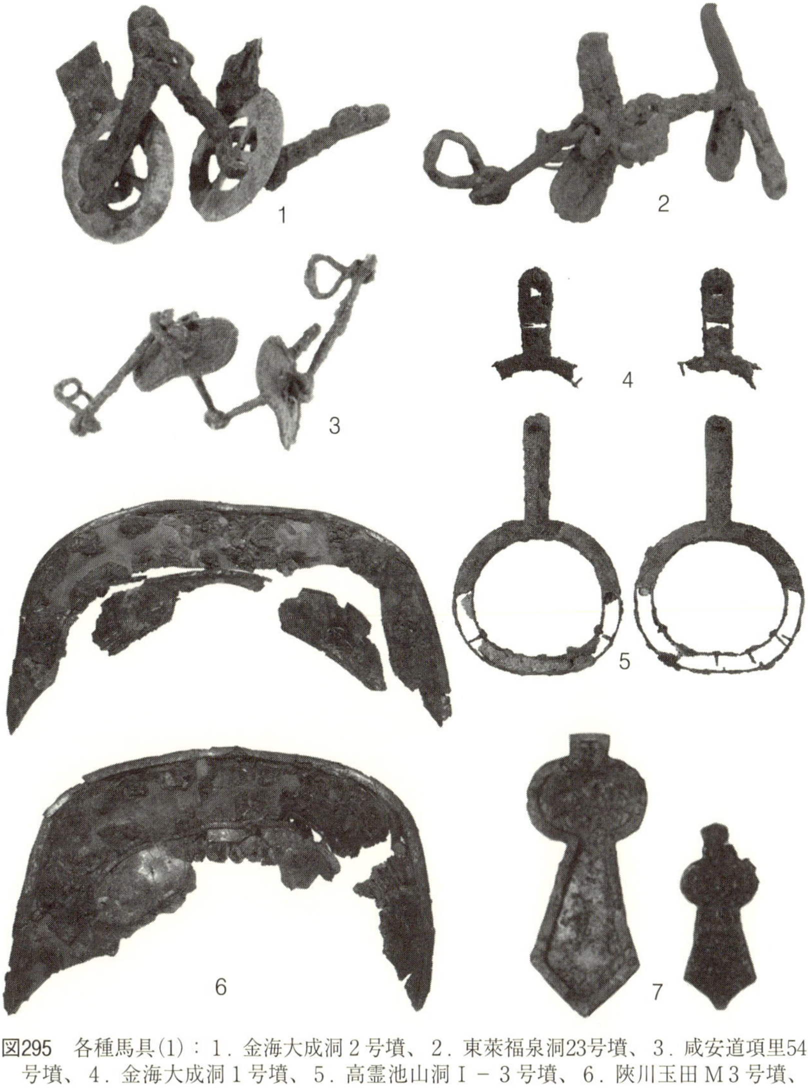

図295　各種馬具(1)：1．金海大成洞２号墳、２．東萊福泉洞23号墳、３．咸安道項里54号墳、４．金海大成洞１号墳、５．高霊池山洞Ｉ－３号墳、６．陜川玉田Ｍ３号墳、７．陜川玉田５号墳

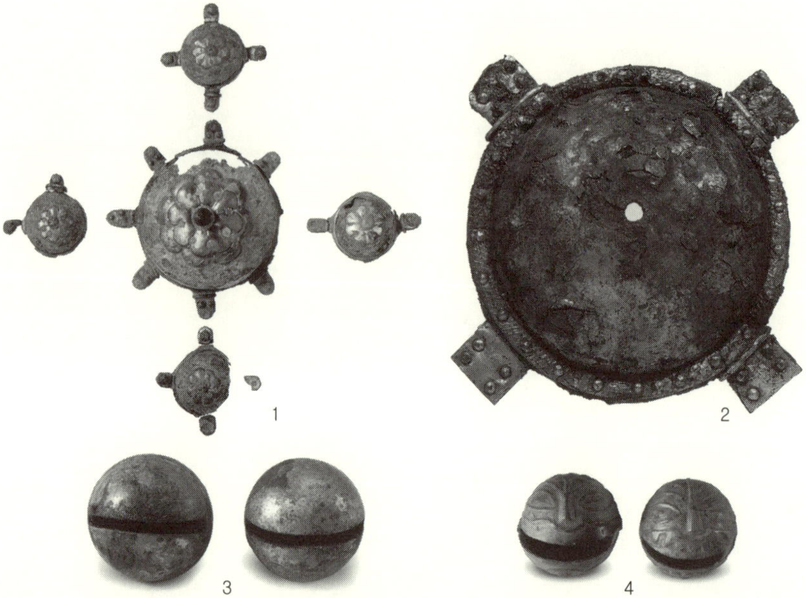

図296　各種馬具⑵：１．宜寧景山里２号墳、２．高霊池山洞45号墳、３．陜川玉田Ｍ３号墳、４．陜川磻渓堤カＡ号墳

る。陜川の磻渓堤古墳では鬼面文青銅鈴が発見されており、この他に帯が交叉する部分に取り付ける数個の脚が付いた辻金具も出土している。

5　容　器

１）金属容器

高霊の池山洞44号墳、陜川の玉田Ｍ３号墳・苧浦里Ｄ１－１号墳、宜寧の景山里２号墳では銅鋺が出土している。高台が付かず、器高に比べ口径が広く、口縁部の断面は逆三角形を呈する。口縁直下と胴部の上半部、および底部付近には沈線がめぐる。これらの銅鋺は武寧王陵出土品に類似しており、百済系と考えられている。晋州水精峰２号墳出土の銅鋺は系統が異なり、慶州の芬皇寺出土品と同形で新羅系と推定されている。

２）土　器

加耶土器は、泥質素地を轆轤で成形し、1000度以上の高温で焼くことができる登窯で還元焔焼成した青灰色硬質土器を代表とする土器で、他地域の三国時代の土器に比べ、より硬く焼きしまっているものが多い。加耶土器は、3世紀後半に出現する古式陶質土器、すなわち新羅・加耶早期様式土器と、4世紀後半以降の洛東江以西様式加耶土器に大きく分けられる。

古式陶質土器は原三国時代の瓦質土器から発展したもので、小型の丸底短頸壺、両耳付短頸壺などの各種硬質短頸壺がまず出現し、続いて高坏・炉形器台・小型の筒形器台・コップ形土器・広口小壺など器種の拡大をみる。この古式陶質土器は次段階の新羅および加耶土器の実質的な出発点であり、かつ嶺南地方全域にわたる共通様式としての新羅・加耶早期様式土器である。ただし金海・釜山地域だけは他地域の筒形高坏とは異なる外折口縁高坏が流行し、炉形器台が把手付きの低台脚であるなど独自の地域色が見られるため、金海・釜山地域の古式陶質土器を他の嶺南地方の共通様式とは区別して金官加耶土器様式とし

図297　高霊池山洞44号墳の銅鋺

図298　古式陶質土器：金海地域（上）、咸安地域（下）

図299　加耶土器：咸安様式（上）、晋州・固城様式（中）、高霊様式（下）：1．咸安道項里〔文〕38号墳、2・3．咸安末山里旧34号墳、4・6．晋州加佐洞1号墳、5．馬山縣洞64号墳、7．高霊池山洞44号墳、8・9．陜川玉田M4号墳

図300　形象土器：１・２．咸安末伊山34号墳、３．咸安道項里39号墳、４．金海陵洞６号墳、５．昌原茶戸里Ｂ１号墳

て設定することがある。これを除いた共通様式の中心地は咸安地域とみる意見が多い。

洛東江以西様式の加耶土器は、この新羅・加耶早期の共通土器様式が４世紀後半から洛東江以東様式の新羅土器と分化しはじめることで成立し、５世紀以降になると加耶土器と新羅土器は洛東江を挟んで完全に分立する。加耶土器の器種も新羅土器と同様、高坏や長頸壺が中心で、その他に蓋坏や各種短頸壺、筒形および鉢形器台などがある。高坏の脚部や器台にあけられた透孔は上下一直線に配列されており、上下互い違いにあけられた新羅土器の透孔配置との違いとなっている。早い段階では高坏の蓋に幼虫文が、器台に斜格子文が施された例があるが、加耶土器における最も普遍的な文様は櫛描波状文である。

一方、慶州を中心に強い様式的統一性をもつ新羅土器とは異なり、加耶土器は全体を単一の様式として括ることができないほど地域色が強く、実際にはいくつかの地域様式が存在する。これらは咸安様式、晋州・固城様式、高霊様式に区分され、その分布地域はそれぞれ阿羅加耶、小加耶、大加耶の政治的勢力範囲であると考えられている。

咸安様式の土器は、高坏の脚の形態などに古式陶質土器の共通様式を継承した点が多く、二段透孔をもつ有蓋高坏もあるが、三角形透孔高坏・火焔形透孔高坏・環状把手付高坏の存在が特徴的である。長頸壺は頸部が外反した無蓋式のものが出土する。炉形器台から発展した鉢形（高坏形）器台は脚が細長い点が特徴である。

晋州・固城様式土器は、脚の下段に突帯がめぐり一段の細長方形透孔があけられた有蓋高坏、頸部が大きく外反し口縁部が水平をなす水平口縁壺と呼ばれる長頸壺の存在が特徴である。

高霊様式土器では、上下一直線の二段透孔高坏および有蓋長頸壺がその代表である。時期が下ると高坏は扁平になって小型化し、長頸壺は頸部が直線的に立ち上がる変化が見られる。数段の三角形透孔が直線状にあけられた鉢形器台も高霊様式土器の特徴的な器種であるが、蛇形の縦帯を４条貼り付けた筒形器台の装飾性は三国時代の器台のなかでも群を抜いており、祭祀・儀礼に用いられたと考えられている。

加耶土器には鴨形土器・家形土器・騎馬人物像などの形象土器も存在する。

図301　金海大成洞・良洞里古墳群出土の筒形銅器（上）と大成洞13号墳出土の巴形銅器（下）

６　自然遺物

加耶地域に含まれる南海岸の貝塚では、骨製および鉄製の釣針・銛とともに魚介類の遺存体が出土する。金海大成洞２号墳、陝川玉田Ｍ３号墳などの王墓級古墳に逆刺をもつ鉄製銛が副葬されていることから、当時漁労活動が重視されていたことがうかがえる。鎮海の龍院貝塚ではアシカ・サザエ・アワビ・マダイ・クロダイ・スズキ・サメなどを捕獲していたことが明らかになっている。内陸の高霊池山洞44号墳では淡水産のコウライニゴイが土器に盛られた状態で副葬され、陝川苧浦里B-20号墳では錘が付いた漁網が副葬されており、淡水漁労も盛んに行なわれたことを物語っている。高霊池山洞34SE-３号墳では、さばいたタラや巻貝を高坏に入れて副葬しており、当時海産物が海から遠く離れた内陸に運ばれていたことを示している。

家畜の例としては、金海大成洞古墳群で牛骨が多数出土しており、釜山東萊《トンネ》貝塚では豚の骨が出土している。鶏骨も各地で出土する。馬骨は東萊貝塚、高霊池山洞44号墳、陝川磻溪堤カ Ａ 号墳で出土している。

７　その他

１）筒形銅器と巴形銅器

筒形銅器は槍の木柄の先に取り付けた竹の節状の儀器で、金海の大成洞古墳群や良洞里古墳群、東萊の福泉洞古墳群において総43点が出土しており、収集品を合わせると70余点に達する。巴形銅器は渦巻形の脚が円形にめぐる形態で、盾の装飾と考えられており、金海大成洞古墳群だけで６点が出土している。この遺物はかつて日本列島のみで出土が確認されていたが、金官加耶地域の古墳でも多く出土し、その起源に対する新たな解釈が提示されている。

２）青銅鏡

加耶地域の３～４世紀の古墳では中国系の鏡が出土する。金海の大成洞２号墳および良洞里441号墳から出土した博局鏡や、同じく大成洞２号墳から出土した浮彫式と細線式の獣帯鏡がその例である。しかし５～６世紀になると高霊池山洞45号墳や山清生草《センチョ》９号墳の珠文鏡などのように倭鏡が副葬されるようになる。

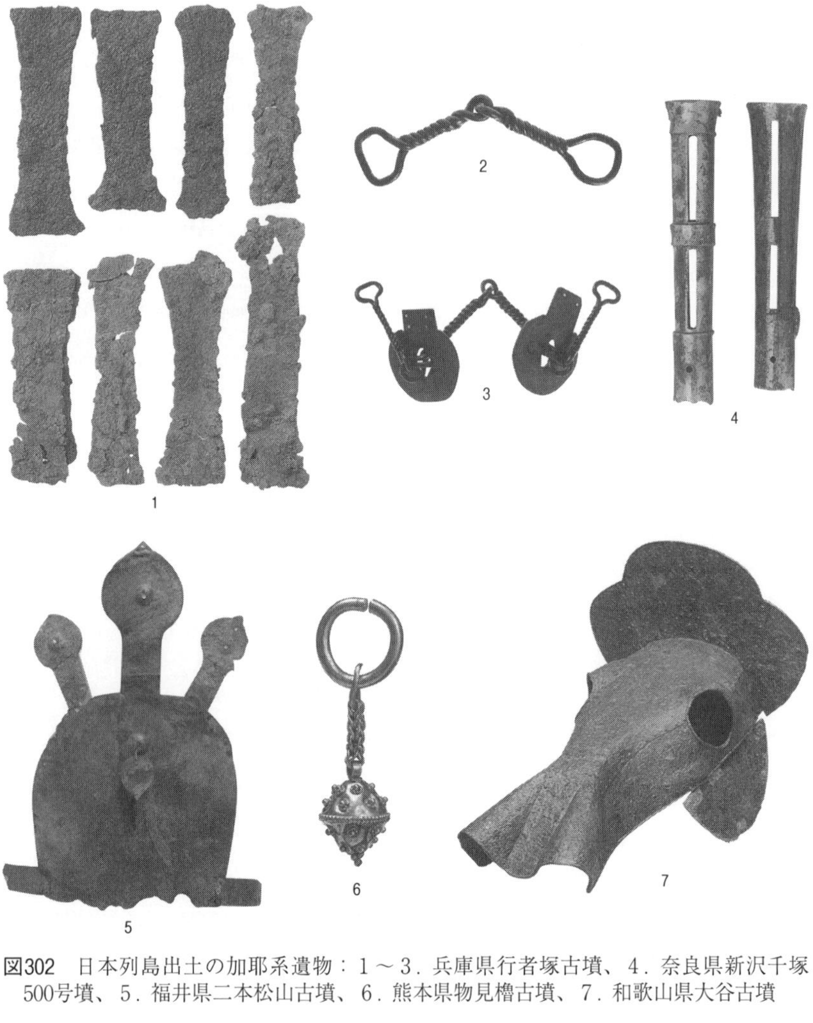

図302　日本列島出土の加耶系遺物：1～3．兵庫県行者塚古墳、4．奈良県新沢千塚500号墳、5．福井県二本松山古墳、6．熊本県物見櫓古墳、7．和歌山県大谷古墳

参考文献

孔奉石　2008「慶南西部地域三国時代竪穴建物址のオンドル研究」『韓国考古学報』66　韓国考古学会

孔奉石　2009「慶南西部地域三国時代の住居と集落」『嶺南地方原三国・三国時代の住居と集落』嶺南考古学会

郭長根 1999『湖南東部地域石槨墓研究』書景文化社
郭鍾喆 2003「加耶の生業」『加耶考古学の新たな照明』図書出版ヘアン
權五榮 1992「古代嶺南地方の殉葬」『韓国古代史論叢』４　古代社会研究所
金建洙 1999『韓国古代・原始の漁労文化』学研文化社
金斗喆 2003「武器・武具および馬具を通じてみた加耶の戦争」『加耶考古学の新たな照明』図書出版ヘアン
金世基 2003『古墳資料から見た大加耶研究』学研文化社
金泰植他 2004『加耶、忘れられた名 輝く遺産』図書出版ヘアン
柳昌煥 2007「加耶の馬具に表された転換期的特徴―前期加耶馬具から後期加耶馬具へ」『加耶とその転換期の古墳文化』国立昌原文化財研究所
朴天秀 2003「地域間併行関係から見た加耶古墳の編年」『加耶考古学の新たな照明』図書出版ヘアン
朴天秀 2007『新たに書き直す古代韓日交渉史』社会評論
孫明助 2003「加耶の鉄生産と流通」『加耶考古学の新たな照明』図書出版ヘアン
申敬澈 1989「加耶の武具と馬具―甲冑と鐙を中心に」『国史館論叢』７　国史編纂委員会
申敬澈 1992「金海礼安里160号墳について」『加耶考古学論叢』１　加耶文化研究所
安順天 1996「小型鉄製農工具副葬の意義」『嶺南考古学』18　嶺南考古学会
兪炳琭 2009「三国時代洛東江下流域および南海岸の集落の特性」『嶺南地方原三国・三国時代の住居と集落』嶺南考古学会
李盛周 1998『新羅・加耶社会の起源と成長』学研文化社
李盛周 2003「加耶土器生産・分配体系」『加耶考古学の新たな照明』図書出版ヘアン
李柱憲 2000「阿羅加耶に対する考古学的検討」『加耶各国史の再構成』図書出版ヘアン
李漢祥 2003「加耶の威信財生産と流通」『加耶考古学の新たな照明』図書出版ヘアン
李熙濬 1995「土器から見た大加耶の圏域とその変遷」『加耶史研究―大加耶の政治と文化』慶尚北道
李熙濬 2003「陜川ダム水没地区の古墳資料による大加耶国家論」『加耶考古学の新たな照明』図書出版ヘアン
趙榮濟 2007『玉田古墳群と多羅国』図書出版ヘアン
趙晶植 2008「嶺南地域三国時代城郭の地域別特徴」『嶺南考古学』45　嶺南考古学会
車順喆 2003「鍛冶具所有者についての研究」『文化財』36　国立文化財研究所
洪潽植 2000「考古学から見た金官加耶」『考古学を通じて見た加耶』（韓国考古学会学術叢書１）図書出版ヘアン

第8章

統一新羅と渤海

統一新羅

Ⅰ　時代概観

新羅は唐と連合して660年に百済を征服し、続いて668年に高句麗を滅亡させた後、韓半島から唐の勢力を駆逐して三国を統一した。しかし、統一新羅は中国東北地方および韓半島北部地方の旧高句麗領土を失ったため、その領域は韓半島の大同江と元山湾以南に限られたものであった。

文献では８世紀中葉を基準に統一新羅時代を中代と下代に区分している。中代には武烈王系が王位を継承して政治的安定が成し遂げられ、それを土台に文化が大きく発展した。下代は奈勿王系を標榜する真骨貴族が執権して、中央では王位をめぐる貴族の分裂が深刻化し、地方では豪族が台頭して後三国時代の呼び水となるなど、政治的混乱期として評価されている。新羅は韓半島における新たな強国として台頭した高麗に降伏して935年に滅亡を迎えた。

統一以後の新羅社会は急激な変動を経ており、その変化は物質文化である考古資料にも如実に反映されていることが明らかになっている。しかし中代と下代を明確に区分し対比できるほどにはまだ調査・研究が進んでいない。

統一新羅時代には王京（王都）が体系的に整備されて都市空間が拡張され、宮闕・官衙・邸宅・寺院などの建物や、道路・排水溝・井戸・塀などの生活施設、そして各種生産施設が慶州の空間に計画的に配置された。慶州の周囲の山裾は、王都居住民の生活に供される物品の生産空間および埋葬空間として再編された。瓦生産の飛躍的増加とともに瓦葺建物が急速に増え、処々に建立された仏教寺院によって王都の景観は急激に変貌した。墳墓の規模は縮小し、さらに火葬と蔵骨器埋納風習の拡散によって地上に巨大な封土を残す墳墓の築造は減少した。

行政制度の整備により、各地方には拠点都市が造営され、王都と地方都市は道路網によってつながった。地方の拠点都市には各種官衙や仏教寺院が建てられ、土器・瓦などの生活用品を生産する施設が設けられた。鉄生産施設は鉄鉱石の産地で操業され、その形態は官営体制であったと推定されている。

仏教が社会全般にわたって大きな影響を及ぼし、物質文化にも多くの変化が表れた。三国時代までのように古墳に副葬するために多量の土器を生産する習慣はなくなり、土器は官衙・城郭・集落・寺院など生活遺跡で出土する割合が圧倒的に高くなる。火葬の増加とともに器面を華麗に装飾した蔵骨器が出現し、中国陶磁器の輸入の増加に刺激され施釉陶器の生産も増加した。さらに中国の陶磁器や金属容器を模倣した土製および金属製容器が出現し、新たな器種・器形が現れている。王族や貴族、地方の主要寺院に起居する一部の僧侶らは金属製の食器も使用していた。

一方、この時期は唐と密接な関係を維持しながら、西域・日本・渤海との交流も活発に進められていた。統一戦争の過程で新羅と唐の間には一時的な軍事的衝突があったが、8世紀以降には再び活発な交流がなされた。唐への遣使とともに僧侶や学者など多くの新羅人が留学し、彼らを通じて唐の先進文物が取り入れられた。

新羅は西域とも交流をもった。西域人の姿を表した石像が慶州の王陵の前に立てられ、同じく西域人を模した陶俑が墳墓に副葬されている。『三国史記』雑志の色服・車騎・屋舎条には海外から輸入された様々な物品の名称が記されており、特に羊毛で作った絨毯などの物品は、新羅と西域の直接的な交流の結果なのか、唐を通じた交流の産物なのかを明らかにする必要がある。

三国統一以後には日本との間でも経済的交流が活発に進められた。新羅の各種物品が日本に輸出されており、当時の様子は日本の東大寺正倉院に所蔵されている金銅製剪子（鋏）・新羅墨・新羅琴・匙などを通じて知ることができる。正倉院には、752年に日本を訪問した新羅人から物を買うために日本人が買入予定品目と値段を書いて朝廷に提出した文書の「買新羅物解」が残っている。

Ⅱ　遺　跡

1　王都と地方都市

三国時代以来新羅の王城であった慶州月城の内部については、地球物理学的探査法により地下遺構を探査した結果、ほぼ間隙なく宮殿建物が存在したことが明らかになっている。これらのなかには回廊で囲まれた一定の区画を形成しているものも多く、遺構の重複も激しいため、三国時代から統一新羅時代に至る多くの宮殿が建てられていたと考えられている。

新羅時代の月池にあたる慶州雁鴨池《アナプチ》の内部では、発掘調査の結果、方向に応じて直線と曲線を組み合わせて構築した石積の護岸や三つの島が確認され、膨大な量の遺物が出土した。さらにその西側と南側では東宮と判断される宮殿跡が発掘された。『三国史記』には、文武王14年（674）に宮内に苑池を造り、19年に東宮を建設したとする記録がある。また、月城の東南にある現国立慶州博物館の敷地では「南宮」の銘文がある瓦が出土しており、この地に南宮があったと推定されている。さらに、かつて芬皇寺西側で調査された殿廊跡は、統一

図303　慶州月城の遺構配置図（地球物理探査の結果）

図304　慶州王京地区の衛星写真（国立文化財研究所）

新羅時代に建設された北宮であったと考えられる。

慶州市内の遺跡に対する活発な発掘調査により、新羅の王都に関する多くの考古学的成果が蓄積され、王都の基本的な構造や市街地の拡張順序、土地区画、人口移動の動向、居住空間の配置と規模、大小の家屋の差、そして出土遺物を通じた生活像などが明らかになっている。王都内の道路遺跡は現在までに20個所以上が調査されており、それらを通じて都の条坊区画が段階的に拡張されたことや、その大きさがすべて均一でなかったことがわかった。また、皇龍寺跡の東南では王都内の都市区画の最小単位である坊の実態が確認された。東

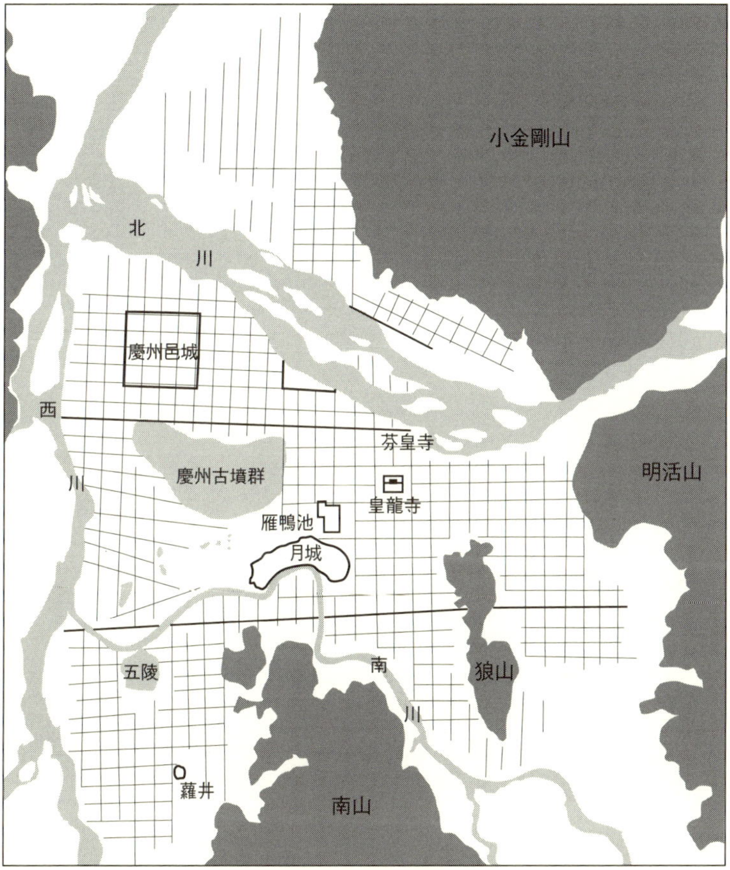

図305　慶州新羅王京の復元図（李恩碩2004）

西南北にはしる道路によって区切られた方形の空間は、統一以前に形成された空間を継承したものとみられ、東西172.5m、南北167.5mの範囲が塀で囲まれ、内部面積は約8000坪に達する。内部には19棟の家屋が整然と配置されていたが、その配置と規模にはそれぞれ差があり、『三国史記』屋舎条の内容との比較材料となっている。この他に宗教関連施設、井戸やトイレ、路地などの遺構が確認されている。坊を囲む道路遺構は幅15m 以上の大型、10m 前後の中型、５m 前後の小型に分けられ、砂利・砂・粘土をつき固めた上にさらに砂利を

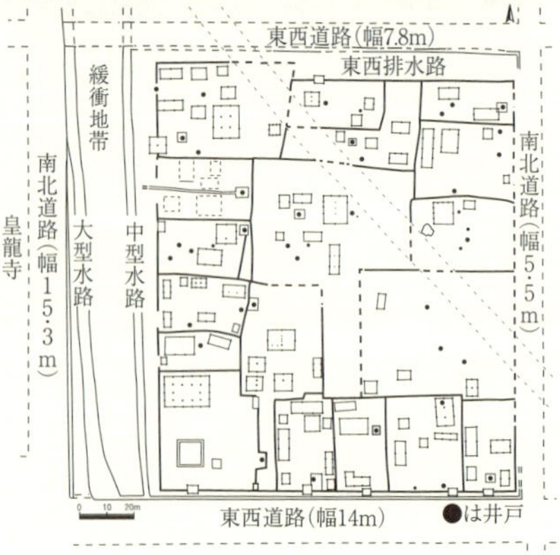

図306　慶州皇龍寺跡東方の新羅王京遺跡（上）と遺構分布図（下）

図307　尚州伏龍洞遺跡3地区全景（上）と遺跡細部（下）

3～5cmの厚さに敷いており、轍の跡が残る。

慶州九黄洞《クファンドン》の芬皇寺西側および龍江洞では内部に島をもつ苑池が発掘され、流觴曲水の宴会場として知られる慶州南山西麓の鮑石亭《ポソクジョン》では周囲で大型建物跡や祭器などが確認されており、国家的祭祀を行なった場であったとの説も提起されている。

新羅の王都は唐の長安城の構造を部分的に取り入れたとされているが、一方で上のように条坊制の具体像や時代の変化に伴う王都の景観や都市機能の変貌の状況が次第に明らかになっている。今後はさらに、給水と排水、燃料の供給、ゴミや糞尿の処理方式など、環境や衛生全般に関わる研究も行なわれる必要がある。

地方都市である五小京は王都の縮小版を地方に造成したものであるが、その詳細な内容はまだ不明である。一方で、近年には五小京以外の地方都市の遺跡が調査されつつある。尚州の伏龍洞《ポンニョンドン》遺跡や大邱の東川洞遺跡では竪穴住居・高床住居・井戸・道路・小規模ゴミ捨て場などが確認されており、地方都市の構造や地方民の生活相を復元する端緒となっている。この他にも達城竹谷里《チュッコンニ》や機張鉄馬古村《チョルマコチョン》、晋州武村里《ムチョンニ》などで統一新羅の道路遺構が調査されており、今後中央と地方、地方と地方を結ぶ交通網に関する研究が待たれる。

地方の集落では引き続き竪穴住居が多く造られ、一般的にカマドから屋外へのびる1条の石組煙道施設が設置されている。

2　城郭遺跡

統一以後にも、外敵の侵入や反乱に備えて、地方間の関門や要衝地における築城と修築が続く。高句麗と百済の滅亡後、韓半島に侵入した唐の勢力を駆逐するための戦争の最中であった文武王12年（672）に漢山州に晝長城が、同13年（673）には慶州市の北東に北兄山《プッキョン》城が築かれた。晝長城は現在の京畿道広州にある南漢《ナマン》山城に比定されており、発掘調査の結果、正面53.5m（14間）、側面17.5m（4間）の超大型建物跡が発見された。この建物に葺いた瓦も長さ64cm、重さ19kgに達する超大型のものであった。

統一戦争が収束した後にも戦略的要衝地や辺境の地、海岸地域などでは新たな城郭の築造や増築・改築が続き、722年には慶州の東南に関門城が築造され

図308　広州南漢山城の大型建物跡（上）と出土瓦（下左・統一新羅、下右・朝鮮）

た。漢山州の重要な城郭で、中国へ渡る際の要所に位置する華城の唐城《タンソン》は、初築年代こそ不明であるが、統一新羅時代に重要な城として機能していたことが発掘調査の結果確認された。

この時期に築かれた城は大部分が石城で、長方形の割石に一部自然石を混ぜて積んでおり、地形によって築造方法を適宜変えている。しかし統一新羅の城は、統一以前のものを部分的に修築したり増築・改築したりしており、統一以前と以後のものの差が明らかでない例が多い。

3　生産遺跡

1）鉄　器

統一新羅の鉄生産遺跡には密陽の金谷《クムゴク》、三浪津クンコムセ、梁山の凡魚《ボモ》・佳村《カチョン》・外花《ウェファ》遺跡など洛東江東岸とその支流域において確認されている。これらは鉄鉱石の産地から近く、河川の水運による生産品の運搬に便利な地域であ

図309　慶州東川洞遺跡塼壁体（上左・中）と青銅鋳造工房遺構およびその細部（上右・下左）、関連遺物（下右）

る。梁山凡魚・外花遺跡では製錬に関連する遺物が出土している。構造および出土遺物から、多様な製錬技術が用いられ、大量生産体制で運営されていたことが考えられる。

2）青銅器

統一新羅時代には様々な青銅器が官営または私営の工房で製作されていたが、青銅器生産に関連する採鉱や選鉱に関わると思われる遺跡はまだ知られていない。鋳造遺跡に関する調査研究は、1990年代以後、王都の遺跡に対する調査の過程で工房施設に関連する遺物が報告されたことにより活気を帯びる。青銅器生産工房としては、慶州東川洞7ブロックの都市遺跡内で確認された製錬炉があげられる。一方、慶州の感恩寺《カムンサ》では鋳鐘遺構が発見されており、梵鐘などの仏教遺物の製作は寺院内で行なわれたと考えられている。

3）土　器

統一以後、地域により若干の差はあるものの、全国的に土器の器種と文様における統一性が拡大した。これは地方の土器生産体制とその運営が中央とリンクしたことを意味する。中央の工人が地方に派遣されることにより中央の土器製作技術が拡散した可能性も考えられる。この時期の窯跡は慶州の花谷里・望《マン》星里《ソンニ》・蓀谷洞・勿川里遺跡、金海の三渓洞《サムゲドン》遺跡、達城の鋤斉里《ソジェリ》遺跡、保寧の真竹里遺跡、霊岩の鳩林里《クリムニ》遺跡、龍仁の星福洞《ソンボクドン》遺跡、公州の佳橋里《カギョリ》遺跡などで調査されている。

王都周辺地域の土器窯には数十基以上が密集する大規模生産地がある。慶州花谷地区の自然流路から出土する土器は雁鴨池出土品と同一の各種印花文で装飾されている。この窯で生産された製品は王都に供給されており、土器に刻まれた銘文からみて、官窯として運営されていた可能性がある。日常生活に使用された土器は別の窯で作られていたと考えられる。

地方における土器窯には、1基だけが独立して存在する例と、4～5基の群を形成する例がある。後者の場合でも4～5基が同時に操業していたわけではなく、2～3基単位で運営されていた可能性が高い。地方窯では碗を中心とする日常生活容器が生産された。

窯の構造は大部分が登窯であり、平面形態と焼成部および燃焼部の構造に若干の差が見られる。概して長さ500cm以下、幅200cm以下で、長さに比べ幅が広い。焼成室の床面からは窯道具（離床材）として用いられた瓦片が出土する例が多い。燃焼部と焼成部の境には石積みがあるが、これは焼成時における温度調節と、完成品の搬出時における窯体の損傷を防ぐための施設とみられる。

ソウル舎堂洞《サダンドン》遺跡で出土した土器のなかには「□□県器村」の銘文があり、専業的に土器生産に従事していた工人集団の村が存在した可能性をうかがわせる。保寧の真竹里窯跡や霊岩の鳩林里窯跡などに見られるように、9世紀以降になると焼成度がきわめて高い硬質土器が大量に生産されており、今後これらの窯の構造や、高麗陶器窯および青磁窯との関係についての研究が必要である。

4）瓦

統一以後、王都には数多くの建物が建設され、王都の周囲の山間地には瓦窯が集中的に造営された。瓦の生産は、王都から8km圏内に位置し、豊富な水と燃料、良質の胎土などが揃った場所で行なわれた。現在確認されている瓦窯は川北面（勿川里・神堂里《シンダンニ》・花山里）、内南面（望星里・花谷里）、見谷面（下《ハ》邱里《グリ》・金丈里《クムジャンニ》）地域に密集分布している。地方の主要都市でも統一新羅時代の瓦窯が発見されており、代表的なものとして保寧の千房《チョンバン》遺跡、益山の弥勒寺跡、青陽の本義里《ポニリ》遺跡、尚州の青里《チョンニ》遺跡、安東の亭上洞《ジョンサンドン》遺跡、蔚山の大谷里《デゴンニ》遺跡、ソウルの津寛洞《ジングァンドン》遺跡などがあげられる。

瓦生産に関する研究は、王都周辺の窯の分布調査とともに、特定窯跡における製品の出土事例に対する分析が中心になされてきた。こうした研究を通じ、王都周辺で生産された瓦が主要施設に供給されていたことが確認されている。

瓦窯は様々な基準によって多様に分類されるが、数が最も多いのは半地下式の登窯で、焼成室は傾斜をなし、石積みの焚口や段孔式の煙道をもつ特徴がある。

4　古　墳

王都では8～9世紀まで比較的多くの古墳が造られたが、地方では統一以後に古墳の築造が急激に減少し、数十基以上からなる古墳群はほとんど見られなくなり、少数墓で構成された古墳群のみが造営される。

埋葬施設による区分では横穴式石室墳・横口式石槨墳・竪穴式石槨墓・土壙墓・火葬蔵骨器などがある。横穴式石室墳と横口式石槨墳は統一以前からほぼすべての地域において広範に用いられていた埋葬施設で、大部分が封土で覆われている。横口式石槨墳は横穴式石室墳の群中に少数存在し、小型のものが多い。石室には2～3体の遺体が安置された例が多く、夫婦や家族の成員が追葬された結果とみられる。数は多くないものの土壙墓も全時期を通じて造られた。一方、仏教の盛行に伴う火葬の普及は蔵骨器の拡散をもたらした。蔵骨器

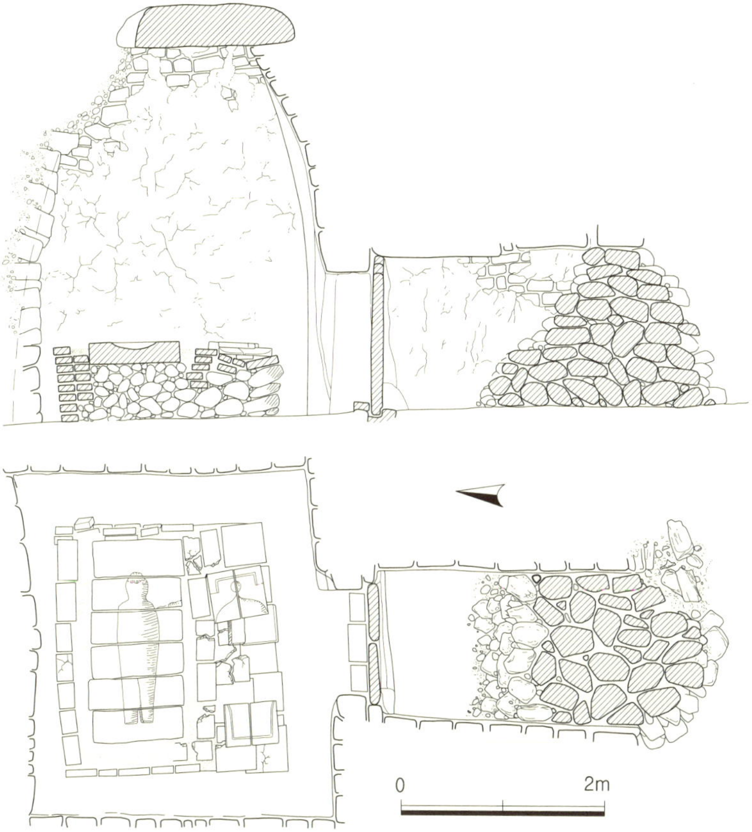

図310　慶州双床塚

は単独で発見される場合もあり、石室墳群中に混在する場合もある。

慶州の横穴式石室墳は市内の平地部にも一部存在するが、大部分は慶州盆地を囲む山裾に大小の古墳群を形成する。封土の直径が10m 以上に達する大型の墳墓が多いが、その規模は統一以前のものより著しく縮小し、直径は25m を越えず高さは５m 以下となる。封土の平面形は円形が基本だが、九政洞《クジョンドン》方形墳は例外的に方形を呈する。封土の裾には割石による外護列石をめぐらせる。石室は割石積みで、玄室平面が方形の穹窿状天井のものが一般的である。玄室の南壁に設けられた羨道は左片袖や右片袖もあるが、次第に両袖式に統一

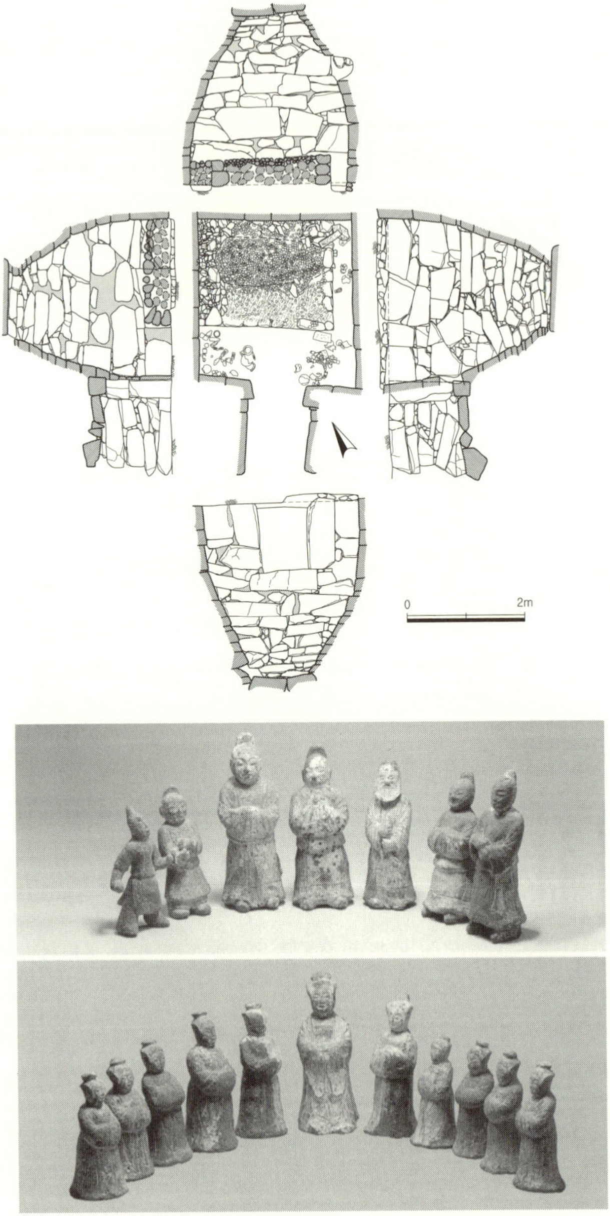

図311　慶州龍江洞古墳と出土陶俑

図312　慶州掛陵

されていった。時期が下ると玄門構造が発達し、両開きの石門が付いて玄門部前面の甬道が長くなり、二段羨道となる。石室内部の壁面は漆喰を塗ったものが多いが、壁画の発見例はない。ただし慶州の南山西麓に位置する伝神徳王陵《シンドクワンヌン》では、漆喰を塗った壁面の下段を屏風を立てたように画しており、彩色した石室が確認されている。

石室内部には高い屍床が設置され、屍床の上には石製の枕と足座が置かれた例がある。

統一新羅の古墳は薄葬化が進んでおり副葬品はあまり発見されないが、慶州の隍城洞《ファンソンドン》古墳や龍江洞《ヨンガンドン》古墳では石室内部に安置された陶俑が発見され、さらに龍江洞古墳の内部には各方位に青銅製十二支像が配置されていた。こうした例は中国の埋葬風習を受け入れたものと考えられる。

慶州市街地周辺の山裾や平地部には王陵と伝えられる墳墓が多く見られる。統一新羅の王陵は概して一基ずつ独立しており、伝神文王陵《シンムンワンヌン》は平地に立地するが、その他の大部分は平地と丘陵の境にあたる地点に存在する。これらの王陵も内部主体は横穴式石室と推定されており、封土下段に設置した板石の外護列石に十二支像を彫り込み石製の欄干をめぐらせる構造へと発展する。また王陵

図313　慶州伝金庾信墓（左）と十二支像（右）

図314　慶州出土の蔵骨器(上)と公州艇止山出土の火葬墓(下)

の前面に床石（祭壇）、石獅子、文・武人石、亀趺および碑石を配置するなど陵域を設けたものもあり、特に38代元聖王（785～798）の陵と推定されている慶州の掛陵《クェヌン》においてその状況がよくわかる。伝金《キム》庾《ユ》信《シン》将軍墓では板石造の外護列石に彫られた十二支像の他に、封土の周囲に配された蝋石製の十二支像が発見されている。

火葬墓は、統一以後王都周辺の山裾に集中して造営され、８世紀以降には地方にも広がり、群集することもある。火葬蔵骨器は、骨を納める容器とそれを覆う外容器からなる二重型と、骨を納めた容器のみの単一型に区別される。火葬墓の多様な性格や拡散の社会的背景、葬法の差による被葬者の身分などの問題に関する研究はまだなされておらず、実際に火葬が行なわれた場所としての火葬遺構も未発見である。

5　信仰遺跡

1）寺院跡

新羅では多くの寺院が造営され、慶州一帯の地表調査では180箇所余りの寺院跡が確認されているが、現時点では20遺跡ほどが調査されるにとどまっている。そのうち寺院全体の伽藍配置が把握できるまでの調査が実施されたのは感恩寺跡・高仙寺《コソンサ》跡・皇龍寺跡・芬皇寺跡・四天王寺《サチョナンサ》跡・弥勒寺《ミルクサ》跡などである。

統一直後から８世紀までは平地または平地性の丘陵に寺院が建てられた。伽藍配置は四天王寺・感恩寺などのような双塔一金堂式が基本であるが、高仙寺跡は金堂院と単塔の塔院が分離した二院式、仏国寺《ブルグクサ》は大雄殿の圏域外に極楽殿圏域が別置された二院式となっている。

９世紀には地方の各所に寺院が創建され、特に禅宗思想の流行とともに深い山奥に山地伽藍が建てられた。山地伽藍は三国時代以来の平地伽藍とは異なり、塔と金堂の配置が自由で、その組み合わせで伽藍配置を説明するのは難しい。このように、統一期の寺院は地形による分類よりも、塔と金堂の重要度の変化など構造的特徴の研究が、信仰対象の変化や礼拝対象の差などの理解に役立つものと思われる。

2）祭祀遺跡

王都慶州の蘿井遺跡では、初期鉄器時代および三国時代の遺構の上層で、塀で囲まれた統一期の八角形建物跡が確認されており、国家や王室の重要祭儀施設があったと考えられている。

地方の祭祀遺跡では、済州島の龍潭洞《ヨンダムドン》遺跡、鬱陵島の玄圃里《ヒョンポリ》遺跡、河南二聖山城の八角建物跡、海南の月出山《ウォルチュルサン》遺跡、釜山の鼎冠達陰山《ジョングァンダルムサン》遺跡などが知られている。三国統一以後、仏教が深く浸透してからは伝統的な祭祀体系に大きな変化が起きたと推定され、三国時代の祭祀遺跡に見られる多様な遺物の代わりに、土器や土馬、木製人形、墨書木簡などが破砕されて廃棄されるようにな

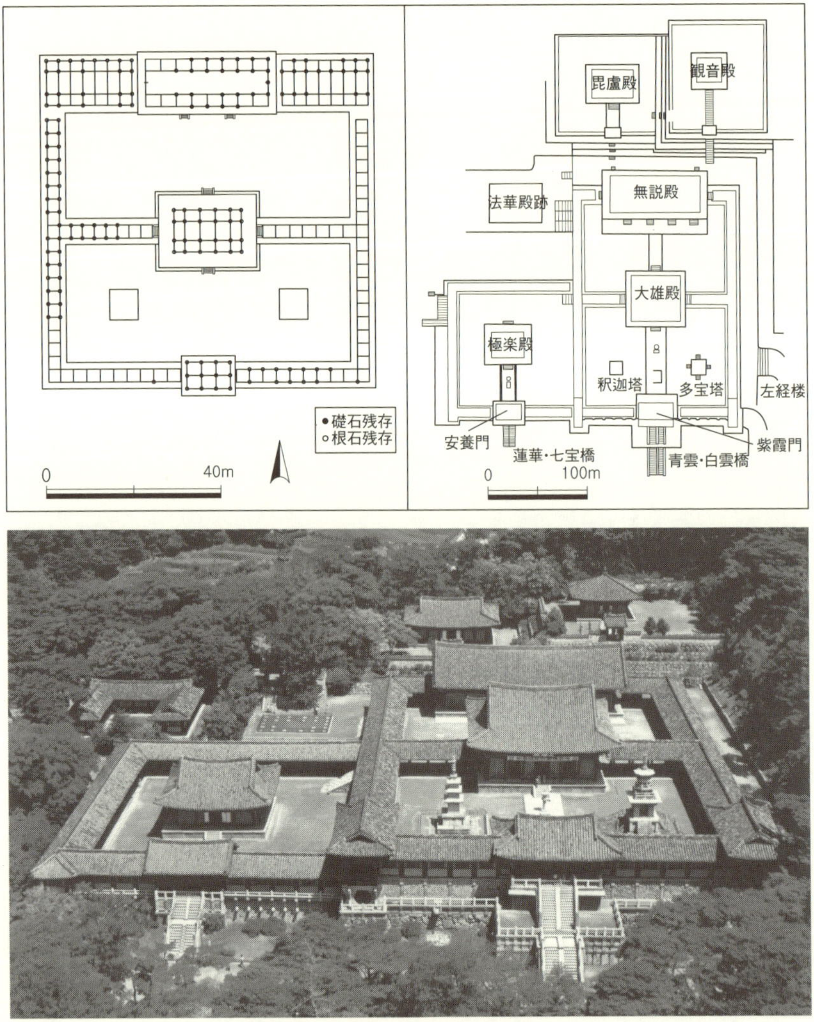

図315　慶州感恩寺跡（上左）と仏国寺（上右）の伽藍配置図および仏国寺全景（下）

る。特に墨書で特定の行為を表現したり、馬形土製品を祭祀共献品として使用する現象が目立つ。また木や石で男根を写実的に製作するなど祭祀遺物に変化が見られる。

また清原の双清里《サンチョンニ》では９世紀頃に該当する多重環濠遺跡が発見されている。

図316　慶州蘿井遺跡（上）と清原双清里多重環濠遺跡（下）

７条の環濠で囲まれた内部の空間で特定の祭祀が行なわれたと推定され、発見された瓦のなかに「村主」や「管」などの文字が刻まれたものがあることから、西原京と村主の関係を明らかにするための素材となっている。

統一新羅時代には、大地の神への祭祀の後に埋納した地鎮ないし鎮壇の遺構や遺物が増加する。建立する建物の性格や宗教の違いによって地鎮の意識や埋

図317　慶州王京地区建物跡の鎮壇具出土状況

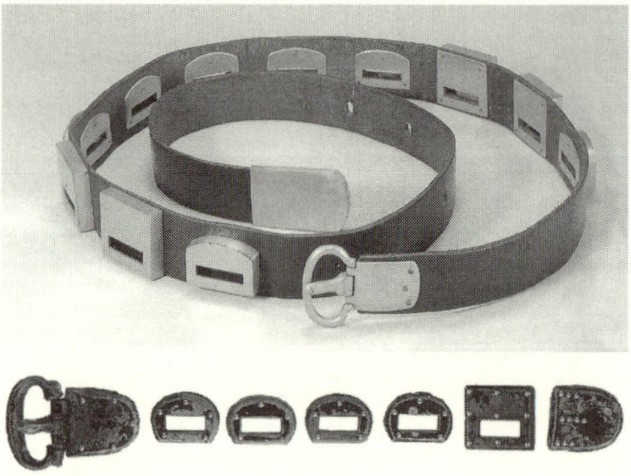

図318　唐式銙帯：扶餘扶蘇山城出土品の復元（上）と慶州将軍路出土品（下）

納品の種類が異なっていたと考えられる。

Ⅲ　遺　物

1　金属器

1）装身具

薄葬と火葬風習の流行により、壮麗な装身具を身に着けたまま遺体を墳墓に埋葬する風習は衰退し、鉄製および青銅製の中国唐代の帯金具（唐式銙帯）が新羅の中央および地方の墳墓から多数出土する。唐式銙帯は小型の墳墓でも出土するため、それを着用した人物が必ずしも高位階層の貴族であったとはみなし難い。三国時代に出現した簪も広く用いられたが、墳墓より慶州の王都遺跡など生活遺跡から出土する頻度が高い。

一方で、この時期の装身具や貴金属製品は、大部分が寺院の石塔に安置された舎利荘厳具や地鎮具、鎮壇具として出土している。その種類にはガラス瓶、銀製合子、円盤形水晶、瑪瑙・水晶・翡翠製勾玉、水晶玉、ガラス玉、金銅装飾板、鏡、耳飾、帯金具などがある。皇龍寺をはじめとする統一直前期の仏塔から出土する装身具の種類と形態は、前段階の積石木槨墳や横穴式石室墳の副葬品と同一である。古墳に装身具を副葬していた伝統が、仏教信仰の受容以後には舎利荘厳具や地鎮具、鎮壇具として引き継がれたことがうかがえる。この他にも雁鴨池では櫛、金銅製衣掛け、簾掛けなど建築に使用された生活用品が発見されている。

図319　金属製食器（上・慶州雁鴨池、益山弥勒寺跡など）と鉄釜（下・龍仁彦南里遺跡）

２）食　器

王都にあった貴族の邸宅や地方の官庁、大規模な寺院などでは、金属製食器の使用が広まった。特に銅に錫を混ぜて作った真鍮の器（鍮器）が広く用いられており、その種類は台付碗、無台碗、皿、瓶など様々である。真鍮の器を製作していた工房跡が王都内で発見されており、中央による官営工房の運営の様子がわかる。三足ないし無足の鉄釜もこの時期に多く使われている。

３）生産道具

統一新羅の生産道具は基本的に三国時代のものを発展的に継承している。ただし三国時代には各種生産具が墳墓に副葬されたのに対し、この時期には王都、地方都市や山城、祭祀遺跡などで出土する頻度が高い点に差が見られる。

農具では鉄製牛耕具や鋤先、三叉鍬、鎌、手鍬などが広く用いられた。特に犂先と鏵からなる牛耕具は中央の都城遺跡、地方の拠点都市や軍営地などで出土しており、統一新羅時代以降に資料が急増する。畜力を利用した本格的な牛耕の普及を物語る資料である。

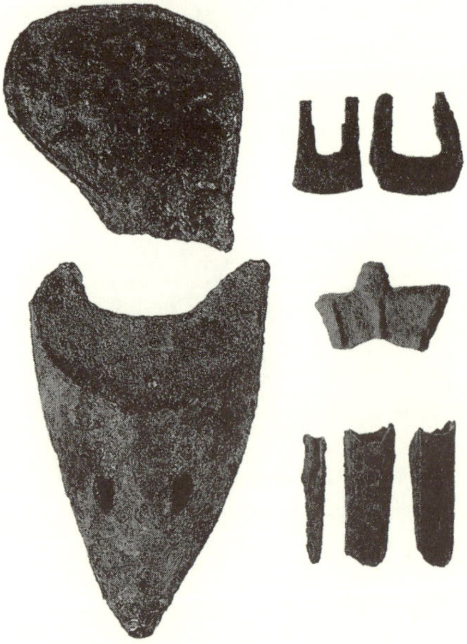

図320　龍仁彦南里遺跡出土の各種鉄製農具

図321　舎利器：慶州感恩寺（左）、善山桃李寺（右）

これらの農具は錠前、鐎斗などとともに埋納された状態で発見される例もある。龍仁の彦南《オンナム》里《ニ》遺跡では多量の鉄製鏵や犂先が各種鉄製品とともに埋納された竪穴遺構が調査されている。

4）仏教関連金属器

統一新羅時代の仏教関連彫刻には梵鐘・仏像・石塔・浮屠（浮図）・石灯籠など、石造物や多様な金属器がある。上院寺銅鐘、聖徳大王神鐘などの梵鐘は統一新羅期の金属器のなかで最大で、かつ当時の科学技術の水準を総合的に反映したものとしてきわめて重要である。6世紀中葉に皇龍寺ではじまった舎利荘厳の奉安は、統一新羅期に入ってさらに増加する。7世紀後半から8世紀前半には、葬送儀礼に用いた棺輿を仏教式に翻案し、金板や金銅板で作った殿閣形内・外箱のなかにガラス瓶に入れた舎利を奉安し

図322　昌寧末屹里遺跡出土の各種金工品

た。漆谷松林《ソンニム》寺《サ》、慶州仏国寺釈迦塔、感恩寺跡石塔などの舎利器が代表例である。8世紀後半から9世紀には蝋石製の舎利壺、金属製の堂形容器、金属瓶などの多様な形態・材質の舎利容器が加わる。このような変化は唐の舎利荘厳具の変遷相と連動しており、中国との文化的交流を示す好例である。

また、昌寧末《マル》屹《ル》里《リ》の埋納遺跡では釜、鼎、鐎斗など様々な金銅・青銅製容器類とともに金銅製風鐸、鬼面・仏像が彫られた透彫金銅板など多様な仏教工芸品が出土している。

2　土　器

古墳の副葬品としての側面が強かった三国時代の土器とは異なり、統一新羅の土器は実用性が際立っている。器種には台脚が付いた長頸壺、盒と碗、長頸瓶などがあり、特に短い台脚と印花文が特徴的である。

統一新羅の土器はその用途から食器や調理器などの生活容器、墳墓副葬容器、蔵骨器などに区分できる。このうち生活容器が最も多彩で出土量も多い。三国時代に比べ食器の形態が多様化し、高坏がなくなり盒と碗の頻度が高くなるのは食文化の変化を反映する。調理容器である甑は統一新羅期に形態が変化して平底のものが主流になり、その形態は高麗・朝鮮時代に受け継がれる。碗と盒は統一新羅期の代表的な食器で、蓋と身に文様があるものと無文のものがある。

葬法の変化により、墳墓に副葬される土器は盒・瓶・碗などに限られるようになる。副葬用土器には連続馬蹄形文、列点ジグザグ文、菊花文など比較的単純な文様が施文されるのに対し、蔵骨器は墳墓副葬土器より洗練されており装飾性にも優れている。蔵骨器としては盒が単独、あるいは骨壺の内容器として用いられ、専用器である連結環有蓋壺が外容器として使用される。その他に蓋付の台付直口壺、瓶、有蓋壺なども蔵骨器として用いられ、専用器は花縄文・瓔珞文などの様々な複合文やジグザグ文・花文・鳥文などで華麗に装飾された。

統一新羅土器の印花文は8世紀前半まで盛んに施文されたが、8世紀後半からは徐々に衰退し無文化していった。完全に無文化した「元和十年」(815) 銘の連結環有蓋壺はその過程を物語る資料である。また、統一新羅期の後期になると、雁鴨池や保寧真竹里窯跡および霊岩鳩林里窯跡出土土器などに見られるように、大型の胴部をもつ瓶形土器、角瓶など各種扁瓶、隆起文をもつ大・小瓶など新たな器種が多数出現したことがわかる。

統一新羅でも緑釉陶器など鉛釉系の陶器や瓦当が製作されたが、一方で唐から輸入された陶磁器が慶州の雁鴨池や皇龍寺跡、都城内の邸宅、扶餘の扶蘇山城、益山の弥勒寺跡、莞島の清海鎮《チョンヘジン》など、都や地方の寺院、重要拠点遺跡で出土している。中国産陶磁器の輸入は９世紀代に集中しており、唐末の越州窯系の蛇の目高台の碗や大皿が主流となる。

図323　慶州王京地区出土の土器釜（左）と注口土器（右）

図324　慶州出土の印花文土器（上・雁鴨池）と各種蔵骨器（下・関哀王陵、慶州出土、南山出土）

図325　統一新羅後期各種土器：1・2・7・8．霊岩鳩林里、3～6．保寧真竹里、9～11．慶州雁鴨池

図326　各種輸入陶磁器：青磁（上左)、唐三彩（上右)、青磁（下左）および白磁（下右）蛇の目高台碗

当時、都や地方の貴族層の間で金属容器とともに生活容器として愛用されたようである。禅宗に伴って飲茶の風習が流行したため、茶器の需要が多かったのであろう。こうした陶磁器の需要により、遅くとも10世紀には韓半島で青磁と白磁が生産されはじめ、高麗青磁へと発展していった。

3　瓦　塼

統一新羅の瓦に関する研究は、窯の構造、軒丸瓦の同笵瓦をもとにした需給関係、平瓦および瓦当の製作技法などを中心に行なわれている。建築物の存続期間は長く、初築の際に使用された瓦に部分的な葺き替えを繰り返すことで新旧の製品が共存するため、発掘調査の過程で出土した瓦の細部編年は難しい。建物跡、窯跡、墳墓などで土器と共伴する事例が増えているため、瓦の編年研究は土器研究とも併行して行なわれる必要がある。

図327　各種瓦：軒平瓦と隅瓦（上）、軒丸瓦（中左）、垂木先瓦と椽木軒瓦（中右）、鳥衾瓦（下左）、鬼瓦（下右）

統一新羅の平瓦の製作には主に円筒形の瓦桶が使用されたが、粘土紐巻上げではなく粘土板成形によっており、タタキの原体は長さが長く、文様は魚骨文（綾杉文）や斜格子文が主体である。また文字が刻まれた原体が広く用いられるのも特徴である。

軒丸瓦の文様は三国時代以来の蓮華文が発展し、複雑かつ華麗な文様が現れる。特に重弁蓮華文の出現がこの時期の最大の特徴である。その他にも宝相華文、唐草文、獅子文、麒麟文、双鳥文などがある。軒平瓦は三国時代末～統一

図328　慶州出土の各種塼：1．調露二年銘・宝相華文（雁鴨池）、2．宝相華文（皇龍寺跡）、3．緑釉（錫杖寺跡）、4．塔像文（錫杖寺址）、5．楼閣文（慶州出土）、6．狩猟文（慶州出土）

新羅時代初頭から使用されはじめ、共通文様としての唐草文に忍冬文、雲文、宝相華文、葡萄文などが結び付いた文様となっている。

平瓦・丸瓦の他にも屋根の各部位に使用された付属瓦や特殊瓦、垂木先瓦、椽木軒瓦、鳥衾瓦など各種装飾瓦も現れ、盛んに用いられた。

塼は床塼・壁塼・基壇塼に区分されるが、床塼が最も多い。文様は宝相華文

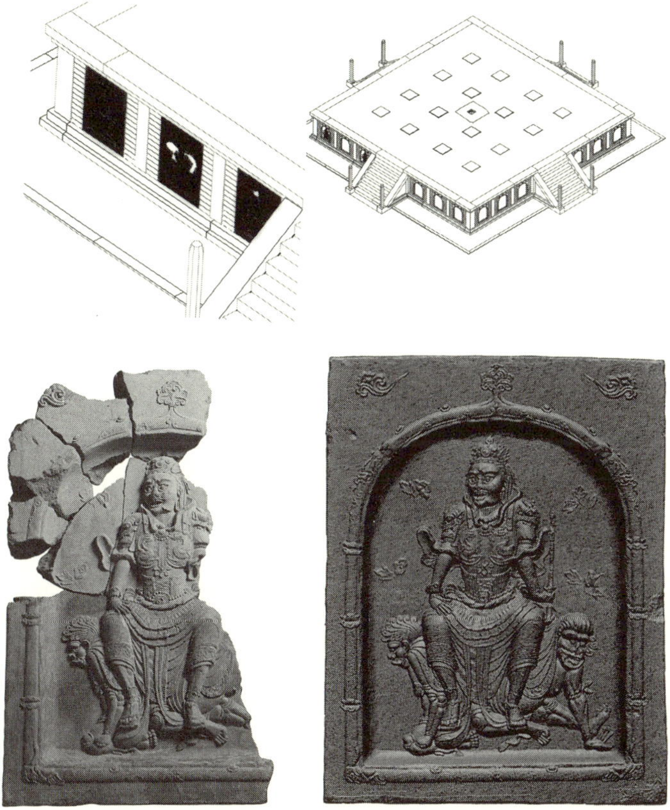

図329　慶州四天王寺東塔跡の復元図（上）、緑釉神将像塼と復元図（下）

と蓮華文が中心で、龍文、楼閣文、狩猟文、仏像文、仏塔文など特殊な文様が施されたものもある。慶州の雁鴨池では「調露二年」(680) 銘の宝相華文塼が出土している。

慶州の四天王寺跡では、かつて四天王像を刻んだと考えられていた大型緑釉塼の破片が出土していた。近年の発掘の結果、それぞれ異なる3種類の神将像を彫った緑釉塼を、木塔基壇のすべての側面に、中央の階段を挟んでそれぞれ一組ずつ、計24枚嵌め込んでいたことが明らかになっている。この緑釉神将像塼は、木塔基壇の化粧として用いられた点が特異であり、傑出した彫刻手法の優品と評価されている。

羅末麗初期の考古学

羅末麗初期とは統一新羅の末期からで高麗の初期までの転換期を指す。具体的な時期については様々な見解があるが、おおむね真聖女王代以降の全国的な反乱（899）から高麗王朝の成立と成宗の即位（981）までをこの時期とみる点では一致している。

この時期には、王権奪取を目指した中央の真骨貴族間の抗争の余波により、地方で豪族が台頭し、農民の蜂起が激化した。宗教的には中央の教宗に代わり禅宗と弥勒信仰が流行した。それにより、中央の古墳や寺院に加え、地方豪族の古墳やそれらと連繋した寺院が重要な意味をもつに至った。

後三国が鼎立すると、後百済と泰封（後高句麗）、高麗はそれぞれ防御施設と都城を建設した。その結果、鉄原には泰封国の都城の弓裔城が、全州には後百済の甄萱によるとされる東固城が築かれた。論山には甄萱の墓と伝えられる墳墓がある。

このように羅末麗初期に関する考古学的研究は、統一新羅考古学、高麗時代考古学とは異なる研究目的および方法論が必要であるが、こうした部分に着目した研究成果は見られない。ただ緊急発掘調査の過程で蓄積された資料をもとに、基礎的な研究が行なわれているだけである。地方豪族に関連すると思われる建物跡や寺院の調査、高麗墳墓の編年と構造に対する研究、統一新羅から高麗期に至る陶器の形態的変化と編年を追究した研究などがその成果としてあげられる。しかし、これらの他にも高麗青磁の発生時期、印花文土器から高麗陶器への転換、横穴式石室墳の消滅と石槨墓の台頭、金属製の日常容器や仏具の流行など、多くの研究課題が山積している状況である。

参考文献

姜仁求 1984「新羅王陵の再検討(1)—羅陵真贋説に関連して」『東方学誌』41　延世大学校東方学研究所

国立慶州博物館 2000『新羅瓦塼』国立慶州博物館

国立中央博物館 2003『統一新羅』国立中央博物館

金吉植 2002「韓国の氷庫と喪葬礼」『韓国考古学報』47　韓国考古学会

金誠亀 1984「統一新羅の瓦塼研究」『考古美術』162・163　韓国美術史学会

金元龍 1985「土器—統一新羅—」『韓国史論』15　国史編纂委員会

金有植 2006「6～8世紀新羅瓦研究検討」『東岳美術史学』7　東岳美術史学会

閔徳植 1986「新羅王京の都市設計と運営に関する研究」『白山学報』33　白山学会

朴達錫 2007「統一新羅時代沙伐州の里坊制検討」『大東考古』大東文化財研究院

朴泰祐 1987「統一新羅時代の地方都市に対する研究」『百済研究』18　忠南大学校百済研究所

山本孝文 2004「韓半島の唐式銙帯とその歴史的意義」『嶺南考古学』34　嶺南考古学会

山本孝文 2006「服飾資料から見た統一前後新羅社会の身分秩序」『先史と古代』21　韓国古代学会
宋基豪 1997「舎堂洞窯址出土銘文資料と統一新羅地方社会」『韓国史研究』99　韓国史研究会
宋閏貞 2009「統一新羅鉄製牛耕具の特徴と発展様相」『韓国考古学報』72　韓国考古学会
李蘭暎 1983「統一新羅の銅製器銘について―雁鴨池出土品を中心に―」『美術資料』32　国立中央博物館
李恩碩 2004「王京の成立と発展」『統一新羅時代考古学』韓国考古学会
張俊植 1998『新羅中原京研究』学研文化社
全徳在 2009『新羅王京の歴史』セムン社
鄭吉子 1980「新羅蔵骨容器研究」『韓国考古学報』8　韓国考古学会
周炅美 2002「韓国古代仏舎利荘厳に及んだ中国の影響」『美術史学研究』235　韓国美術史学会
崔秉鉉 1987「新羅後期様式土器の成立試論」『三佛金元龍教授定年退任記念論叢Ⅰ』一志社
崔秉鉉 1988「新羅石室古墳の研究―慶州の横穴式石室を中心に―」『崇實史学』5　崇實大学校史学会
黄仁鎬 2009「新羅王京の計画都市化過程研究」『新羅史学報』17　新羅史学会
洪潽植 2004「統一新羅土器の上限と下限―研究史検討を中心に」『嶺南考古学』34　嶺南考古学会
洪潽植 2007「新羅の火葬墓受容と展開」『韓国上古史学報』58　韓国上古史学会

渤　海

Ⅰ　概　観

渤海は698年に建国され、統一新羅とともに南北国をなし、926年に滅亡した。その歴史は宣王の即位を境に前期と後期に分けられる。初代の高王大祚栄（698～719）が唐から亡命して東牟山に建国し、その跡を継いだ2代武王（719～737）は対外征服を活発に行なって領土を拡大し、3代文王（737～793）は57年におよぶ在位期間中に内部の文物制度の確立に力を注いだ。特に文王は国力を大きく高揚させ、自ら仏教の理想的君主である転輪聖王を標榜した。それは「皇上」「詔誥」といった皇帝が用いる語を使用し、日本に送った国書で高句麗王のように天孫を自称したことにも表れている。龍海古墳群で発掘された墓誌銘を通じ、3代文王、9代簡王の夫人がそれぞれ孝懿皇后、順穆皇后と称されていたことが明らかになった。当時の渤海王は、王という称号ではあったものの、皇帝のような存在であった。

文王が死亡した後は内紛が頻繁に起こった。10代宣王（818～830）が即位してからは王権を再び強化し、中興の時代を迎えることになる。宣王は遼東方面や新羅方面へと領土をさらに広げ、四方の国境線と五京・十五部・六十二州の行政区域を確定した。9世紀後半になると、唐の科挙の賓貢科で渤海の学生が新羅の学生をおさえて首席を占めるという出来事が起こり、渤海使節が唐の朝廷で新羅より上席に座すことを要求した争長事件が発生する。このような国力の隆盛は当時における唐ならびに統一新羅の衰退と対照的であり、9世紀に唐から「海東盛国」と称えられた背景がうかがえる。

渤海は10世紀初頭から衰退がはじまり、ついには契丹族（遼）の侵攻により滅亡する。滅亡後に一部の勢力は高麗に入り、その歴史は韓半島史に組み込まれたが、大部分は故地に残って遼国の支配を受けながら次第に契丹族などに吸収されていった。遼国の支配に不満をもった遺民のなかの一部が復興国家を建てたこともあったが、すべて失敗に帰している。遺民の活動は12世紀初頭まで断続的に起こったが、やがて消えていった。

渤海の領域は現在の満州東・中部および沿海州南部、北朝鮮一帯にまたがっており、その規模は統一新羅の４～５倍、高句麗の1.5～２倍程度であった。政治・文化的中心は最も長い期間都であった上京を含む五京地域で、咸鏡南道にあった南京を除くとすべて満州東部地域に集中している。

支配者層は高氏をはじめとする高句麗系の人物が中心となり、被支配者層は靺鞨族が多数であった。咸鏡道地域では高句麗系集団が大部分であったのに対し、沿海州一帯には靺鞨族が主に居住するなど、地域的な差もあった。対外的には唐と最も活発な交流を展開し、また日本・新羅・中央アジア地域とも関係をもった。そのため、渤海文化には高句麗と靺鞨および唐の要素が最も明確に現れており、さらにその他の地域から流入したものや渤海独自の要素も見られ

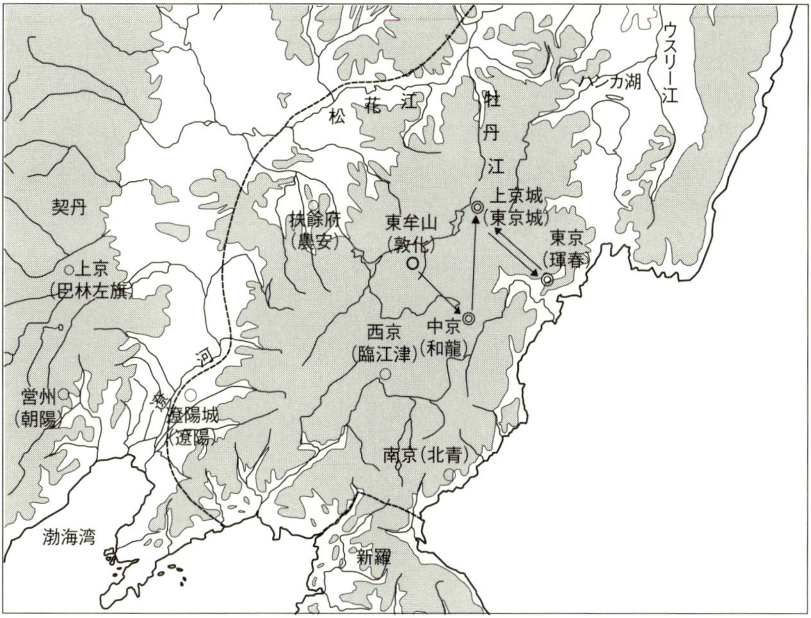

図330　領域と遷都過程

る。

社会上層の文化では初期に高句麗文化を中心に文物制度が整備され、やがて唐文化へと変貌していく傾向が見られるが、特に地方制度、都城制度、墳墓様式などにこのような変化が明確に見て取れる。渤海は8世紀前半まで高句麗式の地方制度を採用していたが、その後唐制を受け入れ府州県制へと切り替わった。建国当初は山城によっていたが、その後は唐の都を模した平地城を都とした。

最高階層の墳墓は、その初期には石室墳一色であったが、次第に唐様式の塼室墓を受容する。石室墳の貞恵公主（737～777）墓から塼室墓の貞孝公主（757～792）墓への変化がその状況を反映している。貞恵公主が高句麗の伝統による三年葬を執り行ない、貞孝公主が五月葬を行なった点にも差が見られる。ただし、瓦当の蓮華文、古式の仏像、1条煙道（オンドル）などから、高句麗の文化も後期まで色濃く残っていたことがうかがえる。北方の1条煙道は北沃沮にその源流があり、高句麗を経て渤海に伝えられ、以後、女真族・満州族へと受け継がれた。

一方で基層文化は靺鞨文化が中心となった。土壙墓や手捏ねの黄褐色筒形罐がこの文化を代表する要素で、渤海の中心地よりも辺境地域、特に沿海地方一帯に多く分布する。

さらに柱礎装飾瓦、立体的に製作された鬼面瓦、印刻文字瓦、山字形装飾付の頭飾、青銅騎馬人物象などは渤海の遺跡で発見される独特の遺物である。また墳墓上に塔や建物を建てる墓上建築物の築造風習も渤海に見られる特徴である。

地方では、中央から派遣された地方官の下に「首領」を代表とする靺鞨集団があったことから、中央政権が地方勢力を完全に解体できず、それらの上に乗った存在であったことがわかる。したがって、首領は統一新羅の地方勢力であった村主よりはるかに独立性を保持していたといえる。地方遺跡で土着の靺鞨文化が圧倒的に優位であるのもこのためであり、これが外敵の侵入により渤海が簡単に瓦解した要因ともなったのである。

Ⅱ　研究傾向と論点

渤海研究は中国・韓国・北朝鮮・ロシア・日本の各国で活発に行なわれている。その領土が現在の中国・北朝鮮・ロシアにまたがるため、考古学的な発掘調査や研究も主に当該地域で進められている。中国と北朝鮮では、地表面に残る城跡や寺院跡および墳墓を多く調査しているのに対し、ロシアでは小規模な発掘を長年にわたって持続的に進める方法を採用しており、住居跡などの発掘に力を発揮している。

渤海遺跡に対する本格的な発掘は1933・34年に上京城（かつての東京城）で実施されており、その後、八連城、西古城などに拡大している。当時の発掘は日本人研究者らが主導したものであった。戦後、中国人研究者の手により初めて発掘されたのが六頂山古墳群で、この時に貞恵公主墓が発見されている。しかし本格的な調査および発掘は1980年代に緒に就き、対象範囲も城跡や墳墓から寺院跡、窯跡などへと拡大し、地域的にも五京にとどまらず地方社会にまで広がっている。1990年代以降には寧安虹鱒魚場古墳群、六頂山古墳群、龍海古墳群、上京城、西古城、八連城で大規模発掘が実施されている。

ロシア沿海州での本格的な調査は1958年のコピト寺院跡、1960年のアブリコソフスキー寺院跡の発掘にはじまるが、その後は金代の遺跡調査に力が注がれ、しばらく小康状態にあった。1970年代に入ると再び渤海遺跡に関心が向けられ、近年では韓国人研究者と共同でクラスキノ城跡、チェルニャーチノ５墓地遺跡などを集中的に発掘している。韓国の研究者は中国の発掘を見学さえできず、北朝鮮の遺跡には接近すらできない現状であるため、ロシアでの共同発掘は渤海遺跡に関する第一次的情報を確保できる点で重要な意味をもつ。

北朝鮮は1963～65年にかけて中国と共同で満州地域の渤海遺跡を発掘したが、歴史的解釈に関する衝突により、進展をみることはなかった。1980年代に入ってからは咸鏡道一帯の遺跡調査に力を注ぎ、多くの遺跡が確認できたため、渤海史研究は主に咸鏡道地域で調査された資料に依存しているといえる。近年には延辺大学と共同で清津の富居里《ブゴリ》古墳群を発掘している。

渤海は日本とも外交関係を結び活発に往来していたことから、関連記録が日本に多く残っており、稀に渤海関連の遺物も発掘されている。また植民地時代に満州で渤海遺跡を調査した経緯もあり、最近ではロシアのクラスキノ城跡の発掘にも参加している。このような事情で、日本でも多様な研究が行なわれている。

以上の各国に比べ、韓国における研究は最も立ち遅れてはじまっており、蓄積された研究成果も少なく、それも文献研究者が主流となっている。しかし近年に至り、発掘報告書や沿海地方における発掘資料をもとにした考古学的研究の成果が徐々に公表されつつある。

上記各国の研究はそれぞれが特色をもっている。それは根本的に渤海の性格の規定および歴史の帰属問題に関連している。中国とロシアは渤海を靺鞨系の国家とみる反面、韓国と日本では高句麗系の国家とみなす。中国では、渤海は現在の吉林市一帯に居住した粟末靺鞨族が主体となって建てた国であり、独立国家ではなく唐の地方政権であると規定する。一方、ロシアでは自国の少数民族の歴史として解釈している。ロシアの研究者が唐文化一辺倒の視角を脱却し、多民族・多文化であることを前面に出し、中央アジアからの要素をも強調するのはそのためである。にもかかわらず、両国の研究者は高句麗系の要素より靺鞨系の要素にこだわる共通性を見せている。

それとは正反対に、北朝鮮では渤海がすべての面で高句麗を継承した国であると定義し、唐および靺鞨的な要素に関しては全く考慮していない。日本でも渤海を高句麗の継承国とみているが、それは文献史料に高句麗が日本の朝貢国として扱われているところに起因している。それにより、渤海を天皇制秩序に編入された属国のようにとらえる傾向もみられる。

結果として、渤海については大きく二通りの見解が存在する。一つは靺鞨文化を無視し、ただ高句麗の継承国ととらえるもので、もう一方は反対に靺鞨と渤海を一体化させ、高句麗をそこから引き離そうとするものである。このような固定観念は、史実を正しく把握する際の障害となる。

古墳研究においても同様の傾向がみとめられる。渤海の初期支配者が埋葬された六頂山古墳群では、北朝鮮が主張する高句麗の要素だけが見られるわけではない。石室の構造や内・外部施設などには高句麗の伝統が強く残るが、棺槨の使用、火葬や多葬の存在、二次葬および獣骨共伴に関わる埋葬習俗、靺鞨式土器とされる筒形罐が最も多くを占める副葬品の様相など、靺鞨の要素も多く存在する。したがって、渤海の建国集団には高句麗の伝統はもちろん、靺鞨の文化もかなりの割合で混在していることがみとめられるのである。

粟末靺鞨の中心地である吉林市一帯の古墳の変遷過程についても誤った解釈がなされている。中国では一般的に、粟末靺鞨族の墓制は土壙墓から石築墓（石棺・石槨・石室墓）へと移行し、渤海建国後に六頂山古墳群を造営する段階に至ったと解釈されている。そのように考えることで、六頂山古墳群の中心である石築墓の被葬者が粟末靺鞨族であると主張することができ、粟末靺鞨主体説が確立するためである。しかし考古資料のみから検討すると、むしろ高句麗的特徴をもつ六頂山古墳群の石築墓が吉林市一帯の粟末靺鞨族に影響を与えたことにより土壙墓から石築墓へ変化したとみるべきであろう。そう考えると、高句麗の石築墓の伝統が、六頂山古墳群の段階を経て、渤海建国後に吉林市一帯の粟末靺鞨族にも影響を及ぼしたとの解釈が可能になる。

結局のところ、国家的な利害関係から脱却して事実のみを見つめる柔軟な視点をもつことが、正しい渤海史を究明することにつながるのである。

Ⅲ　遺　跡

1　王都と生活遺跡

渤海の生活遺跡としては、城跡や宮廷、住居跡や建築跡などが調査されている。

渤海の城跡は大きく平地城と山城に分けられる。またその機能から中心城とそれを防衛する衛城に分類され、衛城にはさらに保塁（砦）・遮断城などがある。築城材からみると、土城・石城・土石混築城があり、平地城では土城が多数を占めるのに比べ、山城では石城と土石混築城が多く、なかでも石城が主流となる。平面形態は長方形・正方形・不定形などがある。

しかし正式な発掘が実施されているのは、上京城をはじめ八連城、西古城などいくつかの平地城のみである。上京城は756年初に都に定められた最も長い期間にわたる首都であり、西古城は８世紀前半の一時的な都、八連城は８世紀後半に10年余り都が置かれた場所である。ただし全面発掘は実施されていな

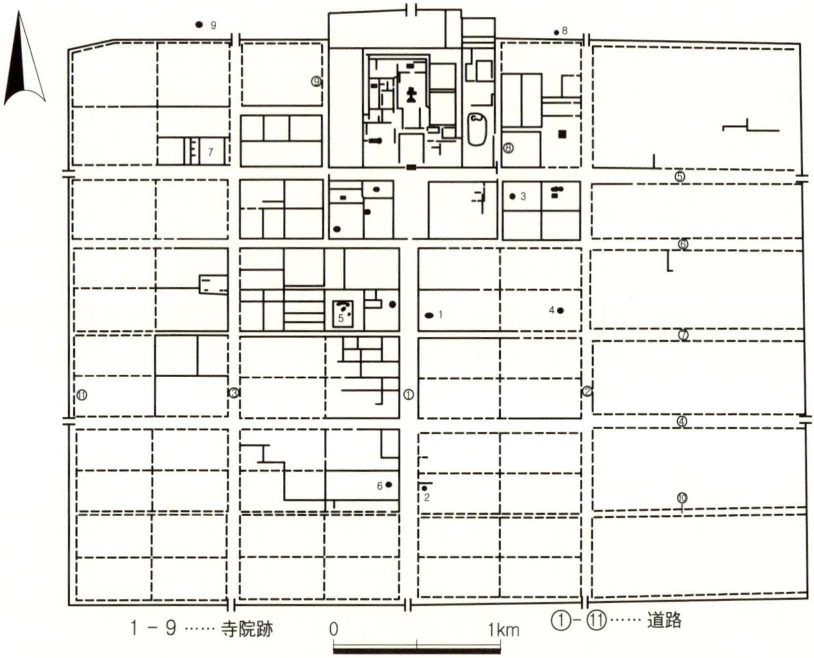

図331　寧安上京城平面図

い。ロシアではノヴォゴルディエフカ城跡とクラスキノ城跡で活発な調査が行なわれている。

城跡の発掘が不振であるため研究も初歩的な水準にとどまっているが、上京城は数次の調査を通じて城内部の構造が比較的詳細に確認されている。上京城は唐長安城を模して外城・宮城・皇城で構成されている。外城は東西に長い長方形で、北側城壁の中央が外側に突き出ており、全体として凸字形をなす。外城は周囲が16313m で10箇所に城門があり、城壁の外側には濠がめぐる。内部には11の道路が縦横に走り、都市全体が碁盤目状の坊となっている。坊の数は80余りと推定されており、四つの坊が１単位となって「田」字形をなす。ここには一般の宅地や市場、寺などが立地した。宮城は北側に偏しており、四つの区域に分かれる。五鳳楼と呼ばれる宮城の正門にあたる遺構が残り、その背後につながる中心区域には五つの宮殿跡が一直線上に配置されている。第４宮殿跡と西側区域の寝殿跡では本格的なオンドル施設が確認された。皇城は宮城の南側にあり、中央官庁があった場所である。

西古城は外城の周囲が2720.1mの縦長の長方形を呈する。内城は中北部に位置し、周囲は992.8mである。内城の宮殿区域は建物配置において上京城宮城の第3～5宮殿区域と一致する。内城のなかは東西方向の隔壁により二分されており、南側部分では回廊でつながる四つの宮殿跡が、北側部分では一つの独立した宮殿跡が発掘されている。第4宮殿跡ではオンドル施設が確認された。

八連城も外城の周囲が2885.4mの縦長の長方形を呈する。内城は中北部に位置し、南壁は中央が内側に湾入する。周囲は1065.6mである。全体の構造は西古城に似る。

城跡に関する研究で最も関心がもたれているのは、行政体系である5京15部62州の所在地を城跡と結び付ける作業である。5京の比定に関してはおおよそ意見が一致しており、上京は黒龍江省寧安の上京城、中京は吉林省和龍の西古城、東京は吉林省琿春の八連城、西京は吉林省臨江一帯、南京は咸鏡南道北青の青海土城《チョンヘトソン》とみられている。また渤海の建国地である東牟山は敦化の城山子山城がこれにあてられている。5京を除いた残りの10府のうち、長嶺府は樺甸の蘇密城、率賓府は東寧の大城子古城に比定されており、また州城のうち塩州はクラスキノ城跡、涑州は吉林市の南城子古城、湖州は南湖頭古城に比定されている。

クラスキノ城跡では長年にわたって寺跡、井戸、瓦積の地下倉庫、1条煙道の住居跡などが発掘されている。特に井戸はゴルバトカ城跡の発掘例と同様に高句麗方式で組まれたものである。また城壁の発掘を通じ、内外面に石を積み内部に土を充填する城壁築造方式が採用されていることが確認された。西古城では、旧地表面を掘削してその内部に版築で基礎を造り、その上にさらに版築の城壁を築くという外城の構造が明らかにされた。外城の内部に位置する内城、すなわち宮城は、旧地表面を掘削して内部に河原石を敷き、その上に版築を施す工程を何度も繰り返して基礎を固め、さらにその上に版築で底部幅が2.65mになる壁体を築いたことが判明した。渤海には営州道、新羅道、日本道など五つの主要な対外交通路があったため、その線上に位置する城の調査によって具体的な交通路を解明する研究が行なわれている。また、高句麗や唐の

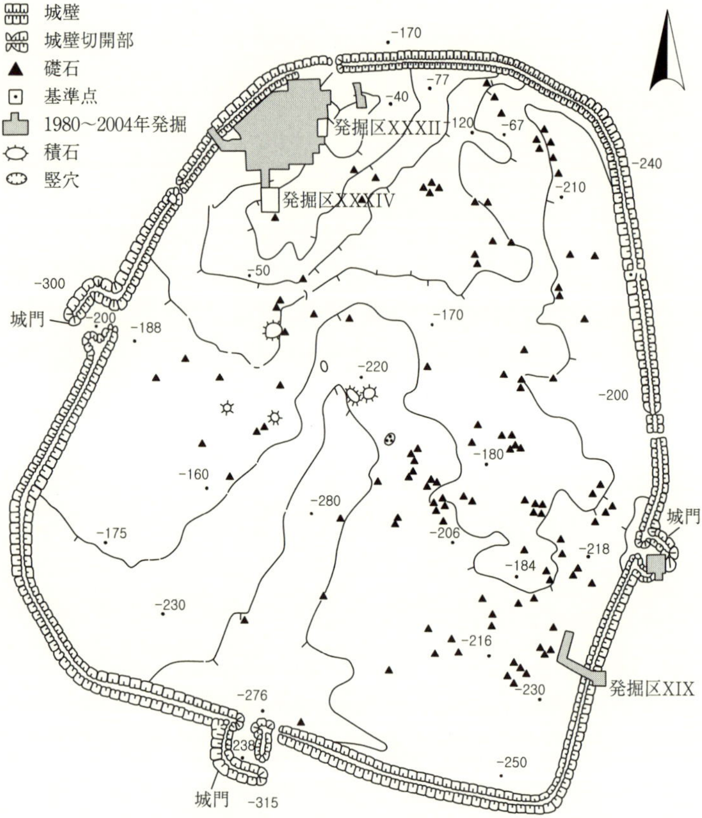

図332　沿海州クラスキノ城平面図

城と比較することで、渤海が初期には山城中心の高句麗式防御体系を採用し、次第に唐のように平地城中心の防御体系へと転換したことも明らかにされている。しかし渤海城跡の具体的な年代に対する研究はいまだ十分とはいえない。

住居遺跡では、ロシア沿海州の城跡の内外で炉やオンドル（炕）が敷設された半地下式および地上式住居跡が多数確認されている。渤海のオンドルはL字形・2条煙道のオンドルが最も多く、北沃沮・高句麗の時期に主流であったL字形・1条煙道オンドルに比べ、煙道の数が多くなっている。遼代に渤海遺民が造った1条煙道オンドルはモンゴルでも発掘されている。

この他に、高床倉庫跡とみられる24の柱穴からなる遺構が10余箇所で確認さ

図333　和龍西古城外城の南門跡東側城壁の断面

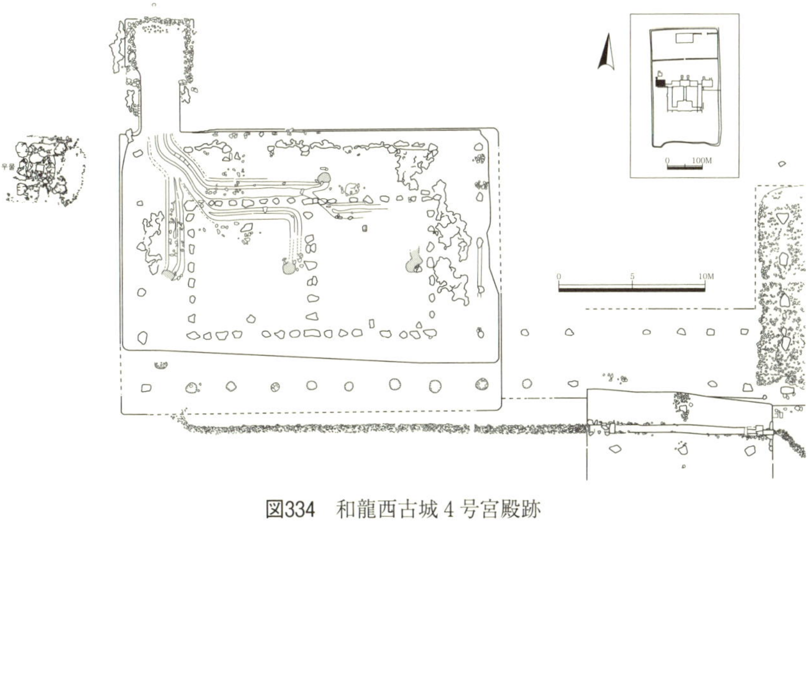

図334　和龍西古城 4 号宮殿跡

れている。また上京城付近では五孔橋・七孔橋などの橋梁遺跡も発見されている。

2　生産遺跡

生産遺跡では製鉄遺構、窯跡などが報告されている。中京管轄の鉄州に属する位城県（現在の茂山）は鉄の生産地として有名であった。渤海の滅亡後には契丹が製鉄工人らを中央へ強制移住させて用いたという記録がある。ノヴォゴルディエフカ山城の調査の結果、土製鋳型・坩堝・鋳物用匙・鉄滓・鞴の羽口などが発見され、この地が大規模手工業の中心地であったことが明らかになった。

瓦や塼を焼いた窯跡は中国・北朝鮮・沿海州において多く調査されている。特に上京城付近の杏山窯跡は都城の建設に使用された塼や瓦を焼いた場所として知られている。

3　古　墳

中国と北朝鮮では数千基の渤海古墳が確認されており、うち数百基が発掘された。それに対し、ロシアでは近年ようやく渤海古墳が確認されはじめている。中国で発掘された古墳のうち、特に注目されるものとして、1949年の発掘で墓誌が出土した六頂山古墳群の貞恵公主墓と、1980年に墓誌と壁画が発見された龍海古墳群の貞孝公主墓があげられる。

貞恵公主墓は半地下式の大型石室封土墳で、墓室は墓道・羨道・玄室で構成されており、玄室天井は高句麗古墳で一般的に見られる三角持ち送り式である。封土からは多数の瓦が発見された。妹の貞孝公主の墓は唐の墳墓に類似した地下式塼室墓で、墓室は階段式の墓道・石門・羨道・玄室からなる。玄室天井は高句麗様式によっており、平行持ち送りした上を大型の板石で覆う。墳墓の上には塼塔が建てられた。

龍海古墳群では2004年と2005年に14基の王室の墓が発掘されており、皇后の墓誌２点とともに高句麗の鳥羽冠の伝統をうかがわせる金製冠飾も発見されている。

この他の重要な遺跡には、純金製の副葬品が出土した和龍河南屯古墳、三彩

図335　敦化六頂山貞孝公主墓の透視図と玄室壁画

陶器が発見された和龍北大古墳群、塔葬の実体をうかがわせる琿春馬滴達古墳、地方勢力の実状を反映した安図東清古墳群、壁画と多人葬が発見された王室墓である寧安三陵屯古墳群、大規模な発掘により324基の古墳と７基の祭壇、１基の住居跡、２千点余りの遺物が出土し、多彩な古墳類型や埋葬習俗が確認された寧安虹鱒漁場古墳群などがある。北朝鮮では北青坪里《ピョンニ》古墳群、花台

図336　和龍龍海 M14号墳出土の金製冠飾

旌門《ジョンムン》里《ニ》倉徳《チャンドク》古墳群、花台松洞《ソンドン》里《ニ》松洞《ソンドン》部落古墳群、清津富居里古墳群などで多数の古墳が発掘されている。なかでも花台錦城《クムソン》里《ニ》古墳群では2004年に人物や花が描かれた壁画古墳１基が調査された。ロシアでは1997年にチェルニャーチノ５古墳群が発見されて以来、2006年までに155基が発掘されているが、形式は土壙墓が絶対多数を占め、一部石室墓が混在する。

渤海古墳は構築材料により土壙墓・石築墓・塼室墓に大別される。石築墓には石室墓・石槨墓・石棺墓が含まれる。土壙墓・石築墓・塼室墓の順に出現し、土壙墓は靺鞨、石築墓は高句麗、塼室墓は唐の風習を受け継いだものである。中心地では石室墓と石槨墓が主体をなし土壙墓と塼室墓がごく少ないという点から、高句麗の習俗が支配的であったことがわかる。

上京城の北西に形成された虹鱒漁場古墳群では、323基にのぼる渤海古墳が発掘調査された。構造としても多様な墓制が含まれており、渤海の古墳群を理解する上での指標的な遺跡であるといえる。おおむね封土をもつものが多く、構築材料と構造により塼室墓・横穴式石室墳・竪穴式石槨墓・石棺墓などに分けられる。数量的に多くを占めるのは横穴式石室墳で、玄室の平面形は方形と長方形が共存しており、羨道の位置は両袖式と片袖式が混在する。規模や出土遺物からみて塼室墓が最高位に位置付けられ、次が横穴式石室墳、その次が石槨墓と石棺墓であったと推定される。一つの埋葬主体に多数の屍身が追葬されており、副葬品では土器数点および唐式銙帯に簪、腕輪、指輪などの装身具が

図337　寧安虹鱒漁場古墳群：塼室墓（上左）、横穴式石室群（上右）、横穴式石室（下左）、竪穴式石槨墓（下右）

図338　沿海地方チェルニャーチノ5古墳群

図339　新浦梧梅里寺址

加わる程度である。

この他に墓上建物の存在、単葬・二人合葬・多葬の別や一次葬・二次葬、そして火葬など、埋葬方式の特徴に関する研究も行なわれている。

このような墓制および葬制に関連して何より重要なのは古墳壁画である。特に貞孝公主墓に描かれた12人の人物図、三陵屯２号墓や錦城里古墳群で発見された人物図および花文は、渤海の絵画を理解する上で貴重な資料となっている。中国で発表された報文は概して壁画の内容や絵画技法の記述にとどまるが、韓国内では渤海の服飾を復元した論文も発表されている。

4　仏教遺跡

仏教遺跡には寺院跡と塔跡がある。代表的な寺院跡として上京城１号・２号・９号寺跡、咸鏡南道新浦の梧梅里寺《オメリサ》跡、沿海州のコピト寺跡、アブリコソフスキー寺跡、クラスキノ城跡内の寺院跡などがあげられる。上京城２号寺跡には石灯籠や石仏が現存し、梧梅里寺跡では高句麗時代に作られた銘文のある金銅板が発見されている。

塔跡では貞孝公主墓塔、馬滴達塔、霊光塔の３基の塼塔が著名である。これらは墓上に建てた墓塔で、墓上建築の名残である。霊光塔は七重の構造で、往時のまま現存している。その他に寺院跡内部で調査される塔跡もある。

Ⅳ　遺　物

1　金属工芸品

金属工芸品には鉄製のものが最も多い。その機能から分類すると、容器・鋏・錠前・鋤・鎌などの日常用品、冑・札甲・槍・鏃などの武具・武器類、風鐸などの寺院で用いられた品物などに分けられる。銅製品には仏像・鏡・釘・腕輪などがあり、鍍金を施したものも多い。

金製装身具では和龍河南屯で発見された腰帯や耳飾・腕輪・花形装飾などが代表的である。渤海遺跡で発見される銙帯は大部分が唐式銙帯と呼ばれるもので、銙板の形態は唐・新羅・日本などの周辺国出土品と同様に半円形（丸鞆）と方形（巡方）があり、材質には青銅と鉄がある。なかには銙板に多数の小孔があけられたものがあるが、これは特に沿海地方一帯で多く発見される特徴的な渤海遺物である。

寧安虹鱒漁場古墳群では長方形の青銅製佩飾が多数発見されている。上下に連珠文が施され、上半部に長方形の透孔をあけており、周囲に様々な文様を刻んだ特異なものである。また、沿海地方クラスキノ城跡付近の川岸で発見された青銅俑は、渤海人の顔や服飾を研究する上で重要な資料となっている。青銅製の騎馬人物像や、沿海地方で主に見つかっている小型の装飾品も特徴的である。

2　土　器

渤海人が主に使用した容器は土器であり、釉薬を被せた陶器と磁器も一部で用いられていた。これらは3種に分けられる。

一つ目は、胎土が粗く砂が多く混じり、赤褐色・灰褐色・黄褐色などに酸化焔焼成されたものである。これらは主に靺鞨系の土器で、早い時期に多く見られる。器種別に見ると、深い身をもつ罐が圧倒的多数を占め、少量の蓋や碗などが加わる。

二つ目は、精選された素地で轆轤を使って成形し、還元焔により焼成した灰

図340　各種土器：1・2・4～7・11・12・15・16・20. 寧安虹鱒漁場古墳群、3・8～10・13・14・19・22・23. 寧安上京城、17・18・21. 敦化六頂山古墳群

図341　各種陶磁器：１・２．寧安上京城第２宮殿跡、３．寧安三陵屯

色を帯びるものである。これらは主に高句麗系の土器である。表面には様々な文様を押圧・刺突・線刻・貼付などにより装飾しており、一部には文字を刻んだり押印したりしたものもある。これらは中・後期に多く見られる。

三つ目は釉薬を施した陶器で、胎土が白色で焼成温度が高く丈夫である。釉薬には三彩を好んで用いたが、統一新羅において葬儀用に緑釉陶器を多用したことと対照的に、生活容器として多く使用した。和龍北大古墳群では三彩陶器、和龍石国古墳では三彩の陶俑、三陵屯４号墓では三彩の香炉がそれぞれ発掘されている。磁器は数が非常に少ないが、白磁碗や紫色罐などが上京城から出土している。

以上の陶磁器の種類は三つの系統を反映したものである。一番目は靺鞨の伝統を継承したもので、二重口縁の長胴筒形罐がその代表である。この系統の罐には一般的に鋸歯状の隆起文が装飾されている。二番目は高句麗の雰囲気をもつもので、上京城で発見された口縁が喇叭状に広がり胴に横帯把手が付いた瓶がこれに属する。最後の三彩容器は唐に由来するものである。

3　瓦　塼

渤海の瓦では平瓦・丸瓦・鴟尾・鬼瓦・柱礎装飾瓦などが発見されている。釉薬を施したものとそうでないものがあり、釉は大部分が緑釉で一部紫色釉も見られる。釉薬を施していないものは大部分が灰色である。平瓦の表面には縄

図342　瓦に刻まれた文字

目などが残り、内側は布目のものが多く、先端には指頭文や連珠文、あるいは鋸歯文があしらわれているのが特徴である。

瓦当の文様は蓮華文が主流である点において高句麗の伝統が強く残る。ただし細部には高句麗の瓦当に見られない点も多い。蓮華の花弁は六弁が基本で、弁間には十字文・月形文・文字などが配されているものが多い。沿海地方コルサコフカの寺跡で出土したものには蓮華の弁間に鳳凰が浮彫されている。

渤海の瓦で注目されるのは、文字を押印ないし線刻したものが多く発見される点である。主に上京城・八連城・西古城で出土しており、文字の種類は250種以上にのぼる。一文字のみを押印・線刻したものが多い。この時期、周辺国で文字瓦はさほど多く発見されておらず、渤海文化の一つの特色であるといえる。

屋根の棟に飾る鴟尾は上京城・西古城・沿海州アブリコソフスキー寺跡などで発見されている。上京城第１寺跡の出土品は、長さ97cm、高さ87cmで表面に淡い緑釉を施す。鬼瓦は上京城・西古城などで見つかっている。基本形態は大きな目を怒らせ口を大きく開き、長い舌と突き出た牙が表される。鼻は口の上に太く作られ、耳は大きく環状に表現されて、後方には角のようなたてがみが突き立つ。立体的に表現されている点で、統一新羅をはじめとする三国の鬼

図343　寧安上京城の鬼瓦（上）と柱礎装飾（下）

瓦とは異なる渤海的な特徴を示す。柱礎装飾瓦は渤海特有の瓦である。大きな環状を呈し、柱と礎石が接する部分を覆って柱の腐食を防ぐものである。何片かに分かれて組立式になっている。表面に蓮華の花弁を刻んだものもあり、緑釉を施したものが多い。

床に敷くために製作された方形または長方形の塼には宝相華文や忍冬文が装飾されたものがある。統一新羅の塼に似るが、洗練されていない感がある。

4　彫刻と仏像

彫刻では仏像が代表的である。材料により塼仏・金仏・金銅仏・石仏・鉄仏・塑造仏・乾漆仏などに分けられる。仏像は高句麗の影響が濃く古式を強く帯びるものが多いが、唐の影響を受けて造られた阿弥陀定印を結ぶ塑造仏、蓮華化生を象徴する童子像、多臂の変化観音像なども見つかっている。

図344　各種仏像：1・2．寧安上京城、3．琿春八連城

最も代表的なものは型取りして焼いた塼仏で、上京と東京で多量に出土しており、沿海州のアブリコソフスキー寺跡でも見つかっている。塼仏は中国や日本でも製作されたが、渤海のものは丸く立体的である点が異なる。むしろ高句麗の元五里寺跡で出土したものに類似しており、高句麗の伝統を保持していることがわかる。

金仏や金銅仏は祭壇に設置するため下方に短い棒が付いており、渤海仏の特色を示す。

石仏では上京城内の興隆寺に安置されたものが最大だが、かなり変形している。日本の大原美術館には「咸和四年」銘の碑像形五尊像が所蔵されている。

上京地域では観音菩薩像が主流であるのに対し、西京および東京地域では釈迦牟尼仏と多宝仏を並座させた二仏並座像が多く発見されており、地域色をうかがわせる。このような差は、それぞれの地域がかつての高句麗の外地と内地であったことに起因する。観音菩薩立像のなかには立ったままの姿勢で思索に耽る独特な思惟像が見られ、二仏並座像の細部様式にも渤海固有の特徴が表さ

図345　和龍貞恵公主墓の石獅子像（左）と寧安上京城第２寺跡の石灯籠（右）

れている。

また、上京城土台子で発見された舎利容器も注目される。何重にも入れ子になったこの舎利容器には、四天王像が彫られた方形の銀盒が納められていた。

その他の彫刻には石灯籠、石獅子像、亀趺、器台装飾、墓誌などがある。上京城２号寺跡には玄武岩で作った高さ６ｍの巨大な石灯籠が当時の姿のままに残り、渤海文化の象徴となっている。貞恵公主墓などでは墓を守る石獅子像が出土した。

この他にも、渤海使節の李居正が日本に伝えた陀羅尼経が現在滋賀県石山寺に残る。また渤海使節に関連する古文書が日本に伝わっており、渤海使節の活動を示す木簡などの遺物も日本の遺跡でしばしば発掘されている。

参考文献

高句麗研究財団 2006『2005年度ロシア沿海州クラスキノ城発掘報告書』
国立文化財研究所 2006『韓露共同発掘特別展 アムール・沿海州の神秘』（特別展図録）

国立文化財研究所・ロシア科学院極東支部歴史学考古学民俗学研究所 2006・2007『沿海州の文化遺跡Ⅰ・Ⅱ』国立文化財研究所

金宗赫 2002『東海岸一帯の渤海遺跡に対する研究』中心

東北亜歴史財団他 2007『2006年度ロシア沿海州クラスキノ城発掘報告書』

文明大他 2004『ロシア沿海州クラスキノ渤海寺院址発掘報告書』高句麗研究財団

V.I. ボルディン・E.I. ゲルマン 2005『2004年度ロシア沿海州渤海遺跡発掘報告書』高句麗研究財団

ソウル大学校博物館・東京大学文学部 2003『海東盛国渤海』（特別展図録）ソウル大学校博物館

宋基豪 1998「六頂山古墳群の性格と渤海建国集団」『汕耘史学』8　高麗学術文化財団

宋基豪 2006『韓国古代のオンドル：北沃沮、高句麗、渤海』ソウル大学校出版部

E.V. シャフクノフ編、宋基豪・鄭焟培訳 1996『ロシア沿海州と渤海歴史』（大宇学術叢書翻訳97）民音社

沿海州文化遺跡調査団編 1999『沿海州に残る渤海』高句麗学術文化財団

ウォンホシク編 1994『ロシア沿海州渤海遺跡』大陸研究所

鄭焟培・Yu.G. ニキーチン 2007「チェルニャーチノ5　渤海古墳群の古墳類型と出土遺物」『高句麗研究』26　高句麗研究会

朱榮憲 1971『渤海文化』社会科学出版社

編纂委員会 1991『朝鮮遺跡遺物図鑑』8（渤海篇）外国文総合出版社

韓国伝統文化学校他 2005・2006・2007・2009『沿海州チェルニャーチノ5　渤海古墳群（Ⅰ～Ⅳ）』

付　　篇

中・近世考古学の現状と展望

I　序　論

マスコミの報道によって広く知られているように、ソウル世宗路の舗装道路の下層で人々の記憶から忘れ去られていた線路や朝鮮時代の道路の遺構が発見され話題になった。東大門運動場跡地でも訓練都監が閉鎖されてからソウルの城郭が破壊され運動場ができるまで、20世紀はじめの様々な変化を物語る資料が発見された。こうした遺構はソウルに限らず都市化が進むすべての場所で見つかることが予想され、内陸部だけでなく港周辺の埋立地や海中でも確認されると思われる。

高麗・朝鮮から近現代に至る過去1000余年の歴史に考古学界が本格的に関心をもちはじめたのは1990年代末からである。解放以後、国立博物館が独自に実施したはじめての発掘が開城近くの高麗墓だったにもかかわらず、人的資源の限界から考古学研究の対象時期の下限は暗黙のうちに統一新羅までとみなされる傾向があった。したがって、関心がもたれなかったわけではないが、高麗以後の時代に対する体系的な考古学的調査・研究は稀であった。1960年代以降、寺院跡や窯跡を中心にまとまった数の高麗・朝鮮時代の遺跡が調査されたが、多くの場合これらは緻密な考古学的調査であったというよりは建築史や陶磁史の資料収集のため、あるいは史跡復元のための付随事業として行なわれていた。

しかし1990年代から開発に先立つ遺跡調査が制度的に定着し、大規模開発地で高麗時代以降の遺跡が続々と明らかになり、いきおい考古学界の関心も増していった。また2000年代に入りソウル四大門内の再開発事業地区で朝鮮時代の生活史や文化相を示す遺跡・遺構が次々と発見されるに至り、関心は一層増大した。結果として、高麗から朝鮮を経て大韓民国樹立期に至る過去1000年に対する考古学的研究の重要性は否定できなくなっている。

しかし近代はもちろん、高麗・朝鮮時代の遺跡と遺物に対する関心も、それ以前の時代に比べるとまだ相対的に低く、研究もさほど活発ではない。このような状況は、この時期の考古学的研究に関する用語がまだ定着していない点にも如実に表れている。つまり、高麗以降の時期の考古資料に対する研究を指して「中世考古学」と呼ぶこともあり、四大門の内部で立て続けに発掘されている朝鮮時代から近代に至る各種遺構に対する研究を「都市考古学」とも規定できるが、これらの用語はまだ定着しておらず、用語の概念・定義も公開的に議論されていない状況である。また、莫大な資料の発見にもかかわらず、研究はいまだ資料の整理段階から抜け出せず、またその作業も墳墓や住居跡など比較的まとめやすい資料に集中している。

2010年８月現在、刊行された高麗以降の時代の遺跡発掘調査報告書は1200冊以上にのぼる。それらの報告のうち、量的に多数を占めるのは建物跡と墳墓の調査成果であるが、発刊された報告書には掲載可能なすべての資料が網羅されている。したがって、この時期の考古学的研究は、高麗の皇城や朝鮮の漢陽都城に対する都市建築学的テーマなどの巨視的研究から、個別遺跡から発見される遺物の一つ一つに至るまで、研究の時間・空間的スケールおよび研究対象資料の性格において、きわめて多様な資料をもとに様々な研究が可能だといえる。

今後そうした様々な研究が活発になることを願いつつ、ここでは高麗および朝鮮時代の研究の現状について概括的に触れておく。便宜上、ここでの叙述は宮殿・都城・官衙・城砦遺跡、住居跡をはじめとする建築物関連分野、陶磁窯跡や製鉄遺跡などの生産遺跡分野、王陵を含む葬制・墳墓分野、寺院跡や祭祀遺跡などの信仰遺跡分野に分けて見ていく。

Ⅱ　高　麗

１　宮殿・都城・官衙および城郭遺跡

開城の高麗宮城は皇城の中心地であったが、1361年に火災に遭い廃墟となった。別名満月台とも呼ばれるこの宮城跡は、北朝鮮の学界によって調査された

図346　開城満月台

経緯があり、韓国・北朝鮮の共同調査も行なわれている。宮城跡の全面発掘はなされていないが、過去の調査では高麗宮城の全容把握に必要な資料がある程度確保されている。

宮城は松嶽山の南麓に基壇を築いて造営され、内殿・外殿・寝殿の３区域からなっている。建物群は朝鮮王宮に比べると相対的に無秩序な印象を受ける配置である。宮城の外郭では満月橋《マノルギョ》、臨川閣《イムチョンガク》、法雲寺《ポプンサ》などの付属遺構や建物跡も発掘され、多数の瓦や像、陶磁器類が収拾されている。しかし宮城の外側の皇城一帯および皇城を取り囲む羅城の周辺を含む開京の全貌はまだ多くが明らかになっていない。

対モンゴル抗争期の都であった江華島の高麗宮跡でも、当時の建物跡が青磁など各種遺物とともに見つかっている。ただし、17世紀に清によって強制的に破壊されるまで保たれていた城郭などの防御体系をはじめ、江都の全容に関する調査は今後の課題である。

さらに高麗時代の官衙跡あるいは邑城跡の確実な例もまだ確認されておら

図347　江華伝高麗宮址

ず、開京を除いた五道十二牧の治所の正確な位置や関連遺跡も把握されていない状況である。ただし、楊州《ヤンジュ》官衙跡や河南校山洞《キョサンドン》、光州邑城《クァンジュウプソン》跡などで確認された高麗時代の遺構は、その位置や後代の遺構との関係からみると、地方行政の拠点であった可能性が高い。また坡州の恵蔭院《ヘウムウォン》跡では高麗時代の駅家遺構が調査されている。

高麗末期に倭寇が跋扈するようになるまでは、高麗は主に北方からの侵攻に備える必要があったようで、韓半島南部地域で高麗時代に新たに築かれた城郭や要塞遺跡の確実な発見例はない。しかし、当時の主要な政治・行政的中心地の周辺にある三国時代初築の山城では、高麗時代の土器や瓦片が多く発見されており、当該時代にいたるまで継続的に使用された施設であったことを物語っ

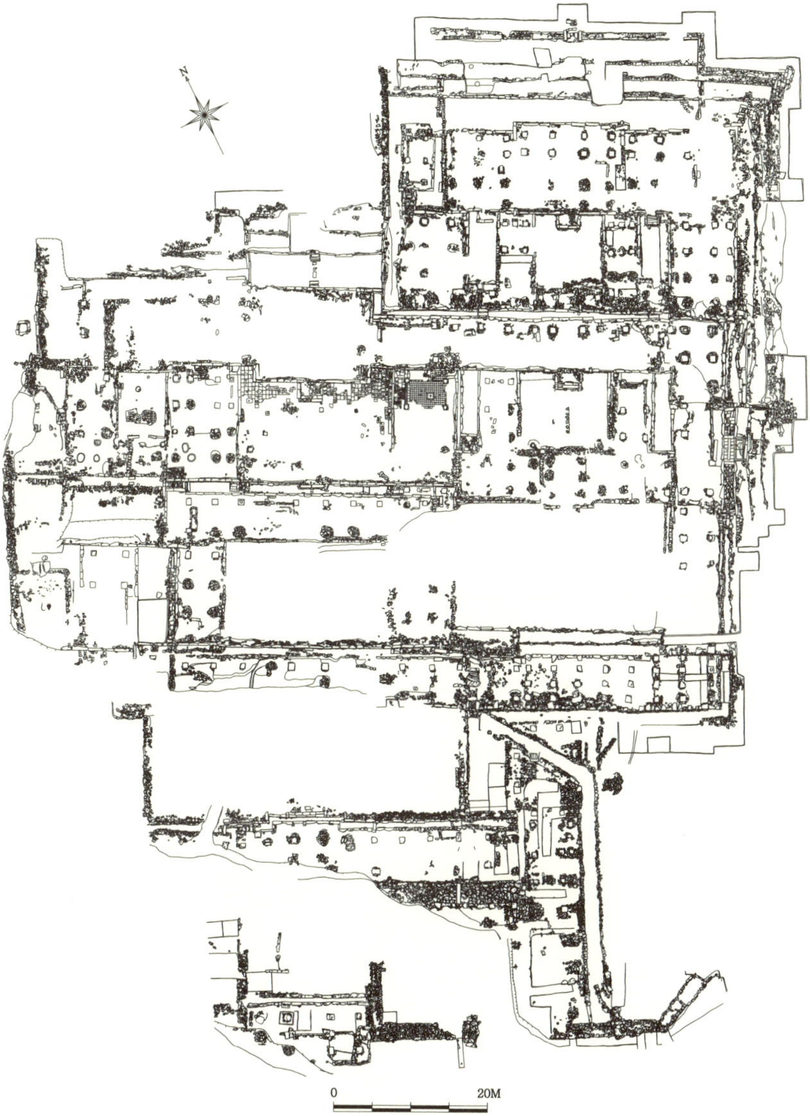

図348　坡州恵蔭院址の遺構配置図

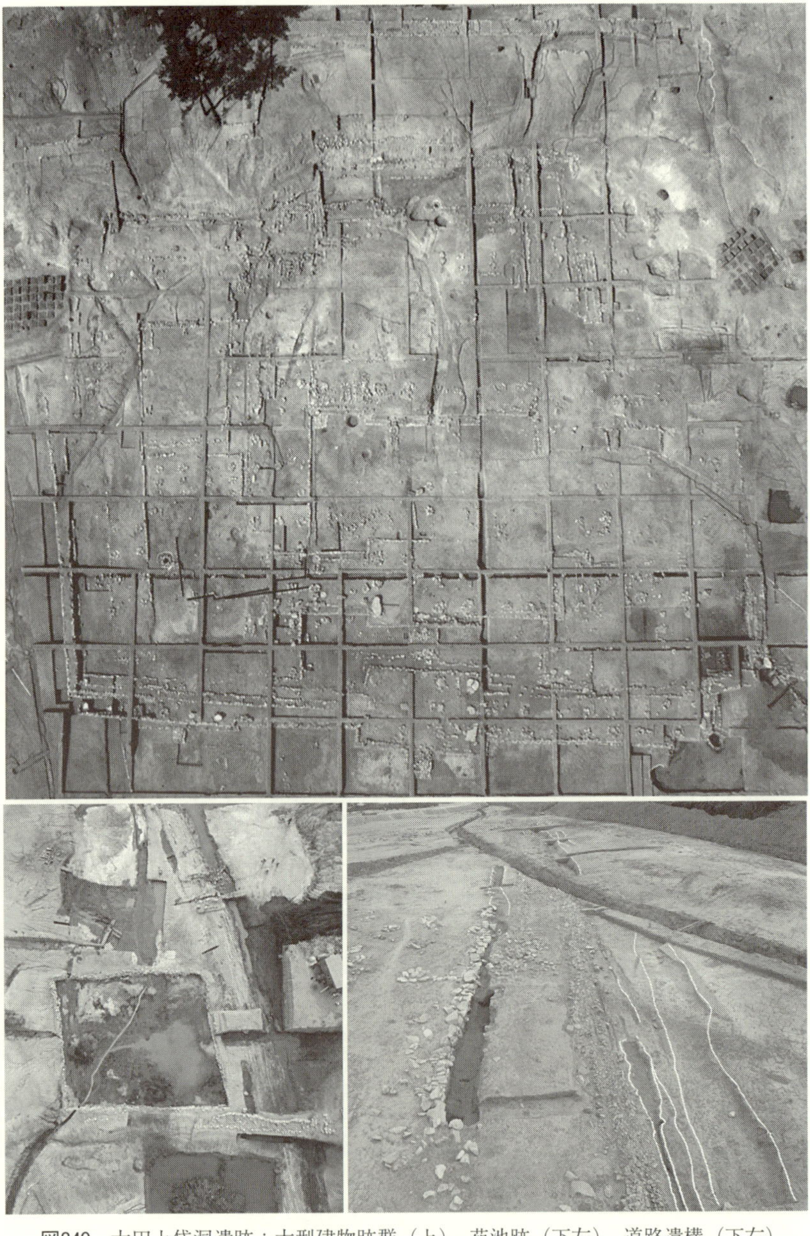

図349　大田上坮洞遺跡：大型建物跡群（上）、苑池跡（下左）、道路遺構（下右）

ている。

2　生活遺跡

地上建物や竪穴住居をはじめ、高麗時代の住居跡ないし生活遺跡は発見例が増加している。特に基壇や礎石が残る地上建物跡が多く発見されており、首都圏・大田地域・嶺南圏を中心に計30箇所前後の関連遺跡の調査が報告されている。建物跡の調査はその特性上、主に建物の構造的特徴の把握に重点を置いて行なわれているが、永同稽《ケ》山里《サンニ》で調査された建物跡は出土遺物や銘文を通じて地方豪族の居所と推定されている。大田上垈洞《サンデドン》では道路に沿って多くの建物が配置された市街地や池の跡、塀で囲まれた大規模建物群が発見されており、高麗時代の地方都市の街路や官衙跡、あるいは荘園の全貌を示す資料と考えられている。この他にも金泉、慶州などでは高麗時代の道路遺構が調査されている。

3　墳　墓

恭愍王陵《コンミンワンヌン》は高麗時代の王陵のなかで正式な調査がなされた例であり、盗掘されていたものの若干の遺物とともに壁画が確認された。江華島でも碩陵《ソンヌン》・嘉陵《カヌン》・坤《コン》

図350　開城恭愍王陵（上）、江華坤陵（中）と長陵出土品（下）

図351　鎮安寿川里高麗古墳群（左）と22号石槨墓（右）

陵《ヌン》など対モンゴル抗争期の王陵級墳墓が調査されており、すべて陵内里《ヌンネリ》石室墳と同様の石室墳である。

一般庶民の墓には石槨墓と土壙墓がある。高麗の墓制の全般的な性格に関しては大きな認識差はなく、石槨墓と土壙墓がそれぞれ上位・下位階層の墓と考えられている。高麗時代の特徴的な墓形態である石槨墓は、全国的に様々な型式のものが発見されており、居昌屯馬里《ドゥンマリ》の例のように壁画が描かれたものもある。高麗時代の墓制については、地域別に資料をまとめて前時代の墓形態との関連性を求めたり、土壙墓の台頭など墓制や副葬品の変化を武臣の乱やモンゴルの侵入という12～13世紀の社会像と関連付けて説明するなどの試みがなされている。副葬品に関する研究では、墓から出土する中国貨幣の分析を通じた被葬者の階層の推定、青磁の副葬状況の分析、金属工芸品に関する工芸史的検討などが行なわれている。

4　生産遺跡

日本の植民統治の期間から断続的に行なわれてきた高麗磁器の窯跡の調査は、美術史研究のための資料収集を目的に実施されており、層位や窯の構造に関する明確な知見は得られていなかった。しかし1980年代から羅末麗初期の遺跡で輸入磁器が発見され、龍仁西里《ソリ》や驪州中岩里《チュンアムニ》、仁川景西洞《キョンソドン》などで高麗の白磁や緑青磁の窯跡が知られるようになり、青磁発生期の研究には初期陶窯跡に対する考古学的調査が必要であるという認識が広がりはじめた。以後、青磁窯跡の調査は、康津・海南・扶安など高麗青磁の生産地として著名な地域だけで

図352　青磁窯：始興芳山洞遺跡（左）、驪州中岩里遺跡（右）

なく、龍仁・陰城・鎮川・鎮海など各地ではじまり、2000年代だけでも10余冊の報告書が刊行されるに至っている。

これらの調査を通じて、磁器は10世紀に入って始興芳山洞《パンサン ニ》、鳳山圓山里《ウォンサンニ》、龍仁西里などで見られるような塼積の窯がまず造られはじめ、続いて康津などの青磁生産の中心地で粘土窯を利用した本格的な生産がはじまり、やがて全国的に広がったことが確認された。窯跡の灰原で発見される資料の層位に基づく研究は、今後磁器の編年に関する従来の美術史的方法論を補うだけでなく、それに代わる主要な研究手段になることと期待される。

近年では、磁器だけでなく日常生活容器である陶器の窯跡にも高い関心がもたれている。生活陶器の生産施設としては、新羅時代から大規模な窯が造営された保寧真竹里遺跡、霊岩鳩林里遺跡、龍仁竹田里《チュクジョンニ》遺跡をはじめ、1980年代から現在までに30箇所ほどの窯跡が慶尚南道・江原道・済州道を除く全国各地

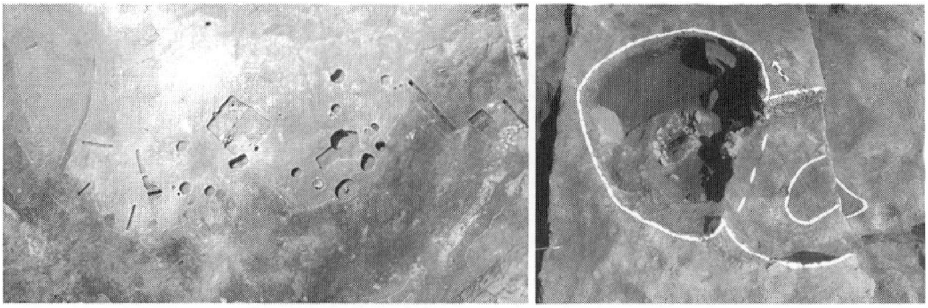

図353　忠州老渓製鉄遺跡Ｄ地区（左）と炉の下部施設（右）

で報告されている。それにより陶器と磁器の形態的関係や、陶器自体の型式分類と編年および窯と製作技法の特徴に関する検討も徐々に行なわれつつある。高麗時代の陶器はおおむね３期ないし４期に編年されており、器形は実用性を反映して変化するとみられる。

瓦窯跡はこれまでに総10余箇所の調査成果が報告されている。そのなかには扶餘亭岩里のように百済時代以来長期にわたって操業された大規模窯もあるが、大多数は小規模の窯である。瓦窯についての体系的な研究は相対的に微々たるものだが、瓦は窯跡や各種遺跡できわめて多くの資料が発見されているため、その製作技法に関しては様々な状況がわかっている。瓦研究では主にタタキの原体、文様、調整および整面方法、平面形態、輪積痕などの製作技法の変化をもとにした編年や、銘文と文様の施文方法の特徴に関する検討が行なわれている。

高麗時代の製鉄遺跡に対する調査事例はまだ多くない。忠州先端地方産業団地進入道路区間において調査された製鉄遺跡は文献に見える「多仁鉄所」に比定されている。まだ断片的な資料しか知られていないが、炉形態やその他の遺物からみて、鉄器製作工程は三国時代以来大きく変化していなかったものと思われる。ガラス製品や金銀細工の工房遺跡はまだ確認されていない。

5　海底遺跡

1970年代に新安《シナン》沖で中国元代の貿易船が発見されて以来、莞島《ワンド》、木浦達里《ダルリ》島《ド》、群山飛雁島《ビアムド》・夜味島《ヤミド》・十二東波島《シビドンパド》、務安道里浦《ドリポ》、安山大阜島《デブド》など西海岸沿岸の航路沿いの各地で高麗時代の沈没船遺跡が報告されている。遺跡では船体

図354　新安船（上）と泰安デソム遺物埋蔵状況（下）

や青磁などの各種遺物とともに、場合によっては品目や受取人が記された木簡など、社会像の片鱗をうかがわせる資料が発見されている。これらの資料は、高麗のみならず東アジア全体における造船技術・航海史・経済史・社会史の研究に影響を与えている。これからの研究は、当時の造船所や入り江をはじめとする海洋遺跡にも拡大されていくべきであろう。

6　寺院跡と祭祀遺跡

仏教を国教とした高麗では、大小の寺院の絶え間ない創建・再建がなされ

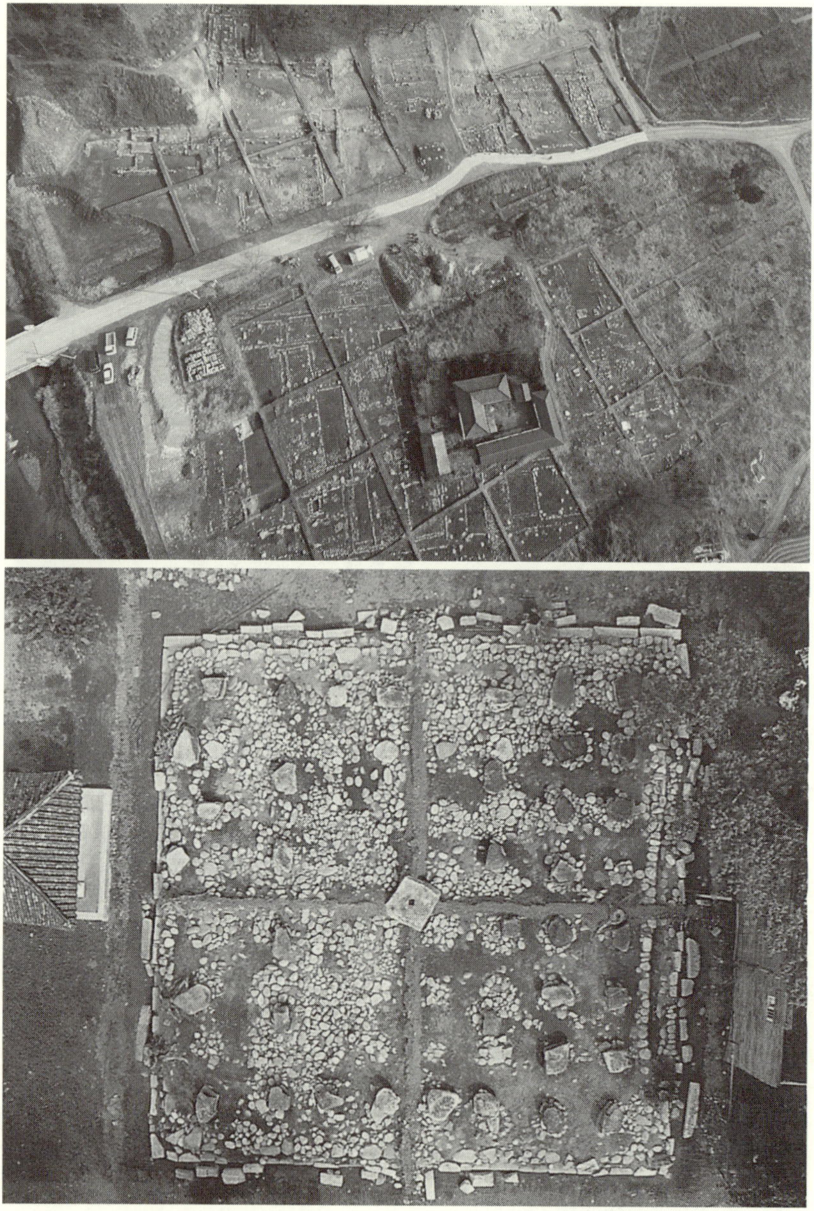

図355　原州法泉寺跡Ⅰ区域（上）と南原実相寺の木塔跡（下）

た。調査された主な遺跡として、中原弥勒里寺《ミルンニサ》跡をはじめ原州法泉寺《ポプチョンサ》跡、安城奉業寺《ポンオプサ》跡、驪州高達寺《コダルサ》跡、清州興徳寺《フンドクサ》跡、忠州崇善寺《スンソンサ》跡、論山開泰寺《ケテサ》跡、南原萬福寺《マンボクサ》跡、和順雲住寺《ウンジュサ》跡、大邱符仁寺《ブインサ》跡、莞島法華寺《ポップァサ》跡、中原塔坪里寺《タッピョンニサ》跡、霊岩天皇寺《チョナンサ》跡などがあげられる。また、長年かけて調査されたこれらの大規模寺院以外にも、各地で小規模な遺跡が頻繁に調査されている。高麗時代の寺院は前代の定型的な伽藍配置とは異なる特徴が見られる。発掘資料の蓄積とともに、寺院構造や遺構の特徴およびその変化に関わる仏教思想的背景や社会的意義など、より総合的な評価と研究が近い将来可能になると期待される。

巫俗などの民間信仰に関わる遺跡としては、霊岩月出山や統営安井里《アンジョンニ》で調査された祭祀遺跡がある。文献によると月出山の頂上では高麗時代に定期的に祭祀を行なったとされており、明確な遺構は確認されていないものの、多くの青磁片が発見されている。安井里では丘陵上で祭祀遺跡とみられる建物跡が検出されている。この他にも、支石墓の下からはしばしば磁器や陶器の破片など高麗時代の遺物が確認されている。山城や建物跡で稀に見つかる時代未詳の土馬ないし鉄馬には、朝鮮時代のものだけでなく高麗時代のものも含まれていると思われる。おそらくすべて当時の民間信仰に関わるものであろう。

Ⅲ　朝　鮮

1　宮殿・都城・官衙遺跡

1990年代に入り、景福宮をはじめとする朝鮮宮殿の復元事業が進められ、景福宮《キョンボックン》・昌慶宮《チャンギョングン》・慶熙宮《キョンヒグン》などで、消滅した殿閣跡など宮殿の元の姿がわかる遺構が、発掘を通じて次々と確認されている。また水原華城《ファソン》や広州南漢山城の行宮跡なども発掘され、北漢山城でも地表調査が行なわれている。南漢山城行宮跡では、該当地点がすでに新羅時代から重要な地方統治の拠点であったことを物語る物証が発見されている。

宮殿をはじめ、官衙跡や寺院跡など歴史時代の各種建築遺構の調査は、主に空間配置と建物構造の確認に重点が置かれてきた。しかし2000年代からソウルにおいて実施された清渓川《チョンゲチョン》の復元事業と各種再開発事業では、世宗路・鍾路・清渓川に沿って形成された六曹街《ユクジョガ》や避馬通《ピマトン》など、かつての漢陽の景観が再び姿

図356　ソウル景福宮の焼厨房跡（上）と昌徳宮の御井（下）

を現した。これに伴い官衙・市場・道路・治水施設など朝鮮時代の各種建物や施設の遺構の調査に考古学研究者が本格的に参加しはじめ、朝鮮時代の漢陽《ハニャン》の姿を建築史だけでなく生活史や文化史研究の側面からも解釈し得る様々な資料が確保されている。

図357　ソウル世宗路六曹街の道路断面

図358　ソウル清渓川の広通橋（上左）、南側橋台（上右）および毛廛橋左岸の石積（下左）、水標橋跡（下右）

図359　ソウル東大門運動場敷地のソウル城壁と二間水門

その一例として、六曹街があった世宗路で14世紀から20世紀に至る道路の変遷史が一目でわかる遺構が確認され、軍器寺があったソウル市庁の場所では建物跡とともに火砲類の遺物が発見されている。清渓川の広通橋《クァントンギョ》の位置では、太祖の後妻である神徳王妃康氏の初葬地（貞陵《ジョンヌン》）にあった屏風石や五間水門など、20世紀に入って忘れられていた朝鮮時代の遺構が見つかっている。また東大門運動場の跡地では、断絶したソウル城郭や二間水門、訓練都監の下都監の遺構が調査されている。

朝鮮時代におけるソウル以外の行政中心地のうち、1980年代までに部分的にでも調査が行なわれた官衙跡や邑城遺跡は、東萊《トンネ》・海美《ヘミ》・高敞《コチャン》の邑城および太白山と全州の史庫跡がすべてであった。しかし1990年代末からは地方自治体が遺跡の復元に関心を寄せはじめ、済州牧《チェジュモク》官衙跡、羅州邑城《ナジュウプソン》、江原監営《カンウォンカミョン》跡、高陽碧蹄館《ビョクジェグァン》跡、高敞茂長邑城《ムジャンウプソン》、古阜旧邑城《コブクウプソン》、光州邑城などが調査されている。城郭をはじめとする朝鮮時代の城砦遺跡の発掘は、このような調査の過程で付随的に行なわれたり、城郭復元のための基礎資料収集のために実施されている。また各地方では、時代は未詳ながらおそらく朝鮮時代のものである可能性が高い土城跡が稀に調査されており、なかには朝鮮時代の牧場も含まれていると考

図360　光州邑城

えられる。

2　生活遺跡

朝鮮時代の地上建物遺構のうち、宮殿、官衙、寺院など公共建物以外の一般生活に関わる遺跡では、ソウル市内で調査されているものの他には見るべき資料がない。主に中人階級が居住した鍾路区清進洞《チョンジンドン》一帯で発掘された家屋跡や各種遺構からは、土地の境界や道路配置が朝鮮時代初期以来20世紀までその骨格を保っていたことがわかった。これらの調査では、1412年から３年にわたって鍾路に沿って造られたという六矣廛に関連する遺構もよく保存されたまま発見された。宗廟《チョンミョ》入口の市廛行廊遺構では、15世紀初頭から中頃にかけての印花

図361　ソウル鍾路の推定市廛行廊遺構（上）と鎮壇具（下）

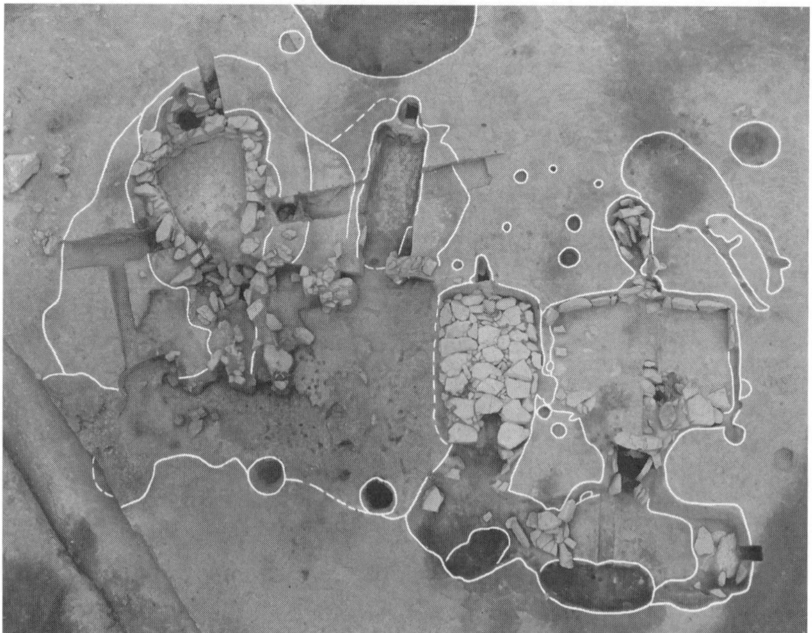

図362　原州月松里Ⅰ-B 地点の炭窯と住居跡

文粉青沙器の皿などを利用した一連の地鎮具が収拾されている。

ソウル以外の地域で発見される生活遺跡は、ほぼすべてが竪穴住居跡で、1990年代後半から本格的に報告されはじめた。朝鮮時代の竪穴住居は京畿道と忠清道を中心に50箇所以上で調査されており、構造による分類、編年、オンドルやその他の遺構との共伴関係をはじめ、様々な特徴が検討されている。いまだ暫定的ではあるが、それらの研究結果によると、竪穴住居は16世紀に煙道が設置されるなどある種の構造的変化が起きてその数が減り、17世紀から再び増加するようである。このような変化は焼畑禁止令や壬辰倭乱（文禄の役）など

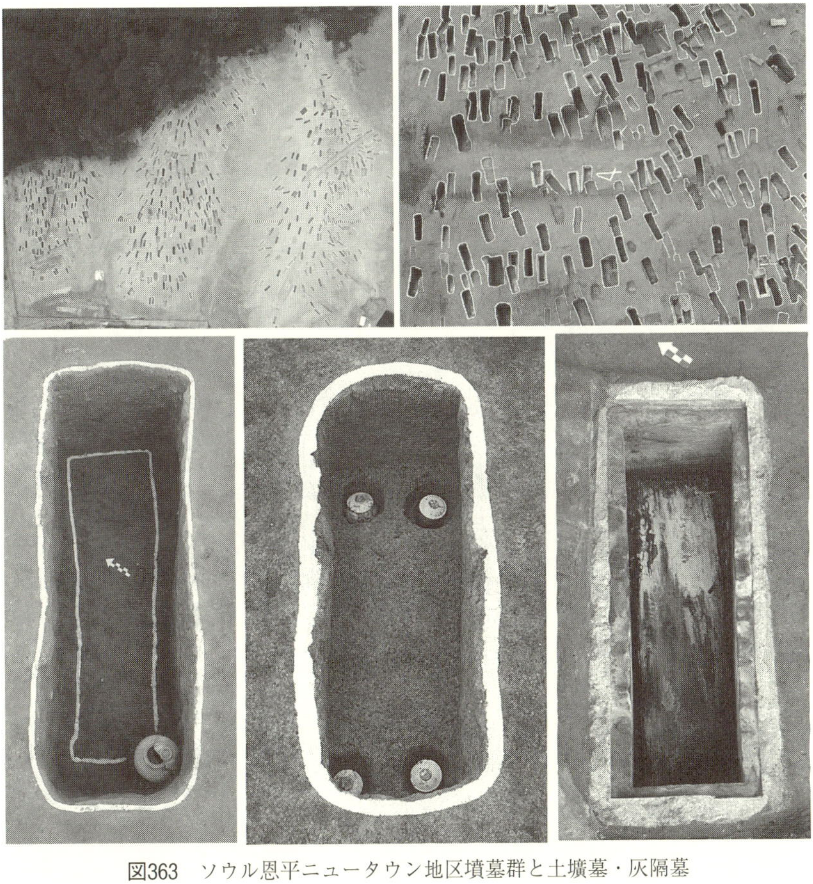

図363　ソウル恩平ニュータウン地区墳墓群と土壙墓・灰隔墓

図364　密陽古法里
壁画墓

当時の政治・社会的状況と関連させて解釈されることもある。

3　墳　墓

朝鮮時代の墳墓に関する研究は1990年代までほとんど行なわれておらず、文献史料をもとにした王陵の構造や、若干の資料を用いた土壙墓と灰隔墓の性格などに関する一・二篇の論文、伝世宗大王初葬地や西《ソ》三陵《サムヌン》胎室の調査などがすべてであった。しかし2000年代に入って一般庶民の墓制資料の調査例が急増する。金海亀山洞《クサンドン》遺跡をはじめ各地で大小の遺跡が調査され、枚挙にいとまがないほどの報告書が刊行されている。これに加え、5000基に達する墳墓が調査されたソウルの恩平《ウンピョン》ニュータウン地区の発掘成果が刊行されれば、朝鮮時代の墓制に関する新しい次元の情報が得られるであろう。

朝鮮時代初期には坡州瑞谷里《ソゴンニ》、密陽古法里《コボムニ》、原州桐華里《トンファリ》などで見られるような高麗時代の壁画墓の伝統を残した墓も造られている。しかし朝鮮時代の特徴的な墓制は、特に朝鮮中期以降に朱子家礼の普及とともに広く造られるようになった灰隔墓である。各地で多くの灰隔墓が発見され、地域別の検討が比較的活発に行なわれている。その内容には、身分・経済力・時期・地方色などの様々な側面を明らかにし、嶺南地方の灰隔墓の特徴を説明しようとする試みや、京畿・忠清地方の墓制の変化を壬辰倭乱の影響など朝鮮時代中期の社会変化の脈絡から解釈しようとする試みなどがなされている。また造墓技術や葬送過程に関する考察、あるいは墳墓の地理的位置など立地条件と構造の相関関係に対する検討も少しずつ行なわれつつある。

4　生産遺跡

朝鮮時代の磁器研究は、高麗磁器の研究と同じく主に美術史分野の関心対象であり、1980年代までは広州分院《ブンウォン》をはじめとする２～３箇所の著名な窯遺跡の調査を除くと体系的な発掘調査の事例はさほど多くなかった。しかし2000年代に入り各地で朝鮮時代の磁器窯が活発に調査されている。

粉青沙器の窯は全羅道と忠清道を中心に光州忠孝洞《チュンヒョドン》、瑞山舞将里《ムジャンニ》、高興雲垈《ウンデ》里《リ》、高敞龍山里《ヨンサンニ》、羅州雨山里《ウサンニ》、谷城亀城里《クソンニ》、長城鷲岩里《チュアムニ》など全17遺跡ほどが調査され発掘報告書が刊行されている。白磁窯は分院があった京畿道広州地域で集中的に調査されており、樊川里《ボンチョンニ》・仙東里《ソンドンニ》・道馬里《ドマリ》・建業里《コノムニ》・牛山里《ウサンニ》などで発掘が行なわれている。これ以外にも白磁窯は軍浦山本洞《サンボンドン》、城南金土洞《クムトドン》、始興芳山洞、安城和谷里《ファゴンニ》、原州貴来里《クィレリ》、保寧ダム水没地区、瑞山舞将里、扶餘正覚里《ジョンガンニ》、大田壮安洞《ジャンアンドン》、忠州九龍里《クリョンニ》、茂朱斜川里《サチョンニ》、務安皮西里《ピソリ》、長城水玉里《スオンニ》・鷲岩里、高敞仙雲里《ソヌンニ》、長興龍門里《ヨンムンニ》、羅州大道里《デドリ》、順天文吉里《ムンギルリ》、蔚山芳里《パンニ》、山清放《パン》牧里《モンニ》など全国各地の40あまりの遺跡が調査され報告書が刊行されている。青陽光大里《クァンデリ》では白磁窯４基、陶器窯１基とともに工房跡51基、水簸孔22基など磁器生産に関連する施設のすべてが発掘されている。また日常生活容器である陶器を焼いた窯は河東古梨里《コイリ》、清道蓴池里《スンジリ》、務安皮西里、蔚山川前里《チョンジョンニ》、羅州雨山里、海南白也里《ベギャリ》、長水明徳里《ミョンドンニ》、蔚山徳峴里《トッキョンニ》など慶尚道と全羅道を中心に10遺跡あまりが調査されている。これらの資料をもとに、平面形態および燃焼室や分焔柱など構造を基準にした陶磁器窯の編年に関する検討がなされつつある。

朝鮮時代の瓦窯も全国各地の20あまりの遺跡において発掘成果が報告されている。瓦は一般的に時間による変化より地域性が強く表れるため、研究は一時代に限定した特徴を探究するより、地域ごとの通時的変化を追う傾向がある。その結果として、京畿道・慶尚南道・江原道・蔚山地域などの窯構造や出土瓦の形態的変遷相がある程度まとめられている。

朝鮮時代以来1970年代まで、石灰は重要な建築資材であるだけでなく、灰隔墓を造る際にもなくてはならない材料であった。したがって石灰を焼いた石灰窯は朝鮮各地にあり、平澤玉吉里《オッギルリ》、高陽元堂洞《ウォンダンドン》で発見されて以来、忠州・天

図365　青陽光大里陶窯跡と工房跡

図366　公州雲岩里瓦窯群

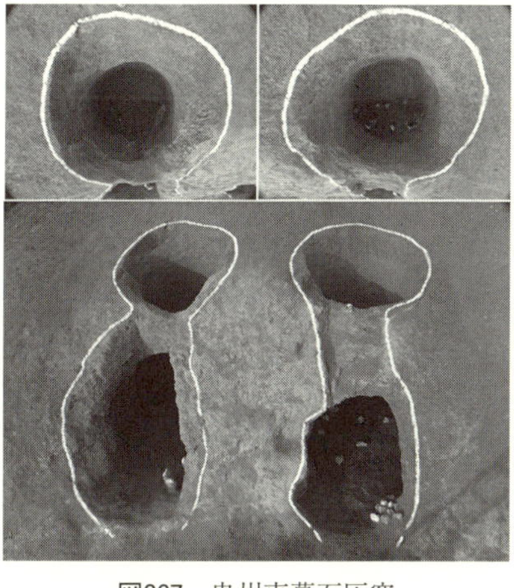

図367　忠州東幕石灰窯

安・報恩などでも事例が増加している。今後さらに調査が進めば、石灰を焼く技術的な面だけでなく、原材料の調達から完成品の流通に至るまでの過程が解明され、朝鮮時代の経済史の一側面が明らかになるであろう。

鍛冶遺跡は蔚山・慶州・陜川・固城など慶尚道で７～８例が報告され、全羅道や忠清道でも１・２例が発見されている。個別遺跡の様相からは、三国時代以来の手工業的伝統が変わらずに続いていたことがわかる。現在までのところ、遺跡調査の現状と研究方針を展望した１・２篇の論文が関連研究のすべてといえる。

図368　慶州外東モファジ鍛冶跡

5　寺院跡と祭祀遺跡

朝鮮時代初期には大小の仏教寺院が引き続き盛んに運営されていたが、16世紀以降に本格化した抑仏政策と壬辰倭乱により、多くの寺院が廃墟となった。こうした事情を反映して、その数においては高麗時代に劣らないほどの朝鮮時代の寺院跡の発掘報告書が刊行されている。朝鮮時代の寺院遺跡で特に重要なものは楊州の檜岩《フェアム》寺《サ》跡である。1328年にインド僧の指空が266間の規模で建てた檜岩寺は、1376年に重築され、太祖が譲位後に留まって摂政した場所として有名である。数年にわたる発掘では、1565年の火災で廃墟となる前の姿がわかる各種遺構とともに、数多くの遺物が収拾された。檜岩寺以外に発掘された主な遺跡としては、北漢山重興寺《ジュンフンサ》跡、南漢山城望月寺《マンウォルサ》跡、扶安実相《シルサン》寺《サ》跡、羅州雲《ウ》興《ヌン》寺《サ》跡、霊岩道岬《ドガプ》寺《サ》跡、盈徳妙蔵寺《ミョジャンサ》跡、霊岩月岩《ウォラム》寺《サ》跡などがあげられる。

また、華城台安邑安寧里《アンニョンニ》では正祖の初葬地において健陵《コンヌン》の旧斎室の跡が発掘された。国家の安泰と民心の安楽を祈るために各地に設けられた国師堂は、朝鮮時代を通じて保たれており、さらに城隍堂のような民間信仰の施設は村ごとに置かれていた。そのため大規模開発地域では民間信仰の遺跡と思われる遺構もしばしば報告されている。これらの施設は目立たないものであるため、すで

図369　華城台安3地区の健陵斎室跡（上）と大邱蘆辺洞社稷壇（下）

に多くが失われていると考えられるが、関連遺跡についてはより積極的に関心をもつべきである。

Ⅳ　研究の活性化への期待

現代人の生活と最も深く結び付いている過去1000余年の歳月は、21世紀の韓国人の姿がどのように形成されてきたのかを知る上で最も重要な時期であるといえる。文献史料はその記録を残した人々が残そうとしたこと、伝えようとしたことに応じてその内容が決定され、我々に伝えられているが、考古資料はありのままの人々の暮らしの形が物質的証拠として残るという点において、過去の姿を幾分正確に表しているといえる。文献史料の量が限られていることもあり、高麗時代以後、朝鮮時代を経て20世紀に至る長い時代に対する考古学的な研究はさらに積極的に行なわれるべきである。現代を生きる我々の姿を決定したこの時期の韓国人のあり方については、国家レベルでの体系的な資料管理と研究支援方案が準備された時、さらに理解の幅が広がるであろう。

参考文献

国立海洋遺物展示館 2006『東アジア伝統船舶と造船技術』

国立海洋遺物展示館 2006『14世紀アジアの海上交易と新安海底遺物』

金性泰他 2004「史料を通じた朝鮮時代竪穴住居址の検討」『考古学』3-2　ソウル京畿考古学会

金妍秀 2007「高麗墳墓出土金属工芸分析試考」『考古学』6-1　ソウル京畿考古学会

金右臨 2007『ソウル・京畿地域の朝鮮時代士大夫墓制研究』高麗大学校大学院博士学位論文

金ヒョンスン他 2000「高麗および朝鮮時代瓦の物性評価」『韓国上古史学報』32　韓国上古史学会

朴淳發 2002「永同稽山里建物址の性格—中世考古学の一例」『湖西考古学』6・7　湖西考古学会

朴亨順 2005「朝鮮時代の墳墓様式」『錦江考古』2　忠清文化財研究院

安秉佑 2003「中世考古学の発展と高麗史研究」『歴史批評』64　歴史批評社

安秉佑 2007「高麗時代の考古学研究と歴史学」『考古学』6-1　ソウル京畿考古学会

柳炯均 2006「慶尚地域高麗寺院の特徴と変遷」『韓国上古史学報』53　韓国上古史学会

李璥馥 2007「朝鮮時代の竪穴住居とオンドルの導入」『白山学報』75　白山学会

李璥馥 2008「朝鮮時代竪穴住居に設置された温突の調査法一事例」『湖西考古学』18　湖西考古学会

李南珪 2005「韓国中世考古学の現況と課題—京畿道の高麗時代建物址を中心に」『韓国埋蔵文化財調査研究方法論』1　国立文化財研究所

李明燁他 2008「ソウル地域灰隔墓研究—ソウル恩平・新内洞遺跡を中心に」『野外考古学』5　韓国文化財調査研究機関協会

李仁淑 2007「高麗時代平瓦製作技法の変遷」『考古学』6-1　ソウル京畿考古学会

李鍾玟 2007「高麗墳墓出土陶磁研究」『湖西史学』46　湖西史学会

李鍾洙他 2008「朝鮮時代湖西地域墓制一考察」『野外考古学』5　韓国文化財調査研究機関協会

林榮鎬他 2008「朝鮮時代竪穴住居址に関する研究」『野外考古学』3　韓国文化財調査研究機関協会

鄭龍華他 2008「莞島海底出土高麗青磁の産地分析研究」『海洋文化財』1　国立海洋遺物展示館

崔英姫 2004「高麗時代平瓦の属性に関する検討—江原地方出土遺物を対象に」『江原考古学報』3　江原考古学会

ハンミンス・コギョンシン 2008「微量元素を利用した十二東波島海底出土高麗青磁の生産地研究」『湖南考古学報』28　湖南考古学会

黄大一 2010「蔚山地域朝鮮時代竪穴住居址についての小考」『嶺南考古学』52　嶺南考古学会

監訳者あとがき

この『概説　韓国考古学』は、韓国考古学会が総力をあげて製作した21世紀最初の概説書である。その経緯はまえがきに詳しい。20世紀の韓国考古学の概説書には金元龍先生の名著、『韓国考古学概論』1966年（西谷正・訳『韓国考古学概論』東出版1972年）と『韓国考古学概説』一志社1973年（西谷正・訳『韓国考古学概説』六興出版1984年）がある。『韓国考古学概説』一志社版は、1977年の改訂新版を経て、1987年の第三版での改訂と統一新羅時代の追加が最後で、以後、韓国考古学の概説書は久しく出版されなかった。

この間、韓国では地域学会の活動が活発化し、経済成長に伴って増加し大規模化した緊急発掘の担い手は大学博物館から各地の財団研究院などに移り、膨大な資料が蓄積されて大部な報告書が刊行され、取り扱う時間や空間、テーマは拡大深化した。したがって、こうした事態に対応する新たな概説書が切望されたのである。

本書の読者は、現在の韓国考古学が、旧石器時代はいうに及ばず統一新羅時代まで東北アジアを対象地域とし、時間的には中・近世考古学も扱い、初期鉄器時代を明確に設定して栄山江流域や渤海を独立して記述するなど、20世紀から面目が一新されたことを理解できよう。

中・近世考古学の現況と課題が付篇に収められ、今後は近現代の戦争遺跡なども韓国考古学の主題となることを予感させる。また、豊富な写真と図表は、新資料と多様な研究成果を簡潔に盛り込む努力の結晶である。本書の原題は『韓国考古学講義』で、これまでに無い書名の選択にも、21世紀の韓国考古学を切り拓く気概がこもる。

本書の翻訳は、改訂版（2010年1刷）を底本に、韓国の大学で博士学位を取得した、日本人考古学徒では最高レベルの韓国語力を持つ新進気鋭のお二人、庄田慎矢氏（原三国時代以前担当）と山本孝文氏（三国時代以後担当）が日本人に韓国考古学の現状を伝えようと翻訳を開始した。その熱意に動かされた武末は、韓国考古学会での刊行を担われた崔秉鉉元会長・翻訳作業当時の申敬澈前会長と折衝してご快諾を得るとともに、李熙濬現会長からはご祝辞を頂戴できた。本書の翻訳の功はすべてお二人にあり、瑕疵の責任は監訳者にある。

最後に、日本語版刊行の一部始終をお世話頂いた金武重先生にあつく御礼申し上げます。また、同成社の佐藤涼子社長と編集の山田隆さんに心より感謝いたします。

2013年７月

武 末 純 一

◆『韓国考古学講義』編集委員会◆

委員長　崔秉鉉（崇実大学校名誉教授）
委員　　李鮮馥（ソウル大学校）
委員　　權五榮（ソウル大学校）
委員　　金武重（大韓文化財研究院）
編集支援　姜秉學（中部考古学研究所）、金玟憬
編集補助　鄭明珠、呉弼勳

◆『韓国考古学講義』執筆者◆

姜賢淑（東国大学校）
權五榮（ソウル大学校）
金武重（大韓文化財研究院）
金龍星（ハンビッ文化財研究院）
金壮錫（ソウル大学校）
朴天秀（慶北大学校）
徐賢珠（韓国伝統文化大学校）
成正鏞（忠北大学校）
成春澤（慶熙大学校）
宋基豪（ソウル大学校）
宋満榮（崇実大学校）
李鮮馥（ソウル大学校）
李在賢（新羅文化遺産研究院）
李清圭（嶺南大学校）
林尚澤（釜山大学校）
鄭仁盛（嶺南大学校）
崔秉鉉（崇実大学校名誉教授）
洪漕植（福泉博物館）

◆原著協力機関◆

江原文化財研究所、キョレ文化遺産研究院、京畿道博物館、京畿文化財研究院、慶南大学校博物館、慶南発展研究院歴史文化センター、高麗文化財研究院、公州大学校博物館、国立伽耶文化財研究所、国立文化財研究所、国立中央博物館、東北亜支石墓研究所、百済文化財研究院、ソウル大学校博物館、ソウル歴史博物館、漢城百済博物館建立推進班、世宗大学校歴史学科、崇実大学校韓国基督教博物館、嶺南大学校文化人類学科、嶺南文化財研究院、濊貊文化財研究院、ウリ文化財研究院、全南文化財研究院、朝鮮大学校博物館、中部考古学研究所、中央文化財研究院、中原文化財研究院、昌原大学校博物館、忠南大学校考古学科、忠清南道歴史文化研究院、忠清文化財研究院、土地博物館、漢江文化財研究院、韓国考古環境研究所、韓白文化財研究院、韓神大学校博物館　(カナタ順)

◆監訳者略歴◆

武末純一（たけすえ・じゅんいち）

1950年生
現在、福岡大学人文学部教授
〈主要著書・論文〉
『土器からみた日韓交渉』学生社、1991年。『弥生の村』日本史リブレット３、山川出版社、2002年。「九州北部地域」『講座日本の考古学５　弥生時代（上）』青木書店、2011年。

◆訳者略歴◆

庄田慎矢（しょうだ・しんや）

1978年生
2007年、忠南大学校大学院修了（文学博士）
現在、国立文化財機構奈良文化財研究所研究員
〈主要著書・論文〉
『青銅器時代の生産活動と社会』学研文化社、2009年。「朝鮮半島南部青銅器時代の編年」『考古学雑誌』93-1、2009年。

山本孝文（やまもと・たかふみ）

1974年生
2005年、釜山大学校大学院修了（文学博士）
現在、日本大学文理学部教授
〈主要著書・論文〉
「新羅古墳出土土俑の服飾と官位制」『朝鮮学報』第204輯、2007年。『百済と倭国』（共著）高志書院、2008年。

概説《がいせつ》　韓国考古学《かんこくこうこがく》

2013年10月3日発行
2015年5月25日第2刷

編　者　韓国考古学会
監訳者　武末純一
訳　者　庄田慎矢
　　　　山本孝文
発行者　山脇洋亮
印　刷　亜細亜印刷㈱
製　本　協栄製本㈱

発行所　東京都千代田区飯田橋 4-4-8
（〒102-0072）東京中央ビル　㈱同成社
TEL　03-3239-1467　振替　00140-0-20618

ISBN978-4-88621-639-7 C3022